Das Buch

Herbert Wehner gehörte zu den herausragenden Sozialdemokraten der Bonner Republik. Zugleich war er einer der umstrittensten Politiker der Nachkriegszeit. Mit 26 Jahren bereits Spitzenfunktionär der KPD und enger Mitarbeiter Ernst Thälmanns, war er im Moskau der dreißiger Jahre in die stalinistischen Säuberungen verstrickt. 1941 löste er sich vom Kommunismus und trat 1946 nach seiner Rückkehr nach Deutschland in die SPD ein. Als deren langjähriger Fraktionsvorsitzender im Bundestag hatte er maßgeblichen Anteil daran, die Partei in die neue Republik zu integrieren. August H. Leugers-Scherzberg, der Wehners Nachlass erstmals uneingeschränkt auswerten konnte, zeigt dessen unbekannte Seiten beispielhaft für die Jahre 1941 bis 1966, in die Wehners Abkehr vom Kommunismus ebenso fiel wie der von ihm betriebene Aufstieg der SPD zur Regierungspartei. Minutiös schildert er Wehners Bruch mit dem Kommunismus, seine Geheimkontakte zur SED, seine Rolle bei der Durchsetzung des Godesberger Programms der SPD sowie seine Geheimverhandlungen mit CDU-Kreisen über eine Große Koalition. Deutlicher denn je tritt zutage, in welchem Maße Wehner nicht nur innerhalb seiner Partei, sondern auf der politischen Bühne insgesamt die Fäden zog.

Der Autor

August H. Leugers-Scherzberg, geboren 1958, studierte Pädagogik, Geschichte und katholische Theologie an der Universität Münster. Von 1984 bis 1993 war er wissenschaftlicher Mitarbeiter an den Universitäten Münster und Essen sowie 1993 bis 1996 Stipendiat der Deutschen Forschungsgemeinschaft. Seit 2001 ist er Privatdozent für Neuere Geschichte an der Universität Essen.

August H. Leugers-Scherzberg

Die Wandlungen des Herbert Wehner

Von der Volksfront zur Großen Koalition

Ullstein

Besuchen Sie uns im Internet:
www.ullstein-taschenbuch.de

Umwelthinweis:
Dieses Buch wurde auf chlor- und säurefreiem Papier gedruckt.

Ungekürzte Ausgabe im Ullstein Taschenbuch
1. Auflage Juli 2006

Umschlaggestaltung: Büro Hamburg
Titelabbildung: J. H. Darchinger, Bonn
Satz: LVD GmbH, Berlin
Druck und Bindearbeiten: Ebner & Spiegel, Ulm
Printed in Germany
ISBN-13: 978-3-548-36854-2
ISBN-10: 3-548-36854-9

Inhalt

Vorwort

Die Wandlungen des Herbert Wehner haben die deutsche Öffentlichkeit stets beschäftigt. Kein anderer deutscher Politiker des 20. Jahrhunderts hatte ein so bewegtes und widersprüchliches Leben. Kein anderer blieb so rätselhaft wie Wehner. In den zwanziger Jahren wurde er vom Anarchisten zum Kommunisten, in den dreißiger Jahren stieg er zu einem der einflussreichsten Spitzenfunktionäre der KPD auf. 1946, nach seiner Rückkehr aus der Emigration, trat er der SPD bei. In den fünfziger Jahren einer der profiliertesten Köpfe der SPD-Linken, wurde er zu Beginn der sechziger Jahre zu einem Protagonisten des rechten Parteiflügels. In jener Zeit traf er im konservativen Lager und bei führenden Unionspolitikern auf Sympathien, doch in den siebziger Jahren galt er als einer der schärfsten Gegner der Union, als Kommunistenfreund und undurchsichtige Gestalt in den Ost-West-Beziehungen. Selbst enge politische Freunde wurden immer wieder von den plötzlichen Positionswechseln Wehners überrascht. Der Deutschlandplan der SPD von 1959, als dessen Autor Wehner gilt, führte wie kaum ein anderes außenpolitisches Dokument der fünfziger Jahre zur Konfrontation zwischen Regierung und Opposition. Während die Parteiführung im März 1960 meinte, im Sinne Wehners die Grundsätze des Plans weiter verteidigen zu müssen, zog dieser ihn kurz darauf ohne Vorwarnung zurück und erklärte ihn für nichtig. Carlo Schmid war 1960 fest davon überzeugt, Wehners Rückhalt für seine Ernennung zum Kanzlerkandidaten der SPD zu haben – doch der stimmte in der entscheidenden Sitzung für Willy Brandt.

Die Gründe für Wehners Verhalten blieben meist im Dunkeln. Seine öffentlichen Erklärungen mochten ernst gemeint sein, konnten genauso gut jedoch als taktische Manöver aufgefasst werden. Versuche, eine Wehner'sche »Geheimstrategie« zu entdecken, hat es immer wieder gegeben. Keiner der Deutungsansätze aber vermochte zu überzeugen. Selbst der DDR-Spionagechef Markus Wolf, der den SPD-Politiker jahrzehntelang intensiv observieren ließ, musste schließlich eingestehen, dass er sich auf Wehner keinen Reim machen konnte.[1]

Schwierigkeiten bereitet vor allem seine große »Wandlung« vom Kommunisten zum Sozialdemokraten. Herbert Wehner selbst behauptete stets, dass er sich im Laufe seines Lebens gar nicht grundlegend verändert habe. Die Motive seines Handelns seien die Gleichen geblieben. Allerdings habe er sich in einigen Punkten »geirrt« und aus seinen Fehlern gelernt.[2] Nichtsdestoweniger suchten Journalisten und Historiker nach der großen Wende in seinem Leben, nach dem »Bekehrungserlebnis« und dem genauen Zeitpunkt, an dem sich der »Bruch« Wehners mit dem Kommunismus vollzogen hatte. Diesen Bemühungen hielt Wehner stets entgegen, dass er nicht von einem »Saulus zu einem Paulus«[3] geworden sei. Vielmehr sei seine Trennung vom Kommunismus ein langer, schmerzhafter Prozess gewesen, an dessen Ende es kein Zurück mehr gegeben habe.

Die im Laufe der Jahrzehnte von Wehner abgegebenen Erklärungen widersprechen sich allerdings. Zudem reagierte er auf Nachfragen zunehmend allergisch, so dass Interviewer kaum noch wagten, sich nach seiner Vergangenheit zu erkundigen. Diejenigen, die sich nach wie vor an dieses Thema herantrauten, verhielten sich äußerst vorsichtig und beharrten nicht weiter darauf. So erfuhr die Öffentlichkeit nur bruchstückhaft, was Wehner zu seiner Trennung vom Kommunismus geführt hatte. Umso mehr wurde darüber spekuliert, ob er nicht doch im »Herzen« ein Kommunist geblieben oder gar ein kommunistischer Spion sei, der nach Kriegsende gezielt auf die SPD angesetzt worden war.[4]

Wer das »Rätsel Wehner« lösen will, muss erklären, wie aus dem Kommunisten Wehner der Sozialdemokrat wurde. Einen Ansatzpunkt bietet Wehners Aufenthalt in Schweden von 1941 bis 1946, denn in dieser Zeit beschäftigte er sich intensiv mit der Frage nach dem Wesen des Kommunismus. Zunächst führte dieses Nachdenken aber keineswegs dazu, den Kommunismus in Zweifel zu ziehen. Als Wehner zu Jahresbeginn 1941 von Moskau nach Stockholm übersiedelte, war er Kommunist und wollte es auch bleiben. Handschriftliche Aufzeichnungen aus den Jahren 1942/43, die für diese Studie erstmals eingesehen werden konnten, bestätigen, dass er trotz der Erfahrung der stalinistischen Säuberungen und der Schwierigkeiten, die ihm Parteigenossen in Schweden bereitet hatten, nicht am Kommunismus selbst verzweifelt war. Doch gleichzeitig äußerte Wehner in seinen Aufzeichnungen Gedanken, die der kommunistischen Ideologie diametral zu widersprechen scheinen.

Wehner begeisterte sich für einen Kommunismus, der wenig mit der Sowjetideologie zu tun hatte, die nach dem Zweiten Weltkrieg ihren Siegeszug antrat, im Kalten Krieg ein bestimmender Faktor der Weltpolitik wurde und unser Kommunismus-Verständnis nachhaltig geprägt hat. Zugleich stützte sich Wehner aber auf dieselben Quellen. Seine Anschauungen fußten auf dem Leninismus der zwanziger Jahre. Getreu dem kommunistischen Ideal, als »Schüler Lenins« die Lehren des großen Revolutionärs schöpferisch anzuwenden, gelangte er zu politischen Einschätzungen, die gegen Ende des Zweiten Weltkriegs mit der »Generallinie« des »Weltkommunismus« nicht mehr zu vereinbaren waren.

Zu Beginn des Buches wird deshalb Wehners Kommunismus-Verständnis, wie es sich für die Endphase seiner Tätigkeit als KPD-Funktionär rekonstruieren lässt, dargelegt. Die sich darin niederschlagenden Anschauungen und Herangehensweisen waren und blieben für Wehners politische Entwicklung grundlegend. Sie sind die Ursache für seine Trennung vom Kommunismus und der Schlüssel dazu, wie er selbst seine politische Aufgabe im Rahmen der deutschen Sozialdemokratie nach dem Kriege auffasste. Gerade als »Schüler Lenins« konnte Wehner nach dem Zweiten Weltkrieg kein Kommunist mehr sein.

Für dieses Buch konnte erstmals der private Nachlass Wehners uneingeschränkt ausgewertet werden.[5] Das hat die vorliegende Darstellung nachdrücklich geprägt, denn die Einsicht in Wehners hinterlassene Papiere war zugleich ein Blick in die »Werkstatt seines politischen Denkens« und in seine »strategischen und taktischen Überlegungen«, zu denen er – nach einer treffenden Charakterisierung Helmut Schmidts – »nur wenigen Zugang« gewährte.[6] Es lag daher nahe, vor allem diese politisch-konzeptionellen Überlegungen Wehners nachzuzeichnen. Um mehr als nur einen oberflächlichen Eindruck davon zu vermitteln, war es notwendig, ausgiebig aus den Quellen zu zitieren. Die Darstellung endet mit der Bildung der Großen Koalition im Dezember 1966. Für Wehner war damit ein wesentliches Etappenziel seiner Politik erreicht.

Zu danken habe ich zunächst und vor allem Frau Greta Wehner. Sie ermöglichte mir den Zugang zum Nachlass ihres verstorbenen Mannes. Zudem ließ sie mich in vielen intensiven Gesprächen einen tiefen Einblick in das Leben der Wehners gewinnen und half mir bei der Aufklärung schwer zu durchschauender Zusammenhänge. Ohne diese Unterstützung hätte ich angesichts der Diskretion, mit der Wehner Politik betrieb, viele Sachverhalte in den Quellen nicht entschlüsseln können.

Zu danken habe ich aber auch Herrn Professor Dr. Wilfried Loth von der Universität Essen. Er hat das Thema dieser Arbeit angeregt und sich dafür eingesetzt, dass ich im Wintersemester 2000/2001 damit an der Universität Essen habilitieren konnte. Der Deutschen Forschungsgemeinschaft danke ich für ein dreijähriges Habilitationsstipendium und Frau Erika Stegmann dafür, dass sie sich für die Veröffentlichung dieser Arbeit engagiert hat.

Besonders profitiert habe ich nicht zuletzt von den Diskussionen mit meiner Frau, die gleichzeitig ihre Habilitationsschrift[7] über den Einfluss des Ersten Weltkriegs auf die katholische Theologie ausarbeitete. Wer beide Bücher nebeneinander legt, wird leicht erkennen, wie viel ich ihren Forschungen verdanke.

I
Vom Kommunisten zum Sozialdemokraten

Im Auftrag der Komintern

Als Herbert Wehner zu Jahresbeginn 1941 von Moskau aus nach Stockholm aufbrach, um im Auftrag der Kommunistischen Internationale die KPD im nationalsozialistischen Deutschland neu aufzubauen, stand er im 35. Lebensjahr und konnte bereits auf ein politisch äußerst bewegtes Leben zurückblicken. Am 11. Juli 1906 als Sohn eines Facharbeiters und Gewerkschafters in Dresden geboren, hatte er den Ausbruch des Ersten Weltkriegs und dessen Folgen für sein persönliches Leben bewusst miterlebt. Sein Vater war zu Kriegsbeginn eingezogen worden und 1918 als gebrochener Mann nach Hause zurückgekehrt. Er fand keine Arbeit und suchte schließlich im Alkohol Zuflucht. Der Sohn Herbert musste in der Not der Kriegsjahre – er war noch keine dreizehn Jahre alt – hinzuverdienen, um den Lebensunterhalt der Familie sicherzustellen. In dieser Zeit wuchs in ihm unter dem Eindruck der russischen Revolution und dem Einfluss der Mutter die Hoffnung auf einen Umsturz in Deutschland, der eine neue Gesellschaftsordnung des Friedens und der sozialen Sicherheit herbeiführen würde. Im Alter von sechzehn Jahren, im Januar 1923, schloss sich Wehner der SPD-orientierten Sozialistischen Arbeiterjugend (SAJ) an; als jedoch Reichspräsident Friedrich Ebert im November des Jahres gegen die sächsische SPD-KPD-Regierung Zeigner die Reichsexekution verhängte, trat er aus Protest wieder aus. Mit anderen ehemaligen Mitgliedern seiner SAJ-Gruppe bildete er eine freie sozialistische Jugendgruppe, die »Anarchistische Tatgemeinschaft«, die sich der Syndikalistischen Arbeiterföderation angliederte. Im Herbst 1926 wurde Wehner Privatsekretär des

Schriftstellers und Anarchisten Erich Mühsam in Berlin, mit dem er sich jedoch im Frühjahr 1927 zerstritt. Daraufhin trat Wehner im April 1927 in Dresden in die KPD ein.

Innerhalb der Partei stieg Wehner rasch auf. 1928 wurde er hauptamtlicher Sekretär der »Roten Hilfe« für den Bezirk Ostsachsen, Anfang 1929 Sekretär der Revolutionären Gewerkschaftsopposition (RGO) Ostsachsens und damit Mitglied der Bezirksleitung der KPD. Nach der Landtagswahl 1930 zog er als Abgeordneter für die Kommunisten in den sächsischen Landtag ein und wurde stellvertretender Fraktionsvorsitzender. Auf Beschluss der Partei legte er Anfang 1931 sein Landtagsmandat nieder und zog nach Berlin, wo er eine Anstellung beim Zentralkomitee der KPD erhielt. Bereits im Juli 1932 wurde er zum technischen Sekretär des ZK berufen und damit einer der engsten Mitarbeiter des Parteivorsitzenden Ernst Thälmann. Nach der Machtergreifung der Nationalsozialisten und dem Verbot der KPD im März 1933 leitete Wehner zunächst die illegale Arbeit der Partei in Deutschland. Im Juni 1934 fuhr er ins Saargebiet mit der Anweisung, die dortigen Kommunisten im Kampf um den bevorstehenden Volksentscheid zum Saar-Status auf ein Zusammengehen mit den Sozialdemokraten festzulegen. Im Juli und August 1935 nahm er als Delegierter am VII. Weltkongress der Kommunistischen Internationale in Moskau teil, anschließend wurde er auf der so genannten »Brüsseler Konferenz« in das ZK der KPD gewählt. In den Jahren 1935/36 half Wehner in Paris bei der Reorganisation der KPD-Auslandsarbeit und der Unterstützung der antifaschistischen Kräfte im Spanischen Bürgerkrieg. Anfang 1937 folgte er dem Ruf aus Moskau. Dort wurde er im Zuge der stalinistischen Säuberungen in langwierige Parteiuntersuchungen verstrickt, die ihn bis zum Frühjahr 1941 in der Sowjetunion festhielten.

Wehners Rolle in Moskau ist bis heute umstritten. Von Mitgenossen denunziert, musste er der Kaderabteilung der KPD im August 1937 auf 44 Fragen umfassend schriftlich Auskunft geben. Darüber hinaus wurde er im Februar und im Dezember 1937 vom sowjetischen Geheimdienst NKWD verhört. Am 13. Dezember 1937 schrieb er einen Bericht, in dem er seine Kenntnisse über »trotzkistische Wühlarbeit« in den Reihen der KPD darlegte. Nach Wehners Tod und dem Zusammenbruch der kommunistischen Herrschaft in Osteuropa wurden diese Dokumente aus Moskauer und Ost-Berliner Archiven veröffentlicht und begründeten den Vorwurf, dass Wehner andere um den Preis des eigenen Überlebens der stalinistischen Verfolgung ausgeliefert habe. Wehner selbst hatte dagegen stets behauptet, in den verschiedenen Verhören während der Säuberungen lediglich Informationen offenbart zu haben, von denen er annehmen konnte, dass sie den Untersuchungsbehörden bereits bekannt waren. Auch wenn einiges dafür spricht, dass Wehner sich bemüht hat, niemanden zu »verraten«, und er sich Zeit seines Lebens keiner Schuld bewusst war, wird ein abschließendes Urteil über seine Rolle in Moskau erst möglich sein, wenn die Akten zur Parteisäuberung der KPD im sowjetischen Exil umfassend aufgearbeitet worden sind. Wehner gehörte jedenfalls zu den wenigen KPD-Mitgliedern, die eine »Parteiuntersuchung« im Machtbereich Stalins überlebten. Er selbst schrieb dies der Tatsache zu, dass er das besondere Wohlwollen des KPD-Vorsitzenden Wilhelm Pieck und des Generalsekretärs der Kommunistischen Internationale, Georgi Dimitroff, genossen habe.

Ende 1939, wenige Wochen nach Ausbruch des Zweiten Weltkriegs, wurde im Sekretariat des Exekutivkomitees der Kommunistischen Internationale die Lage der KPD in Deutschland beraten. Dimitroff kam dabei zu dem Schluss, »dass es eine zusammenhängende deutsche Partei nicht mehr gibt«.[1] Nach Einschätzung der Komintern-Führung existierte die KPD nach dem Zusammenbruch der Pariser Parteileitung nur noch als lose zusammenhängender Kreis im Exil versprengter Genossen, die zu einer koordinierten politischen Tätigkeit nicht mehr fähig waren. Aus dieser Situation heraus ergebe sich, so Dimitroff laut Wehner, die Aufgabe, »Zentren zu bilden – im Lande! –, die wieder zu einer einheitlich handelnden Partei verbunden werden könnten«.[2] Wehner drängte den Generalsekretär der Komintern daraufhin, ihm den Auftrag zur Reorganisation der KPD in Deutschland zu geben. Im Verlauf des Jahres 1940 bekam er ihn auch tatsächlich, und zu Jahresbeginn 1941 wurde Wehner nach Stockholm geschickt, um von dort aus die Vorbereitungen für den Wiederaufbau der KPD zu treffen. Gleichzeitig sollte er die von Karl Mewis geführte Auslandsleitung der KPD in Stockholm einer kritischen Prüfung unterziehen.

Seine Mission war durch die Komintern-Führung vorgegeben; die Art, wie er sie löste, lag aber letztlich in seinem Ermessen. Von einem kommunistischen Spitzenfunktionär wurde erwartet, dass er es verstand, die Lehren des Leninismus schöpferisch anzuwenden – freilich ohne von der Generallinie der kommunistischen Bewegung abzuweichen. Wehner sah das genauso. Der Komintern-Auftrag war für ihn eine Chance, sich nach seinem jahrelangen Zwangsaufenthalt in Moskau in »selbständiger Arbeit« zu bewähren. Erfolg oder Misserfolg seines Wirkens würde letztlich über seine künftige Rolle in der Partei entscheiden.

Die Art, wie Wehner seine Aufgabe anging, vor allem aber persönliche Aufzeichnungen aus seiner Zeit in Schweden offenbaren ein besonderes Kommunismus-Verständnis, das seine politisch-strategischen Planungen zum Neuaufbau der KPD steuerte. Es ist notwendig, sich dies zunächst vor Augen zu führen, um die innere Logik der Wehner'schen Politik in der letzten Phase seiner kommunistischen Funktionärstätigkeit, aber auch die darauf aufbauende Weiterentwicklung seiner politischen Strategie in der Nachkriegszeit nachvollziehen zu können.

Wehners Kommunismus-Verständnis zu Beginn der vierziger Jahre

Die Faszination des Leninismus

Am 6. November 1944 schrieb Herbert Wehner an seine damalige Lebensgefährtin und spätere zweite Ehefrau, Lotte Burmester: »Sieh, Lotte, als ich noch sehr jung war, wurde ich schon außergewöhnlich stark von den Gedanken gepackt, die Lenin entwickelt hat. Aber ich war nie ein Mitläufer oder Mitschreier oder so. Ich war immer sehr kritisch, ungeachtet dessen, dass es in meinem Herzen brennt.«[1] Dass Wehner seit jungen Jahren von den »Gedanken gepackt« war, »die Lenin entwickelt hat«, legt den Schluss nahe, dass er die Schriften Lenins eingehend studiert hat. Darüber ist aber nichts bekannt.

Wenn Wehner später gefragt wurde, ob ihn das Studium theoretischer Aufsätze 1927 zur KPD gebracht habe, dann nannte er als Werke, »die meine Freunde und ich wirklich verschlungen, studiert, diskutiert und beraten haben«, diejenigen Gustav Landauers, Martin Bubers, Pierre-Joseph Proudhons sowie Petr Fürst Kropotkins »Ethik«. Später habe er sich dann auch mit Karl Marx beschäftigt.[2] Hartmut Soell hat in seiner Studie »Der junge Wehner« anhand der frühen Zeitschriftenartikel Wehners aus den zwanziger Jahren nachgewiesen, dass der junge Anarchist sich darüber hinaus auch mit den Beiträgen Michael Bakunins, Max Stirners und Rosa Luxemburgs befasst haben muss.[3] Eine systematische Auseinandersetzung mit den Schriften Lenins stellt Soell aber nicht fest. Lediglich in einem Aufsatz mit dem Titel »Demokratie und Revolution«, der im Juni 1926 erschien, zitiert Wehner einen

Satz Lenins: »Die Kapitalisten verstanden stets unter ›Freiheit‹ die Freiheit des Profits für die Reichen und Freiheit der Arbeiter zu verhungern.«[4] Dieses Zitat reicht aber nicht aus, um zu belegen, dass Wehner Lenins Werke systematisch studiert hat. Solch einen allgemeinen Satz mochte er ebenso gut aus den Schriften anderer sozialistischer Schriftsteller übernommen haben.

Wenn man die Formulierung, die Wehner im Schreiben an Lotte Burmester gebraucht, genau liest, dann stellt man fest, dass er auch gar nicht behauptet, die Schriften Lenins studiert zu haben. Er schreibt lediglich, dass er von den »Gedanken gepackt« worden sei, »die Lenin entwickelt hat«. Die »Gedanken Lenins« wurden aber in der Zeit der politischen Sozialisation Wehners vor allem durch eine grundlegende Programmschrift Stalins vermittelt.

Wenige Monate nach Lenins Tod im Jahre 1924 hielt Stalin als Generalsekretär der KPdSU (B) an der Swerdlow-Universität Vorlesungen über die »Grundlagen des Leninismus«. Stalins Darlegungen bilden seitdem den Bezugspunkt der marxistisch-leninistischen Theorie. Ihm wurde zuerkannt, Lenins Grundgedanken authentisch zusammengefasst und in ein System gebracht zu haben. Auch in der Epoche der Entstalinisierung nach dem XX. Parteitag der KPdSU im Jahre 1956 blieb sein Traktat »Über die Grundlagen des Leninismus« stets von jeder Verurteilung ausgenommen.

Wehner hat diese Vorlesungen Stalins frühzeitig und intensiv studiert. In einem Lebenslauf für die Komintern berichtet er 1937: »In der Jugendgruppe, der ich angehört hatte und in der wir Anfang 1926 bereits die damals erschienenen ›Probleme des Leninismus‹ von Stalin durchzuarbeiten versucht hatten, diskutierten wir über die Notwendigkeit, Kommunist zu werden.«[5] Auch in einer publizistischen Auseinandersetzung mit Erich Mühsam argumentiert er im April 1927 mit Stalins Schrift: »Wer darüber Bescheid haben will, der lese das Buch von Stalin ›Lenin und der Leninismus‹.«[6] Im selben Monat tritt Wehner in die KPD ein.[7]

Dass Wehner in seiner kommunistischen Zeit Stalins »Grundlagen« für eine authentische Interpretation der Lenin'schen Gedankenwelt hielt, ist anzunehmen. Im Gegensatz zu anderen Ex-Kommunisten hielt er aber auch nach seiner Trennung vom Kommunismus an der Prämisse fest, dass zwischen den »Gedanken Lenins« und der Theoriebildung Stalins kein Unterschied gemacht werden könne. In seinem ersten öffentlichen Vortrag nach seiner Rückkehr nach Deutschland im Herbst 1946 stellte er in Hamburg fest: »Stalin hat in vielen Punkten seinen eigenen Lenin geschrieben, aber was er über die Lehre des Sozialismus und die Rolle der Partei ursprünglich geschrieben hat, das hat seine Wurzeln in den Ideen von Lenin selbst, obwohl es dort in viel menschlicherer, geschmeidigerer, liebenswürdigerer Form auftritt, entsprechend den Verschiedenheiten dieser Menschen und den verschiedenen Bedingungen.«[8] Mit der Formulierung »ursprünglich geschrieben hat« will sich Wehner vermutlich auf Stalins »Grundlagen des Leninismus« beziehen. Im Dezember 1949, anlässlich des siebzigsten Geburtstags von Stalin, schrieb Wehner im *Sozialdemokratischen Pressedienst:* »Stalin ist auf seine Art ein Meister. Der Schlüssel seiner angeblichen Meisterschaft ist die Zähigkeit und Härte, mit der er Lenins bolschewistische Begriffe umsetzte.«[9] Auch hier gesteht Wehner Stalin zu, dass er tatsächlich auf »Lenins bolschewistische Begriffe« zurückgreift. Schließlich bezeugte Wehner auch noch 1970 in einem Beitrag zum hundertsten Geburtstag Lenins, dass er Stalin für einen authentischen Lenin-Interpreten hielt: »Stalins berühmte Schrift ›Die Grundlagen des Leninismus‹ [...] zeigt zwar die charakteristischen Züge der Handschrift Stalins, aber die Elemente sind unzweifelhaft Lenins vielen grundlegenden Schriften entnommen und entsprechen wohl dessen eigener Grundauffassung.«[10]

Was Wehner an der Stalin'schen Schrift faszinierte, hat er niemals dargelegt, es können darüber nur Vermutungen angestellt werden: Stalins »Grundlagen« sind keine philosophisch-ideologische Untermauerung des Marxismus-Leninismus. Nach ihrem Erscheinen 1924 fand in der Sowjetunion noch bis zum Beginn der dreißiger Jahre eine eingehende Diskussion über die philosophischen Grundlagen des Leninismus statt. Dabei ging es um die Frage, ob der Kern der Lehre eher dialektischer oder materialistischer Natur sei. 1931 unterband Stalin die Fortsetzung der Debatte und 1938 schließlich wurde seine Abhandlung »Über dialektischen und historischen Materialismus« im vierten Kapitel der »Geschichte der kommunistischen Partei der Sowjetunion (Bolschewiki). Kurzer Lehrgang« zum Schlüsseltext der philosophischen Lehre des Marxismus-Leninismus erhoben.[11] In den »Grundlagen« hatte Stalin ausschließlich die politischen Lehren des Leninismus dargelegt. In neun Kapiteln wurde eine Strategie und Taktik der Weltrevolution entworfen, die sich im Wesentlichen an den Regeln der modernen Kriegführung orientierte. Sie präsentierte das gesamte Instrumentarium der militärischen Theorie im Dienste der politischen Aktion.[12] Diese politische Theorie war rezipierbar, auch wenn man nicht die philosophischen Grundlagen des Marxismus-Leninismus teilte. Dies war bei Wehner offenbar der Fall.

Wehners idealistischer Sozialismus-Begriff

Aus Aufzeichnungen während seiner Haft in Schweden geht hervor, dass Wehner einen idealistischen Sozialismus-Begriff vertrat, der sich grundlegend von dem Sozialismus-Verständnis Lenins unterschied. Im Winter 1942/43 notierte Wehner, dass Lenin in seiner Schrift »Was tun?« gezeigt habe, dass der Sozialismus »eine Idee [sei], für die die Arbeiterklasse als Träger *gewonnen* werden« müsse. Der Sozialismus könne deshalb nicht dem »proletarischen Klassenkampf« entspringen, denn das würde bedeuten, dass »das Streben zum Sozialismus als dem Proletariat immanent« angesehen werde.[13] Zwar hatte Lenin 1902 in »Was tun?« tatsächlich die Forderung aufgestellt, dass der Sozialismus von außen in die Arbeiterklasse hineingetragen werden müsse, weil sozialistisches Bewusstsein nicht aus dem bloßen Kampf der Arbeiterklasse erwachsen könne, und daran anknüpfend erstmals seine Vorstellungen von einer sozialistischen Kaderpartei entwickelt;[14] keineswegs jedoch hatte er den Sozialismus als eine »Idee« bezeichnet.

Lenin hatte sich in seiner Argumentation auf Ausführungen Karl Kautskys gestützt, die dieser in den Jahren 1901/02 in der *Neuen Zeit* zum Programmentwurf der österreichischen Sozialdemokratie gemacht hatte. Kautsky hatte darin dargelegt, dass sowohl der Klassenkampf als auch die Lehre des Sozialismus auf die modernen ökonomischen Verhältnisse zurückzuführen seien. Während aber der Klassenkampf des Proletariats primär Kampf gegen Massenarmut und Massenelend sei, sei die Lehre des Sozialismus parallel dazu von einzelnen Mitgliedern der bürgerlichen Intelligenz aufgrund wissenschaftlicher Einsicht entwickelt worden.[15] Lenin hatte daran anknüpfend erklärt, dass »die Lehre des Sozialismus [...] aus den philosophischen, historischen und ökonomischen Theorien hervorgewachsen [sei], die von den gebildeten Vertretern der besitzenden Klassen, der Intelligenz, ausgearbeitet wurden«.[16]

Wie Lenin, der in »Was tun?« die Wissenschaftlichkeit des Sozialismus nachzuweisen versucht, so vertritt auch Wehner in einer persönlichen Aufzeichnung vom Dezember 1942 die These, dass der Kommunismus »eine Lehre [sei], die von Marx-Engels wissenschaftlich begründet wurde«.[17] Doch anstatt sie – wie Lenin – auf die »philosophischen, historischen und ökonomischen Theorien« der bürgerlichen Wissenschaft zurückzuführen, erklärt Wehner: »Sie hat viele Vorläufer unter den Philosophen, Revolutionären, Reformatoren – kurz unter den vorwärtsstrebenden Menschen früherer Jahrhunderte. Die Lehre des Kommunismus ist in verschieden großen und verschieden erkennbaren Qualitäten in religiösen, philosophischen, politischen, humanitären Lehren und Systemen enthalten.«[18] Dabei ist es für Wehners idealistische Sichtweise kennzeichnend, dass er im Unterschied zu Lenin – aber auch zu Kautsky – keinerlei Bezug auf die ökonomische Theoriebildung nimmt. Wehner sieht im Kommunismus, oder überhaupt im Sozialismus, kein wissenschaftliches System, sondern in erster Linie eine überzeitliche Idee, die in unterschiedlichen Ausformungen religiöse, geistige und politische Führer inspiriert hat.

Als das zentrale Motiv der russischen Oktoberrevolution etwa betrachtete er nicht das Streben nach materieller Besserstellung, sondern den Kampf um »das gleiche Recht für alle«. Von diesem »zentralen Gedanken«, so schreibt er im Winter 1942/43, seien die »Arbeiter und werktätigen Bauern Russlands« erfüllt gewesen, er sei »zum Banner der Arbeiterbewegung in allen Ländern der Erde geworden«.[19] Die Sowjetunion symbolisierte für Wehner diesen »zentralen Gedanken« des Rechts. Sie sei dadurch der »stärkste und verlässlichste Aktivposten der internationalen Arbeiterklasse« geworden.[20] Im Mai 1939 schrieb er dazu: »Für den Kampf der unterdrückten und abhängigen Länder um Unabhängigkeit und Freiheit bedeutet die Tatsache, dass es außer ihnen und den Unterdrückermächten eine Macht gibt, die aufgrund ihrer Prinzipien und ihrer Kraft zu einer Festung der Freiheit, des nationalen Selbstbestimmungsrechtes und des sozialen Wohlstandes geworden ist, eine ganz enorme Verstärkung.«[21]

Diese Einschätzung war die Ursache dafür, dass Wehner, wie er sich später eingestand, lange Zeit nicht in der Lage war, die Politik der Sowjetunion kritisch zu hinterfragen. 1946 vermerkte er in seinen »Notizen«, er habe sich lange bemüht, in der Sowjetunion »*den* entscheidenden Aktivposten der sozialistischen Arbeiterbewegung zu sehen, dessen Verteidigung und Schutz notwendig seien, um sowohl die Durchführung sozialistischer Maßnahmen im Innern zu fördern, als auch der internationalen Arbeiterbewegung eine wesentliche moralische Stütze zu geben«.[22] Bei allen persönlichen Vorbehalten gegenüber innerrussischen Vorgängen und gegenüber der Politik Stalins habe er es doch für unumgänglich gehalten, »die unter [Stalins] Namen geführte Politik als eine von dem Willen zur Erhaltung und zum sozialistischen Ausbau Russlands getragene Politik anzuerkennen, weil die Sowjetunion letzten Endes doch die entscheidende Stütze im Kampf der internationalen Arbeiterklasse gegen die Reaktion sein würde«.[23]

Nicht der ökonomische Prozess, sondern der »zentrale Gedanke« der großen nationalen und sozialen Freiheitsbewegungen, das Streben nach dem gleichen Recht für alle, war für Wehner das treibende Element der Geschichte. Über dessen historische Bedeutung führte er aus, es böten sich »viele Beispiele für die bezwingende Kraft eines zentralen Gedankens, der zu gegebener Zeit eine große Zahl von Menschen erleuchtet, ihr eigenes Denken über die Schranken individueller Abgeschlossenheit erhebt, es in seinen Bann zieht und sie erkennen lässt, dass sie ein Gemeinsames haben, für das sie ihr Einzelnes einsetzen oder opfern müssen«.[24] Deshalb bestehe auch die »Kunst der politischen Führung« darin, »den zentralen Gedanken herauszufinden, ihn so zu fassen, dass sich die Einzelnen von seiner Bedeutung für das Wohl jedes und aller überzeugen und sich bewegen lassen, sich für die Verwirklichung dieses zentralen Gedanken[s] einzusetzen, sei es auch um den Preis der größten persönlichen Opfer«.[25]

Wenn Wehner daher – wie im Winter 1942/43 – sich klar zu machen versucht, was in der Vergangenheit der gemeinsame Nenner der »zentralen Gedanken« der großen Freiheitsbewegungen gewesen ist, dann geht es ihm um nichts anderes, als den Kern der »Idee des Sozialismus« zu erfassen. In seiner Gefängnisschrift »Selbstbesinnung und Selbstkritik« kommt er zu dem Ergebnis, dass den großen »nationalen und sozialen Freiheitsbewegungen der Geschichte« die »Erkenntnis der Abhängigkeit des Rechts des Individuums vom Recht der Gemeinschaft und umgekehrt des Rechts der Gemeinschaft vom Recht des Individuums« zugrunde gelegen habe. Weiter heißt es: »Das Streben nach der immer vollkommeneren Verankerung des Rechts des Individuums im Recht der Gemeinschaft und des Rechts der Gemeinschaft im Recht des Individuums kennzeichnet die zentralen Gedanken der nationalen und sozialen Freiheitsbewegungen. Mehr oder weniger betont äußert sich in ihnen ferner das Streben zu einem universalen Recht.«[26] Konsequenterweise gelangt er deshalb im Herbst 1946 zu der Feststellung: Der »Sozialismus ist vor allem eine Rechtsfrage im weitesten Sinne«.[27]

Das »Streben zu einem universalen Recht« versteht Wehner dabei als ein Bemühen, »das Recht des Individuums, der Nation und der Menschheit zu vervollkommnen und in Übereinstimmung zu bringen«.[28] Es ist der Rechtsgedanke in dieser dreifachen Ausformung, der in ein inneres Gleichgewicht gebracht werden muss. Eine Absolutsetzung oder Beeinträchtigung einer der drei Ausformungen des Rechts beschädigt den Rechtsgedanken an sich und muss notwendigerweise zu unmenschlichen gesellschaftlichen Verhältnissen führen. So musste für Wehner auch die Absolutsetzung des Rechts der Nation im Nationalsozialismus den Rechtsgedanken selbst untergraben.[29]

Wehners Vision einer »höheren Gesellschaftsordnung« als Ziel des Sozialismus ist eine Weltordnung, in der die Rechte des Individuums, der Nation und der Menschheit vollkommen verwirklicht und in eine innere Balance gebracht worden sind. Was im nationalen Kontext gelten musste, hatte auch im globalen Maßstab zu gelten. Wenn Wehner auf die außenpolitische Aufgabe der Arbeiterbewegung zu sprechen kam, verwies er deshalb stets auf den Schlussabschnitt der von Marx formulierten Inauguraladresse der internationalen Arbeiterassoziation von 1864, in dem es hieß: »Die einfachen Gesetze der Sittlichkeit und Gerechtigkeit, die die Beziehungen zwischen Privatleuten regieren sollen, müssen auch Geltung erhalten als die obersten Gesetze im Verkehr zwischen den Völkern. Der Kampf für eine solche Außenpolitik ist ein Teil des allgemeinen Kampfes für die Befreiung der Arbeiterklasse.«[30]

Kapitalismus und Imperialismus reduzieren sich in Wehners Sichtweise auf das aus dem Profitstreben resultierende Konkurrenzprinzip. Der Erste Weltkrieg hatte für ihn den Beweis erbracht, dass das »kapitalistisch-imperialistische Weltsystem« der Vorkriegszeit aufgrund des »menschen- und wertevernichtenden Kampfes um Hegemonie und Weltherrschaft« durch eine »höhere, die Zusammenarbeit der Völker gewährleistende Gesellschaftsordnung« ersetzt werden musste.[31] Die Schaffung einer kooperativen Weltordnung, die von den Prinzipien des Rechts des Individuums, der Nation und der Menschheit getragen sein würde, war und blieb daher für ihn das zentrale – weltrevolutionäre – Ziel.

Der Versuch des Neuaufbaus der KPD 1941/42

Die Bildung einer revolutionären Avantgarde

Anfang Februar 1941, nach vier Jahren im Moskauer Exil, kam Herbert Wehner nach Stockholm, um von hier aus die kommunistische Parteiarbeit in Deutschland wiederzubeleben. In einem ersten Ansatz bemühte er sich zunächst um die Bildung »neuer, aus verschiedenen Richtungen der Arbeiterbewegung zusammengesetzter Kampfzentren gegen den Nazismus, aus denen die Grundelemente einer gegen Schluss des Krieges selbständig hervortretenden und ihren Einfluss geltend machenden neuen Arbeiterbewegung hervorgehen sollten«.[1]

Die Funktion dieser »Kampfzentren« hatte Wehner kurz vor seiner Abreise aus Moskau in einem Artikel in der *Kommunistischen Internationale* dargelegt. Darin hatte er an die Politik Karl Liebknechts und Rosa Luxemburgs während des Ersten Weltkriegs erinnert und bemängelt, dass sie der letzten Konsequenz entbehrt habe. Dies sei auf das Fehlen einer »sorgfältig vorbereiteten planmäßigen konspirativen Tätigkeit«[2] zurückzuführen. Lenin habe dies klar erkannt und darauf hingewiesen, dass man vor allem in den Äußerungen von Rosa Luxemburg den »allein Dastehenden [!]« spüre, »der keine Genossen in einer illegalen Organisation hat, die gewohnt wären, revolutionäre Losungen bis zu Ende zu durchdenken und die Masse systematisch in deren Geist zu erziehen«.[3]

Infolgedessen legte Wehner vor allem Wert darauf, zunächst kleine schlagkräftige Gruppen zu bilden, die sich ihrer politischen Aufgabe von sich aus bewusst werden sollten, bevor er von Berlin aus die zentrale Leitung organisieren wollte.[4] Seinen Mitarbeiter Josef Wagner, den er im Mai 1941 nach Hamburg schickte, um dort das erste »antinazistische Zentrum« aufzubauen, instruierte er, »dass es nicht darauf ankomme, alte zersetzte Parteiorganisationen wieder zu flicken, sondern darauf, mit bewussten Menschen – gleichgültig welcher Richtung in der Arbeiterbewegung sie angehört hätten oder angehörten – Kontakt zu suchen, um aus ihnen Kreise zu bilden, die sich ernsthaft mit den Problemen des Kampfes gegen den Krieg und das nazistische Regime auseinander setzen sollten, um zu gegebener Zeit Einfluss auf die Hamburger Arbeiterschaft ausüben zu können«.[5]

Um die politisch-strategische Eigenständigkeit der Widerstandszirkel zu sichern, bemühte sich Wehner, sie von der Exilparteiführung unabhängig zu halten. Er schärfte Wagner ein, dass die von ihm gegründeten Zellen sich von vornherein gegenüber Leuten behaupten sollten, »die mit weiter nichts ausgerüstet sein würden als den Machtbefugnissen offizieller Parteiorgane«.[6]

Der Aufbau der »neuen antinazistischen Zentren« sollte »unter größten Vorsichtsmaßnahmen« betrieben werden und »durch keinerlei Antreiberei von irgendeiner Stelle« gestört werden.[7] Im April 1941 lehnte Wehner es daher gegenüber Wilhelm Pieck ab, von Belegschaften in Deutschland Forderungen nach Freilassung des KPD-Vorsitzenden Ernst Thälmann einzuholen. Wehner erklärte, dass dazu ein »Fundament« gehöre, »das wir leider noch nicht besitzen«. Er wolle nicht »bluffen« und so tun, »als ob Belegschaften Forderungen aufstellen, während es in Wirklichkeit noch nicht so weit ist«.[8] Erst »zu gegebener Zeit« sollten sich die von Wehner initiierten Organisationen an die Öffentlichkeit wenden und sich »als Repräsentanten des Widerstands der neu zu bildenden Arbeiterbewegung« zu erkennen geben.[9] Wehners zeitliche Perspektive war bewusst vage. Die Hauptaufgabe seiner Widerstandsgruppen bestand darin, im entscheidenden Augenblick der – durch welche Ursachen auch immer hervorgerufenen – politischen Bewegung in Deutschland die Richtung zu geben. Ziel war es, wie Wehner im März 1942 während der Verhöre vor der schwedischen Polizei darlegte, »politisch Einfluss auf die Stimmungen und Strömungen zu bekommen, die naturgemäß sich während des Krieges entwickeln, auch unter den Anhängern der herrschenden Nazipartei, auf die in Richtung einer umfassenden demokratischen Volksbewegung eingewirkt werden sollte«.[10]

Wehner orientierte sich damit an der Lehre von der »taktischen Führung« revolutionärer Politik, wie sie Stalin in den »Grundlagen« dargelegt hatte: »Es handelt sich nicht darum, dass die Avantgarde die Unmöglichkeit, die alte Ordnung aufrechtzuerhalten, und die Unvermeidlichkeit ihres Sturzes erkennt. Es handelt sich darum, dass die Massen, die Millionenmassen, diese Unvermeidlichkeit begreifen und die Bereitschaft an den Tag legen, die Avantgarde zu unterstützen. Doch können die Massen dies nur aufgrund der eigenen Erfahrung begreifen. Den Millionenmassen die Möglichkeit zu geben, durch eigene Erfahrung die Unvermeidlichkeit des Sturzes der alten Macht zu erkennen und diejenigen Kampfmethoden und Organisationsformen in den Vordergrund zu stellen, die es den Massen erleichtern würden, an Hand der Erfahrung die Richtigkeit der revolutionären Losungen zu erkennen – darin besteht die Aufgabe.«[11]

Die »revolutionären Losungen«

Neben der Aufgabe, die adäquate Organisationsform der revolutionären Partei in Deutschland zu finden, stellte die Entwicklung revolutionärer Losungen, die auf die Lage in Deutschland zugeschnitten waren, die zweite wichtige Voraussetzung für den Wiederaufbau der KPD in Deutschland dar. Als Kommentator der kommunistischen Stockholmer Exilzeitschrift *Die Welt* bemühte sich Wehner seit Anfang 1941, das Grundgerüst revolutionärer Losungen für eine deutsche Widerstandsbewegung gegen den Nationalsozialismus zu skizzieren.

In einer Reihe zusammenhängender Artikel konzentrierte er sich dabei zunächst auf die Kritik am »Kriegsgewinnlertum« im nationalsozialistischen Deutschland.[12] Mit Blick auf den proletarischen Anhang des NS-Regimes sollte in der nationalsozialistischen Propaganda selbst ein Ansatzpunkt gefunden werden, um eine ideologische Auseinandersetzung mit »sozialistisch« eingestellten Anhängern des Nationalsozialismus führen zu können. Einen solchen Anknüpfungspunkt bot die nationalsozialistische antikapitalistische Pseudokritik an den »Kriegsgewinnlern«.

Wehner griff in einem seiner ersten Kommentare in der *Welt* den Bericht einer NS-Zeitung auf, in dem ein fiktives Gespräch zwischen einem Leutnant und einem Feldwebel im besetzten Polen wiedergegeben worden war. Im Laufe dieses Dialogs ließ der nationalsozialistische Autor den Feldwebel die Frage aufwerfen, weshalb, wenn der Krieg geführt werde, um die »Welt der fremden Plutokraten in Stücke zu schlagen«, dann den »eigenen Plutokraten« das für Deutschland eroberte Gebiet überlassen werde.[13] Dies spielte – wie Wehner in seinem Artikel darlegte – darauf an, dass die im Krieg erbeuteten oberschlesischen, lothringischen und luxemburgischen Hütten- und Bergbaubetriebe den deutschen Montanindustriellen Graf Ballestrem, Röchling, Klöckner und Flick unentgeltlich überlassen worden waren.[14] Wenn die »eigenen Plutokraten«, so die von Wehner referierte Schlussfolgerung der nationalsozialistischen Zeitung, vom Krieg profitierten, »dann brauchen wir gegen die Plutokraten keinen Krieg zu führen«.[15]

Unter dieser Art »Aufklärung« über das »Kriegsgewinnlertum« in Deutschland hoffte Wehner das Material zu finden, um eine wirkungsvolle populäre Widerstandspropaganda entwickeln zu können. Die Kritik an den »Kriegsgewinnlern« konnte gleichzeitig gegen die nationalsozialistische Herrschaft, die kapitalistische Profitwirtschaft und die Kriegspolitik gerichtet werden. Adressaten dieser Gegenpropaganda waren jedoch in erster Linie Anhänger der nationalsozialistischen »Arbeiterbewegung«. Damit musste ihre Wirkung von vornherein begrenzt sein. Wehner verfolgte daher gleichzeitig eine zweite Losung, die er mit äußerster Vorsicht in die innerkommunistische Diskussion einbrachte. Anfang Mai 1941 erschien von ihm in der *Welt* ein Artikel, der von der Redaktion nicht einmal durch ein Pseudonym gekennzeichnet worden war und von dessen Inhalt sich der Herausgeber in einem redaktionellen Vorspann ausdrücklich distanzierte.[16] Der Autor wies in diesem Artikel als angeblich bürgerlicher Beobachter der politischen Szene in Deutschland auf die »sich in eigenartigen Formen vollziehende Entwicklung einer gegen den Imperialismus gerichteten Meinungsbildung in Deutschland« hin. In weiten Teilen der deutschen Bevölkerung würde die nationalsozialistische Expansionspolitik mit zunehmendem Unbehagen verfolgt. Infolge der Erweiterung des Krieges nach Südosteuropa setze sich die Einsicht durch, dass damit zum einen die Grundlinien der Bismarck'schen Außenpolitik verlassen worden seien und zum anderen der Krieg zu einer »Lawine« geworden sei, »die an Umfang und Gewalt ihrer Wirkung ständig zunimmt«.[17] Trotz der militärischen Erfolge würden die Besatzungskosten zur Befriedung der besiegten Länder auf Dauer die Möglichkeiten der deutschen Volkswirtschaft erschöpfen. Außerdem ließen sich die eroberten Gebiete auf lange Sicht nicht mit Gewalt unterjochen.

Wehner erblickte in diesen Gedanken konkrete Anknüpfungspunkte für ein über die Arbeiterschaft hinausgehendes Bündnis gegen den Nationalsozialismus. Für ihn äußerten sich darin in elementarer Weise Einsichten, »die in Widerspruch zur imperialistischen Politik geraten müssen« und die »eine nicht zu unterschätzende Bedeutung« für den Kampf der Arbeiterklasse hätten.[18]

Mitte Juni 1941 konfrontierte er seine Leserschaft erneut mit dem Gedanken, dass viele Deutsche über die »Uferlosigkeit des Krieges« besorgt seien. Auch wenn daraus noch nicht unmittelbar ein »bewusst im Sinne des Internationalismus geführter Kampf« entspringe, so biete sich damit doch eine fruchtbare Grundlage für diesen. Denn die Tatsache, dass die Beschlüsse des englischen »Volkskongresses zur Herbeiführung eines Volksfriedens« in Deutschland[19] von der NS-Presse konsequent verschwiegen worden seien, deute darauf hin, dass den Machthabern in Deutschland bewusst sei, dass es zu einer frontenübergreifenden Solidarität antiimperialistischer Strömungen kommen könne. Mit allen Mitteln solle das »schaffende Volk« an der Erkenntnis gehindert werden, dass es »einen Frieden, der auf dem uneingeschränkten Selbstbestimmungsrecht der Völker beruht, herbeiführen und garantieren« könne.[20] Wehner bezog sich mit dieser Argumentation darauf, dass das Gefühl der »Sicherheit«, das der Nationalsozialismus auf dem Wege zur Machtergreifung seinen Anhängern vermittelt hatte, durch die immer weiter ausgreifende Kriegspolitik des NS-Regimes zu schwinden begann. Die Kriegspolitik selbst schaffe auf Dauer ein Gefühl der Unsicherheit und zersetze das Bewusstsein, dass nur der Nationalsozialismus den »Haltlosen« Halt bieten könne.

Der deutsche Angriff auf die Sowjetunion am 22. Juni 1941 veränderte schlagartig die Konstellation der internationalen Politik und damit auch die politisch-strategischen Koordinaten der Wehner'schen Widerstandsarbeit. Angesichts der veränderten Rahmenbedingungen verfasste Wehner im Spätherbst 1941 eine Broschüre mit dem Titel »Die Wahrheit dem deutschen Volke«.[21] Diese Schrift sollte in Deutschland verteilt werden und, wie Wehner noch 1946 festhielt, »die Grundlinien einer innerdeutschen Widerstandsbewegung gegen die nazistische Kriegspolitik« aufzeigen.[22] An ihren Beginn stellte Wehner einen Ausblick auf den kommenden, den dritten Kriegswinter. Mit eindringlichen Worten beschwor er seine Leserschaft, sich darüber klar zu werden, »was uns bevorsteht«.[23] Dass er gerade den Begriff des »dritten Kriegswinters« zum Ausgangspunkt seiner Erörterungen machte, scheint kein Zufall gewesen zu sein. Wehner rührte damit an die Erinnerung an den dritten Kriegswinter des Ersten Weltkriegs. Die nach dem militärischen Patt drohende Aussicht, dass der Krieg noch lange Zeit anhalten werde, hatte im Winter 1916/17 in allen Krieg führenden Staaten zu inneren Unruhen geführt. Der »Steckrübenwinter« hatte sich in Deutschland als Inbegriff der durch den Krieg hervorgerufenen Not an der »Heimatfront« tief in das Bewusstsein der Bevölkerung eingegraben und diese Erfahrung war im November 1918 angesichts des bevorstehenden fünften Kriegswinters ein entscheidender Faktor für den Ausbruch der Revolution in Deutschland gewesen.

Hatte Wehner schon im Mai 1941 im Hinblick auf den Balkankrieg darauf hingewiesen, dass das Ausgreifen der deutschen Expansion auf Südosteuropa einen Bruch mit der Bismarck'schen Außenpolitik darstelle, so argumentierte er nun, nach dem Angriff auf die Sowjetunion, erst recht mit dem Mythos des »Eisernen Kanzlers«. Er rief seinen Lesern in Erinnerung, dass »Bismarck dem neu erstandenen Deutschen Reich ein sicheres Fundament durch die Freundschaft zu Russland« geschaffen habe. Wilhelm II. habe die Wege Bismarcks verlassen, Deutschland in Feindschaft zu Russland gebracht und damit das Verderben Deutschlands im Ersten Weltkrieg eingeleitet.[24] Der gleichzeitige Krieg gegen die Sowjetunion, Großbritannien und die USA, so die düstere Prognose Wehners, sei trotz zeitweiliger Erfolge heute ebenso wenig zu gewinnen wie der Erste Weltkrieg.[25] Wenn aber schon jetzt, während des deutschen Vormarsches im Herbst 1941, klar sei, dass dieser Krieg nicht würde gewonnen werden können, dann, so schlussfolgerte Wehner, müsse man sich auch heute schon Gedanken darüber machen, dass die mit Krieg überzogenen Völker Europas eines Tages Rechenschaft vom deutschen Volk fordern würden.[26] Damit spielte Wehner wiederum auf die Erfahrung des Ersten Weltkriegs an, nach dessen Ende die Frage der deutschen Kriegsschuld zum beherrschenden Thema der internationalen Politik und der deutschen Innenpolitik geworden war. Die Bilanz nach dem Zweiten Weltkrieg angesichts von Massengräbern, Massenerschießungen und Massenvertreibungen, die Wehner seinen Lesern eindringlich vor Augen führte,[27] musste für Deutschland notwendigerweise niederschmetternd sein. Die Frage nach der deutschen Kriegsschuld im Zweiten Weltkrieg erübrigte sich. Sie war durch die Fakten bereits beantwortet. Deshalb forderte Wehner seine Leser auf: »Es ist Zeit uns zu besinnen! Es ist Zeit, an unsere eigene Zukunft zu denken! Es ist Zeit, so zu handeln, dass wir einst nicht die Augen niederzuschlagen brauchen, wenn die Völker der Sowjetunion, die Engländer, die Franzosen, die Belgier, die Luxemburger, die Norweger, die Dänen, die Holländer, die Polen, die Tschechen, die Serben, die Griechen und viele andere aufstehen und Rechenschaft fordern werden.«[28]

Als politische Perspektive bot Wehner seinen Lesern die Aussicht auf einen Frieden der Verständigung und der Versöhnung an. Er zitierte aus einer Erklärung Molotows vom 22. Juni 1941, aus der Rundfunkrede Stalins vom 3. Juli und aus der Atlantik-Charta vom 14. August, um zu zeigen, dass die »Gegner Deutschlands [...] morgen unsere Freunde sein [können]«.[29] Schließlich zeichnete er die Vision eines künftigen Europas: »Das zerrissene und getretene Europa von heute kann bald ein Europa sein, dessen Völker einander helfen, die durch den Krieg geschlagenen Wunden zu heilen.«[30] Voraussetzung dafür sei allerdings, dass sich das deutsche Volk »selbst aus der Tyrannei der Hitlerregierung befreit und allen unterdrückten Völkern das uneingeschränkte nationale Selbstbestimmungsrecht gewährt«.[31] Alles, was zur Schwächung des Hitler-Regimes führe, sei daher ein Beitrag zur Rettung des deutschen Volkes.

Wehner rief aber nicht zum Aufbau einer Gegenmacht, zum Volksaufstand oder zum Anschluss an die KPD auf. Stattdessen machte er konkrete Vorschläge für resistentes Verhalten. Den Arbeiterinnen und Arbeitern riet er: »Arbeitet langsam!«; die Ehefrauen und Mütter forderte er auf, Auskunft über das Schicksal ihrer Männer, Söhne und Brüder an der

Front einzufordern; die Bäuerinnen und Bauern bat er, die ihnen zugewiesenen Kriegsgefangenen und ausländischen Zivilarbeiter »menschlich« zu behandeln; die deutschen Soldaten ermahnte er, sich so zu verhalten, dass sie es vor ihrem »Gewissen« und ihrem »Ehrgefühl« verantworten könnten; an die deutsche Jugend appellierte er, »für den Frieden« zu kämpfen – ohne allerdings zu präzisieren, wie dieser Kampf aussehen sollte.[32]

Wehner beabsichtigte, durch die Aufforderung zu resistentem Verhalten eine gesellschaftliche Atmosphäre zu schaffen, die die Entstehung und Ausbreitung einer Massenbewegung gegen den Krieg und gegen den Nationalsozialismus begünstigen würde. Insbesondere riet er dazu, dass jeder »in seinem Wirkungsbereich Gleichgesinnte finden und mit ihnen gemeinsam und übereinstimmend handeln« solle.[33] Wenn erst ein »von unten« kommender, ungesteuerter Prozess der Bildung von Widerstandszellen begonnen hätte, so Wehners Vorstellung, würde dieser durch Gewaltmittel »von oben« nicht mehr unter Kontrolle gebracht werden können und sich leicht zu einem Flächenbrand ausweiten. Dann aber wäre die Stunde gekommen, in der sich eine revolutionäre Führungsgruppe mit einer klar ausgearbeiteten, zukunftsweisenden politischen Strategie an die Spitze des Volkes stellen könnte.

Antikapitalistische Beweggründe des Widerstands traten in seiner Argumentation völlig in den Hintergrund. Die »Kriegsgewinnler« tauchten nur noch als ein Motiv neben vielen anderen auf. Was Wehner als »revolutionäre Losung« einer deutschen Widerstandsbewegung im Herbst 1941 entwickelte, war das konsequente Eintreten für das Selbstbestimmungsrecht der Nationen.

Der Gedanke der Demokratie kam in seiner Schrift auffälligerweise nicht vor. Dies ist umso überraschender, als er zur gleichen Zeit in seinen in Stockholm erscheinenden *Welt*-Artikeln fast wöchentlich auf den engen Zusammenhang zwischen der Gewährleistung des nationalen Selbstbestimmungsrechts im Rahmen der internationalen Politik und der Durchsetzung der Demokratie im Innern hinwies. Offenbar ging Wehner davon aus, dass das Ziel »Demokratie« in einer für den deutschen Kontext geschriebenen Broschüre keineswegs zugkräftig sei. Nach den Erfahrungen der Weimarer Republik war Demokratie gleichbedeutend mit den in weiten Teilen des Volkes nach wie vor verhassten politischen und gesellschaftlichen Zuständen der Zwischenkriegszeit.

In der *Welt* dagegen legte Wehner den Schwerpunkt seiner Argumentation – mit Blick auf ein sozialistisches Lesepublikum – auf den Gedanken der Demokratie und stellte hier den inneren Bezug zum Selbstbestimmungsrecht der Nationen her. Unter Rückgriff auf Marx und Engels hielt er im August 1941 fest, dass der Kampf der Arbeiter um ihre »demokratischen Rechte« untrennbar mit dem Kampf um das Selbstbestimmungsrecht der eigenen und der fremden Nationen verbunden sei.[34] Indem die Arbeiterklasse und die übrigen Werktätigen »die Sache der Verteidigung der Rechte der Völker aufs entschiedenste fördern, vertreten sie zugleich am besten ihre ureigensten Interessen«.[35] Ende November 1941 fasste er die »Kampfziele der Arbeiterklasse« dahingehend zusammen: »Dafür also kämpft heute die Arbeiterklasse, und dafür wird sie kämpfen, was auch kommen mag: Für das Selbstbestimmungsrecht der Nationen; für die friedliche Zusammenarbeit der Völker auf der Grundlage der wirklichen Gleichberechtigung; für die Verteidigung und Wiederherstellung der demokratischen Volksrechte.«[36]

Der Kerngedanke dieses politischen Forderungskatalogs war die Idee der Unteilbarkeit des Rechtsgedankens. Der Kampf um das Selbstbestimmungsrecht musste sowohl den Kampf um das Selbstbestimmungsrecht des Individuums, das heißt für die Demokratie, als auch für das Selbstbestimmungsrecht der Nation umfassen. Die Arbeiterbewegung hatte daher für Wehner nur die Wahl, »die Demokratie zu verteidigen oder der [nationalsozialistischen] ›Neuordnung‹ [der Welt] unterworfen zu werden«.[37] Zum Jahreswechsel 1941/42 stellte er daher bezeichnenderweise die Forderung auf, zugleich mit dem Ende des Krieges »die Verwirklichung eines in den demokratischen Grundrechten verankerten Völkerrechts« zu erreichen.[38]

Was die »demokratischen Grundrechte« waren, darüber ließ er sich jedoch nicht aus. Auch entwickelte er keine Vorstellungen, wie eine demokratische Verfassungsordnung im Deutschland der Nachkriegszeit aussehen sollte. Für Wehner hatte die Losung der Demokratie und des nationalen Selbstbestimmungsrechts zunächst vor allem die Bedeutung, innerhalb der kommunistischen Bewegung eine vulgärmarxistische Gesellschaftsanalyse zurückzudrängen, die die Klassenkampftheorie zur alleinigen Grundlage politisch-strategischer Planungen machte. Entsprechend diagnostizierte er als Grund für das Versagen der deutschen Arbeiterbewegung am Ende der Weimarer Republik nicht die mangelnde Bereitschaft zum Klassenkampf, sondern die mangelnde Bereitschaft zur Verteidigung der Demokratie. Im Dezember 1941 erklärte er: »Die deutsche Arbeiterbewegung als Ganze hat blutig dafür zahlen müssen, dass sie 1933 nicht den Schritt zur gemeinsamen Verteidigung der Demokratie ging, sondern ihren Feinden zerrissen gegenübertrat.«[39] Und wenig später, Ende Januar 1942, formulierte er das – bewusst auch die KPD einschließende – Urteil: »Allen politischen Parteien der damaligen Zeit kann und muss man – allerdings bei Berücksichtigung der verschiedenen Ursachen und Nuancen – den Vorwurf einer mangelhaften oder gar fehlenden Vorbereitung zum wirklichen Kampf um die Verteidigung der Demokratie machen.«[40]

Indem Wehner die Demokratie seiner Leserschaft nicht nur als zukünftiges Leitbild der Arbeiterbewegung vor Augen stellte, sondern auch den mangelnden Einsatz für ihre Erhaltung in der Vergangenheit als Grund für die Niederlage der Arbeiterbewegung gegen den Nationalsozialismus benannte, zeigte er die Aporien einer klassenkampftheoretischen Gesellschaftsanalyse auf. Ende November 1941 hielt er fest, dass es fatal sei, »sich unentwegt von der Hoffnung [zu] nähren, die deutsche Arbeiterklasse sei während der ganzen letzten Jahre ›die alte‹ geblieben, habe sich allen Einwirkungen der herrschenden Partei gegenüber als immun erwiesen und warte in ihrer Gesamtheit nur auf ›den Tag‹, an dem sie sich erheben könne«.[41]

Tatsächlich sei die Erobererideologie des Nationalsozialismus durch die Zerschlagung der Arbeiterorganisationen und die systematische Bearbeitung der Arbeiterschaft bei großen Teilen der seit 1933 in den Arbeitsprozess hineingewachsenen Arbeiter erfolgreich gewesen. Dies müsse bei der Konzipierung einer politischen Strategie berücksichtigt werden.

Vor allem in der deutschen Jugend – gleich welcher sozialen Provenienz – sah er unmittelbare Auswirkungen der »Erobererideologie«. Nach seiner Einschätzung hatte sie zu einem großen Teil den Krieg zu ihrer eigenen Sache gemacht. »Manche von ihnen kämpfen, weil sie einmal Besitzer eines Großbauernhofes sein wollen, ausgestattet mit besonderen Privilegien gegenüber den unterworfenen ›minderen‹ Rassen. Andere erträumen eine Lebensstellung als ›Organisator‹ von Plantagen, auf denen sie unumschränkt über die Besiegten, die wie Heloten für die Herren arbeiten müssen, herrschen werden. Wieder andere leben in der Vorstellung, dass sie nach dem Krieg für alle Zeiten als Bevorrechtete im deutschen Volk selbst gelten werden, wenn sie sich im Krieg ausgezeichnet haben.«[42] Für Wehner war es ein beunruhigendes Kennzeichen des Krieges, dass »deutsche Werktätige und besonders die Jugend dieses Volkes« sich willig an den Eroberungsfeldzügen des nationalsozialistischen Deutschlands beteiligten.[43]

Im Winter 1942/43 notierte Wehner schließlich, dass die »Quelle« des Sozialismus nicht das Klassenbewusstsein sein könne, sondern nur eine auf der Grundlage der »christl[ichen] Ethik« und im »Geiste d[es] Humanismus« entwickelte Ethik, die »keine ›Klassen‹-Ethik« sei. Aus dieser Perspektive heraus war es auch nahe liegend, dass er schon zur Jahreswende 1941/42 die geistige Verwandtschaft zwischen der Arbeiterbewegung und »den um ihre Glaubensfreiheit ringenden und nach Menschlichkeit strebenden Christen« herausgestrichen hatte.[44] Die Weihnachtsbotschaft Papst Pius' XII. würdigte er in einem Kommentar in der *Welt* als ein herausragendes Zeugnis für den christlich motivierten Widerstand gegen die nationalsozialistischen Neuordnungspläne Europas. Dabei hob er besonders die fünf Voraussetzungen hervor, die Pius XII. für die Schaffung einer dauerhaften Friedensordnung genannt hatte, vor allem jene einer »neuen, auf moralischen Grundsätzen aufgebauten internationalen Ordnung«.[45]

Die Auseinandersetzung mit Karl Mewis

Die Rivalität zwischen dem Komintern-Gesandten Wehner und dem KPD-Auslandsleiter Mewis überschattete die Vorbereitungen Wehners für die Erneuerung der KPD-Strukturen in Deutschland. Wehner hatte die Arbeit von Mewis in Schweden zu begutachten und Bericht zu erstatten. Danach sollte in Moskau entschieden werden, ob Mewis neben Wehner und dem Dimitroff-Vertrauten Richard Stahlmann an der Bildung des neuen Parteizentrums in Berlin beteiligt würde.[46] Bereits im Sommer 1939 hatte Wehner in einer Charakteristik für die Kaderabteilung der Komintern ein vernichtendes Urteil über Karl Mewis gefällt. Eine »gewisse persönliche Eitelkeit« hindere diesen, an einer »Überwindung seiner eigenen Schwächen mit Erfolg zu arbeiten«. In Hamburg habe Mewis Mitte der dreißiger Jahre eklatante Fehler in der konspirativen Tätigkeit begangen, so dass der Verbindungsmann der KPD verhaftet und alle Aufbauarbeit zunichte gemacht worden seien. Mewis sei zudem »theoretisch« schwach und habe nie »ernste Anstrengungen« gemacht, »sich in den Fragen des Leninismus wirklich gründlich zu schulen«. Für weitere Leitungsaufgaben sei er schlichtweg »nicht geeignet«.[47] Wehners Untersuchung der Mewis'schen Arbeit im Frühjahr 1941 ergab wiederum gravierende Fehler in der Konspiration, die eine Reihe von Genossen das Leben gekostet hatten. Gemeinsam mit Stahlmann riet er der Parteiführung in Moskau daher, »Mewis aus unserer Arbeit sofort zurückzuziehen«.[48]

Wehner überprüfte aber nicht nur die technische Arbeit von Mewis, sondern bemühte sich auch um eine ideologische Auseinandersetzung.[49] Bereits Ende 1939 waren Mewis in Moskau »nationalistische Abweichungen« vorgeworfen worden.[50] Die Richtlinien der Komintern für die deutsche Parteiarbeit unter den Bedingungen des Hitler-Stalin-Paktes habe Mewis, wie Wehner in den »Notizen« festhielt, so ausgelegt, »dass Hitler die Rolle Tschiang Kai-schecks in Deutschland spiele und dass die deutschen Kommunisten darauf hinarbeiten müssten, ihre Legalität zu erringen und zum Regime ein entsprechendes Verhalten an den Tag zu legen, wie die chinesischen Kommunisten zu Tschiang Kai-scheck«.[51] Vermutlich war im Herbst 1941 der Auftrag Wehners an Mewis, Hermann Rauschnings »Revolution des Nihilismus« zu lesen und über den Inhalt des Buches vor Wehner und Stahlmann zu referieren,[52] nichts anderes als der Versuch, Mewis' mangelnde ideologische Klarheit aufzuzeigen. Dieser wehrte sich noch dreißig Jahre später in seinen Memoiren gegen den Vorwurf nationalistischer Abweichungen.[53]

Nachdem Wehner Ende November 1941 die Artikelserie[54] begonnen hatte, mit der er beweisen wollte, dass die deutsche Arbeiterklasse im Laufe der nationalsozialistischen Herrschaft zutiefst von der NS-Ideologie infiziert worden sei und daher die Klassenkampftheorie keine Grundlage für eine revolutionäre Strategie sein könne, trafen bei der Redaktion der *Welt* Briefe ein, die, so Wehner, »in ihrem Ton als Drohbriefe aufgefasst werden mussten«.[55] Wehner gelang es zu belegen, dass Mewis zumindest in einem Fall über eine anonym ausgeführte Attacke gegen ihn vorab informiert gewesen war.[56] Im Januar 1942 ersuchte *Welt*-Herausgeber Jakob Rosner, vermutlich in enger Absprache mit Wehner, den schwedischen KP-Vorsitzenden Sven Linderot, eine Stellungnahme zu den »nationalistischen Auffassungen« von Mewis abzugeben.[57] Linderot wich dieser Forderung jedoch aus.[58]

Für den Nachmittag des 18. Februar 1942 hatte Wehner eine Zusammenkunft mit Mewis und Stahlmann anberaumt, die er »zu einer gründlichen politischen Auseinandersetzung mit Mewis gestalten wollte«. Das Treffen sollte dazu dienen, Stahlmann »die Konsequenzen der Mewis'schen Auffassungen vor Augen zu führen«.[59] Zu der Aussprache kam es jedoch nicht mehr, da Wehner am Morgen des 18. Februar verhaftet wurde.[60]

Damit wurde nicht nur die politische Auseinandersetzung mit Mewis und Stahlmann verhindert; Wehners Verhaftung stellte zugleich das endgültige Scheitern seines Komintern-Auftrags dar, die KPD in Deutschland wieder aufzubauen.

Sozialistische Reformkonzepte in der Haftzeit 1942/43

»Zwanzig Jahre durch Niederlagen«

Am 8. April 1942 begann vor dem Stockholmer Amtsgericht der Prozess gegen Herbert Wehner.[1] Nach dreiwöchigen Verhandlungen wurde der Angeklagte am 29. April wegen »Nachrichtentätigkeit für eine fremde Macht« zu einem Jahr Gefängnis verurteilt. Dieser Richterspruch basierte auf einem Gutachten des schwedischen Außenministeriums, das die Arbeit für die Komintern als Spionage bewertete.[2] Sowohl Wehner als auch die Staatsanwaltschaft gingen in Berufung, so dass es am 21. September 1942 zur erneuten Anhörung Wehners vor dem Stockholmer Appellationsgericht kam.[3] Da Karl Mewis, der im August 1942 festgenommen worden war, die Rolle Wehners in Schweden am 22. September offen legte[4] und die Staatsanwaltschaft im Berufungsverfahren diese Erkenntnisse verwerten konnte, wurde die Strafe gegen Wehner erheblich verschärft. Anfang November wurde er zu einem Jahr Zwangsarbeit verurteilt, die Zeit der Untersuchungshaft dabei nur zur Hälfte angerechnet.[5]

In der Zeit zwischen dem ersten Prozess und der Berufungsverhandlung entwarf Wehner am 27. Juli 1942 die Gliederung einer Schrift, die den Titel tragen sollte »Zwanzig Jahre durch Niederlagen. Beitrag zu einer Untersuchung des Zusammenbruchs der Arbeiterbewegung in Deutschland«[6]. Ihre These sollte lauten, »dass die deutsche Arbeiterbewegung die Demokratie aufgegeben hat, d. h. ihren politischen Boden, und dass dieses (allseitige) Aufgeben der Demokratie zum Zusammenbruch geführt hat«.[7] Wehner hatte sich offenbar vorgenommen, die schon vor seiner Verhaftung vertretene Losung des radikalen Eintretens für die Demokratie als maßgebliche strategische Orientierung der deutschen sozialistischen Bewegung weiter auszuführen. Nach einem allgemeinen Überblick über die Zeit von 1923 bis 1943 wollte Wehner zunächst die Stellung der deutschen Arbeiterbewegung zur Republik darlegen, dann ihren Kampf gegen den Nationalsozialismus behandeln und anschließend ihre grundsätzlichen Probleme erörtern. Abschließend wollte er in einem Kapitel »Das Erbe der deutschen Arbeiterbewegung« die »bleibenden, unvergänglichen Werte« herausarbeiten.[8]

Das ehrgeizige Ziel dieser Schrift war, eine Grundlage für die Wiederherstellung der Einheit der deutschen Arbeiterbewegung zu schaffen. In dem Eingeständnis, dass letztlich beide Arbeiterparteien in der Zeit der Weimarer Republik die Demokratie in Deutschland preisgegeben hatten, sah Wehner die Voraussetzung, um nach dem Krieg zu einem gemeinsamen Neuanfang zu kommen. Dabei ging er bereits im Sommer 1942 davon aus, dass es letztendlich zum Sieg der Anti-Hitler-Koalition kommen werde. Gerade darin erkannte er aber auch die Gefahr für eine erneute Spaltung der deutschen Arbeiterbewegung. Das »Schlimmste«, was ihr nach dem Krieg passieren könne, so hielt Wehner fest, sei »der Versuch, gestützt auf eine im Kriege siegreiche Macht, dem deutschen Volk eine ›fertige‹ Partei aufzwingen zu wollen, die an frühere Parteitätigkeit ›anknüpft‹, aus ›taktischen‹ Gründen ihre ›Selbstkritik‹ auf ein Minimum beschränkt und den Gegner von früher (innerhalb der Arbeiterbewegung) gewaltsam verdrängen« will.[9] Er befürchtete also, dass SPD und KPD nach dem Kriege als Interessenvertreter der Siegermächte auftreten könnten, die SPD als »britische« und die KPD als »sowjetische« Partei. Deshalb kam es darauf an, die gemeinsame politische Basis zu finden, denn »Deutschland kann nur um den Preis einer neu aufkommenden Revanche-Bewegung ›kolonisiert‹ werden. Eine deutsche sozialistische Arbeiterbewegung *hat* eine Mission. Keine fremde Staatsmacht kann die Aufgabe der sozialistischen Arbeiterbewegung in Deutschland übernehmen.«[10] Wehners Gedanken kreisten also um dieselben politisch-strategischen Probleme, die im Sommer 1942 auch die KPD-Führung in Moskau beschäftigten. Er kam allerdings zu anderen Schlussfolgerungen.

Anfang Juli 1942 war es in London auf Initiative der KPD zu einer Zusammenkunft zwischen Hans Vogel, dem Vorsitzenden des Exilvorstands der SPD, und Wilhelm Koenen als Vertreter der Exilführung der KPD gekommen. Bei diesem Treffen sollte über die Zusammenarbeit der beiden Parteien im Exil und in der Nachkriegszeit gesprochen werden. Der SPD-Vorsitzende blieb jedoch gegenüber allen Vorschlägen einer »Einheitsfront« von Sozialdemokraten und Kommunisten ablehnend.[11] Im Herbst 1942 brachte Fritz Heine die Vorbehalte des SPD-Parteivorstands in einem Memorandum auf den Punkt: Solange die KPD ihre Einparteiendoktrin und ihre Bindung an Moskau nicht aufgebe, sei an ein Zusammengehen mit den Kommunisten nicht zu denken.[12]

Während es im Juli 1942 in London zu ersten Verhandlungsversuchen kam, propagierte die kommunistische Presse bereits, dass es nach dem Kriege zur Zusammenarbeit von Sozialdemokraten und Kommunisten kommen werde. Der ehemalige SPD-Reichstagsabgeordnete, SAP-Gründer und geheime KPD-Funktionär Max Seydewitz hob Mitte Juli 1942 in der Stockholmer *Welt* hervor, dass sich die sozialdemokratische Haltung zur Sowjetunion und damit auch zu den Kommunisten zu wandeln beginne. Die Sozialdemokraten sähen inzwischen »in der Sowjetunion die Hoffnung für Millionen« und »den mächtigen Kampfgenossen, der einen heroischen Kampf auch für sie und ihre Freiheit führt«.[13] Gerade dies aber – die Anlehnung an eine »Siegermacht« – wollte Wehner verhindern.

Bereits vier Wochen später verwarf Wehner sein Buchprojekt vom Juli 1942. Er reagierte damit offenbar auf die Diskussionen in der sozialistischen Emigration, ob die deutsche Arbeiterschaft von jeher Träger eines »aggressiven Nationalismus« oder der stärkste Antipode einer nationalistischen Politik gewesen sei. Die sozialistischen Kritiker der deutschen Arbeiterbewegung, die für eine »harte Politik« gegenüber Deutschland plädierten, argumentierten, dass die deutsche Arbeiterschaft schon immer die expansionistische Politik des deutschen Militarismus unterstützt hätte. Dadurch sei sie auch anfällig für den Nationalsozialismus gewesen. Es komme auf die Ausrottung des deutschen Militarismus an. Dies könne die deutsche Arbeiterbewegung aufgrund ihrer historischen Vorbelastung nicht leisten.[14] Vermutlich erkannte Wehner im August 1942, dass die Propagierung des Kampfes für die Demokratie zwar auf Deutschland bezogen die Lösung für den Wiederaufbau einer einheitlichen sozialistischen Bewegung nach dem Krieg darstellen konnte, dass aber nichts die deutsche Arbeiterbewegung davor schützen würde, von der Völkergemeinschaft für die Entstehung und Ausbreitung des Nationalsozialismus haftbar gemacht zu werden.

Am 30. August 1942 entwarf Wehner daher eine neue Schrift, die den Titel »Selbstbesinnung und Selbstkritik« tragen sollte.[15] In der Einleitung, die er im Winter 1942/43 ausarbeitete, legte er dar, dass sich zwischen die Unterdrückten in den vom nationalsozialistischen Deutschland besetzten Ländern und die deutschen Antifaschisten »wie ein bitteres Meer die Schuld des nazistischen Regimes gedrängt« habe. Über dieses »trennende Meer« gebe es keine Brücke, »solange nicht offenkundig vor der Menschheit das deutsche Volk das Seine getan haben wird, um jede Identifikation des schuldbeladenen Regimes mit dem deutschen Volk als Gesamtheit auszuschließen«. Dabei sei es ein Wunschtraum anzunehmen, dass die »latente Opposition im deutschen Volk« noch »zu einer effektiven« werden könnte und dass »die Gegner des Nazismus in Deutschland einen positiven Beitrag zur Entscheidung des Ringens zwischen den Kräften der Freiheit und den Mächten der Barbarei in die Waagschale der Freiheit« zu legen imstande wären.[16] Damit sei die Möglichkeit der eigenständigen Entschuldung verschlossen. Dem deutschen Volk werde daher nach dem Krieg in seiner Gesamtheit vorgeworfen werden, dass es dem Nationalsozialismus »als Werkzeug zu Willen gewesen« sei.[17] Welche Konsequenzen dies für die internationale Stellung der deutschen Arbeiterbewegung haben würde, fasste Wehner in die Worte: »Niemand würde auf Deutsche hören, wollten sie – nach allem, was geschehen ist – mit Projekten oder allgemeinen Ratschlägen oder Einwänden sich an den großen Diskussionen über Pläne zum Neuaufbau zu beteiligen suchen.«[18]

Durch »Selbstbesinnung und Selbstkritik« wollte Wehner den Anstoß zu einer »Läuterung« der Deutschen geben, aber zugleich auch »Werkzeuge zum Aufbau« bereitstellen und den »brüderlichen Geist« zur nationalen und internationalen Zusammenarbeit herbeirufen. Den Ausgangspunkt sollte dabei die schonungslose Darlegung bilden, »[w]ie d[ie] Demokratie [in Deutschland] ausgehöhlt und entwertet wurde, wie sie ihre Verteidiger verlor, und wie der Nazismus ideologisch d[as] Terrain *und* [die] *Massen* eroberte«.[19] Am Ende der Einleitung hob Wehner hervor, dass die Analyse der Ursachen der nationalsozialistischen Machtergreifung in Deutschland eine der zentralen Aufgaben der Internationale nach dem Krieg sei. Seine eigene Untersuchung solle dabei als ein »anspruchslose[r] Beitrag« der deutschen Arbeiterbewegung zu dieser Auseinandersetzung verstanden werden.[20]

Im Bewusstsein der oben erwähnten Diskussion innerhalb der sozialistischen Emigration entwarf Wehner in seiner Schrift das Bild einer kontinuierlichen »Nationalsozialisierung« der deutschen Massen durch eine militarisierte Politik. Er vertrat den Standpunkt, dass die nationalsozialistische Herrschaft in Deutschland schon vor der Machtergreifung

1933 die politische Kultur zutiefst geprägt habe. Der einzelne Mensch sei unter dem Eindruck der nationalsozialistischen Propaganda und Organisationstätigkeit nicht mehr »verantwortlich denkender, verantwortlich handelnder, verantwortlich lebender Mensch – Mitbürger – [gewesen], sondern gehorchender Bestandteil eines Mechanismus« geworden.[21] Deshalb müsse sich der einzelne Mensch wieder auf sein Menschsein zurückbesinnen; er müsse sich durch »Selbstbesinnung und Selbstkritik« der »Tatsache bewusst [werden], dass er ein verantwortlich lebender und handelnder Mensch ist oder dass er ein solcher werden muss«.[22] Die nationalsozialistische Politik wollte Wehner nicht als ein spezifisch deutsches Phänomen charakterisieren, das in bestimmten Traditionen der deutschen Geschichte wurzelte, sondern als ein Politikverständnis, das durch und durch auf kriegswissenschaftlichen Theorien fußte und damit prinzipiell auch in allen anderen gesellschaftlichen Kontexten erfolgreich sein konnte. Um diese These zu erhärten, bedurfte es einer eingehenden Analyse des Nationalsozialismus in Deutschland.

Das Wesen des Nationalsozialismus

Sein Versuch, das Phänomen des Nationalsozialismus zu ergründen, brachte Wehner in ideologische Schwierigkeiten. Im Frühjahr 1946 bekannte er: »[A]ls ich […] im Gefängnis daran ging, mir genau zu überlegen und niederzulegen, wie das nazistische totalitäre System fungiere und die Massen in seinen Bann ziehe, wurde mir recht klar, wie vieles darin kongruent mit anderen, entgegengesetzten, Systemen ist.«[23] Während der Ausarbeitung seiner Schrift »Selbstbesinnung und Selbstkritik« kam Wehner zu der Einsicht, dass es den Nationalsozialisten gelungen sei, eine »revolutionäre Massenbewegung« in Gang zu setzen.[24] Daraus ergab sich für ihn die Aufgabe, zu begründen, »wodurch, warum und wie die NSDAP zu einer Massenbewegung werden konnte«.[25]

Seine Erklärung lautete schließlich: »Die NSDAP hat von Anfang an und, konsequent durchhaltend, mit immer stärkerer Wucht den innenpolitischen Kampf um die Macht als einen Krieg, nach den Gesetzen des Krieges, geführt. Entstanden aus Stammtruppen, die ursprünglich keinen anderen Beruf kannten als den, Krieg zu führen, hat sie mit Hilfe der politischen Praxis, den innenpolitischen Gegner stets als bewussten oder unbewussten Vertreter einer feindlichen auswärtigen Macht zu kennzeichnen, die von ihr zusammengeballte Masse fanatisiert und in den Glauben versetzt, Krieg mit dem Ziel um die Rettung Deutschlands zu führen, in dem der Sieg nur durch die Vernichtung der Gegner entschieden würde. (Die Jahre vom Ende des Ersten Weltkriegs bis zum Beginn des Zweiten waren von der Fortsetzung des Krieges im Innern erfüllt.)«[26]

Durch die Feststellung, dass die nationalsozialistische Strategie im Kern ein kriegswissenschaftliches Politikverständnis war, arbeitete Wehner eine enge politische Verwandtschaft zur kriegswissenschaftlich strukturierten kommunistischen Revolutionstheorie heraus. Allerdings wollte er im Winter 1942/43 noch die fundamentale Differenz zwischen dem Kommunismus und dem Nationalsozialismus darin sehen, dass der Kommunismus – wie alle großen nationalen und sozialen Freiheitsbewegungen – vom »zentralen Gedanken« des Rechts geleitet sei, während der Nationalsozialismus des Rechtsgedankens völlig entbehre.[27]

Um den Mangel der natürlichen Anziehungskraft eines »zentralen Gedankens« auszugleichen, hätten die nationalsozialistischen Strategen stattdessen das »System einer hierarchisch geordneten Massenbewegung« entwickelt, das jeden einzelnen Deutschen »mittels einer vom Apparat der NSDAP bewusst hervorgerufenen Täuschung« zum Objekt gemacht habe.[28] Ein wesentliches Element dieser Strategie sei die Behauptung der NSDAP gewesen, im Gegensatz zu allen anderen politischen Kräften, die Vertreter von Gruppen- oder Klasseninteressen seien, das Gesamtinteresse zu repräsentieren. Die NSDAP sei bestrebt gewesen, überall und in jedem Einzelfall als offensive Kraft aufzutreten, die auf ein zukünftiges Ziel hinstrebt, und nicht als Verteidigerin irgendwelcher Interessen. Es sei ihr gelungen, Art und Inhalt der politischen Auseinandersetzungen zu bestimmen, indem überall Stellungnahmen zu den von ihr aufgeworfenen Fragen erzwungen worden seien und indem sie den politischen Konkurrenten ihren politischen Stil aufgezwungen habe.[29]

Die Anziehungskraft der nationalsozialistischen Bewegung bestand für Wehner darin, dass sie den im Zuge des Ersten Weltkriegs »haltlos« Gewordenen einen festen Halt versprochen habe. Der gemeinsame politische Kampf habe – wie das gemeinsame militärische Kämpfen an der Front – ein Zusammengehörigkeitsgefühl vermittelt. Die bewusste Einkalkulierung von leicht zu erringenden »Teilerfolgen« habe dabei eine allgemeine Siegeszuversicht verbreitet. Damit verbunden worden seien die Ankündigung eines allgemeinen Strafgerichts für alle der nationalsozialistischen Bewegung im Wege stehenden Gegner und die systematische Kultivierung eines Bewusstseins in der Anhängerschaft, letztlich einer »verschworenen Gemeinschaft« anzugehören.[30] In der politischen Praxis der NSDAP sah Wehner die Fortsetzung dieses »Massenbewegungssystems«. Sie bestand in der »Entfaltung des Kampfes um die ganze Macht im Staate« und legitimierte sich aus der Behauptung, nur so könne »Deutschland vor dem sonst sicheren Untergang in einem bolschewistischen Chaos« gerettet werden. Der Versailler Vertrag wurde konsequent für alle Übel in Deutschland verantwortlich gemacht. Zugleich wurden die Revanche-Gedanken vom »Umkreis der Außenpolitik auf das innenpolitische Gebiet« umgeleitet und gegen die inneren Gegner gerichtet.[31] Auf die Gesellschaft wirke sich diese Politik in einer allgemeinen Militarisierung des gesamten politischen Lebens aus. Davon würden nicht zuletzt auch die politischen Konkurrenten der NSDAP erfasst. Sie versagten darin, sich der Spirale der Militarisierung zu widersetzen. In der Auseinandersetzung mit der NSDAP unterwürfen sie sich der Logik der nationalsozialistischen Politik und begäben sich dadurch auf ein Feld, auf dem sie mit dem Nationalsozialismus nicht konkurrieren können. Dadurch bereiteten sie ungewollt ihren eigenen Untergang selbst mit vor.[32]

Enttäuschung über die sowjetische Außenpolitik 1943/44

Der Krieg als »politischer Krieg«

Nachdem sich Ende Januar 1943 die 6. deutsche Armee vor Stalingrad ergeben hatte und damit die Niederlage NS-Deutschlands eingeleitet worden war, bemühte sich Herbert Wehner am 5. Februar 1943, die Konsequenzen der neuen politischen Lage zu analysieren. Bemerkenswert ist, dass er dabei nicht der marxistisch-leninistischen Deutung des Zweiten Weltkriegs folgte, die diesen zunächst als einen imperialistischen und dann – durch den Kriegseintritt der Sowjetunion – gerechten Krieg bezeichnete. Sowohl vor dem 22. Juni 1941 als auch danach wurde der Krieg für Wehner in erster Linie von »politischen Gesichtspunkten« geleitet, wobei sich seiner Ansicht nach der Charakter des Konflikts und die Motive der Beteiligten nicht gewandelt hatten, sondern nur die politisch-militärische Lage. Wehner erklärte: »Die strategischen Gesichtspunkte in diesem Krieg sind politische Gesichtspunkte, und die politischen Pläne fußen zuletzt in der Stellungnahme zum Kapitalismus.«[1]

Hinter dem Hitler-Stalin-Pakt vermutete er das im Jahr 1939 vorrangige politische Ziel der Sowjetunion, »Zeit zu gewinnen«. Dies sei nötig gewesen, da Moskau lange Zeit nicht wirklich habe abschätzen können, wie die Fronten im kommenden Krieg verlaufen würden. Offenbar ging Wehner noch im Frühjahr 1943 davon aus, dass es auch zum gemeinsamen Krieg der Westmächte und Deutschlands gegen die Rote Armee hätte kommen können. Durch den Überfall Deutschlands auf die Sowjetunion 1941 habe England dann »nicht nur

Zeit« gewonnen, sondern vor allem auch den Vorteil, »dass sich Deutschland und die SU gegenseitig schwächten«. England und die USA hätten damit gerechnet, dass es zu einem »mehrmonatigen desperaten Verteidigungskampf der SU« komme. »Ihre Hoffnung bestand darin, dass er desperat genug sein möchte, um Deutschland nennenswert anzustrengen und einen plötzlichen Waffenstillstand zwischen Deutschland und der SU unmöglich zu machen.«[2]

Als sich dann aber gezeigt habe, dass die Sowjetunion dem deutschen Angriff zu widerstehen vermochte, »hätten es England und USA als möglich an[gesehen], Deutschland und die SU noch länger allein kämpfen zu lassen, um: a) Deutschland durch schwere Verluste reifer für den englisch-amerikanischen Zugriff werden zu lassen und b) die SU hinreichend zu schwächen, um sie für längere Zeit nach dem Krieg als Machtfaktor auszuschalten«.[3]

Der durch die unvorhergesehene Stärke der russischen Winteroffensive 1942/43 wiederum England und den USA gewährte Zeitgewinn werde nun dazu ausgenutzt, »um in Europa und Afrika die bisher aus Furcht vor dem Bolschewismus prodeutschen Kräfte ins englisch-amerikanische Lager zu ziehen«.[4] Die Mittel dazu seien: »a) Der Hinweis auf Deutschlands Unvermögen, die SU zu besiegen, und das Ausmalen der Gefahr, die ein deutscher Zusammenbruch unter russischen Schlägen für die kapitalistischen Länder bedeuten würde; b) der Hinweis auf Englands und USAs inzwischen enorm gestiegene militärische Macht als sicheres Mittel zur Reorganisation Europas nach Ausschaltung Deutschlands und ohne Gefahr eines Übergewichts der SU.«[5]

Aus dieser Analyse ergebe sich folgende Perspektive: »Nachdem durch die Kraft der SU Deutschland so engagiert und geschwächt worden ist, dass es England und USA nicht mehr ernstlich gefährlich werden kann und seine Trabanten in Europa nun leichter den englisch-amerikanischen Argumenten zugänglich sein werden, organisieren England und USA den ›Frieden‹ schon vor Kriegsschluss mit dem Ziel, sich möglichst rasch ein erhebliches Gewicht in Europa zu verschaffen, dass a) Deutschland von seinen bisherigen Stützen isoliert wird, b) die SU sich einem um England und USA geeinten Europa gegenübersieht.«[6]

In der Politik der Westmächte sah Wehner somit eine Fortsetzung der Zwischenkriegspolitik, die um eine Isolierung der Sowjetunion bemüht gewesen war. Ansätze zur Schaffung einer neuen Weltordnung konnte er in der Konstellation der Anti-Hitler-Koalition nicht erkennen. Alle Hoffnungen für ihn mussten sich folglich auf die künftige Rolle der Sowjetunion und der Kommunistischen Internationale richten.

Die Auflösung der Komintern am 23. Mai 1943 traf Wehner daher wie ein Schock. Zwei Tage nach Bekanntgabe der Entscheidung schrieb er in seiner Haftzelle nieder: »Wenn auch der Verstand den Auflösungsbeschluss bejahen muss, so wehrt sich doch das Gefühl heftig und hartnäckig gegen ihn. Es ist, als sei ein fester, stets sicherer Rückenhalt fortgenommen worden, und man fühlt sich noch mehr allein. Wie vielen wird es nicht ebenso zu Mute sein, als hätten sie eine Heimat verloren.«[7]

Wehner sah in dem Schritt das Produkt einer »politischen und diplomatischen Notwendigkeit« der sowjetischen Außenpolitik. Da die Sowjetunion das Land sei, »auf dem so viele Hoffnungen ruhen« und an dessen »Bestand«, »Wiederaufblühen« und »Entwicklung« ihm »am meisten gelegen« sei, bemühte er sich, den Auflösungsbeschluss zu akzeptieren. Dennoch wandte er für sich ein, »dass es vielleicht möglich gewesen wäre, der politischen und diplomatischen Notwendigkeit auf eine Weise gerecht zu werden, die nicht allen internationalen Organisationszusammenhang aufgelöst, sondern in gewissem Sinne einen Ausblick gelassen und gegeben hätte.«[8] Insbesondere stellte er sich die Frage, ob man die Auflösung der Komintern nicht hätte verhindern können, wenn »man erklärt hätte, was die I[nternationale] nicht ist, nicht sein will und nicht sein kann, was die K[ommunisten] ändern wollen und dass sie für die Zukunft – die Zeit nach dem Kriege – alle Kräfte für die Arbeitereinheit und für die Demokratie geben wollen? D. h. wenn man so gewissermaßen ›nachgeholt‹ hätte, was man – wenn es schon nicht früher geschehen war – auf dem vom VII. Kongress eingeschlagenen Wege hätte energisch und ohne so viele Rücksichten tun sollen?«[9]

Dass Wehner über die Auflösung der Internationale so schockiert war, lag nicht zuletzt an seinem Zweifel, »[o]b der sozialist[ische] Internationalismus in der Praxis sich als stärker erweisen wird als die zeitweiligen diplom[atischen] u[nd] polit[ischen] Notwendigkeiten? Oder ob Tendenzen zu mehr ›nationaler‹ Abgeschlossenheit und Verhärtung sich durchsetzen?«[10]

Seine gesamte politische Strategie und zuletzt auch der in »Selbstbesinnung und Selbstkritik« unternommene Versuch, die Ursachen der Machtergreifung des Nationalsozialismus in Deutschland zu analysieren, wurzelten in der Vorstellung einer international koordinierten Politik zur Durchsetzung des Sozialismus. Gerade angesichts der von ihm noch drei Monate zuvor diagnostizierten Absicht der Westmächte, das »Land des Sozialismus« erneut international zu isolieren, musste die koordinierte Initiative der Komintern für die Nachkriegszeit umso notwendiger erscheinen.

Nebenbei stellte Wehner Vermutungen über eine sich möglicherweise hinter dem Auflösungsbeschluss verbergende »Geheimstrategie« Stalins an. Er hielt es für denkbar, dass »außer den polit[isch]-diplom[atischen] Rücksichten das Bewusstsein von der Notwendigkeit des Aufgehens der K[ommunisten] in der Arbeit für die Einheit der demokr[atischen] Kräfte (Arb[eiter]kl[asse] und fortschrittl[iche] andere Schichten) eine Rolle gespielt« haben könnte.[11] Und in seinen »Notizen« berichtete Wehner 1946, dass er es noch im Jahr 1943 »nicht für ausgeschlossen« gehalten habe, »dass von der Seite der Sowjetunion – direkt oder indirekt – nach dem Kriege versucht werden würde, die Initiative zu einer grundsätzlichen

Diskussion der Probleme der internationalen Arbeiterbewegung zu ergreifen (unbeschwert vom Kominternprestige), und dass dadurch *(selbst wenn die Initiatoren nur ihre eigenen engen taktischen Ziele im Auge haben würden)* Gelegenheit gegeben würde zu einer sachlichen Auseinandersetzung und Klärung«.[12]

Die weiteren Akzentsetzungen der sowjetischen Außenpolitik ließen diese Hoffnung aber immer aussichtsloser erscheinen.

Die »polnische Frage« im Frühjahr 1944

Um den Streit über die »polnische Frage« zwischen den Westalliierten und der Sowjetunion beizulegen, schlug Winston Churchill auf der Konferenz von Teheran Ende November 1943 die Curzon-Linie als künftige Grenze zwischen Polen und der Sowjetunion vor. Polen sollte für den Verlust seiner Ostgebiete mit deutschen Territorien entschädigt werden. Am 22. Februar 1944 vertrat Churchill diese Position auch in einer Unterhausdebatte[13] und stellte klar, dass die Prinzipien der Atlantik-Charta nicht für Deutschland gelten sollten.[14]

Von seinem einstigen Mitarbeiter und Vertrauten Josef Wagner wurde Wehner im Internierungslager Smedsbo im April 1944 darüber informiert, dass es im Kreis der deutschen Emigranten in Uppsala zu Auseinandersetzungen über die alliierten Pläne zur Entschädigung Polens mit deutschen Gebieten gekommen war. Die Mehrheit der Emigranten, darunter auch die Mehrheit der Kommunisten, hätte sich gegen jede Form einer Annexionspolitik ausgesprochen und wäre deswegen von einer Minderheit kommunistischer Funktionäre als deutsche Chauvinisten beschimpft worden.[15]

Karl Mewis, der nach seiner Haftentlassung Anfang 1943 wieder die politische Leitung der KPD in Schweden übernommen hatte, benutzte Anfang April 1944 die kommunistische Emigrantenzeitschrift *Politische Information*, um die Linie der KPD in Schweden in der Annexionsfrage durchzusetzen. In einem Leitartikel[16] wies er die Kritik an den alliierten Plänen zur Grenzverschiebung Polens zurück. In den darauf folgenden Nummern der *Politischen Information* erschienen nur noch Leserbriefe, die diese Position unterstützten.

Wehner musste klar sein, dass Mewis nicht nur seine eigene Meinung geäußert hatte, sondern dass damit die Generallinie der KPD gegenüber den alliierten Plänen in Abstimmung mit Moskau festgelegt worden war. Das bedeutete aber, dass sich die KPD den Zielen der sowjetischen Außenpolitik unterwarf und der sozialistische Internationalismus in der kommunistischen Bewegung faktisch negiert wurde. Es war daher nicht zufällig, dass Wehner im Frühjahr 1944 in seinen Briefen an Mitgenossen immer wieder darauf hinwies, dass der »Internationalismus der sozialistischen Arbeiterbewegung [...] auferstehen« müsse, »wenn wir aus diesem Krieg einen fühlbaren Ruck nach vorwärts machen wollen«.[17] Zugleich kritisierte er in Anspielung auf die Stockholmer KPD-Führung den »verschwommenen Opportunismus nationaler Art«.[18]

Im Herbst 1944 vertraute Wehner schließlich Lotte Burmester an: »Der Entwicklung bin ich mit sehr offenen Augen gefolgt. Und wenn Du mal gelesen haben wirst, was ich im Gefängnis für mich niederschrieb, als ich von der Auflösung der Internationale hörte, wirst Du mir Recht geben. Für mich ist die sozialistische Sowjetunion ein ausschlaggebender Aktivposten im Kampf um den Fortschritt im Großen. Aber ich denke, dass nur eine wirklich internationale sozialistische Arbeiterbewegung diesen Fortschritt im Großen herbeiführen kann. Zurzeit ist eine solche nur in Verkleidungen (wenn überhaupt) vorhanden. Ich will mit meinen Kräften dieser wirklichen Bewegung dienen (ob im Großen oder Kleinen ist nicht *das* Entscheidende).«[19] Wehner ging es also in erster Linie um den sozialistischen Internationalismus. Seit der Konferenz von Teheran war es allerdings mehr als fraglich, ob er dafür im Rahmen der kommunistischen Politik noch den notwendigen Boden finden konnte. Angesichts dieser Hemmnisse war er bereit, seinen politischen Weg notfalls außerhalb der kommunistischen Bewegung fortzusetzen.

Die Trennung von der KPD

Das Kriegsende und die Frage der sozialistischen Bewegung im Nachkriegsdeutschland

Die Errichtung der Besatzungsherrschaft in Deutschland im Mai 1945 zerstörte Herbert Wehners Hoffnungen auf eine grundlegende Erneuerung der deutschen sozialistischen Bewegung. Das Besatzungsregime ließ keine Möglichkeit für einen Selbstreinigungs- und Selbstbefreiungsprozess des deutschen Volkes. Wehners Überlegungen zu einer »Selbstbesinnung und Selbstkritik« blieben unvollendet und waren in der deutschen Nachkriegsrealität zum Scheitern verurteilt.

Noch im Frühjahr 1944 hatte Wehner damit gerechnet, dass die Parteienlandschaft in Deutschland nach dem Krieg grundlegend verändert sein würde. Gegenüber seinen Briefpartnern hatte er immer wieder hervorgehoben, dass der Krieg noch »allerhand Entwicklungsmöglichkeiten« offen lasse, da die »politischen Interessen und Gesichtspunkte« die »militärische Entwicklung« dirigierten.[1] In Deutschland werde die absehbare Niederlage »Kräfte und Strömungen« freisetzen, »die sich nicht so ohne weiteres in alte Parteischemen einordnen« ließen.[2] Die Hoffnungen auf eine freie Entfaltung der politischen Kräfte und einen Neuanfang, der aus der Umbruchsituation nach dem Sturz des NS-Regimes heraus gewagt werden könnte, wurden jedoch enttäuscht, da die Besatzungsmächte von vornherein in die parteipolitische Entwicklung in Deutschland eingriffen und diese in ihrem Sinne manipulierten.

Das Kriegsende verschob Wehners gesamtpolitische Perspektive. War bisher die nationalsozialistische Diktatur der Hauptgegner gewesen, so wurden es nun die Besatzungsmächte. Im Ringen um eine Wiederbelebung der sozialistischen Bewegung in Deutschland waren die Siegermächte das Haupthindernis. Bereits im Frühjahr 1944, als sein Vertrauen auf den sozialistischen Internationalismus der sowjetischen Außenpolitik erschüttert worden war, hatte er damit begonnen, Vorstellungen über die Erneuerung der sozialistischen Kräfte in Deutschland zu entwerfen. Im April 1944 hatte er gegenüber Josef Wagner geäußert, dass die nächste Aufgabe darin bestehen müsse, eine »gründliche Analyse der gesellschaftlichen Entwicklung« zu betreiben.[3] Als Wagner auf diese Anregung positiv reagierte, unterbreitete ihm Wehner seinen Plan, eine »Volkshochschule« zu gründen, um auf diesem Wege ein »ernst arbeitendes Kollektiv« zu erhalten. Dieses »Kollektiv« sollte seine Hauptaufgabe darin sehen, eine Zeitschrift herauszubringen, die »die Grundlagen der gesellschaftlichen Entwicklung darzulegen hätte«.[4]

Bei diesem »Plan« orientierte sich Wehner wiederum an der Organisationstechnik Lenins: Dieser hatte in »Was tun?« das Projekt einer »gesamtrussischen politischen Zeitung« entfaltet, um auf diesem Wege »eine ständige Armee von erprobten Kämpfern systematisch sammeln und schulen« zu können.[5] Die Mitarbeiter der Zeitschrift sollten dabei den Grundstock für die Bildung einer revolutionären Kaderpartei darstellen. Auch Stalin hatte in seinen »Grundlagen« herausgestellt, dass das Lenin'sche Zeitungsprojekt die einzige Möglichkeit gewesen sei, »die unzähligen Zirkel und Organisationen zu einem einheitlichen Ganzen zu verbinden, die Bedingungen für die ideologische und taktische Einheit vorzubereiten und auf diese Weise das Fundament für die Bildung einer wirklichen Partei zu legen«.[6] So steckte auch in dem Wehner'schen Zeitschriftenprojekt von vornherein der Wunsch, die ideologischen und personellen Grundlagen einer neuen revolutionären Partei zu schaffen.

Als er im Sommer 1944 aus dem Internierungslager Smedsbo entlassen wurde, deutete er gegenüber Lotte Burmester an, dass er es für notwendig halte, eine von der KPD unabhängige politische Linie zu verfolgen. Er schrieb: »Was Du [...] nicht wissen kannst, ist, welche persönlichen Konsequenzen diese Strafzeit für mich gehabt hat. Ich habe schon früher nicht zu denen gehört, für die immer alles ›sonnenklar‹ ist, und die sich obenauf dünken. Wenn ich schon vor 1933 nicht darauf verzichten wollte, mit eigenen Gedanken die Geschehnisse durchzudenken, so habe ich mich seit 1933 mehr und mehr davon überzeugt, dass es notwendig ist, diese eigenen Gedanken zu entwickeln und zu verfechten.«[7] In seinen »Notizen« wird Wehner später festhalten: »Ich wollte [...] in wirklicher Unabhängigkeit ein einfaches Leben führen und meine Kräfte dafür einsetzen, an der Gesundung und Neubildung der sozialistischen Bewegung mitzuarbeiten, vornehmlich durch ehrliches Streben nach der Wahrheit und durch das Streben nach der Verwirklichung sozialistischer Brüderschaften.«[8] Dabei habe er nicht an einen Rückzug in eine der sozialistischen Splittergruppen gedacht, weil »deren mehr oder weniger selbstgefällige Betrachtungsweise nur die Kehrseite der offiziellen Parteimedaille« bilde.[9]

Angesichts der vehementen Bekämpfung aller »Abweichungen« innerhalb der kommunistischen, aber auch der sozialdemokratischen Partei war Wehners Vorsatz allerdings nur zu verwirklichen, wenn sowohl die SPD als auch die KPD im Nachkriegsdeutschland aufgrund ihrer Haltung zu den alliierten Kriegszielen als »britische« beziehungsweise »russische« Partei unwiderruflich diskreditiert sein würden. Dann hätte die von Wehner angestrebte Position der »Unabhängigkeit« politisch Gewicht erringen können. Durch die Errichtung der Besatzungsherrschaft wurden diese Überlegungen hinfällig.

Die »internationale Arbeiterklasse«, so schrieb Wehner im Juli 1945, eine Woche vor dem Beginn der Potsdamer Konferenz, an einen ehemaligen Mitinternierten, müsse sich ihrer

»Kraft und Möglichkeiten« bewusst werden, sowohl eine von Kriegen freie Weltordnung schaffen als auch die »individuelle und gesellschaftliche Freiheit« erringen zu können. In diesem Sinne ließe sich jedoch derzeit in Deutschland nicht ungehindert arbeiten. »Die Mächte, die zurzeit und für eine ganze Zeit die großen Umrisse der gesellschaftlichen Entwicklung festlegen wollen und wohl auch festlegen werden«, nähmen auf dieses Ziel keine Rücksicht.[10] Ausführlich legte Wehner gegenüber Peter Burmester, dem Sohn seiner Lebensgefährtin Lotte Burmester, im Sommer 1945 die Problematik der sich herausbildenden Nachkriegsordnung dar. Er schrieb:

»Ich glaube nicht daran, dass die imperialistischen Mächte und die Sowjetunion mit ihnen eine Garantie für einen dauernden Weltfrieden legen können. Nicht nur, weil einerseits Gegensätze zwischen den Angloamerikanern und der Sowjetunion vorhanden sind, sondern auch, weil dieser Krieg ja keineswegs die Grundursachen der imperialistischen Kriege beseitigt hat.

Wenn heute so viele Leute es sich recht einfach machen damit, dass sie erklären, Hitler und sein Nationalsozialismus (oder das deutsche Volk mit seiner militaristischen Mentalität) seien die Ursache des Krieges gewesen, so sind sie damit doch keinen Schritt näher an die Wahrheit herangekommen, als wenn man früher gesagt hat, der deutsche Kaiser Wilhelm einerseits oder der russische Zar andererseits seien die Kriegsschuldigen gewesen. Ehrlich gesagt halte ich es für eines der größten Übel, dass am Ausgang dieses blutigen und opferreichen Krieges noch viel weniger die Wahrheit über seine Grundursachen gesagt wird (und gesagt werden darf), als es nach 1918 geschehen ist.

Zurzeit lebt noch alles unter dem Banne der einfachen antinazistischen Parolen. Aber dem tiefer schauenden und denkenden Menschen wird doch jetzt schon offenbar, dass heute der Menschheit, und vor allem der Arbeiterklasse, die *ganze* Wahrheit gesagt werden müsste, statt dass auf dem Umwege über alle möglichen neupatriotischen und neunationalistischen Illusionen ein Teil der Wahrheit eingeschmuggelt wird und die Menschheit die anderen Teile stückweise durch neue schwere Erfahrungen sich erringen muss.

Ohne Zweifel ist die viel gerühmte Charta [der Vereinten Nationen], die doch an und für sich ein sehr dehnbares Stückwerk ist, immer noch besser als offener Krieg. Aber sie selbst ist keine Garantie für einen lang dauernden Frieden. Wenn nun die heutigen ›Realpolitiker‹ erklären, dass eben hinter der Charta die Einigkeit der ›Drei Großen‹ stehe und zukünftig stehen müsse, so ist diese Erklärung ungefähr ebenso viel wert, wie es der Versuch wäre, die Witterungsverhältnisse durch den Barometerstand erklären zu wollen.

Gäbe es eine internationale Arbeiterbewegung als politischen Faktor, so müsste sie, mit allem Ernst, ohne billige Agitationsphrasen, eine radikale Erklärung geben, d. h. eine Erklärung, die die Wurzel der Ereignisse aufzeigt. Davon sind wir leider sehr weit entfernt. Gerade deshalb aber werden so viele Menschen nach relativ kurzer Zeit vergessen haben, was sie eigentlich nie recht gewusst haben, denn was sie gewusst haben, das war nur die Außenseite (und von der nur wieder ein Bruchteil) der Ereignisse und Dinge.

Glaube mir: Auch wenn man den Menschen zwangsweise Buchenwaldfilme und Ähnliches immer und immer wieder vorführen und eintrichtern würde, würde das nicht helfen. Denn das ist nicht die ganze Wahrheit. Und außerdem: Gut und richtig ist, darauf hinzuweisen, welche Schuld die deutschen Rüstungsindustriellen und Kapitalisten an diesem Krieg haben. Aber es ist ein zweischneidig Schwert, wenn die amerikanischen Film- und Pressemagnaten und ihre finanzkapitalistischen Mithelfer und Hintermänner solche ›Aufklärungsarbeit‹ betreiben. Denn von vielen wird dies einfach als Konkurrenzkampf angesehen und deswegen nicht geglaubt. Dabei wird auch vieles als ›Propaganda‹ beiseite geschoben werden, was an und für sich wahr ist.

Nur eine wirklich unabhängige sozialistische Arbeiterbewegung, die sich nicht engstirnig-zünftlerisch nur mit

Fachaufgaben befasste, sondern mit allen fortschrittlichen unabhängigen Kräften der Intelligenz und anderer werktätiger Schichten den Aufklärungskampf gegen den Faschismus und alle seine verwandten Erscheinungen betreiben würde, könnte überzeugen, wenn sie unbestechlich ihre Wahrheiten vertreten würde. Das hieße aber auch, dass diese Bewegung tiefe und rücksichtslose Selbstkritik üben müsste, die nicht nur bloße Taktik ist, darauf berechnet, den jeweiligen taktischen Gegner um einen Trumpf zu berauben.

Lieber Peter – mögen die Propagandaredner und -schreiber sagen, was sie wollen, mag man behaupten, dass jeder, der nicht blind an die Allmacht und Allwissenheit der ›Drei Großen‹ (oder eines von ihnen) glaubt, ein verkappter Nazist sei, die Tatsache ist und bleibt, dass die Befreiung der Arbeiterklasse nur das Werk der Arbeiter selbst sein kann. Kein ›Großer‹ oder Staat, kein neuer Volksgemeinschaftsmischmasch und kein Wunder können ihr diese Aufgabe abnehmen. Wird sie sich aber dieser Aufgabe nicht bewusst (sie ihr zum Bewusstsein zu bringen, ist die Aufgabe der sozialistischen Arbeiterbewegung schlechthin), gibt es neue Krisen und Kriege, weil der Imperialismus immer wieder und immer fiebriger auf solche hintreibt.

Es gibt keine Garantie für Frieden, wenn die Arbeiterklasse, die internationale Arbeiterklasse, nicht als solche auf den Plan tritt und das gesellschaftliche Leben in neue Bahnen lenkt. Voraussetzungen dafür gibt es viele. Anzeichen spontaner Art sind auch oft spürbar. Aber von einem bewussten Zusammenwirken (freiem Zusammenwirken) der Kräfte, die in dieser Richtung wirken könnten, sind wir zurzeit weit entfernt.«[11]

Wolle man »etwas Positives für die gesellschaftliche Entwicklung tun«, so hielt Wehner im Sommer 1945 fest, so müsse man sich selbst »durcharbeiten«, »so bescheiden auch immer die Ausgangspunkte sein mögen«. Dann bestehe aber die Hoffnung, dass »[m]anche andere, ja wahrscheinlich viele andere, […] früher oder später in derselben Richtung wirken [werden]. Mit ihnen werden sich Bindungen ergeben, die zu einer Arbeitsgemeinschaft wachsen können.«[12] Derzeit sei es in Deutschland nur möglich, sich »unter Anwendung aller möglichen Schliche eine ›Position‹ im Gefolge irgendeiner der derzeitigen großen Mächte [zu verschaffen], um dann dort, mehr oder weniger als Beamter, gegebene Richtlinien durchzuführen«.[13]

Dies galt auch für die im Juni 1945 in der sowjetischen Besatzungszone zugelassenen neuen Parteien KPD, SPD, CDU und LDPD. Gegenüber dem KPD-Außenseiter Kurt Adam bemerkte Wehner dazu: »›Parteien‹, die eine Art von Vollzugsorganen militärischer Behörden sind, werden keinen besonders tiefen Eindruck machen.«[14]

Bis zum Sommer 1945 hatte sich Wehners Perspektive also darauf reduziert, zunächst auf sich allein gestellt mit der politischen Arbeit in Deutschland beginnen zu müssen, in der Hoffnung, dass daraus auf Dauer die Ansätze einer unabhängigen sozialistischen Bewegung entstehen könnten.

Vorgetäuschte Loyalität gegenüber der KPD

Auch wenn Wehners Entschluss zur Trennung von der KPD seit dem Frühjahr 1944 heranreifte, so bemühte er sich doch, dies so lange wie möglich geheim zu halten. Der Grund dafür entsprang zum einen der Furcht, im Falle eines offenen Bruchs mit dem Kommunismus als ehemaliger führender Funktionär der KPD Mordanschlägen ausgesetzt zu sein.[15] Zum anderen fühlte er sich zur Rücksichtnahme auf Charlotte Treuber verpflichtet. Charlotte Treuber war von 1929 bis 1941 die Lebensgefährtin Wehners gewesen. Bei seiner Übersiedlung nach Schweden im Frühjahr 1941 hatte sie in Moskau zurückbleiben müssen. Wehner hatte – wie er in seinen »Notizen« beschrieb – stets das Schicksal vor Augen, das Emigrantinnen in Moskau drohte, deren Männer aus der Partei ausgeschlossen worden waren. Sie hatten das »Lux«, das zum

Wohnquartier exilierter KP-Funktionäre umgewidmete Hotel, zu verlassen, bekamen nur die schlechtestbezahlte Arbeit und konnten nicht selten nur durch Prostitution ihren Lebensunterhalt verdienen.[16] Ein solches Schicksal wollte er Charlotte Treuber ersparen. Dass man ihn bereits am 6. Juni 1942 aus der KPD ausgeschlossen hatte, war Wehner, da es sich um einen Geheimbeschluss handelte, bis nach Kriegsende ebenso wenig bekannt wie seinem Kontrahenten Karl Mewis.[17]

Wehner schrieb vor und während seiner Haftzeit in Schweden regelmäßig am 24. Januar und 15. August Briefe an Charlotte Treuber.[18] Bei diesen beiden Daten handelte es sich um persönliche »Feiertage« ihrer Liebesbeziehung. Noch am 24. Januar 1946 beging er den Tag im Gedenken an seine einstige Geliebte als »stillen Feiertag«.[19] Im August 1945 äußerte Wehner in einem Schreiben an Lotte Burmester seine Sorge um Charlotte Treuber, die »doch so unter den Verhältnissen« gelitten habe, »in denen sie war«. Es »nage« an ihm, dass er keine Gewissheit über ihr Schicksal habe.[20] Günter Reimann offenbarte er schließlich im Frühjahr 1946, dass seine bisherige politische Zurückhaltung auch mit der Hoffnung zu tun gehabt habe, »einem mir sehr nahe stehenden Menschen eventuell später noch helfen zu können, wenn dazu noch irgendeine kleine Chance wäre«.[21]

Bis zum Frühjahr 1946 täuschte Wehner im Kontakt mit Personen, denen er nicht vollkommen vertraute, eine abwartende Loyalität gegenüber der Partei vor. In einem Schreiben an Kurt Adam, einem ebenfalls mit Mewis zerstrittenen KPD-Mitglied, beteuerte er noch im Januar 1946, dass er sich bisher in der Hoffnung »ruhig verhalten« habe, einmal Gelegenheit zu erhalten »richtig zu stellen, was verdreht worden ist«.[22] Dabei verfolgte Wehner eine Doppelstrategie: Einerseits war er bemüht, keinesfalls aus der KPD ausgeschlossen zu werden, andererseits scheute er aber nicht die politische Auseinandersetzung um die »richtige« Linie der Partei. Aus seiner Ablehnung von Karl Mewis und der von diesem abhängigen KPD-Auslandsleitung in Stockholm machte er keinen Hehl. Dies war nach seiner vernichtenden Beurteilung der Mewis'schen Arbeit gegenüber der Moskauer KPD-Führung auch nur konsequent. Als ZK-Mitglied konnte Wehner nicht von der Stockholmer Auslandsleitung, sondern nur von der Moskauer Exil-Parteiführung aus der Partei ausgestoßen werden.

Nachdem Wehner am 21. Juli 1944 entlassen und ihm als Aufenthaltsort die südschwedische Industriestadt Boras zugewiesen worden war,[23] meldete er sich bei der dortigen, der Stockholmer Auslandsleitung unterstehenden KPD nicht zurück. Mitte August 1944 wurde dieses Versäumnis von Karl Mewis zum Anlass genommen, gegen Wehner ein Untersuchungsverfahren in Gang zu bringen.[24] Zwei Mitglieder der Parteileitung, Erich Glückauf und Heinz Rauch, die von Wehner in Boras eine Stellungnahme zu seinem »Fall« einholen sollten, wurden von dem Angeschuldigten jedoch gar nicht erst empfangen.[25]

Mitte September erhielt Wehner durch Josef Wagner die Gelegenheit, über einen Mittelsmann, den sowjetischen Kommunisten Simon Sorkin, einen Bericht über seine Arbeit in Schweden in den Jahren 1941/42, seine Verhaftung im Februar 1942 und das Verhalten von Karl Mewis an Wilhelm Pieck in Moskau gelangen zu lassen. Da Sorkin aber, was Wehner nicht wusste, eng mit der schwedischen Sicherheitspolizei zusammenarbeitete, erreichte sein Bericht nicht Pieck, sondern verschwand in den Akten des schwedischen Sicherheitsdienstes.[26] Als aus Moskau eine Reaktion auf seinen Bericht ausblieb, sah sich Wehner in seiner Einschätzung bestätigt, dass die KPD-Führung »wie in so vielen früheren Fällen, ein schmutziges Zusammenleben einer reinlichen Scheidung vor[zieht]«.[27]

Im Oktober 1944 wurde Wehner damit konfrontiert, dass aus dem Umkreis von Mewis gegen ihn »Gerüchte« und »Verleumdungen« verbreitet wurden. Daraufhin erklärte er sich zu einer Aussprache mit kommunistischen Genossen am 20. Oktober 1944 in Boras bereit. Neun Tage später kam es schließlich zu einem Auftritt Wehners vor der dortigen Parteiversammlung der deutschen Kommunisten.[28] Dabei bemühte er sich, wie an dem erhalten gebliebenen Redekonzept zu erkennen ist, die »politische Linie« von Mewis als falsch auszuweisen. Er hoffte, dass seine Argumentation unter den kommunistischen Emigranten in Schweden thematisiert und dies »den Stein ins Rollen bringen und Voraussetzungen für eine Gesundung schaffen« würde. Die »kriminellen Anschuldigungen«, die er darüber hinaus gegen Mewis erheben könne, würden diesen Sachverhalt nicht verändern, sondern nur wesentlich »vertiefen«.[29]

Drei Wochen später, am 19. November 1944, fand in Boras eine weitere Parteiversammlung statt, auf der sich nun Mewis gegen die Vorwürfe seines Gegenspielers verteidigen sollte. Obwohl es Sonntag war, musste Wehner an diesem Tag arbeiten und konnte erst später zu dieser Veranstaltung erscheinen. So wurde in seiner Abwesenheit der Beschluss gefasst, dass er seine Differenzen mit der Stockholmer KPD-Auslandsleitung klären solle. Falls er zu der Parteileitung unter Mewis kein Vertrauen habe, solle er sich um Vermittlung an die schwedische KP wenden. Sollte er aber nicht bereit sein, auf diesem Wege sein Verhältnis zur Partei zu ordnen, werde jeder Genosse aufgefordert, den Kontakt mit ihm abzubrechen.[30] Wehner erreichte den Versammlungsort erst nach Ende der Veranstaltung. Dort wurde ihm in einer Unterredung im kleineren Kreis dieser Beschluss mitgeteilt.

Über dieses Gespräch, an dem auch Karl Mewis teilnahm, existieren zwei stark differierende Berichte, die jedoch zusammengenommen die Doppelstrategie Wehners deutlich machen. Während Karl Mewis nach Moskau berichtete, dass Wehner vor allem sein Verhalten in der Untersuchungshaft verteidigt und – da sein »Fall« von keiner Instanz in Schweden entschieden werden könne – darum gebeten habe, weiterhin als »einfaches Parteimitglied« an der Arbeit der KPD teilzunehmen,[31] erklärte Kurt Vieweg, in dessen Wohnung die Unterredung stattfand, dass Wehner »ein klares politisches Programm« entwickelt habe. Er habe »das Recht der Persönlichkeit, Demokratie in der Partei und Demokratie im Staate gefordert«, so dass jeder Anwesende davon überzeugt gewesen wäre, dass Wehner mit dem »Stalinismus« gebrochen habe.[32]

In den Wochen nach der Parteiversammlung vom 19. November wandte sich Wehner weder an die Stockholmer Parteileitung, um die Differenzen beizulegen, noch bat er die schwedische KP um Vermittlung. Folgerichtig wurde daraufhin von einer Parteikonferenz der Exil-KPD in Schweden zu Weihnachten 1944 der einstimmige Beschluss gefasst: »Die Untersuchung des Verhaltens von Wehner im Zusammenhang mit seiner Tätigkeit von 1942 muss dem Z. K. vorbehalten bleiben. Das Verhalten Wehners nach seiner Freilassung ist parteischädigend und macht eine Einreihung Wehners in die Parteiarbeit unmöglich.«[33] Auf der Parteikonferenz zu Ostern 1945 wurden schließlich mit Josef Wagner und Viktor Kunze zwei Genossen von der KPD-Arbeit in Schweden ausgeschlossen, weil sie weiterhin Kontakt zu Wehner hielten. Das Verdikt gegen diesen wurde erneut bestätigt.[34] Erst kurz vor der Tagung, im März 1945, hatte sich Wehner um Vermittlung an den Generalsekretär der schwedischen KP, Sven Linderot,[35] gewandt. Wehner erklärte diesen Schachzug später damit, dass seinen Informationen zufolge auf der bevorstehenden Parteikonferenz »Maßnahmen gegen einige Genossen beschlossen werden sollten, die ihr Misstrauen gegen Mewis geäußert hatten«.[36] Offenbar scheute er davor zurück, den Konflikt mit Mewis weiter eskalieren zu lassen.

Furcht vor der Abschiebung in die sowjetische Besatzungszone

Das Kriegsende und die Einrichtung einer sowjetischen Besatzungszone in Ostdeutschland machten Wehners Lage prekär. In Schweden gab es seit 1943 einen Ausweisungsbeschluss gegen ihn, so dass er jederzeit damit rechnen musste, kurzfristig, unvorbereitet und gegen seinen Willen abgeschoben zu werden. Für ihn als gebürtigen Dresdener konnte das bedeuten, dass er den sowjetischen Behörden ausgeliefert werden würde.

Als das Stockholmer Parlament im Frühjahr 1945 eine Untersuchungskommission bildete, die Licht in die nationalsozialistische Unterwanderung der schwedischen Ausländerbehörde während der Kriegszeit bringen sollte, bemühte sich Wehner zwar, von dieser Kommission die Aufhebung seines Ausweisungsbeschlusses zu erlangen. Sein Begehren wurde jedoch im Spätsommer 1945 endgültig abgelehnt.[37] Entgegen den ausdrücklichen Anweisungen der KPD-Leitung unternahm Wehner gleichzeitig Vorstöße, eine Einreiseerlaubnis für die westlichen Besatzungszonen zu erhalten. Im August 1945 hatte die Landesleitung der SPD durch Rundschreiben bekannt gemacht, sie solle auf Bitten der US-Militärregierung aus dem Kreis der Emigranten Personen benennen, die »beim Neuaufbau des deutschen Staates und des öffentlichen Lebens« mitwirken könnten.[38] Daraufhin wandte sich Wehner direkt an das amerikanische Konsulat in Stockholm, schilderte knapp seinen Lebenslauf und bezeugte sein Interesse an einer Einreiseerlaubnis. Dabei hob er besonders hervor, dass er »keiner politischen Partei« angehöre und vorhabe, sich in Hamburg niederzulassen, wo Charlotte Burmester, mit der er inzwischen eine feste Lebensgemeinschaft eingegangen war,[39] herstamme.[40] Dieses Gesuch blieb allerdings erfolglos.

Im Oktober 1945 erfuhr Wehner von dem KPD-Funktionär Willi Langrock, dass er als Zwangsausgewiesener zunächst in ein Lager nach Lübeck gebracht werden würde, wo alle vier Besatzungsmächte vertreten waren. Dort werde vor Ort über die Weiterverschickung in eine der vier Besatzungszonen entschieden.[41] Damit schien sicher zu sein, dass Wehner bei seiner Rückkehr nach Deutschland in die sowjetische Besatzungszone geschickt werden würde. In diesen Wochen versuchte Wehner zudem mit Hilfe von Verwandten Lotte Burmesters, die allesamt in den westlichen Besatzungszonen ansässig waren, eine Rückkehr nach Westdeutschland zu organisieren. Aber auch damit kam er nicht weiter. Hoffnungen setzte Wehner im Herbst 1945 schließlich auch auf Josef Wagner. Dieser war im Sommer 1945 als Fachmann für Schulfragen von den westlichen Besatzungsbehörden nach Hamburg zurückgeholt worden.[42] Lange Zeit ließ er jedoch nichts von sich hören. Als Wehner im Dezember 1945 das erste Schreiben Wagners erhielt, mußte er lesen, dass dieser noch keine Möglichkeit sähe, Wehner nach Deutschland kommen zu lassen.[43]

Mitte Januar 1946 legte Wehner daraufhin einem – offenbar einflussreichen – nichtkommunistischen Genossen seine Lage dar. Er schrieb, dass er vermutlich bereits in »ziemlich kurzer Zeit« Schweden verlassen müsse, »denn ich bin ausgewiesen«. Er habe vor, sich in Hamburg oder der Umgebung der Stadt niederzulassen, habe aber dort bisher keinen »Anknüpfungspunkt«. Er stamme aus Dresden, könne aber – »wie die Dinge liegen« – nicht dorthin zurück. Deshalb bitte er ihn darum, ihm behilflich zu sein, in Deutschland »einen Anknüpfungspunkt zu finden«.[44] Auch dieser Vorstoß Wehners hatte keinen Erfolg.

So schienen sich schließlich Mitte Februar 1946 seine schlimmsten Befürchtungen zu erfüllen, als er den Bescheid erhielt, dass seine Abschiebung unmittelbar bevorstehe.[45] Wehner setzte alle Hebel in Bewegung, die Ausweisung zu verhindern, argumentierte nun offen damit, dass er als ehemaliger Kommunist unmöglich in die sowjetische Besatzungszone gehen könne, und erreichte tatsächlich, dass der Abschiebungsbeschluss vorerst nicht vollzogen wurde.[46] Kurz darauf bekam er von Josef und Friedel Wagner endlich die Nachricht, dass er bei ihnen in Hamburg wohnen könne und dass diese Zusicherung ausreiche, damit Wehner von Lübeck aus nach Hamburg geschickt werde.[47] »Hätten wir Euren Brief drei Tage früher haben können«, schrieb Wehner zurück, »hätte er uns bei der Klärung eines Intermezzos helfen können, das sich daraus ergab, dass die alte Ausweisung wieder zu spuken begann, wogegen wir […] uns wenden mussten, weil ich aus prinzipiellen und Sicherheitsgründen Klarheit haben musste.« Klarheit darüber, »wohin wir gehören«, sei in seinem Fall eben wegen »der Lage meines Geburtsortes und der speziellen Verhältnisse« absolut notwendig.[48]

Übertritt zur SPD

Der Briefwechsel mit Günter Reimann 1946

Noch bevor es im Februar 1946 gelang, die drohende Abschiebung nach Deutschland abzuwenden, hatte Herbert Wehner den Entschluss gefasst, Kontakt zu dem Ex-Kommunisten Günter Reimann in den USA aufzunehmen.[1] Wehner kannte Reimann aus der Zeit vor 1933, als dieser Wirtschaftsredakteur der *Roten Fahne* gewesen war. Mitte der dreißiger Jahre hatte Reimann die KPD verlassen und war über Großbritannien in die USA emigriert. Wehner schätzte ihn als jemanden, der sich in seiner kommunistischen Zeit nicht mit den »offiziellen Verlautbarungen« zufrieden gegeben, sondern versucht hatte, die »wirkliche Lage« zu untersuchen. Insbesondere hatte Wehner zu Beginn der dreißiger Jahre den Eindruck gewonnen, dass er mit Reimann »in wesentlichen Punkten verwandte Auffassungen über die Probleme hatt[e]«. An diese vermeintliche Geistesverwandtschaft wollte Wehner im Frühjahr 1946 wieder anknüpfen, um sich mit Reimann über Fragen der »Entwicklung der Arbeiterbewegung im Ganzen« auseinander zu setzen.[2] Wehner verband mit dem Dialog vermutlich auch, sich über seinen weiteren persönlichen und politischen Weg klar werden zu können.

Der Briefwechsel zwischen Wehner und Reimann, der bis zum Beginn der fünfziger Jahre fortgesetzt wurde,[3] begann mit einem Informations- und Erfahrungsaustausch. Reimann berichtete Wehner über Diskussionen der zurückliegenden Jahre, die in einem »ganz kleinen Kreise«, vor allem unter Beteiligung des brasilianischen Sozialisten Mario Pedrosa, über

»die großen Fragen des russischen Systems« stattgefunden hätten.[4] Ende April 1946 sandte Reimann Wehner den ersten Teil einer zusammenfassenden Darstellung dieser Debatte,[5] den zweiten Teil erhielt Wehner am 25. Juni 1946.[6] Wehner entschloss sich im Gegenzug, für Reimann seine später berühmt gewordenen »Notizen« über seine Zeit als KPD-Funktionär niederzuschreiben, um, wie er es formulierte, »einem Freunde und mir selbst zu erklären, was ich in der kritischen Periode erlebt und erfahren habe«.[7] Ende Juli 1946 ließ er sie Reimann über Peter Blachstein zukommen.[8] Außerdem fertigte er für Reimann Abschriften von Briefen an, die er und seine Lebensgefährtin Lotte Burmester[9] aus Deutschland erhielten, um Reimann zusätzliche Anhaltspunkte für die Beurteilung der Lage in der gemeinsamen Heimat zu geben.

Die inhaltliche Diskussion zwischen beiden drehte sich um die Frage, was aus Deutschland werden würde und ob es dort überhaupt in absehbarer Zeit zur Herausbildung einer freien, von Großmachtinteressen unabhängigen sozialistischen Bewegung kommen könne. Eine Einigung darüber kam zwischen den Briefpartnern nicht zustande. Reimann leitete als Wirtschaftstheoretiker seine politischen Prognosen vor allem aus einer Analyse der Weltwirtschaftsstruktur ab, während Wehner bei seinen Langzeitprognosen den Schwerpunkt auf die Entwicklungsmöglichkeiten des Systems der internationalen Beziehungen legte.

Reimann erläuterte zunächst in einem zusammenfassenden Überblick seine Ansicht, dass die Sowjetunion nach der Oktoberrevolution durch das Ausbleiben einer proletarischen Revolution in Westeuropa auf den Weg zur »höchste[n] Stufe des Staatskapitalismus« geführt worden sei. Der sowjetische Staatskapitalismus beruhe im Unterschied zum westlichen Finanzkapitalismus nicht auf internationalen Monopolen, sondern auf der »Organisierung gewaltiger nationaler Monopole«. Die internationalen Monopole des Finanzkapitalismus ermöglichten durch Auslandsinvestitionen und die Beherrschung von ökonomischen Schlüsselstellungen sowie durch

Industrie- und Handelsmonopole die Bereicherung des imperialistischen Mutterlandes. Im Finanzkapitalismus sei es nicht ausgeschlossen, dass die herrschende Klasse eine Massenbasis für ihre Herrschaft gewinnen könne. Daher seien »demokratische Herrschaftsformen im imperialistischen Mutterland« möglich.[10] Die nationalen Monopole des Staatskapitalismus bedeuteten dagegen »lediglich eine Zentralisierung des Reichtums« durch Ausplünderung der Mittel- und Arbeiterklassen im eigenen Lande. Im Staatskapitalismus müsse der Staatsapparat als Herrschaftsinstrument unerhört erweitert werden und verschlinge einen wachsenden Teil der Produktion. Aufgrund der fehlenden Massenbasis werde als Ersatz-Massenbasis ein Einparteiensystem eingeführt. Die parlamentarische Herrschaft werde durch die Diktatur einer »autoritären Bürokratie« ersetzt.[11] Der Staatskapitalismus sei zugleich die »höchste Form des modernen Imperialismus«. Im Unterschied zum finanzkapitalistischen Imperialismus, der an der »Eroberung neuer Anlagefelder für das Finanzkapital« interessiert sei, gehe es dem staatskapitalistischen Imperialismus um die Eroberung neuer »Kolonial- und Herrschaftsgebiete« zum Zweck der »Ausbeutung auf parasitärer Grundlage«.[12]

Der westliche Finanzkapitalismus, so Reimanns Einschätzung, habe den Zweiten Weltkrieg geführt, um die internationalen Monopole auszubauen. In Bezug auf Deutschland ziele dies auf die Beseitigung der deutschen Industriekonkurrenz. Der Morgenthau-Plan sei eben keine leere Drohung gewesen. Demgegenüber sei die Sowjetunion auf die deutsche Industriewirtschaft, insbesondere die »deutsche technische Intelligenz«, auf »deutsche gelernte Arbeiter« und zum Teil auch auf »Fertigindustrien« angewiesen. Da unter sowjetischer Herrschaft von einer gewissen Rekonstruktion der deutschen Wirtschaftskraft ausgegangen werden könne, sei die »Anziehungskraft« der Sowjetunion im Vergleich zum westlichen Kapitalismus »in dem großen Zusammenprall zwischen beiden imperialistischen Blöcken« größer.[13]

Reimann kam daher im Sommer 1946 zu der Einschätzung,

dass es schon bald zu einer Verständigung zwischen Amerikanern und Russen über Deutschland kommen könne, da die Besatzungspolitik für die US-Regierung auf Dauer zu kostspielig werden würde. Es werde dann zur Räumung Deutschlands von den Besatzungstruppen, der Hinterlassung von Überwachungskommissionen, Reparationsverpflichtungen und der Einführung einer politischen Struktur kommen, die der Sowjetunion »die entscheidende Rolle in der neuen ›deutschen‹ Gesellschaft« gebe. In Deutschland werde es zu einem »neudeutschen Faschismus unter roten Fahnen« kommen, wobei die Sowjets die »deutschen Neu- und Alt-Nazitruppen und Militaristen als ihre Hilfsorgane voll ausnutzen« könnten. Zur Entwicklung demokratischer Verhältnisse werde es nicht kommen.[14]

Dass es zwischen der USA und der Sowjetunion komplementäre wirtschaftliche Interessen zur Ausschaltung der deutschen Konkurrenz vom Weltmarkt geben könne, mochte Wehner zwar nicht bestreiten, doch dass es auf dieser Grundlage zu einer amerikanisch-russischen Einigung über Deutschland kommen würde, hielt er für unwahrscheinlich. Sowohl in der amerikanischen als auch in der sowjetischen Politik sah er in erster Linie Großmachtpolitik und folgerte daraus, dass beide aufgrund der geostrategischen Bedeutung Deutschlands zu keiner Einigung gelangen würden. Reimann hielt er deshalb entgegen, dass bei dessen Szenario einerseits »das reale Kräfteverhältnis zwischen Am[erika] und Russl[and]« unterschätzt worden und andererseits »die Unwahrscheinlichkeit eines friedlichen Übereinkommens beider über Einflusssphärenteilung in *großem* Maßstab« unberücksichtigt geblieben sei. Deutschland »einfach dem Osten zu überlassen, würde bedeuten, dessen Kräfte für Asien zu vervielfachen, und nicht, Asien für einige Zeit außer russ[ischer] Reichweite zu halten«. Deshalb sei dies nicht zu erwarten. Vielmehr sei die Möglichkeit einer demokratischen Entwicklung in Deutschland »nicht von der Hand zu weisen«. »[V]ielleicht kommt sie nur für einen Teil [Deutschlands] in Frage, aber immerhin.«[15]

Der unterschiedlichen Einschätzung des weiteren Schicksals Deutschlands entsprechend, bestanden auch in der Frage einer möglichen Wiederbelebung einer freien sozialistischen Bewegung in Deutschland Differenzen zwischen Reimann und Wehner. Reimann ging davon aus, dass in Deutschland das Proletariat zwar durch die Proletarisierung aller übrigen Klassen, insbesondere auch der »alten Oberklassen« und der »Intelligenz«, zahlenmäßig angeschwollen sei. Gleichzeitig sei aber infolge des Niedergangs der deutschen Industrie und der damit einhergehenden Dezimierung der »industriellen Arbeiterklasse« das deutsche Proletariat als Klasse entscheidend geschwächt. Große Teile des deutschen Proletariats seien zudem durch die Besatzungspolitik in den Status der »Staatssklaverei« überführt worden, ohne dass die Folgen dieses gesellschaftlichen Wandlungsprozesses für das Klassenbewusstsein dieser Bevölkerungsschichten bisher erkennbar seien.

Die proletarische Klasse verkörpere heute die deutsche Nation, hänge aber andererseits auch vom Bestehen der Nation ab. Die »Russen« seien heute in der Lage, »über das physische Bestehen der Nation zu entscheiden«. Da der »soziale Befreiungskampf« nicht ohne »nationale Befreiung« geführt werden könne, sei das deutsche Proletariat durch die politische Konstellation der Nachkriegszeit zusätzlich geschwächt. Die KPD werde die Neuorganisierung Deutschlands als eines »Satellit[en] des russischen Imperialismus« anstreben und daher notwendigerweise »jegliches Neuauferstehen eines selbständigen Klassenbewusstseins, wie auch Nationalbewusstseins« konsequent unterdrücken. Ihr komme auch das »Nichtbestehen des Internationalismus als praktisch wirkende Kraft in der internationalen Arbeiterbewegung« und die »Teilnahme der Arbeiterparteien in den westlichen Ländern an der Versklavung und Unterdrückung des deutschen Volkes« zugute; denn dies erzeuge eine »Stimmung der Hoffnungslosigkeit und Aussichtslosigkeit, die internationale[n] proletarische[n] Bewegungen neu zu beleben und in ihnen einen Ausweg zu suchen.«[16]

Die »soziale Korruption unter imperialistischer Fremdherrschaft«, so Reimanns Prognose, werde zur »völligen Dekadenz und Korrumpierung der alten Bewegung, insbesondere auch der KPD, aber auch der SPD« führen.[17] Es sei festzustellen, dass es in der SPD »unter den alten Bürokraten eine ›westliche‹ Abteilung [gebe], die [die SPD] zu einem Instrument der Auslandsmacht mache, ähnlich wie [die KPD] zum Instrument des östlichen Imperialismus geworden« sei.[18] Wie der Krieg geendet habe, sei eben »in der ungünstigsten Weise vor sich gegangen«. Dass »eine große Bewegung, welche nicht Anhängsel einer der großen Mächte ist, als entscheidende Kraft in die Geschichte eingreift, [sei] nicht in der sofortigen Zukunft zu erwarten«.[19]

Dem hielt Wehner entgegen: »Die Prätorianergarde der östlichen Macht ist zahlenmäßig stärker als die der westlichen Mächte. Damit ist nicht gesagt, dass die östlich orientierten Kräfte stärker wären, als die ihnen widerstrebenden. Aber in den Organisationen außerhalb [der KPD] sind mehr Elemente, die antiöstlich, doch nicht einfach westlich gebunden sind. Es gibt Leute, die man einfach als Fremdenlegionäre für irgendeine westliche Macht qualifizieren kann. Aber m. E. ist ihre Zahl geringer als die der bewussten Fremdenlegionäre für den Osten.

In der [SPD] sind viel mehr Leute, die eine ›deutsche Orientierung‹ haben. Noch sind auf entscheidenden Gebieten die Voraussetzungen für Organisationsbildung und -tätigkeit zu kümmerlich, als dass es möglich wäre, die Tendenzen klar zu sehen. Aber es wird sich bald zeigen, dass sich aus den unter soz[ial]dem[okratischem] Einfluss stehenden Organisationen und Gruppen die hauptsächlich für eine Neuformierung der Arbeiterbewegung in Frage und Betracht kommenden Kräfte entwickeln werden, während die unter dem Einfluss [der KPD] stehenden Organisationen und Gruppen zur Gefolgschaft der Prätorianergarde für die Ostmacht werden und wenig Spielraum für eine grundsätzliche Neuorientierung geben werden.«[20]

Gerade im »Kampf gegen die Gleichschaltung, die von der Ostmacht betrieben wird und die alle Tendenzen zu einem ›roten‹ Faschismus enthält«, sah Wehner die Möglichkeit, dass sich auf Dauer »im Bereich der unter soz[ial]dem[okratischem] Einfluss stehenden Organisationen und Gebiete doch Elemente einer unabhängigen, grundsätzlich nach einer Neuorientierung suchenden Bewegung entwickeln werden«.[21] Da dieser »Widerstand der Soz[ial]dem[okratie] gegen die östliche Gleichschaltung wesentlich für die Erhaltung eines Spielraumes für die Entwicklung neuer Kräfte der Arbeiterbewegung« sei, müsse dieser Kampf unterstützt werden.[22]

Damit war – zumindest intellektuell – Wehners Entscheidung zum Eintritt in die SPD gefallen. Sie gründete in der Einsicht, dass unter den gegebenen Bedingungen nur diese Partei einen Ansatzpunkt für den Wiederaufbau einer unabhängigen internationalistisch-sozialistischen Bewegung in Deutschland bot.

Politischer Neubeginn in der Hamburger SPD

Anfang September 1946 erhielt Wehner in Uppsala den Bescheid, dass die britischen Besatzungsbehörden seine Einreise erlaubt hätten.[23] Am 19. September trat er daraufhin von Trelleborg aus die Rückreise nach Deutschland an. Nach einigen Tagen Aufenthalt im Durchgangslager Pöppendorf bei Lübeck konnte er nach Hamburg weiterreisen. Dort angekommen, trat er am 8. Oktober 1946 der SPD bei.[24]

Zunächst verfolgte Wehner weiter das Ziel, eine Volkshochschule zu eröffnen. Kaum war er in Hamburg eingetroffen, wurde ihm auch die Übernahme der Heimvolkshochschule in Rendsburg angeboten. Damit schien sich sein Traum, ein Zentrum für die Erneuerung der sozialistischen Bewegung in Deutschland zu bilden, zu erfüllen. Doch als er aufgefordert wurde, Zeugnisse über seine akademische Ausbildung vorzulegen, musste er erkennen, dass er die formalen Voraussetzungen für die Leitung einer Volkshochschule in Deutschland überhaupt nicht erfüllte.[25]

Daraufhin arbeitete Wehner an der von Willi Eichler neu gegründeten Zeitschrift *Geist und Tat* mit, offenbar in dem Wunsch, im Rahmen dieser Tätigkeit eine sozialistische Reformgruppe aufbauen zu können.[26] Wie er später gegenüber Hellmut Kalbitzer äußerte, hoffte er, »die geplante Zeitschrift werde eine Gemeinde Gleichstrebender um sich sammeln, um – ohne geistige Gleichschaltung – so vielseitig wie möglich anregend auf die Debatte zu wirken«. Die Zeitschrift sollte einen »lebendigen Beitrag zur Erneuerung der sozialistischen Bewegung [...] leisten und alles daran setzen, zu einem Zentrum für Vorschläge, Anregungen, Kritik und Diskussion zu werden«.[27]

Seine Vorstellungen scheiterten allerdings. Wehner schob dies darauf, dass Eichler und seine Freunde, die aus dem Internationalen Sozialistischen Kampfbund (ISK) zur SPD gelangt waren, in ihrer Zeitschrift »einfach ihre alte Ordensideologie weiter[pflegten]« und »beschränkt genug [seien], die persönlichen Kontakte aus ihrer ISK-Zeit höher zu stellen als die Notwendigkeit, zur Erarbeitung neuer geistiger Waffen für die Arbeiterbewegung beizutragen«. Hinzu komme, dass sie »Rücksichten auf Beziehungen nehmen, die es ihnen nicht opportun erscheinen lassen, freier Kritik Raum zu geben«.[28] Sowohl Wehners Versuch einer kritischen Behandlung der Rundfunksendungen der britischen Besatzungsmacht als auch sein Anstoß zu einem »deutsch-französischen Gespräch« seien vereitelt worden. Als Wehner schließlich in Willi Eichlers *Sozialistischer Presse-Korrespondenz*, die er im Sommer 1947 vertretungsweise redigierte, eine Arbeit erscheinen ließ, in der »dargelegt wurde, wie die Praxis, die in den Westzonen herrscht, die Gefahr einer Hinwendung zu russischen Lockungen in sich [trägt]«, habe es den »ersten Krach« gegeben.[29]

Von längerer Dauer und insgesamt erfolgreicher war Wehners im Herbst 1946 aufgenommene Tätigkeit als freier Lektor mehrerer Hamburger Verlage, des Phönix-Verlags, des

Oetinger-Verlags, des Verlags für Wirtschaft und Sozialpolitik und des Auerdruck-Verlags. In einem zu Beginn dieser Beschäftigung entstandenen »Vorschlag zur Vorbereitung der Bücherproduktion« nannte er als Hauptgesichtspunkte für die Herausgabe von Büchern und Schriften: »Wesentlich erscheint mir die Herausgabe von Büchern und Schriften, die den internationalen Charakter der sozialistischen Bewegung und zugleich die Vielfalt ihrer Erscheinungsformen zum Ausdruck bringen. In dieser Richtung sollte der Verlag, ohne sich einseitig festzulegen, seine Spezialaufgabe erblicken. Es wäre von großem Wert, die deutschen Leser mit der Lage und Entwicklung der sozialistischen Bewegung und Ideen in verschiedenen Ländern vertraut zu machen, dadurch ihre Fähigkeit zum Erkennen und kritischen Werten von Zusammenhängen zu fördern und einen Zusammenhang herzustellen zwischen den sich wieder entwickelnden sozialistischen Kräften in unserm Land und der Bewegung in den anderen Ländern.«[30]

Schon in Schweden hatte Wehner vom Uppsalaer Humanbiologen Gunnar Dahlberg, in dessen Institut er seit Sommer 1945 als wissenschaftliche Hilfskraft gearbeitet hatte, und von dem linkssozialistischen Emigranten Willy Strzelewicz die Erlaubnis eingeholt, ihre Schriften in deutscher Übersetzung herauszugeben. So erschienen im Hamburger Phönix-Verlag 1947 die Übersetzungen von Dahlbergs »Vererbung und Rasse« und »Die zukünftige Gesellschaft«[31] sowie das deutsche Manuskript von Strzelewicz' »Der Kampf um die Menschenrechte«.[32] Im Weiteren veranlasste Wehner im Herbst 1946 die Publikation zweier Schriften Harold Laskis in deutscher Sprache:[33] 1947 kam im Phönix-Verlag Laskis Untersuchung über das kommunistische Verhalten gegenüber der Labour Party heraus[34] und 1949 bei Auerdruck Laskis »Einführung in das Kommunistische Manifest«.[35] Auch für die Veröffentlichung von Leon Blums »Dein Weg zum Sozialismus« in deutscher Sprache setzte sich Wehner ein. Eine feinfühlige Einleitung in das Werk des französischen Sozialisten lieferte er gleich dazu.[36]

Besonders am Herzen lag Wehner die Herausgabe der Schriften Arthur Koestlers. Im Oktober 1946 bemühte er sich, die Erlaubnis zum Druck von »The Yogi and the Commissar« und »Darkness at Noon« zu erhalten.[37] Während die deutsche Übersetzung des zweiten Werkes jedoch bereits im Zürcher Atlantis-Verlag vorbereitet wurde[38] und er dafür keine Druckerlaubnis mehr erhalten konnte, gelang es ihm, im Auerdruck-Verlag 1947 die erste deutsche Übersetzung von »The Yogi and the Commissar« herauszubringen. Dabei handelte es sich um eine Teilübersetzung, die unter dem Titel »Aus Yogi und der Kommissar: Sowjet-Mythos und Wirklichkeit« erschien und bereits im darauf folgenden Jahr die zweite Auflage erlebte.[39]

Um ein »positiv wirkendes Gegengewicht gegen die Überhandnahme von einfachen Neudrucken so genannter klassischer Schriften des Sozialismus« zu schaffen – er spielte mit dieser Äußerung auf die Publikationstätigkeit der Ost-Berliner SED-Verlage an –, schlug Wehner im Herbst 1946 vor, Rosa Luxemburgs unvollendet gebliebene Schrift »Zur russischen Revolution« neu herauszugeben.[40] Das Werk erschien auch tatsächlich 1948 im Oetinger-Verlag.[41] Es blieb für lange Zeit die einzige neuere Ausgabe in Deutschland. Mit Blick auf die kirchenpolitischen Auseinandersetzungen zwischen der SPD und den Unionsparteien besorgte Wehner 1947 die Neuherausgabe von Karl Kautskys »Die Sozialdemokratie und die katholische Kirche« und hob im Vorwort hervor, dass es geradezu das Programm der Sozialdemokratie sei, »die Träger religiöser Überzeugungen vor Verfolgungen, Benachteiligungen und Verunglimpfungen zu schützen«. Deshalb müsse sich die SPD dagegen wehren, »das religiöse Bekenntnis zu einem Gegenstand des politischen Kampfes zu machen«.[42]

In der Folgezeit förderte Wehner die Übersetzung der beiden Schriften des SPD-Emigranten Kurt Heinig »Der schwedische Mittelweg – Soziale Sicherheit« und »Nationalökonomie des Alltags«,[43] setzte sich für die Publikation der kritischen Marxismusstudien Ernst Böses ein,[44] für die Drucklegung der

Untersuchungen von Solomon M. Schwarz über die Lebensverhältnisse der sowjetischen Arbeiterklasse[45] und des Erfahrungsberichts Gerda Morberger-Krautters über ihr Exil in der Sowjetunion.[46]

Dem Werk des damals recht erfolgreichen Sachbuchautors Josef Radermacher, der 1947 allein vier Bücher im Oetinger-Verlag veröffentlicht hatte,[47] stand Wehner dagegen äußerst reserviert gegenüber. Radermachers Manuskript mit dem Titel »Was nun? – fragt die Jugend« warf er »ganz unerträgliche Flachheit« vor und plädierte für eine gründliche Überarbeitung.[48] Als Radermacher im Herbst 1947 eine Schrift unter dem Titel »Erdachte Großmacht« einreichte, in der er nachzuweisen versuchte, dass »alle reaktionären oder nazistischen und antidemokratischen Bestrebungen sich schließlich und endlich auf die Konfessionen berufen« könnten, lehnte Wehner die Veröffentlichung rundweg ab. Der Verfasser, so legte er dar, ignoriere, »dass viele religiös empfindende Menschen durch die Wirklichkeit des Nazismus dazu gekommen sind, das Freiheitliche und sozusagen Humanitäre im Christentum zu finden und auf ihm eine Abwehrposition gegen den Nazismus aufzubauen«. Wenn ein sozialistischer Verlag diese Arbeit erscheinen lasse, trage er dazu bei, »eine Frontstellung gegen *alle* religiös empfindenden Menschen« zu errichten. Stattdessen müsse es »im Sinne aller antitotalitären Menschen liegen, im Kampf oder Widerstand gegen den faschistischen oder sonstigen Totalitarismus und gegen reaktionäre Tendenzen aller Art *alle* Möglichkeiten zu gemeinsamem Handeln oder auch nur zu gemeinsamem Gespräch zu pflegen«.[49] Nach diesem Gutachten Wehners erschien kein weiteres Buch Radermachers mehr im Oetinger-Verlag.

Völlig ablehnend stand Wehner auch Werken gegenüber, die entweder die Sowjetunion als Musterbeispiel des Sozialismus bezeichneten[50] oder in denen er Spuren eines »völkischen Sozialismus« oder nationalsozialistischer Ideologie entdeckte.[51] Ausführlich legte er in diesen Fällen die Ablehnungsgründe dar und hatte damit in jedem Fall Erfolg.

Insgesamt kann die Lektorentätigkeit Wehners als recht erfolgreich gewertet werden. Von den etwa 110 Titeln, die in den Jahren 1947/48 in den Verlagen Auerdruck, Oetinger und Phönix erschienen, gingen 15 Publikationen auf die Anregung und das Wirken Wehners zurück. Dabei gelang es ihm, mit der Übersetzung von Schriften Harold Laskis und Arthur Koestlers sowie der Herausgabe von Rosa Luxemburgs »Zur russischen Revolution« Akzente zu setzen, die sonst im Programm der Hamburger Verlage fehlten. Trotzdem schränkte Wehner im Laufe des Jahres 1947 seine Lektorentätigkeit stark ein[52] und gab sie im folgenden Jahr ganz auf. Offenbar wurde ihm immer mehr bewusst, dass sich mit der Herausgabe von Büchern nur in begrenztem Maße Einfluss auf die Entwicklung innerhalb der sozialistischen Bewegung nehmen ließ.

Als Wehners soziale Lage infolge einer langwierigen Erkrankung Lotte Burmesters im Frühjahr 1947 prekär wurde, da er mit der Arbeit als Lektor nicht genug Geld verdiente, entschloss er sich zur Übernahme des Postens eines außenpolitischen Redakteurs beim sozialdemokratischen *Hamburger Echo* zum 1. April 1947. Diese Aufgabe befriedigte ihn allerdings nicht. Als Redakteur eines sozialdemokratischen Blattes, so vertraute er im Dezember 1947 Günter Reimann an, könne er nicht die »volle Wahrheit« schreiben, müsse »Parteirücksichten« nehmen, brauche aber auch nichts zu schreiben, »das gegen die Wahrheit verstößt, und nichts, das unwahr wäre«.[53] Im Frühjahr 1948 bemühte sich Wehner daher zusammen mit Hellmut Kalbitzer, eine eigene, parteiunabhängige Wochenzeitung zu gründen. Dieser Versuch scheiterte jedoch an den Lizenzierungsbehörden.[54]

In seinen ersten Hamburger Jahren widmete sich Wehner auch besonders der Rednertätigkeit. Nachdem er bereits im Oktober und November 1946 an drei Diskussionsabenden in Hamburg teilgenommen hatte,[55] wurde er Anfang Januar 1947 als Referent der SPD-Landesorganisation registriert.[56] Sobald nach den Wintermonaten, in denen wegen der Heizmittelknappheit keine Veranstaltungen stattfinden konnten, das politische Leben wieder in Gang kam, begann Wehner, auf Bezirks- und Distriktsversammlungen der Hamburger SPD zu wechselnden Themen Vorträge zu halten. Dabei wurde er schon bald zu einem der gefragtesten Redner der Landesorganisation. Seit Sommer 1947 trat er regelmäßig an drei Abenden in der Woche bei SPD-Veranstaltungen auf.[57]

Die wenigen überlieferten Versammlungsberichte der Hamburger SPD-Landesorganisation über die Veranstaltungen Wehners vermitteln allerdings einen zwiespältigen Eindruck. Auch wenn sie die Auftritte Wehners durchweg positiv werteten, so machten sie doch auch deutlich, dass der Redner seine Zuhörer durch seine Ausführungen eher in sprachloses Erstaunen versetzte, als sie zur intensiven Auseinandersetzung anzuregen. So wurde zum Referat Wehners auf dem Bezirksabend des SPD-Distrikts Eimsbüttel-Nord am 4. November 1948 bemerkt: Die Versammlung sei »beeindruckt« gewesen. Das hätten die Äußerungen nach dem Vortrag bewiesen. Allerdings verlange Wehner »etwas Voraussetzung von seinen Zuhörern«.[58] Der Organisationsleiter Julius Hansen notierte zu einer Veranstaltung mit Wehner am 9. März 1948: »Das Referat hatte ein hohes politisches Niveau. Das ist wohl auch der Grund, warum eine rege Aussprache nicht in Fluss kommen wollte.«[59] Von einer Bezirksversammlung am 1. Februar 1948 wurde berichtet: »Alle Genossinnen und Genossen folgten interessiert dem Vortrag [Wehners], obgleich das Referat mit Schlusswort fast 3 Stunden dauerte.«[60] Und der Leiter einer Sitzung im Distrikt Winterhude-Nord am 19. Mai 1948 fasste schließlich den Eindruck über ein Referat Wehners zum Thema »Außenpolitische Betrachtungen« mit den Worten zusammen: »Vorzüglich! [...] Diskussion konnte wegen Zeitmangel nicht stattfinden.«[61]

Auch Wehner selbst äußerte sich zurückhaltend über die Wirkung seiner Reden. Zwar habe er den Eindruck, dass er »den einfachen Menschen manches zu sagen verstehe«,[62] doch dort, wo er sich – wie bei seinem Auftritt vor der Sozialistischen Arbeitsgemeinschaft der Hamburger SPD-Landesorganisation am 25. Oktober 1946 – eine geistig anregende Diskussion versprochen hatte, fand er die Aussprache[63] »recht dürftig«.[64] So hielt er als positive Aspekte seiner Referententätigkeit vor allem fest, dass er dadurch »viele Menschen und recht gut auch die Verhältnisse«, insbesondere die »Beschwerden und Stimmungen der Bevölkerung«, kennen lerne.[65]

Seit Sommer 1947 leitete Wehner zusammen mit Josef Wagner einen Schulungskurs für Parteifunktionäre im Kreis Altona.[66] Diese »Arbeitsgemeinschaft Wehner«[67] entsprach noch weniger als seine Vortragstätigkeit seinen hoch gesteckten Erwartungen. Über die Kursteilnehmer urteilte Wehner, dass ihre »Bereitschaft, durchzuhalten und sich überhaupt von den gängigen Wegen leichtfasslicher Agitation wegzubegeben, [...] sehr schwach« sei. Als bezeichnend wertete er, dass keiner der Funktionäre Karl Marx' »Lohnarbeit und Kapital« von 1849 kenne und einer der Anwesenden diese Schrift sogar mit »Das Kapital« verwechselt habe. Auch von den Teilnehmern eines vierzehntägigen Schulungskurses für junge Gewerkschaftsfunktionäre und Jungsozialisten wusste Wehner zu berichten, dass keiner von ihnen »je eine der grundlegenden Schriften von Marx oder Engels gelesen« habe. Unter diesen Bedingungen sei eine »mehr in die Tiefe gehende Bildungsarbeit« nicht möglich.[68]

Aufgrund seiner intensiven Vortragstätigkeit, seiner Schulungsarbeit und seiner Mitarbeit am *Hamburger Echo* stieg Wehner innerhalb der Hamburger SPD bald in den engeren Führungszirkel auf. Bereits ein halbes Jahr nach seinem Parteieintritt wurde er im April 1947 auf dem Landesparteitag als Kandidat für den Landesvorstand vorgeschlagen. Mit 177 von 774 Stimmen erhielt er dabei ein erstes Achtungsergebnis.[69] Ein Jahr später wurde er schon im Vorfeld des Landesparteitags von zwei Hamburger Distrikten erneut als Kandidat nominiert. Daraufhin wurde er mit 274 von 344 gültigen Stimmen in den Landesvorstand gewählt.[70] Im Juli 1948 wurde er zum Delegierten für den Düsseldorfer SPD-Parteitag bestimmt,[71] wo er seine erste Parteitagsrede hielt, in der er sich öffentlich zu seinem Bruch mit dem Kommunismus bekannte.[72] Kurz darauf wurde in Hamburg der erste Versuch eines Attentats auf Wehner durch Zufall vereitelt. Der Wehrmachtsdeserteur Oberbichler, den Wehner aus dem schwedischen Internierungslager Smedsbo kannte, war von der KPD für einen Mord an Wehner angeheuert worden. In Hamburg wurde Oberpichler wegen illegalen Waffenbesitzes festgenommen und gestand gegenüber der Polizei den Mordauftrag.[73]

Das Verhältnis zum Hannoveraner Parteivorstand

Noch von Schweden aus hatte Herbert Wehner bereits im Juni 1946 Kontakt zum Hannoveraner SPD-Parteivorstand aufgenommen. Nachdem seit Februar 1946 keine Gefahr mehr bestand, dass er zwangsweise in die sowjetische Besatzungszone abgeschoben würde, machten ihm nun die britischen Behörden Schwierigkeiten. Von Frühjahr 1946 an erteilten sie bis auf weiteres keine Erlaubnis mehr für die Einreise in ihre Besatzungszone.[1]

Anfang Juni 1946 wandte sich Wehner daraufhin an einen Vertreter der SPD in Schweden und fragte nach, ob es nicht möglich sei, dass sich der Hannoveraner Parteivorstand der SPD für ihn einsetze.[2] Doch der Versuch, auf diesem Weg eine Ausnahmegenehmigung für die Einreise in die britische Zone zu erhalten, scheiterte. Als Wehner wenige Wochen später erfuhr, dass Herbert Schütt, ein Schwager von Lotte Burmester in Hannover, engen Kontakt zu Fritz Heine vom Parteivorstand der SPD hatte, schilderte er Schütt in einem Brief ausführlich seinen »Fall« und bat darum, sich bei Heine für ihn einzusetzen.[3] Das Schreiben wurde Fritz Heine übergeben, doch dieser musste Wehner ausrichten lassen, dass der Parteivorstand der SPD keinen Einfluss auf die Einreisegenehmigungen der britischen Besatzungsbehörden nehmen könne.[4]

Aufgrund dieses Vorstoßes war die SPD-Spitze allerdings bereits im Sommer 1946 darüber orientiert, dass der kommunistische Spitzenfunktionär Herbert Wehner die KPD verlassen hatte und über kurz oder lang seine Ankunft in der britischen Besatzungszone zu erwarten war. Kaum war Wehner in

Hamburg eingetroffen, erhielt er daher einen Brief von Sigi Neumann, einem Ex-Kommunisten und guten Bekannten Peter Blachsteins, der im Laufe des Jahres 1946 Mitarbeiter des SPD-Parteivorstands in Hannover geworden war. Neumann war mit dem Aufbau des Ostbüros der SPD betraut worden.[5] Er bat Wehner, so bald wie möglich nach Hannover zu kommen.[6] Offenbar wollte er ihn sofort für eine Mitarbeit beim Ostbüro gewinnen. Wehner bemühte sich auch umgehend nach Hannover zu reisen, nicht zuletzt, weil der Parteieintritt eines ehemaligen Spitzenfunktionärs der KPD von Kurt Schumacher gebilligt werden musste. Wegen der desolaten Verkehrsverhältnisse gelang es Wehner jedoch erst zu Weihnachten 1946 eine Zugfahrkarte nach Hannover zu bekommen.[7]

Annemarie Renger erinnert sich an das erste Zusammentreffen zwischen Wehner und Schumacher und daran, dass ihr Chef auf seinen Besucher »neugierig« gewesen sei. Ihr sei erklärt worden, dass Wehner sehr nützlich sein könne, »denn er wisse besser als irgendein anderer über den kommunistischen Apparat und die sowjetische Politik Bescheid«. Außerdem habe er im »Dschungel der Nachrichtendienste umfangreiche Kenntnisse über das ganze Agentensystem und die Personen« erworben.[8] Diese Erinnerungen Rengers deuten darauf hin, dass Schumacher Wehner zunächst vor allem als wertvolle Verstärkung seines Ostbüros ansah. Tatsächlich beschränkte sich Wehners Beziehung zum Parteivorstand in den Jahren 1947/48 auch darauf, ständig Kontakt zu den Leitern des Ostbüros, Sigi Neumann und später Stephan Thomas, zu halten. Dabei wurde sein umfangreiches Wissen über die KPD und die Komintern systematisch abgeschöpft.[9]

Doch auch Wehner selbst wurde einer eingehenden »Überprüfung« unterzogen. Nachdem Sigi Neumann Ende 1947 die Leitung des Ostbüros abgegeben hatte, beauftragte Schumacher dessen Nachfolger Stephan Thomas damit, Wehners Verhalten in Schweden zu untersuchen.[10] Thomas hatte dabei offenbar auch Zugang zu den bis heute gesperrten Unterlagen des schwedischen Geheimdienstes über Wehner.[11] Von dieser

Überprüfungsaktion soll Wehner erst nach dem Tode Schumachers erfahren haben.[12] Dass er später darüber informiert war, bezeugt eine Bemerkung, die er in den siebziger Jahren in einem Interview des Deutschlandfunks machte.[13]

Von Mitarbeitern des Ostbüros ist später behauptet worden, die Informationen, die Thomas über Wehner beschaffte, hätten dazu geführt, dass Schumacher sich 1947/48 weigerte, Wehner zu empfangen.[14] Dies ist unwahrscheinlich.[15] Tatsächlich hatte Wehner auch in der Zeit, bevor Thomas in Skandinavien Erkundigungen einzog, keinen ständigen Kontakt zu Schumacher. Dass sich dies unmittelbar danach nicht änderte, ist nicht verwunderlich, da der SPD-Parteivorsitzende fast während des ganzen Jahres 1948 schwer erkrankt war.[16] Nachdem Schumacher aber gegen Ende des Jahres 1948 die politische Tätigkeit wieder aufgenommen hatte, wurde Wehner umgehend nach Hannover bestellt. Nach den Eintragungen in Wehners Terminkalendern zu urteilen, kam es am 15. Dezember 1948 zu einem zweiten Zusammentreffen zwischen dem Ex-Kommunisten und dem SPD-Parteivorsitzenden.[17] Der Anlass war, das Vorgehen im »Fall Arp« abzustimmen.[18] Von Josef Wagner hatte Wehner erfahren, dass der ehemalige schleswig-holsteinische Landwirtschaftsminister Erich Arp (SPD)[19] im Frühjahr 1948 mit einem Abgesandten Walter Ulbrichts zusammengetroffen war. Nach der Unterredung stimmte Schumacher offenbar zu, dass Wehner in Hamburg ein Untersuchungsverfahren gegen Arp anstrengte.

Am Tage nach seinem Besuch in Hannover brachte Wehner den »Fall Arp« in einer Vorstandssitzung der Hamburger SPD zur Sprache. Nach langer hitziger Debatte, in der Arp von seinen Anhängern entschlossen verteidigt wurde, fasste man den Beschluss, die schleswig-holsteinische SPD um die Einleitung eines Prüfungsverfahrens gegen ihr Mitglied zu bitten. Als Erich Arp daraufhin noch vor Beginn der Parteiuntersuchung aus der SPD austrat, wurde dies allgemein als Schuldeingeständnis gewertet.[20]

Seit dem »Fall Arp« genoss Wehner die besondere Wertschätzung Schumachers. Im Mai 1949 wurde Wehner zunächst unabhängig vom Votum des Hannoveraner Parteivorstands von der Hamburger Landesorganisation der SPD zum Bundestagskandidaten nominiert.[21] Als kurz darauf im Hamburger Landesvorstand nochmals über die Bundestagskandidaturen beraten wurde, kam heraus, dass die Hannoveraner Parteizentrale ausdrücklich zwei Kandidaturen wünschte: die des Hamburger SPD-Vorsitzenden Karl Meitmann und die Wehners.[22]

Wehner als Mitarbeiter des Ostbüros

Bereits um die Jahreswende 1946/47 begann Wehner die Spionageabwehrarbeit des SPD-Ostbüros tatkräftig zu unterstützen. Er verfolgte dabei die Linie, jedem Verdacht kommunistischer Zersetzungsarbeit sofort nachzugehen. Gleich bei einer ersten Auftragsarbeit für Fritz Heine im Frühjahr 1947 fiel ihm ein Schreiben Arthur Henschels aus Neumünster in die Hände. Wehner fragte daraufhin unverzüglich in Hannover nach, ob der Urheber des Briefes mit dem ehemaligen kommunistischen Emigranten Henschel identisch sei, der zuletzt in Schweden im Sinne der Einheitsstrategie von KPD und SPD gearbeitet habe. »Handelt es sich um den besagten Henschel«, so gab Wehner zu bedenken, »so bestünde die Möglichkeit, dass hier ein Kuckucksei gelegt worden ist. Wenn ich mir den Brief [...] genau betrachte, kann ich mich des Eindrucks nicht erwehren, dass es sich so verhalten kann.« Er bat deshalb, den Fall Henschel »diskret und exakt« prüfen zu lassen.[23]

Dem neuen SPD-Funktionär ging es nicht nur darum, einzelne Personen als Agenten zu entlarven. Es kam ihm darauf an, dass die Parteispitze die kommunistische Zersetzungsarbeit als Teil der feindlichen Strategie erkannte und daraus die entsprechenden Schlüsse zog. Als er im Frühjahr 1947 vom

Parteivorstand damit betraut wurde, den kommunistischen Einfluss in den Organisationen »Vereinigung der Verfolgten des Naziregimes« (VVN) und »Opfer des Faschismus« (OdF) zu untersuchen,[24] nutzte er diese Aufgabe, um zentrale Aspekte der kommunistischen Zersetzungsstrategie aufzuzeigen.

Wehner hatte Fragebogenmaterial auszuwerten, das der Parteivorstand von verschiedenen Parteigremien angefordert hatte. Aufgrund dieses Materials kam Wehner zu dem Schluss, dass die wesentlichen Entscheidungen in VVN und OdF auf direkte Anweisungen der Kaderabteilung der KPD zurückgingen. Dies – wie die gesamte »organisatorische Unterminierungsarbeit der KPD« –, so strich er heraus, bleibe allerdings den SPD-Genossen vor Ort, wie die Äußerungen in den Fragebögen belegten, meist verborgen.[25] KPD und SED versuchten, mit VVN und OdF Massenorganisationen zu bilden und unter ihren Einfluss zu bekommen. Die zentralistische Ausrichtung des Statuts lege alle Vollmachten in die Hände weniger Führungspersonen. Dadurch werde von vornherein verhindert, dass sich eine demokratische und überparteiliche Interessenvertretung entwickeln könne. Hinzu komme, dass eine Reihe angeblicher SPD-Mitglieder in den örtlichen und überregionalen Vorständen in Wirklichkeit geheime KPD-Mitglieder seien. Dadurch erhalte die KPD den bestimmenden Einfluss in diesen Vereinigungen. Schließlich sei auch bezeichnend, dass stets von einem »kampfstarken« Verband gesprochen und betont werde, es handle sich dabei nicht um eine »Wohlfahrtsorganisation«, sondern um eine »politische« Organisation, die Einfluss auf politische Entscheidungsprozesse nehme solle.[26] Der kommunistische Charakter dieser Zusammenschlüsse sei eindeutig feststellbar. Die SPD solle deshalb umgehend gegen VVN und OdF Stellung nehmen.[27]

Im Januar 1949 legte Wehner seinem Hamburger Parteivorsitzenden Karl Meitmann anlässlich des »Fall Arp« eingehend die Grundlinien der kommunistischen Strategie gegenüber der Sozialdemokratie dar. Innerhalb der SPD und der Gewerkschaften, so Wehner, gebe es eine permanente kommunistische Spionage und Zersetzungsarbeit. Die Bereiche Spionage und Zersetzungsarbeit seien dabei strikt getrennt und würden von einem »speziellen Apparat« der kommunistischen Parteien durchgeführt, der wiederum völlig separat von der übrigen Parteiarbeit agiere. Dieser »spezielle Apparat« sei exakt so aufgebaut wie der preußische Generalstab und verwende auch die entsprechenden militärischen Rangbezeichnungen.[28]

Eine besondere Form der Zersetzungsarbeit sei die Bildung von Parteiströmungen, die zur Spaltung und zum Übertritt eines Teils der unterwanderten Partei zur KP führen solle. Einzelne Personen innerhalb der Sozialdemokratie, die als Führer einer prokommunistischen Parteiströmung dienen könnten, würden »lange beobachtet und geprüft«, ohne dass sie dies in den »ersten Stadien« überhaupt mitbekämen. Nachdem mit ihnen Kontakt aufgenommen und sie von der KP erfolgreich geworben worden seien, würden sie dazu verpflichtet, eine der KP-Strategie entsprechende »spezifische Argumentation« anzuwenden. Ihre Stellung innerhalb der Sozialdemokratie würde dadurch ausgebaut, dass die jeweilige kommunistische Partei durch die »höchste Spitze«, die allein um das »schließliche Ziel« wisse, auf eine Politik festgelegt werde, die diese konspirativ geführte Parteiströmung innerhalb der Sozialdemokratie fördere.[29]

Wehner war diese kommunistische Strategie aufgrund seiner langjährigen leitenden Funktionärstätigkeit bestens bekannt. Er fühlte sich daher in der Lage, früh zu erkennen, welche Personen innerhalb der Sozialdemokratie einen Ansatzpunkt für kommunistische Infiltration bieten könnten. Im Falle Erich Arps, so erklärte er gegenüber Meitmann, habe er ein Parteiverfahren angebahnt, weil Arp zweifelsfrei über kurz oder lang eine entscheidende Rolle in der kommunistischen Zersetzungsstrategie gespielt hätte. Man habe es hier eben »nicht mehr nur mit Anfängen zu tun« gehabt. Deshalb wären Halbheiten »lebensgefährlich« gewesen.[30]

Politische Grundorientierungen in der Nachkriegszeit

Die Stabilisierung Westdeutschlands

Schon in der Diskussion mit Günter Reimann hatte sich herauskristallisiert, dass Herbert Wehner es für die Erneuerung der sozialistischen Bewegung in Deutschland als ausreichend betrachtete, wenn in einem Teil Deutschlands eine nichtsowjetisch bestimmte demokratische Ordnung herrschte. Für Wehner kam es deshalb darauf an, die politischen Verhältnisse in Westdeutschland so rasch wie möglich zu konsolidieren.

Die kommunistische Politik verfolgte seiner Ansicht nach seit Kriegsende das Ziel, die »Krise der kapitalistischen Wirtschaft« zu vertiefen und »zur Erzielung eines kommunistischen Endsiegs in Deutschland« auszunutzen. Daraus folge die »Taktik der Bekämpfung der Sozialdemokratie und der gemäßigten Parteien des Bürgertums als Hauptgegner«. Wie in der Zeit vor 1933, in der bewusst in Kauf genommen worden sei, dass »›vorübergehend‹ der Nazismus zur Macht gelangen« könne, so lasse man es nun in Moskau auch geschehen, dass in Deutschland die reaktionären Kräfte das politische Übergewicht erhalten könnten.[1]

Diese strategische Ausrichtung der kommunistischen Politik war für Wehner auch ausschlaggebend für die kommunistische Ablehnung des Marshall-Plans. Da dieser dazu diene und geeignet sei, das »wirtschaftliche Chaos« im Nachkriegseuropa zu überwinden, laufe er dem Kalkül der Kommunisten zuwider, das davon ausgehe, dass die »wirtschaftliche Nachkriegskrise [...] am besten zur Stärkung des kommunistischen Einflusses und zur Brechung der Sozialdemokratie ausgenutzt werden« könne.[2] Wehner dagegen begrüßte den Marshall-Plan als Mittel der wirtschaftlichen Stabilisierung. Wegen der darin enthaltenen Elemente internationaler Kooperation sah er von ihm sogar Impulse ausgehen, die die sozialistische Bewegung weltweit fördern könnten.[3]

Im Laufe des Jahres 1948 begann Wehner immer stärker die zwiespältige Haltung der SPD zur Konsolidierung der Westzonen zu kritisieren. Auf der Landesdelegiertenkonferenz Ende Juli 1948 warf er seiner Partei vor, sich von den Parolen der Kommunisten allzu sehr beeindrucken zu lassen. Dass die SPD die Einheit Deutschlands wolle, sei klar und brauche nicht dauernd bekräftigt zu werden. Die Sozialdemokraten ließen sich aber wegen der Propaganda der SED immer wieder unnötigerweise zu Beteuerungen ihres Einheitswillens hinreißen. Dadurch wirke ihre Politik insgesamt defensiv. Was die Bildung des »Weststaates« anbelange, stehe ein großer Teil der Partei »unter dem lähmenden Eindruck der Furcht, von einigen desperat gewordenen Mitläufern der Kommunistischen Partei und Agenten des sowjetrussischen Imperialismus als Separatisten oder als Weststaatler oder als Landesverräter bezeichnet und abgestempelt zu werden«.[4]

Die SPD müsse »endlich initiativ und nicht nur hinhaltend und nicht auf verschlungenen Wegen und nicht unter Wenn und Aber für die vernünftige Konsolidierung der Verhältnisse in den Westzonen eintreten«.[5] Es sei ein großer Unterschied, ob sich die Partei den Vorwurf zuschieben lasse, sie sei für den »Weststaat« oder »ob wir selbst von deutscher Seite aus den Westmächten sagen, dass das notwendig ist. Wir müssen sagen, das ist notwendig, aber nicht umgekehrt.«[6]

So hätten die Sozialdemokraten etwa das Besatzungsstatut gefordert, es aber unterlassen, dafür eine »wirklich in die Masse gehende und tiefer wirkende Kampagne im wahrsten Sinne des Wortes« durchzuführen.[7] Auch habe die SPD stets nur gesagt, »es müssten die und die Voraussetzungen für eine richtige und selbständige Innen- und Wirtschaftspolitik geschaffen werden«, anstatt zu sagen, »worin nun diese positiven Probleme der Innen- und Wirtschaftspolitik bestehen sollen«.[8]

In der Bizonenverwaltung habe die SPD nicht »von vornherein ein richtiges Ja und ein richtiges Nein«[9] gesagt. Zwar habe man in Frankfurt erklärt, dass man in einer »konstruktiven Opposition« stehe, aber sich »niemals klar gemacht, was das in Wirklichkeit bedeutet«.[10] Wenn man schon meine, zu den »entscheidenden Vorschlägen der anderen Seite« Nein sagen zu müssen, dann müsse man das »sachlich und hieb- und stichfest begründen, warum man Nein sagt, und das müssen die Menschen in Deutschland erfahren«.[11] In Frankfurt habe die SPD »weder Ja noch Nein zu dem ganzen Komplex« gesagt. Die Ursache dafür sei die »übergroße Furcht« und der »unmäßig große Respekt vor den Bambulen derer, die von Moskau oder Berlin oder von wo sie auch kommen [...] gegen jeden losgelassen werden, der für den angeblichen Weststaat eintritt, d. h. der dafür eintritt, dass Deutschland nicht einfach in der Gesamtheit zur Beute der Gleichschalter wird«.[12]

Als Schumacher Anfang 1949 nach seiner Genesung wieder politisch aktiv wurde, begann Wehner die SPD-Politik günstiger einzuschätzen. In den Beratungen über das Grundgesetz beharrte Schumacher im Frühjahr 1949 darauf, gegen den Protest der Besatzungsmächte die Finanzhoheit des Bundes gegenüber den Ländern zu stärken, um die Arbeitsfähigkeit einer Bundesregierung sicherzustellen. Während die SPD-Fraktion im Parlamentarischen Rat geneigt war, sich den Wünschen der Westmächte nach einem stärker dezentralisierten Staatsaufbau zu unterwerfen, blieb der Parteivorsitzende unnachgiebig. Wehner rechnete ihm dies hoch an, weil dadurch – wie er Günter Reimann gegenüber betonte – »die Frage nach mehr Souveränität auf die Tagesordnung gestellt wurde«.[13]

Die Tatsache, dass Schumacher nunmehr die SPD auf eine konsequente Strategie der Stärkung des westdeutschen Staates festlegte, stimmte Wehner geradezu euphorisch. Nachdem der Parteivorsitzende auf dem Hamburger Landesparteitag

Anfang Mai 1949 das Grundsatzreferat gehalten hatte, meldete er sich zu Wort und stellte heraus, dass das Nein der SPD zu dem »Versuch, einen Länderbund zu schaffen«, in seiner Bedeutung der Absage der SPD an die Zwangsvereinigung von 1946 vergleichbar sei.[14]

Die kommunistische Nachkriegsstrategie

Bereits in einem seiner ersten Vorträge vor der Hamburger SPD im Herbst 1946 behauptete Wehner, dass die kommunistische Bewegung die »Idee des Sozialismus« aufgegeben habe und dadurch die kommunistische Lehre auf eine »Lehre von der Strategie und Taktik des Befreiungskampfes der Arbeiterklasse« reduziert worden sei.[15] Konsequent sei dadurch der Kommunismus zu einer politischen Kraft geworden, die die Politik lediglich »wie einen Krieg«[16] auffasse. Dies sei der Ursprung der Verwandlung des Bolschewismus in eine totalitäre Ideologie.[17]

Die militärische Auffassung von Politik habe zu einer allgemeinen Militarisierung der kommunistischen Bewegung geführt, das Verhältnis der Partei zur Arbeiterbewegung sei das eines »Generalstabs zu einer Armee«.[18] Die meisten Anhänger der kommunistischen Politik seien wie »Frontsoldaten, die nicht wissen, wofür sie kämpfen«.[19] Innerhalb der kommunistischen Bewegung herrsche keine lebendige intellektuelle Auseinandersetzung, sondern nur »geistiges Leben auf Kommando«.[20] Auch die Organisationen, die unter den Einfluss des Kommunismus gelangten, würden »mehr und mehr zu militarisierten Gebilden« werden.[21]

Bezeichnend für diesen Prozess sei, dass die KPdSU das Ideal der »›monolithe[n]‹ Partei« propagiere.[22] Sie habe eine »hierarchische Ordnung« eingeführt und geradezu als »Charakteristikum für die sozialistische Bewegung postuliert«.[23] Sinn ihrer Organisationstätigkeit sei nicht mehr die Mobilisierung ihrer Anhänger, sondern die »Lahmlegung der möglichen Aktivitäten ihrer einzelnen Mitglieder, die eingefangen sind in dem riesigen Apparat und machtlos gemacht werden«.[24] Dies führe zur »geistigen Verflachung« und »geistigen Versklavung« der Genossen, »die so weit geht, dass sie am Schluss nicht mehr sich selbst trauen dürfen«.[25]

Auch und gerade nach seinem Bruch mit dem Kommunismus entsprang die kommunistische Politik für Wehner nach wie vor dem persönlichen Regiment Stalins. Er ging davon aus, dass alle grundlegenden strategischen und personalpolitischen Entscheidungen nur »im persönlichen Einvernehmen mit Stalin« getroffen würden.[26] Der Generalsekretär der KPdSU verfüge dabei nicht nur über das Informationsnetz der weltweit agierenden kommunistischen Parteien, sondern auch über diverse – anderen Sowjetführern verschlossene – Informationsquellen, auf die er seine Entscheidungen gründe.[27] Die Leitlinien der kommunistischen Politik seien nichts anderes als die Leitlinien der Politik Stalins. Die Strategie der kommunistischen Parteien in den einzelnen Ländern sei als Teil einer Gesamtstrategie zu begreifen. Die Analyse der Gesamtheit der strategischen und taktischen Schachzüge der kommunistischen Parteien offenbare die jeweilige Zielsetzung der Stalin'schen Politik. Diese laufe stets auf die Durchsetzung der sowjetischen Interessen hinaus.

Wehner ging davon aus, dass den meisten Anhängern des Kommunismus der innere Zusammenhang der kommunistischen Politik verschlossen bleibe. Die meisten KP-Funktionäre begnügten sich diesbezüglich mit pseudo-ideologischen Erklärungen. So schrieb Wehner im März 1946 an Josef Wagner, »dass sich die Kennzeichen für eine mehr aggressive und ›revolutionäre‹ Taktik der KP in den verschiedenen Ländern mehren. Das wird wahrscheinlich in Deutschland manchen Leuten die Hoffnung geben, dass die Zeit der ›Kompromisse‹ und des ›Opportunismus‹ vorbeigehen werde. Dass es sich aber dabei um eine Begleiterscheinung der Außenpolitik handelt, werden diese Leute entweder nicht verstehen oder mit vielen Worten ›marxistisch‹ zu begründen suchen.«[28]

Als ein besonderes strategisches Mittel der Sowjetunion zur Durchsetzung ihrer Machtansprüche nach dem Kriege betrachtete Wehner die Reparationsfrage. Im August 1947 wies er darauf hin, dass hinsichtlich der Deutschlandpolitik »der grundlegende Gegensatz zwischen der Sowjetregierung und den Regierungen Englands und Amerikas nicht in irgendwelchen ideologischen oder Meinungsverschiedenheiten über die staatliche Struktur Deutschland besteht, sondern in den Meinungsverschiedenheiten über die Reparationen gesucht werden muss«.[29] Diese Annahme werde auch durch die Ankündigung des sowjetischen Außenministers Molotow bestätigt, der als »Voraussetzung für die Herstellung der wirtschaftlichen und politischen Einheit Deutschlands und für die Unterzeichnung eines Friedensvertrags mit Österreich [...] die Festlegung von *Reparationsleistungen aus der laufenden Produktion*« gefordert hatte.[30]

Noch in Schweden hatte Wehner Kenntnis von einer Ausarbeitung des Stalin-Beraters Eugen Varga über die Reparationsproblematik erhalten. Demnach ging Varga von einem Leistungsanspruch der Sowjetunion von über fünfhundert Milliarden Goldrubel aus. Diese Summe sollte aus dem deutschen Auslands- und Nationalvermögen sowie aus dem Produktionsüberschuss der Nachkriegszeit gedeckt werden. Deutschland, das in den Jahren 1933 bis 1936 jährlich fünfzehn Milliarden Mark für Kriegsrüstung ausgegeben habe, war nach Vargas Einschätzung durchaus dazu in der Lage, »jährlich große Reparationssummen zu bezahlen«.[31]

Der sowjetischen Reparationspolitik nach Kriegsende ging es nach Wehners Einschätzung jedoch nicht in erster Linie um eine Wiedergutmachung für erlittene Schäden. Sie ziele vielmehr auf die »Eingliederung ganz Deutschlands in einen gegen den so genannten kapitalistischen Westen gerichteten Block« ab.[32] Dabei agiere die kommunistische Politik zweigleisig: Der SED falle die Rolle zu, »dem deutschen Volk Sand in die Augen zu streuen«.[33] So habe Walter Ulbricht etwa in einer Rede vor dem SED-Bezirk Zeitz erklärt, dass nicht die

»Reparationsfrage« die Hauptursache der Differenzen zwischen den vier Mächten sei, sondern »dass der Außenminister der USA auf der Moskauer Konferenz Einwendungen gegen die freie Entwicklung der Produktion für den friedlichen Bedarf in Deutschland« erhoben habe.[34] Gleichzeitig benutzten die Führer der anderen kommunistischen Parteien die Reparationsfrage, um »die rückständigsten nationalistischen und chauvinistischen Stimmungen aufzufangen« und sich »zu Wortführern einer antideutschen imperialistischen Vergeltungspolitik« zu machen.[35] Als Beleg zitierte Wehner eine Rede von Maurice Thorez, in der der Führer der KPF erklärt hatte, dass es eine der »wichtigsten Verpflichtungen« der französischen Kommunisten sei, sich für »die auf die Verantwortlichkeit des deutschen Volkes am Kriege sich gründenden Reparationsleistungen« einzusetzen. Deshalb müsse die KPF den »wirtschaftlichen Anschluss der Saar an Frankreich« fordern. Im »Interesse Frankreichs« lägen zudem »die Entnazifizierung, ein Sonderregime für die Ruhr [und] eine lang andauernde Besetzung Deutschlands«.[36]

Im Dezember 1948 stoppte Stalin den »sozialistischen Aufbau« in der sowjetischen Besatzungszone. Eine Rundfunkrede Sergej Tulpanows, in der der politische Kommissar der Sowjetischen Militäradministration in Deutschland (SMAD) einmal mehr gegen den »anglo-amerikanischen Imperialismus« zu Felde gezogen war, wurde Ende Januar 1949 unter spektakulären Umständen abgebrochen.[37] Wehner meinte daraufhin im Frühjahr 1949, eine grundlegende Wende in der kommunistischen Politik prognostizieren zu können. In einem Schreiben an Günter Reimann vermerkte er: »Bei sorgfältigstem Überlegen scheint mir damit zu rechnen zu sein, dass man dort auf eine Politik ›auf längere Sicht‹ umstellt.«[38] Diese Vermutung lege vor allem das Schicksal Eugen Vargas nahe. Der Wirtschaftswissenschaftler Varga, so argumentierte Wehner gegenüber Reimann, »hat doch tatsächlich die Hauptthesen der offiziellen Politik angegriffen, und wenn ich jetzt noch einmal Shdanows Warschauer Rede daneben halte, so sieht vieles wie direkte Polemik aus. Dass V[arga] nach alldem jetzt eine Erklärung veröffentlichen durfte (oder musste), statt sang- und klanglos untergegangen zu sein, scheint mir ein Zeichen dafür zu sein, dass St[alin] oder seine Leute sich seinen Auffassungen nicht ganz verschlossen haben.«[39]

Varga hatte gegen Ende des Krieges die These vertreten, dass infolge des Zweiten Weltkriegs die Macht der Monopole in den kapitalistischen Ländern durch die Intervention des Staates geschwächt worden sei. Dies eröffne den Weg zu einem Wirtschaftswachstum bei gleichzeitiger nicht-imperialistischer Außenpolitik. Die UdSSR könne daher von einer Ost-West-Kooperation profitieren und die Teilung der Welt in wirtschaftliche Blöcke verhindern. Mit Gründung der Komintern-Nachfolgeorganisation Kominform im September 1947 war er wegen dieser Thesen scharf attackiert worden. Shdanow griff wiederum die Zwei-Lager-Theorie auf und stellte dem fortschrittlichen, friedliebenden Lager unter Führung der Sowjetunion das militaristische, reaktionäre Lager unter Führung der USA entgegen, wobei er allerdings zugleich erklärte, dass die sowjetische Außenpolitik nach wie vor »von der Tatsache aus[gehe], dass zwei Systeme – der Kapitalismus und der Sozialismus – für eine längere Periode nebeneinander bestehen«. Daraus ergebe sich auch »die Möglichkeit der Zusammenarbeit« mit dem kapitalistischen Westen.[40]

Im Juli 1949 bekräftigte Wehner in einem weiteren Schreiben an Reimann seinen Eindruck, dass eine grundlegende Veränderung der sowjetischen Strategie zu erwarten sei, und bezog sich dabei wiederum auf die innersowjetischen Diskussionen um Varga. Der Wirtschaftsberater Stalins, so strich Wehner heraus, »hat über eine lange Zeit Dinge behauptet, die ein anderer nicht hätte behaupten dürfen. Er wurde zwar gerüffelt, er musste teilweise widerrufen, aber seine Gesichtspunkte waren wertvolles Material für St[alin] und seinen engsten Kreis.«[41] Daraus entwickelte Wehner eine neue Perspektive für die sowjetische Politik: »Wenn das Politbüro zu der Ansicht gekommen sein sollte, die übrige Welt sei in das Stadium einer ›relativen Stabilisierung‹ (oder wie sie es sonst nennen mögen) eingetreten, dann wird es eine Politik ›auf lange Sicht‹ für angemessen halten und wird versuchen, die ökonomische Isolierung aufzulockern.«[42]

Gemäß den Implikationen der ökonomischen Analysen Vargas vermutete Wehner im Frühjahr 1949, dass es gegenwärtig das Ziel der sowjetischen Politik sein müsse, »auf ein Viermächteabkommen hinzuarbeiten, das der sowjetischen Besatzungszone (und damit der Sowjetwirtschaft selbst) die Vorteile des Warenaustauschs mit dem Westen sichern soll«.[43] Entsprechend beurteilte er die sowjetische Verhandlungsstrategie auf der Pariser Außenministerkonferenz im Mai/Juni 1949 als ein Bemühen, in erster Linie den Ost-West-Handel durch ein Interzonenabkommen für Deutschland zu beleben.[44]

In dieser Politik erkannte Wehner Möglichkeiten zur Entwicklung einer Gegenstrategie. In einer für Kurt Schumacher erstellten Denkschrift[45] legte er Ende Mai 1949 dar, dass in dem Maße, wie die sowjetische Politik versuchen werde, in den Genuss des Warenaustauschs mit dem Westen zu kommen, die SED-Führung die innerdeutschen Warenströme »im Sinne des sowjetischen Außenhandelsmonopols« steuern müsse. Daraus würden innenpolitische Schwierigkeiten für die SED resultieren. Denn zum einen existiere noch ein privater Sektor der Wirtschaft, der versuchen werde, seine Bedürfnisse anzumelden und durchzusetzen; andererseits werde es durch das Nebeneinander landeseigener und sowjeteigener Betriebe zu Kontingentstreitigkeiten innerhalb der sowjetischen Besatzungszone kommen, die auch innerhalb der SED zu Auseinandersetzungen führen würden.

Für die SPD seien dies die entscheidenden Ansatzpunkte »zu einer – in der Regel politisch anonymen – Einflussnahme«. Sie müsse mit Forderungen aufwarten, »die das Verständnis der breiten Massen finden, weil sie in der Richtung der Verbesserung der Versorgung und Unterkunft liegen«. Dabei müsse ein zäher Kampf geführt werden, um »schrittweise Forderungen der Bevölkerung dieser Zone durchzusetzen«.[46]

Ferner komme es darauf an, »dass Menschen in verschiedensten Positionen mit Forderungen und Vorschlägen auftreten, die auf der Linie der Befreiung des Warenverkehrs von den Fesseln der offiziellen Handelspolitik liegen«. Dabei werde es »erhebliche Gradunterschiede« in der Art der Zusammenarbeit mit SED-Funktionären geben. Es werde möglich sein, »manche ›alte‹ Kommunisten in Tuchfühlung mit Sozialdemokraten zu bringen und manchen ›ehemaligen‹ Sozialdemokraten Gelegenheit zu geben, sich für opportunistische Haltung zu rehabilitieren«.

Voraussetzung für den Erfolg einer solchen Politik sei der gleichzeitige »unversöhnliche Kampf gegen das Terror-Regime der SEP-Führung und der Organe des MVD«. Die Forderung nach allgemeinen, freien und geheimen Wahlen dürfe nicht von der Tagesordnung verschwinden, »auch wenn sie – im Falle des Zustandekommens einer Viermächtevereinbarung, die zunächst den ›Status quo‹ sanktioniert – einige Zeit nicht realisiert werden kann, sondern Propaganda bleibt«. Es müssten Forderungen nach »Freiheit des Reiseverkehrs«, nach »Schreiberlaubnis, Besuchserlaubnis (für Inhaftierte), Gewährleistung der Strafverbüßung auf deutschem Boden usw. allmählich und zielbewusst zu Angelegenheiten breitester Bevölkerungsschichten werden«. Auch hier sei es möglich, »manche ›alten‹ Kommunisten für ›Teilforderungen‹ in Bewegung zu bringen«.[47] Bei alledem müsse klar sein: »[Wir] sollten […] nicht in jedem Fall erwarten, ein umfassendes oder lückenloses politisches Bekenntnis zu uns zu erreichen, sondern bewusst auf die Beeinflussung in konkreten Einzelfragen hinarbeiten.«[48]

Nach der Gründung der DDR, dem Sieg der Kommunisten in China und dem Beginn des Koreakriegs waren Wehners Hoffnungen auf einen Wechsel der kommunistischen Strategie vorerst begraben. Ab Mitte 1950 ging er wieder davon aus, dass die direkte Eroberung Westdeutschlands das Hauptziel der Moskauer Politik sei.[49]

Das bürgerliche Lager in Deutschland war in Wehners Urteil dadurch gekennzeichnet, dass es im 19. Jahrhundert dabei versagt hatte, sich der demokratischen Bewegung anzuschließen. In privaten Anmerkungen zu Edvard Benes' Buch »Democracy today and tomorrow« notierte sich Wehner im Winter 1942/43, »dass es in Deutschl[and] auf bürgerl[icher] Seite kaum Kräfte gab, die eine wirkliche polit[ische] Demokratie anstrebten«. In Deutschland sei die »Arb[eiter]kl[asse] Trägerin des Kampfes um d[ie] pol[itische] Demokratie« geworden. »Aus dem Fehlen wirkl[ich] demokr[atischer] Kräfte außerhalb d[er] soz[ialistischen] Arbeiterbewegung ergab sich in D[eutschland], dass d[ie] Reaktion sich geg[en] Dem[okratie] und Arb[eiter]bewegung richtete, gestützt auf ›das ganze‹ Bürgertum«.[50] Zur Jahreswende 1947/48 hob Wehner in einem Zeitschriftenbeitrag nochmals hervor, dass das »offizielle Bürgertum« in der Revolution 1848, »aus Furcht vor dem Proletariat, lieber seine Unterstützung den Hütern der alten feudalen Ordnung lieh, als sich mannhaft für die Demokratie im eigenen Lande einzusetzen«. Und mehr noch, es habe die Demokraten in Deutschland als »rote Umstürzler, als Kommunisten und Sozialisten verächtlich zu machen gesucht«.[51]

Das Defizit in der Herausbildung einer bürgerlichen demokratischen Kultur machte Wehner auch für den Erfolg des Nationalsozialismus in Deutschland verantwortlich. In seiner Schrift »Selbstbesinnung und Selbstkritik« arbeitete er im Winter 1942/43 heraus, dass die großen bürgerlichen Parteien – mit Ausnahme der Zentrumspartei – »keine wirklichen Kampftraditionen und gefestigten Organisationen« besaßen. Sie hätten nach wie vor »viel mehr die organisierte Abneigung gegen die organisierte Arbeiterschaft als eine eigene positive liberale oder konservative Grundrichtung« verkörpert. Sie seien dadurch »umso leichter von der NSDAP überrannt« worden, als »in ihren eigenen Reihen Sympathien mit den gegen die Arbeiterorganisationen gerichteten terroristischen

Handlungen der NSDAP verbreitet waren«.[52] Lediglich die Zentrumspartei habe aufgrund ihrer Kulturkampferfahrungen die Möglichkeit gehabt, sich gegenüber der NSDAP politisch zu behaupten. Doch habe sie unter dem Einfluss einer »bedeutenden Führungsschicht« versucht, selbst die »autoritäre antikommunistische Kampfpartei« zu werden, und im Frühjahr 1933 mit der Zustimmung zum Ermächtigungsgesetz darauf abgezielt, ihre »Existenz im Massenbeherrschungssystem der NSDAP« zu erkaufen, womit sie »ihr eigenes Todesurteil« unterschrieben habe.[53]

Die Vorstellung von der mangelnden Fähigkeit des deutschen Bürgertums, nationalsozialistischen Totalitarismus abzuwehren, wandelte sich bei Wehner nach 1945 in die Vorstellung von der mangelnden Abwehrfähigkeit des deutschen Bürgertums gegenüber dem Kommunismus. Nach der Pariser Außenministerkonferenz im Frühjahr 1949 berichtete er Günter Reimann, dass Teile des westdeutschen Bürgertums »die von der Ostzonenstrategie festgelegte Route auf eigene Art sich zu Eigen gemacht« hätten. Sie propagierten nun folgende Etappenziele gegenüber der sowjetischen Besatzungszone: »Wirtschaftsbeziehungen, Kontakte und gemeinsame Entschlüsse beiderseitiger ›Wirtschaftsorgane‹, Vorbereitung eines Friedensvertrags, dann Räumung und dann Wahlen.« Auch wenn von »bürgerlicher Seite« überheblich davon gesprochen werde, »dass man die Kommunisten politisch überspielen werde«, so sei der Weg über gemeinsame Wirtschaftsorgane doch nichts anderes als »ein Weg zur Gleichschaltung«. Der Grund für diese politischen Vorstellungen liege darin, dass man sich in »gewissen bürgerlichen Kreisen [...] vor Ungeduld kaum zügeln« könne, »ins Geschäft mit dem ›Osten‹ zu kommen«.[54]

Symptomatisch war für Wehner auch, dass nach der Gründung der DDR im Oktober 1949 »führend[e] CSU-Politiker« geäußert hatten, »dass die Regierung der ›Deutschen Demokratischen Republik‹ [...] in Berlin nicht einfach zu ignorieren sei, [...] dass man mit ihr als einer Realität rechnen müsse, [...]

dass man abwarten wolle, ob sie echte demokratische Entwicklungen zulasse, […] dann könne man mit ihr in Verbindung treten.«[55] Offenbar werde nicht erkannt, dass innerhalb des kommunistischen Herrschaftsbereichs »alle Parteien und Strömungen, die dort wechselweise wirken dürfen, nichts anderes als Bestandteile einer groß angelegten Strategie und Taktik eines großen fremden Staats- und Machtapparates« sind.[56]

Prinzipiell sah Wehner eine »gewisse Gemeinsamkeit« zwischen der KPD/SED und »den aufs Geschäft erpichten Bürgern«. Vor allem der »Kampf gegen die Sozialdemokratie« liefere eine »gemeinsame (wenn auch äußerlich nicht als gemeinsam proklamierte […]) Basis«. Zuweilen, so äußerte Wehner im Sommer 1949, würde im Westen bereits offen gesagt: »Wenn in der Ostzone freie Wahlen wären, würde die SPD die Gewinnerin sein […] Das wäre bedenklich.«[57]

Während der Debatten um den Marshall-Plan im Sommer 1947 hatte Wehner bereits geargwöhnt, die SED würde »von der stillschweigenden Unterstützung bürgerlicher Parteiführer profitieren, die infolge des Stimmengewinns, den ihnen die Unterdrückung der SPD in der Ostzone gebracht hat, über mehr Mandate verfügen, als sie haben würden, wenn die SPD zugelassen wäre«.[58] Aber auch die kommunistischen Parteien leisteten nach Ansicht Wehners umgekehrt »überall der antisozialistischen Reaktion Vorschub«.[59] Noch bevor die Sowjetunion eine Beteiligung am Marshall-Plan definitiv ablehnte, hatte Wehner darauf hingewiesen, dass die kommunistische Propaganda den Plan entschieden bekämpfe und ihn zum Anlass nehme, eine »Kampffront« gegen die angeblichen »amerikanischen Welteroberungspläne« zu bilden. Dadurch würden die Kommunisten den Konzentrationsprozess jener »reaktionären und antisozialistischen Kräfte in Amerika und in der ganzen Welt« unterstützen, die sich »unter dem Schlagwort des ›Antikommunismus‹ gegen alle sozialistischen Tendenzen« sammelten.[60] Diese Kräfte sähen wiederum ihre »größte Chance« in der Antipropaganda der kommunistischen Seite. Mit Hilfe ihres kommunistischen Gegenspielers seien sie sogar in der Lage, der »Verwirklichung der Vorschläge Marshalls ernste Hindernisse entgegen[zu]stellen«.[61] Auch sah Wehner die Entstehung »rechtsgerichteter Bewegungen« in Italien und Frankreich durch die kommunistische Politik unterstützt, während der Rechtsradikalismus »in den südosteuropäischen Ländern sich im Gewande der panslawistischen kommunistischen Parteien selbst ausbreiten« könne.[62]

Wehner führte mit dieser Argumentation eine Denkfigur fort, die in der Lenin'schen Anschauung von den gemeinsamen antirevolutionären Prämissen rechts- und linksabweichlerischer Positionen wurzelte. Lenin hatte in »Was tun?« anhand der Analyse des »Ökonomismus« und des »Terrorismus« dargelegt, dass eine linksradikale Politik auf komplementäre Weise der Reaktion diene.[63] Daran anknüpfend hatte die stalinistische Propaganda der dreißiger Jahre die Vorstellung einer koordinierten Zusammenarbeit von linken und rechten »Reaktionären« gegen den »Fortschritt« vertreten und die Behauptung einer geheimen Verschwörung von »Trotzkisten« und »Faschisten« aufgestellt.

Dieses Argumentationsmodell wandte Wehner nach seinem Eintritt in die SPD auf den Stalinismus selbst an. Er fand immer wieder – sowohl vor 1946 als auch danach – eine Bestätigung für dessen Richtigkeit: Das Überwechseln der Reichstagsabgeordneten Maria Reese Ende 1933 vom linken Flügel der KPD zur Antikomintern-Abteilung der NSDAP[64] war für ihn ebenso ein Beleg dafür,[65] wie die Information des KPD-Geheimdienstes, dass der Trotzkist Erich Wollenberg mit der Gestapo zusammenarbeite.[66] So überraschte Wehner auch in den fünfziger Jahren die Auskunft Fritz Sängers nicht, dass Wollenberg für Adenauers Kanzleramtschef Hans Globke Zulieferdienste leiste.[67]

In Bezug auf das Bürgertum war es jedoch auffällig, dass Wehner sich bemühte, nie pauschale Urteile zu fällen. Wenn er das Versagen des Bürgertums in der 1848er Revolution thematisierte, dann sprach er von dem Versagen des »offiziellen« Bürgertums. Wenn er das Selbstverständnis der antisozialistischen Reaktion in Deutschland, sich auf »das ganze Bürgertum« stützen zu können, zitierte, setzte er das Wort »ganz« in Anführungszeichen. Die katholische Zentrumspartei schließlich beurteilte er als potentiell demokratische Kraft, die gegen Ende der Weimarer Republik lediglich von einer »bedeutenden Führungsschicht« auf politische Abwege geführt worden sei. Dabei führte Wehner das demokratische Potential der Zentrumspartei nicht, was nahe gelegen hätte, auf die heterogene soziale Basis der Partei zurück, die auch die katholische Arbeiterbewegung integriert hatte. Vielmehr sah er den Ursprung der demokratischen Tradition des Zentrums in der Erfahrung des Kulturkampfs, den er als einen bürgerlichen Freiheitskampf deutete.[68]

Auch bei der Beschreibung der Anfälligkeit des westdeutschen Bürgertums gegenüber den »Lockungen« der kommunistischen Seite bediente er sich stets einschränkender Attribute. Entweder handelte es sich nur um »gewisse Kreise des Bürgertums« oder um die »aufs Geschäft erpichten Bürger«. Damit signalisierte Wehner, dass er Teile des Bürgertums stets als potentielle Bündnispartner der Arbeiterbewegung ansah, so wie das Bündnis mit dem »fortschrittlichen demokratischen Bürgertum« auch Bestandteil der kommunistischen Volksfront-Konzeption der dreißiger Jahre gewesen war.

Wehners Beurteilung des deutschen Bürgertums bildete schließlich auch die Grundlage für seine Einschätzung der Rolle der Unionsparteien im neu entstehenden westdeutschen Parteiensystem. Wie er schon den Nationalsozialismus analysiert hatte, so ging er jetzt daran, die CDU der britischen Besatzungszone zu charakterisieren. Die CDU, so hielt er im Frühjahr 1947 fest, strebe danach, die Politik »aus den Bereichen sachlicher Auseinandersetzungen in die Niederungen der Austragung angeblicher weltanschaulicher Gegensätze« zu zerren.[69] Dies entspreche in der Struktur der »nationalsozialistischen Parteipropaganda«, die vorgegeben habe, dass »die ›Sammlung‹ um die NSDAP […] die einzige Rettung vor dem Marxismus, dem Schreckgespenst« sei. Der Versuch der

Nationalsozialisten, »die von der Sozialdemokratie und der sozialistischen Arbeiterbewegung überhaupt repräsentierten Kräfte unter Berufung auf angebliche weltanschauliche Rechte und Pflichten politisch auszulöschen«, werde heute durch die CDU nachgeahmt, wobei »ein Teil der offiziellen CDU-Propagandisten sich sogar vieler Schlagworte aus dem nationalsozialistischen Vokabular« bediene.[70]

Auf der Landesdelegiertenversammlung der Hamburger SPD im Juli 1948 warnte Wehner davor, sich falsche Vorstellungen über das Profil der CDU zu machen. Wie die jüngsten Äußerungen Adenauers belegten, gehe die CDU darauf aus, »nach wie vor alles in Deutschland, was es an Rudimenten oder sonstigen nationalistischen oder chauvinistischen Elementen gibt, skrupellos für sich auszubeuten«.[71]

Seine Ausgangsbehauptung, dass auch die CDU als bürgerliche Sammlungsbewegung nicht die authentische Repräsentantin des »ganzen« Bürgertums sein könne, ermöglichte es Wehner jedoch, in der Auseinandersetzung mit dem politischen Gegner flexibel zu bleiben. Um zu einer mehrheitsfähigen Sozialdemokratie zu kommen, musste er auf die Widersprüche im bürgerlichen Lager setzen; eine Politik der nationalen Befreiung Deutschlands vom Besatzungsregime war ohne Unterstützung von Teilen des Bürgertums nicht denkbar. So boten sich Wehner bald bei der Betrachtung der »nationalen Frage« Anknüpfungspunkte zur Politik Jakob Kaisers, des Bundesministers für gesamtdeutsche Fragen. Doch auch wenn die Kontakte zu Kaiser im Laufe der Jahre immer enger wurden,[72] gelang es Wehner in den fünfziger Jahren nicht, Teile des Unionsanhangs zur SPD herüberzuziehen. Adenauer vermochte stets, die Unzufriedenheit beim wiedervereinigungspolitischen Flügel seiner Partei – zumal nach der Abspaltung der Gesamtdeutschen Volkspartei Gustav Heinemanns – unter Kontrolle zu halten.

Eine Politik der nationalen Befreiung Deutschlands

Verfechter des »Schumacher-Kurses«

Seit seiner Wahl in den Bundestag profilierte sich Herbert Wehner als einer der stärksten Verfechter des »Schumacher-Kurses« in der Partei. Nachdem Schumacher in der Parlamentsdebatte um das Petersberger Abkommen Ende November 1949 Adenauer das Wort vom »Bundeskanzler der Alliierten« entgegengeschleudert hatte, formierte sich innerhalb der SPD die Opposition gegen den Parteivorsitzenden. Der Bremer Bürgermeister Wilhelm Kaisen hielt Schumacher vor, »den Patriotismus für die SPD« monopolisieren zu wollen und damit sogar noch die »Ultras von Links und Rechts« zu überholen.[1] Auf dem Hamburger Parteitag im Mai 1950 meldeten sich schließlich Max Brauer und Paul Löbe gegen die Europapolitik Schumachers zu Wort und auch Willy Brandt zeigte starke Vorbehalte gegen den Kurs des SPD-Vorsitzenden.[2]

Wehner hingegen stellte sich bedingungslos hinter Schumacher. Am Tag nach dessen spektakulärem Zwischenruf forderte er ihn auf, keinesfalls an einen »Rückzug nach Hannover« zu denken. Stattdessen seien »Grabenkrieg und neue Angriffe« notwendig.[3] Als es im März 1950 unter Ausschaltung des Parteivorstands und der Bundestagsfraktion zu einem Zusammentreffen holländischer Parlamentarier mit dem Hamburger Bürgermeister Max Brauer kommen sollte, forderte Wehner Schumacher und Ollenhauer auf, entschieden dagegen vorzugehen.[4] Anfang Mai 1950 warf er dem Hamburger SPD-Vorsitzenden Meitmann vor, »tief gehende Vorbehalte«

gegen die Politik des SPD-Vorstands und der Bundestagsfraktion, die in der Redaktion des *Hamburger Echos* bestünden, zu decken.[5] Auf dem SPD-Parteitag der Hansestadt Ende Mai 1950 hob er schließlich hervor, dass in allen Auseinandersetzungen um den Kurs der SPD seit Frühjahr 1949 dieselben Opponenten mit denselben Argumenten gegen Schumacher aufgetreten seien. Stets sei behauptet worden, wenn die SPD Schumacher folge, sei »die Partei so gut wie verloren«. Tatsächlich sei es aber in jedem Einzelfall darum gegangen, »die sozialdemokratische Grundkonzeption durchzustehen«.[6]

Was für Wehner die »sozialdemokratische Grundkonzeption« war, legte er nach dem Tode Schumachers ausführlich in seinem Nachruf auf den Parteivorsitzenden dar:[7] »Kurt Schumacher hat in internationalen Zusammenhängen gedacht und folgerichtig versucht, auf dem Boden des durch Hitlers Krieg verwüsteten Deutschlands eine Kraft zu schaffen, die imstande sein müsste, einen wirkungsvollen Beitrag zur Erhaltung und Sicherung des Friedens, zur Gestaltung der Demokratie und zur Errichtung der sozialistischen Ordnung zu leisten.«[8] Schumachers Idee, »ein Deutschland zu schaffen, das die Wiederholung der Schrecken der Vergangenheit ausschließt«, beinhalte zugleich das Werben um das »Verständnis der freiheitlichen Faktoren in der Welt«, die Chance, im Rahmen des Ost-West-Konflikts »mit friedlichen Mitteln die staatliche Einheit Deutschlands zu erringen«, und den Beitrag, »den die deutsche Sozialdemokratie der Sozialistischen Internationale zu leisten gewillt ist«.[9]

Schumacher habe als »Vorzug des Westens« die Fähigkeit erkannt, »Demokratie und soziale Gerechtigkeit miteinander zu verschmelzen«. Nur durch diese »Kraft« könne der »bolschewistische Totalitarismus an weiterer Ausbreitung« gehindert werden. Denn dadurch würden die kommunistischen Regime gezwungen, »sich mit den Problemen ihrer eigenen Völker und Länder auseinander zu setzen«, und erhielten nicht mehr die Möglichkeit, sich als »Erlöser« anderer aufspielen zu können.[10] Letztlich würden sich dann die »bolschewistischen Diktaturregierungen [...] als nicht konkurrenzfähig erweisen«.[11]

Die Politik des SPD-Vorsitzenden sei eine gleichzeitige Absage an die »Machtpolitik imperialistischer Schule« und an den »bolschewistischen Totalitarismus« gewesen. Wenn Wehner in diesem Zusammenhang ausführlich darauf eingeht, dass die »Verteidigung der Reste einer überholten Kolonialpolitik«, wie sie von westlichen »Militärmächten« betrieben werde, kein Rezept sei, sich »in der Auseinandersetzung mit dem Bolschewismus« zu behaupten, dann spielt er dabei implizit auch auf die Behandlung Deutschlands durch die Westmächte nach dem Zweiten Weltkrieg an. Denn China, Korea und Indochina haben in seinen Augen paradigmatischen Charakter für die deutsche Frage. Diese Länder und Regionen seien nach dem Ende des Zweiten Weltkriegs »militärische Probleme« geworden, weil man geglaubt habe, »die Oberschicht einer zum Untergang verurteilten gesellschaftlichen Ordnung an der Macht halten zu müssen« und dass es ausreiche, »den Völkern Asiens Autonomie im Rahmen von Unionsgebilden zu gewähren, die nach den Bedürfnissen der alten Kolonialmächte gemodelt« seien.[12] Letztlich sei auch die deutsche Frage für die Westmächte stets »Mittel zu Erreichung anderer Zwecke«.[13] Die Sozialdemokratie dürfe sich »nicht zum Gefangenen imperialistischer Zweckgebilde« machen und dadurch »dem bolschewistischen Totalitarismus das Feld überlassen«. Die »national- und agrarrevolutionären Kräfte Asiens« seien die »natürlichen Verbündeten der sozialistischen Parteien und der freien Arbeiterbewegung Europas«. Diese Lehre lasse sich nicht zuletzt auch aus der Erfahrung ziehen, dass nichts die »Vorstellungswelt des Bolschewismus so in Unordnung gebracht [habe] wie die Freigabe Indiens aus britischer Kolonialherrschaft durch die Labour-Regierung«.[14]

In einem Rückblick auf die erste Legislaturperiode des Bundestags hielt Wehner Adenauer vor, die »Konzentration aller demokratischen Kräfte auf eine große gemeinsame Anstrengung zur Bewältigung der zentralen Aufgabe der Wiederherstellung der staatlichen Einheit Deutschlands in Freiheit weder versucht noch erreicht« zu haben.[15] Dies war nichts anderes als der Vorwurf, weder eine nationale Befreiungsbewegung in Deutschland zustande gebracht, noch sie gewollt zu haben. Adenauers Behauptung, im Prozess der Wiedervereinigung werde es zur Neutralisierung Deutschlands[16] kommen, war für Wehner nicht stichhaltig. Für ihn gehörten nationale Befreiung und Demokratisierung Deutschlands nach dem Krieg unteilbar zusammen. Ende 1951 charakterisierte er daher das Ziel der SPD-Politik folgendermaßen: »Die nie erlahmende Initiative der demokratischen Kräfte soll die Demokratie im Bewusstsein der Deutschen als Initiator und Instrument der Wiedervereinigung legitimieren.«[17] Ein von den »demokratischen Kräften« initiierter Akt der nationalen Befreiung musste zu einer tief greifenden Demokratisierung Deutschlands führen und es zum natürlichen Verbündeten des »Westens« machen. Ende 1952 antwortete er auf die Frage, weshalb die SPD nach den Stalin-Noten Viermächteverhandlungen gefordert habe: »Damit der demokratische Westen aktiv und offensiv werde.« Dies eröffne die »[n]ationale Chance, die Demokratie in Deutschland als Kämpfer für die Einheit zu legitimieren«.[18] Ein Erfolg von Viermächteverhandlungen könne nur eine Konsequenz haben: »Ein dem Westen verbundenes Deutschland und Entspannung der Gegensätze.«[19]

Die Adenauer'sche Westintegrationspolitik war für Wehner dagegen die Unterwerfung unter eine – den »Geist« des Westens letztlich selbst schädigende – imperialistische Politik. So warf er in der zweiten Lesung des Montanunionsgesetzes im Januar 1952 dem Vertragswerk vor, dass die Bundesrepublik im Rahmen der Montanunion nicht gleichberechtigt sei und sich aufgrund der einzugehenden Bindungen die Chancen für eine Wiedervereinigung verringerten. Stattdessen forderte er die Bildung einer »echte[n] Gemeinschaft der freien Völker Europas und der Welt«.[20] Es sei »eine für die demokratische Welt folgenschwere Fehlkonstruktion, den Versuch zu europäischer Zusammenarbeit von vornherein mit dem Konstruktionsfehler zu belasten, die Bundesrepublik Deutschland an der Erfüllung ihrer wichtigsten und wahrhaft europäischen Aufgabe«, nämlich der Wiedervereinigung, zu hindern.[21]

Als die Texte des Gründungsvertrags der Europäischen Verteidigungsgemeinschaft (EVG) und des Generalvertrags im Mai 1952 bekannt wurden, kritisierte Wehner in der SPD-Fraktion, dass durch die darin enthaltenen Bestimmungen die deutsche Politik »zu einer Funktion der Mächte« gemacht werde.[22] Das Besatzungsrecht sei nur »genau so weit abgeändert worden, als es notwendig ist, damit die Bundesrepublik ihren – den ihr zugedachten – Platz in der Europäischen Verteidigungsgemeinschaft ausfüllen kann«.[23] Da dadurch das Besatzungsrecht »weitgehend Vertragsrecht« werde,[24] sei die Stellung der Bundesrepublik nach Abschluss der Verträge schlechter als zuvor.

Als »Losung« einer Politik der nationalen Befreiung diente Wehner die Forderung nach »freien Wahlen«. Damit versuchte er einmal mehr das Verlangen nach individueller und jenes nach nationaler Selbstbestimmung zu einem »revolutionären« Prinzip zu verbinden. Bereits in seinem für Schumacher konzipierten deutschlandpolitischen Memorandum vom Mai 1949 hatte Wehner herausgestellt, dass die Kampagne für freie Wahlen ein zentraler Punkt der SPD-Propaganda sein müsse.[25] Dies war umso bemerkenswerter, als diese Forderung in die »Dürkheimer 16 Punkte«, das Oppositionsprogramm der SPD von Ende August 1949,[26] nicht aufgenommen wurde. Als Fraktionssprecher der SPD verlangte Wehner jedoch in seiner Jungfernrede im Deutschen Bundestag Ende Oktober 1949 als erster deutscher Politiker »allgemeine, freie, geheime, gleiche und direkte Wahlen in allen Zonen«.[27]

Adenauer machte sich diese Forderung erst im März 1950 zu Eigen und dies – wie Wehner später hervorhob – auch »erst nach einem vorausgegangenen Schritt des amerikanischen Oberkommissars McCloy«.[28] Am 14. September 1950 kam es schließlich zu einer von Wehner vorgetragenen interfraktionellen Erklärung im Bundestag, in der die Bundesregierung aufgefordert wurde, »die Besatzungsmächte in aller Form zu bitten, in allen vier Besatzungszonen freie, allgemeine, gleiche, geheime und direkte Wahlen zu einem gesamtdeutschen Parlament unter internationaler Kontrolle vornehmen zu lassen«.[29]

Die »freien Wahlen« wurden seit 1950 zum Schlüsselbegriff für die Deutschlandpolitik Adenauers und der Westmächte.[30] In den Jahren 1950/51 bildete dieser Programmpunkt die Basis für einen deutschlandpolitischen Konsens zwischen Bundesregierung und SPD-Opposition.

Die kommunistische Variante einer nationalen Befreiungspolitik

Die Beschlüsse des III. Parteitags der SED vom Juli 1950 und die Proklamationen des »I. Deutschen Nationalkongresses« von Ende August 1950 interpretierte Wehner als Versuch, bürgerkriegsähnliche Verhältnisse in Westdeutschland zu provozieren. Die zwölf Punkte, mit denen Wilhelm Pieck am 25. August 1950 die Aufgaben des »nationalen Widerstandes« umrissen hatte, waren für ihn Anweisungen, die »mit eindeutiger Klarheit auf ein Spiel mit Varianten des Bürgerkriegs« hinausliefen. Richtig verstanden, enthielten sie die Aufforderung zu »Sabotage, Streik, Einschüchterungen, Konspiration, Spionage, Terror, Aufwiegelung gegen die westlichen Besatzungsmächte und die Regierung der Bundesrepublik«.[31]

Hinter dieser Strategie verberge sich die Theorie Lenins, »dass vor der Revolution Zustände geschaffen werden müssen, in denen die Macht gewissermaßen auf der Straße« liege. Die Propagierung des »nationalen Widerstandes« sei der Versuch, eine Art »Doppelherrschaft« in Westdeutschland zu errichten, »in der die bisherige offizielle Gewalt zwar noch da ist, daneben aber bereits eine Gewalt besteht, die zwar noch nicht die offizielle, aber die tatsächliche ist«. Diesem Vorgehen müsse im Westen mit »rücksichtsloser Härte entgegengetreten werden«.[32]

Für die Zeit zwischen den Volkskammerwahlen am 15. Oktober und den West-Berliner Stadtverordnetenwahlen am 3. Dezember 1950 erwartete Wehner eine Großoffensive der SED. Die Volkskammerwahlen sollten dabei als Legitimation dienen, die »Einheit Deutschlands« mit Hilfe des »nationalen Widerstandes« durchzusetzen. Insbesondere in Berlin solle der Versuch gemacht werden, die Stadt in den Wochen vor den Stadtverordnetenwahlen »von innen her« aufzurollen, wobei die Besatzungsmächte »untätig zuschauen« sollten.[33] Um diesen Plan zu durchkreuzen, wurde unter Führung Wehners am 14. September 1950 eine interfraktionelle Erklärung des Bundestags zu den bevorstehenden Volkskammerwahlen verabschiedet, in der die Bundesregierung aufgefordert wurde, gegen alle Personen vorzugehen, »die im Auftrag und im Sinne der auf Gewalthandlungen abzielenden Beschlüsse des III. Parteitags der kommunistischen SED und des ›Nationalkongresses‹ wirken«.[34]

In den Parteitagsthesen der westdeutschen KPD erkannte Wehner Anfang März 1951 ebenfalls nichts anderes als eine leninistische Strategie zur Eroberung Westdeutschlands. Die darin erhobene Forderung nach paritätischer Zusammensetzung gesamtdeutscher Organe werde aus der Behauptung abgeleitet, dass in Deutschland zwei Regierungen bestünden. Dies interpretierte Wehner als eine Variante der Lenin'schen Doppelherrschaftstheorie: Bestehe in einem Land eine »Doppelherrschaft«, so stelle sich die Frage, »welche Machtkonzentration die andere erdrückt bzw. stürzt«. In einer solchen Situation setze die Kommunistische Partei alles daran, »die legitime Regierung durch die ihr entgegengestellte Neben- oder Gegenregierung zu stürzen«.[35]

Der »Gesamtdeutsche Konstituierende Rat«, wie er im Oktober 1950 von der Prager Außenministerkonferenz der Ostblockstaaten in Betracht gezogen und der Bundesregierung im November 1950 von der SED-Führung vorgeschlagen worden war, solle kein Gesprächsforum oder unverbindliches Vorbereitungsgremium sein, sondern tatsächlich eine »provisorische Regierung«. Es würden diesem Rat Eigenschaften zugeschrieben, »die nur einer aus freien Wahlen hervorgegangenen Regierung zuzuerkennen sind«. Dahinter verberge sich der Versuch, »alle entscheidenden strukturellen Veränderungen durchzuführen und vorwegnehmen zu lassen, um zu verhindern, dass durch Wahlen an den vollzogenen Tatsachen noch etwas geändert werden kann«. Konsequenterweise werde daher der »Gesamtdeutsche Konstituierende Rat« in den Parteitagsthesen auch zur »provisorischen Regierung« umgetauft.

Zudem sei die Behauptung, in Deutschland existierten zwei Regierungen, ein Mittel, um die Auseinandersetzungen um die deutsche Wiedervereinigung zu einer »innerdeutschen Angelegenheit« zu machen und die Besatzungsmächte herauszuhalten. Käme es zur Bildung des »Gesamtdeutschen Konstituierenden Rates«, so würden alle von kommunistischer Seite inszenierten Gewalthandlungen als »innerdeutsche Angelegenheiten« bezeichnet. In diesen Zusammenhang passe es, dass die SED seit kurzem die Völkerrechtstheorie vertrete, der zufolge die Vereinten Nationen nicht das Recht zur Intervention hätten, wenn in einem Land ein Bürgerkrieg ausbreche.[36]

Anfang März 1951 zeichnete sich für Wehner zudem eine weitere taktische Variante der SED ab. Er wies darauf hin, dass Walter Ulbricht in einem programmatischen Zeitungsartikel als »nächste Aufgabe aller friedliebenden Deutschen« eine »Volksbefragung« über die Frage: »Sind Sie gegen die Remilitarisierung und für den Abschluss eines Friedenvertrages im Jahre 1951?« bezeichnet hatte.[37] Tatsächlich rief Otto Grotewohl am 14. März 1951 zur Durchführung dieser »Volksabstimmung« auf[38] und die kommunistischen Organisationen in Westdeutschland begannen mit den Vorbereitungen dafür. Ulbricht ließ keinen Zweifel daran, dass die Volksbefragungsaktion den »Sturz der Adenauer-Clique« herbeiführen solle, um die »patriotischen verantwortungsbewussten Männer und Frauen« hervortreten zu lassen, die dazu imstande seien, »als Vertreter Westdeutschlands eine Verständigung mit den Vertretern der Deutschen Demokratischen Republik herbeizuführen«.[39] Am 20. April 1951 forderte Wehner für den Bereich der Bundesrepublik ein kompromissloses Verbot dieser Aktion.[40] Bereits am 24. April fasste das Bundeskabinett einen entsprechenden Beschluss, wodurch die Aktion von vornherein zum Scheitern verurteilt war. Als Initiator dieses »Terrorgesetzes« wurde Wehner daraufhin von der kommunistischen Propaganda monatelang scharf attackiert.[41]

Die strategische Änderung der sowjetischen Politik

Im Vorfeld der Pariser Viermächteverhandlungen vom Frühjahr 1951 registrierte Wehner eine Akzentverlagerung der sowjetischen Politik. Anlass dafür war die Berliner Tagung des kommunistisch gelenkten »Weltfriedensrates« im Februar 1951.[42] Dort hatte der ehemalige französische Ernährungsminister Yves Farge den Westmächten vorgeworfen, die Abmachungen zwischen den vier Mächten gebrochen zu haben. Dabei hatte er sich auf die Vereinbarungen der Kriegszeit bezogen, insbesondere auf den russisch-britischen Vertrag von 1942, den Beistandspakt zwischen der UdSSR und der französischen Republik von 1944, den Morgenthau-Plan und die Beschlüsse von Jalta.[43]

Hatten alle sowjetischen Initiativen bis zur Prager Außenministerkonferenz eine gesamtdeutsche Perspektive eingenommen, so erkannte Wehner nunmehr als primäres Ziel der sowjetischen Politik, die Angst vor dem »Wiedererstehen des deutschen Militarismus« zu schüren. Diese Propaganda, so Wehners Einschätzung, sei vor allem auf die französische öffentliche Meinung berechnet, die »die Rolle des auf Abruf wartenden und bereitliegenden Prügels« spiele.[44] Absicht dieser Politik sei es, durch die Berufung auf das einstige gemeinsame Ziel der »Entmilitarisierung« Deutschlands eine Begrenzung der westdeutschen Industrieproduktion durchzusetzen. Gleichzeitig sollten die antideutschen Affekte der französischen Öffentlichkeit dazu dienen, den Westmächten Argumente für die Dämpfung des deutschen Gleichberechtigungsstrebens beim Aufbau eines europäischen Staatenbündnisses zu liefern.[45]

Zwar passe, so betonte Wehner, diese internationale Strategie Moskaus vordergründig nicht mit der Politik der SED zusammen, die nach wie vor den »nationalen Befreiungskampf« in Deutschland propagiere; doch sei es nicht ungewöhnlich, dass sich die kommunistische Strategie zu gleicher Zeit unterschiedlicher Wege bediene.[46] Noch Anfang August 1951 strich Wehner in einem Interview für den *Neuen Vorwärts* heraus, dass die von Moskau aus gesteuerte Propaganda der Weltfriedensaktivisten bei ihren Treffen außerhalb Deutschlands »unter dem Leitgedanken [stehe], dass die Wiederaufrüstung Deutschlands ihre Länder bedrohe«. Die SED dagegen rede »aus taktischen Gründen nur vom Frieden, der durch den ›anglo-amerikanischen Imperialismus‹ gefährdet« sei.[47]

Anfang September 1951 stellte Wehner jedoch auch eine Wende in der SED-Politik fest. Wie er einer Rede Ulbrichts auf einer Funktionärskonferenz der KPD Ende August entnahm, ging die Strategie der SED nunmehr ebenfalls von der Theorie des »Wiedererstehens des deutschen Imperialismus« aus. Ziel der SED sei nun nicht mehr in erster Linie die Bildung eines »Gesamtdeutschen Konstituierenden Rates«, sondern die Schaffung einer »Aktionseinheit von unten« und der Kampf für einen »Friedenspakt der fünf Großmächte« unter Einschluss Chinas.[48]

Als Otto Grotewohl kurz danach eine »Gesamtdeutsche Beratung« vorschlug, bei der es um die Abhaltung freier Wahlen und die Beschleunigung des Abschlusses eines Friedensvertrags mit Deutschland gehen sollte, und damit explizit die paritätische Besetzung eines »Gesamtdeutschen Konstituierenden Rates« aufgab,[49] stellte Wehner Ende September im Bundestag heraus, dass diese neue Offensive des DDR-Ministerpräsidenten nicht mehr als eine Variante der Lenin'schen Doppelherrschaftsstrategie angesehen werden könne. Es sei zu prüfen, ob damit eine »echte Änderung in den Forderungen und taktischen Maßnahmen« vorliege. Deshalb sei das »verbindliche Wort der sowjetischen Besatzungsmacht« notwendig. Nur so könne der »Wirrwarr der Begriffsbestimmungen geklärt werden«.[50]

Mit dem Grotewohl-Vorschlag vom September 1951 entbrannte der deutschlandpolitische Streit zwischen Regierung und Opposition. Der Vorstoß der SED entsprang der Einsicht, dass die Führung der DDR im Laufe des Jahres 1951 die gesamtdeutsche Initiative verloren hatte.[51] Grund dafür war die propagandistisch erfolgreiche Forderung der westdeutschen Seite nach freien Wahlen in ganz Deutschland zu einer regierungsbildenden, verfassung- und gesetzgebenden Nationalversammlung.[52] Aus Sicht der SPD musste die konsequente Weiterverfolgung dieses Weges daher Erfolg versprechend sein. Deshalb griff die SPD in Reaktion auf den Grotewohl-Brief eine Anregung des Berliner Senats und Abgeordnetenhauses auf, zunächst in Berlin freie Wahlen nach der Wahlordnung von 1946 unter Viermächtekontrolle stattfinden zu lassen. Berlin sollte die »Probe auf das Exempel«[53] werden, um unter Beweis zu stellen, »ob die andere Seite [freie Wahlen] überhaupt zulassen«[54] könne. Ferner wurde die Bundesregierung aufgefordert, eine Wahlordnung für gesamtdeutsche Wahlen vorzulegen und die vier Besatzungsmächte zu ersuchen, die Voraussetzungen für die Abhaltung gesamtdeutscher freier, allgemeiner, geheimer und direkter Wahlen zu einer regierungsbildenden, verfassung- und gesetzgebenden Nationalversammlung zu schaffen.[55] Die Anträge der Sozialdemokratie fanden am 27. September im Bundestag eine breite Mehrheit und sollten den vier Mächten vom Bundeskanzler übermittelt werden.[56]

So konsequent die Forderungen der Sozialdemokratie waren, um – wie Wehner es ausdrückte – das »Gesetz des Handelns in den Händen der deutschen Demokratie«[57] zu sichern, so wenig passte die Initiative des Bundestags ins Konzept der Westmächte.[58] Diese hatten gerade erst auf der Washingtoner Außenministerkonferenz die militärische Integration Westdeutschlands in eine Europaarmee nach den Grundsätzen des Pleven-Plans beschlossen.[59] In ihrer Antwortnote vom 15. Oktober beschränkten sie sich auf die Zusicherung, bei der UNO die Einsetzung einer Kommission zu beantragen, die in allen vier Zonen Deutschlands untersuchen solle, ob die Voraussetzungen für freie Wahlen gegeben seien. Damit erfüllten sie jedoch nur einen Bruchteil der Forderungen, die der Bundestag aufgestellt hatte.

Wehner prangerte dies als Fraktionssprecher der SPD am 17. Oktober im Bundestag an. Auch hielt er dem Bundeskanzler vor, dass er der Sowjetregierung die Beschlüsse vom 27. September entgegen dem Bundestagsbeschluss nicht unterbreitet hatte. Die Forderung nach freien Wahlen in Berlin sei nicht aufgegriffen worden. Eine Wahlordnung, die Bestandteil der Bundestagsinitiative gegenüber den vier Mächten hätte sein sollen, habe die Bundesregierung dem Parlament noch nicht einmal vorgelegt.[60] Zugleich warnte Wehner eindringlich davor, die Wahlordnung zu nutzen, um die Kompetenzen der Nationalversammlung, die am 9. März 1951 einmütig vom Bundestag als regierungsbildend, verfassung- und gesetzgebend definiert worden waren, nunmehr mit föderalistischen Argumenten zu beschneiden. Sollten der Nationalversammlung lediglich der verfassunggebende Charakter zugesprochen werden, die »realen Machtfaktoren« daneben aber bestehen bleiben, so bedeute dies, dass nicht nur die Bundesregierung und die Landesregierungen im Westen nach den Wahlen weiter amtieren würden, sondern auch, dass die »bei freien Wahlen zurückgedrängten SED-Kräfte [...] weiter einen Staatsapparat behalten [würden], den sie auch nach einer Niederlage im Sinne der Verhinderung der demokratischen Einheit des Volkes ausspielen könnten«.[61]

Der Entwurf der Wahlordnung, der am 1. November im Bulletin des Presse- und Informationsamts der Bundesregierung veröffentlicht wurde, sah tatsächlich vor, dass die von der Nationalversammlung erarbeitete Verfassung die Zustimmung eines Länderausschusses benötigen solle. Das hieß, dass bis zum Ende der Verfassungsberatungen die Regierung der DDR und die SED-Landesregierungen weiter bestehen würden. Darüber hinaus wurden im Wahlordnungsentwurf der Bundesregierung Grundzüge einer künftigen Verfassung Gesamtdeutschlands von vornherein festgeschrieben.

Schumacher protestierte sofort dagegen und hielt Adenauer vor, den bisher gemeinsam beschrittenen Weg, durch die »Verwirklichung der Demokratie [...] den östlichen Totalitarismus und seinen Herrschaftsapparat« zu überwinden, leichtfertig verlassen zu haben.[62] Erst im Januar 1952, nach Verhandlungen Wehners mit dem Minister für gesamtdeutsche Fragen Jakob Kaiser, verzichtete die Bundesregierung auf die föderalistischen Artikel des Gesetzentwurfs, der daraufhin Anfang Februar mit großer Mehrheit im Bundestag angenommen wurde.[63]

Mitte Februar 1952 wurde für Wehner endgültig deutlich, dass die SED vollständig in die Linie der neuen Moskauer Strategie eingebunden worden war. Den Brief Grotewohls an die Regierungen der vier Besatzungsmächte vom 14. Februar 1952, in dem um den beschleunigten Abschluss eines Friedensvertrags mit Deutschland nachgesucht wurde, und die positive Antwort der Sowjetregierung vom 20. Februar beurteilte er als ein »zweites Gleis« der SED-Strategie und »eine wesentliche taktische Änderung im Zusammenspiel der sowjetischen Deutschlandpolitik und der sowjetzonalen Einheitspropaganda«.[64] Die SED-Politik unterstütze nunmehr die Moskauer Bestrebungen, »in den westlichen Ländern, die 1939 bis 1945 mit Deutschland im Kriege standen, die antideutschen Gefühle wieder zu entflammen und zu politischen Faktoren werden zu lassen«. Wenn sich »der Westen« nicht darauf besinne, »dass die Frage der Einheit Deutschlands nicht nur eine nationale Angelegenheit der Deutschen, sondern ein Anliegen der Weltdemokratien ist«, dann werde der Westen »erhebliches Lehrgeld« zu zahlen haben, »sobald einmal auf dem jetzt von Pankow eröffneten zweiten Gleis die schweren Züge interalliierter Gesprächs- und Verhandlungsstrategie von Moskau aus in Fahrt gesetzt werden«.[65]

Die Stalin-Noten

Auf dem Hintergrund dieser Einschätzung der kommunistischen Strategie beurteilte Wehner auch die politische Funktion der ersten »Stalin-Note« vom 10. März 1952. Die sowjetische Führung bezog sich darin ausdrücklich auf das Schreiben Grotewohls vom 14. Februar und schlug ihrerseits den Westmächten vor, »unverzüglich die Frage eines Friedensvertrages mit Deutschland zu erwägen«. Die Verhandlungen über einen Friedensvertrag sollten »unter unmittelbarer Beteiligung Deutschlands, vertreten durch eine gesamtdeutsche Regierung«, stattfinden. Dazu müssten, wie es etwas vage hieß, »auch die Fragen der Bedingungen« geprüft werden, »die die schleunigste Bildung einer gesamtdeutschen, den Willen des deutschen Volkes ausdrückenden Regierung fördern«.

Der beigefügte Friedensvertragsentwurf, der »andere eventuelle Vorschläge« nicht ausschließen sollte, enthielt unter anderem den Grundsatz, dass Deutschland verpflichtet werden solle, »keinerlei Koalitionen oder Militärbündnisse einzugehen, die sich gegen irgendeinen Staat richten, der mit seinen Streitkräften am Krieg gegen Deutschland teilgenommen hat«. Ferner sollten die Grenzen Deutschlands gemäß den Beschlüssen »der Potsdamer Konferenz der Großmächte festgelegt« werden, womit die Sowjetregierung auf die Respektierung der Oder-Neiße-Linie als Westgrenze Polens anspielte. Schließlich sollte Deutschland gestattet werden, »eigene nationale Streitkräfte (Land-, Luft- und Seestreitkräfte) zu besitzen, die für die Verteidigung des Landes notwendig sind«.[66]

In erster Linie sah Wehner in der Note einen weiteren Versuch Stalins, die französische Öffentlichkeit in antideutschem Sinne zu manipulieren. Vor allem das Angebot Stalins zur Bildung einer deutschen Nationalarmee war nach Wehners Einschätzung »in ganz besonderem Maße auf erwünschte Reaktionen in Frankreich zugeschnitten«.[67] Dass Adenauer später berichtete, dass »von französischer Seite [...] bei der Erörterung dieser Note die ›Viermächtekontrolle‹ als Konsequenz einer möglichen Wiedervereinigung in die Diskussion gebracht worden« sei, wertete Wehner als Bestätigung seiner Vermutung.[68] Bereits Mitte Februar hatte Wehner die Feststellung getroffen, dass die sowjetische Propaganda in Frankreich bereits erste Früchte getragen habe und »bei der in Frankreich herrschenden Labilität wahrscheinlich erhebliche Folgewirkungen haben«[69] könne. Zum Beispiel werde im Zusammenhang mit den Diskussionen um »Formen und Grenzen einer deutschen Wiederbewaffnung unter alliiertem Kommando« im »neuesten offiziellen französischen Sprachgebrauch« die »legitime deutsche Forderung nach der staatlichen Wiedervereinigung« zur »Kategorie ›territoriale Ansprüche‹ gezählt«. Daraus würden »weitere Kontrollforderungen über Deutschland« abgeleitet.[70]

Auch Adenauer verfolgte in dieser Zeit mit Sorge die innerfranzösischen Diskussionen. So hatte sich die französische Nationalversammlung im Februar 1952 gegen die NATO-Aufnahme Deutschlands mit dem Argument ausgesprochen, dass die Bundesrepublik aufgrund ihres Wiedervereinigungsanspruchs »territoriale Forderungen« erhebe und damit die Voraussetzungen für eine Aufnahme in die NATO nicht erfülle.[71] In einer ersten Reaktion auf die Stalin-Note äußerte Adenauer schließlich, »sie richte sich in erster Linie an Frankreich, um dieses zu seiner alten, traditionellen Politik mit Russland zurückzubringen«.[72]

Da die politische Funktion der Note für Wehner darin bestand, Zwietracht zwischen den Westmächten und Deutschland zu säen, ging für ihn die potentielle Wirkung des Dokuments weit über die Frage hinaus, ob dadurch nur die Vertragsverhandlungen zum EVG- und Deutschlandvertrag torpediert werden sollten. Wenn diese Verhandlungen von Seiten der Sowjetunion schon nicht zum Scheitern gebracht werden konnten, so sollten sie durch die sowjetische Initiative zumindest negativ beeinflusst werden. Einen Ausweg aus dieser Situation bot für Wehner nur eine konsequente Vertretung des Selbstbestimmungsrechts der Deutschen durch die Westmächte und damit die Aktivierung der demokratischen Potenzen des Westens. In der Fraktionssitzung am 11. März erhob er die Forderung: »Die Weltdemokratien müssen sich mit dem deutschen Wunsch nach Wiedervereinigung solidarisieren.« Nicht nur die Sowjetunion, sondern auch die Westmächte müssten »vor konkrete Fragen gestellt werden«.[73]

Der amerikanische Hohe Kommissar John McCloy berichtete an Dean Acheson, dass Wehner in einer ersten Reaktion auf die Note angeregt habe, die Westmächte sollten sich in ihrer Antwort darauf beschränken, die Voraussetzungen für die Bildung einer gesamtdeutschen Regierung zu erkunden und eine Stellungnahme zu der vom Bundestag verabschiedeten Wahlordnung einzuholen. Die anderen Punkte der Sowjetnote sollten einfach ignoriert werden.[74] Auch wenn Viermächteverhandlungen kein anderes Ergebnis zeitigen sollten als die Pariser Außenministerkonferenz vom Frühjahr 1951,[75] war es aus Sicht Wehners notwendig, auf eine »[s]treng sachliche Prüfung des Inhalts« der Stalin-Note zu drängen.[76] Letztlich sollte dadurch der Westen zu einer offensiven demokratischen Wiedervereinigungspolitik gedrängt werden.

Nachdem in der zweiten Stalin-Note vom 9. April 1952 die Durchführung von freien Wahlen und die Einsetzung einer Viermächtekommission zur Überwachung der Freiheit der Wahlen in Aussicht gestellt worden waren,[77] vertrat Wehner im Gespräch mit Vertretern der amerikanischen Hohen Kommission die Auffassung, dass die Westmächte genau diese beiden konkreten Vorschläge nicht ignorieren dürften. Er regte an, »unmittelbar auf Viermächtebesprechungen einzugehen«

und die vom Bundestag verabschiedete Wahlordnung »als Verhandlungsgegenstand Nr. 1 « auf die Tagesordnung zu setzen.[78] Doch weder bei der Bundesregierung noch bei den drei Westmächten war diese politische Linie konsensfähig. Das Beharren der Westalliierten darauf, dass das wiedervereinigte Deutschland die Freiheit haben sollte, dem westlichen Verteidigungsbündnis beizutreten, brachte den Notenwechsel schließlich zum Scheitern.[79]

Die Westverträge, wie sie im Juli 1952 im Bundestag in erster Lesung beraten wurden, gaben den Westmächten in den Augen Wehners »ein ausgesprochenes Vetorecht gegen die Wiedervereinigung Deutschlands«.[80] Gleichzeitig konnten nach seiner Einschätzung nunmehr die »Agenten der Sowjetunion« »mit der Behauptung operieren, Sowjetrussland hätte in einer bestimmten Situation die Wiedervereinigung Deutschlands angeboten, ohne dass die übrigen Mächte darauf eingegangen wären«.[81]

Außenpolitische Weichenstellungen 1952/53

Ostintegration

Nach der Ablehnung der Stalin-Noten und der Unterzeichnung der Westverträge beobachtete Herbert Wehner seit Sommer 1952, dass die sowjetische Politik zunehmend von einer Aufrechterhaltung der Spaltung Deutschlands ausging. Kurz nach der II. Parteikonferenz der SED im Juli 1952 wies er im *Sozialdemokratischen Pressedienst* darauf hin, dass die Beschlüsse dieser Konferenz auf eine Bolschewisierung und Integration der DDR in einen Ostblock hinausliefen. Offenbar sei man in Moskau bereit, den Status quo zu akzeptieren und damit die Theorie Stalins »von der Möglichkeit des Nebeneinanderlebens zweier Systeme« Realität werden zu lassen.[1]

Vom XIX. Parteitag der KPdSU (B) im Oktober 1952 erwartete Wehner, dass der Kurs der Ostintegration und der Blockbildung vorangetrieben würde.[2] Für die Deutschlandpolitik gebe es von Moskau her gesehen drei Möglichkeiten: »Deutschland zur Volksdemokratie zu machen, eine Wiedervereinigung unter UNO-Kontrolle herbeizuführen oder die deutsche Spaltung durch West- und Ostintegration zu konsolidieren«.[3] Offenbar sei die »sowjetrussische Bereitschaft, Deutschlands Einheit durch ein interalliiertes Abkommen wiederherzustellen, [...] am Erlöschen«.[4] Daher werde der Parteitag »die Weltrevolutionsstrategie auf die ›Lösung auf lange Sicht‹ umstellen«.[5]

Wieder einmal, wie im Frühjahr 1949, kam Wehner damit zu der Einschätzung, dass die Sowjetunion ihre Strategie »auf lange Sicht« ausrichten werde. Im Vergleich zu damals hatte sich das politische Umfeld jedoch grundlegend gewandelt. Den Unterschied sah Wehner Anfang Oktober 1952 vor allem darin, dass man in Moskau lange Zeit durch den Marshall-Plan verunsichert gewesen sei. »Man war ernsthaft irritiert, weil man hier die Möglichkeit sah, die man eigentlich für unmöglich gehalten hatte, dass sich Länder nichtsowjetischer Struktur gegenseitig helfen, ohne den Hintergedanken zu haben, dadurch den anderen, dem geholfen wird, nur in Abhängigkeit, ihn damit in eine politische Satellitenrolle zu bringen. Man war irritiert. Man war es durch die Eden-Politik Großbritanniens und ihre Begleiterscheinungen in anderen kolonialen Ländern.«[6] Inzwischen habe man in Moskau allerdings neue »Zuversicht« geschöpft, »nämlich die Zuversicht, dass profitwirtschaftliche, nationalegoistische Tendenzen und die Tendenz zur Stabilisierung eines Sieger-Besiegten-Verhältnisses in den westlichen Teilen der Welt stark genug sein würden, um echte Zusammenschlüsse föderativer oder konföderativer Art mit diesem Stempel zu versehen«. Die »kalte Analyse Stalins und anderer« laute jetzt deshalb: »In diesem Falle wirken dann die alten Gesetze des Gegeneinanders, des Krieges im Dschungel und des ›Einer ist des anderen Wolf‹ eben nicht nur weiter, sondern unter dieser Temperatur in gesteigerter Form und in gesteigertem Tempo.«[7]

Die sowjetische Politik unternehme daher gegenwärtig alles, wie etwa durch die spektakuläre Ausweisung des US-Botschafters George F. Kennan aus Moskau während des amerikanischen Präsidentschaftswahlkampfs, um die reaktionären Kräfte im Westen zu stärken und um das »Durcheinander im nicht-russischen Lager« zu erhöhen. Zugleich werde eine antiamerikanische Propaganda geschürt. Diese solle sich »klettenhaft« an all jene nicht-kommunistischen Kräfte anheften, »die einfach für ihr Lebensrecht oder für ihre eigenen Belange in diesem oder jenem Erdteil eintreten und dort in Konflikt oder in Auseinandersetzung mit Amerikanern kommen«. Überall werde sich künftig das »Gespenst der kommunistisch gelenkten antiamerikanischen Grundeinstellung solchen Leuten ins Genick setzen« und sie anstacheln, bis es zu einer »abenteuerlichen Selbstzerfleischung der demokratischen Kräfte« komme.[8]

Zweifellos bezog sich Wehner mit diesen Ausführungen auf die Grundaussagen der Anfang Oktober 1952[9] erschienenen Schrift Stalins »Ökonomische Probleme des Sozialismus in der UdSSR«. Darin hatte Stalin aufgrund des Zerfalls »des einheitlichen, allumfassenden Weltmarktes« eine »weitere Vertiefung der allgemeinen Krise des kapitalistischen Weltsystems« prophezeit.[10] Zugleich hatte er festgehalten, dass der »Kampf der kapitalistischen Länder um die Märkte und der Wunsch, ihre Konkurrenten abzuwürgen«, stärker sei als »der Gegensatz zwischen dem Lager des Kapitalismus und dem Lager des Sozialismus«. Daraus folge die »Unvermeidlichkeit von Kriegen zwischen den kapitalistischen Ländern«.[11] Dank seiner Erfahrungen als kommunistischer Funktionär wertete Wehner diese Aussagen Stalins nicht als politische Analysen, sondern als lediglich strategische Anweisungen im Kampf um die Erringung der Weltherrschaft. Die vorausgesagte »Krise des Kapitalismus« konnte für ihn nur ein mit allen Mitteln erzeugtes »Durcheinander im nicht-russischen Lager« bedeuten. Inwieweit Stalins Schrift womöglich nur eine nachträgliche Rechtfertigung seiner gescheiterten deutschlandpolitischen Initiativen vom Frühjahr 1952 darstellte, ließ Wehner dabei unberücksichtigt.

Auch die innenpolitischen Repressionsmaßnahmen am Ende der Ära Stalins waren für Wehner integraler Bestandteil dieser Politik. Unter diesem Blickwinkel interpretierte er die Säuberungen in der UdSSR nach dem XIX. Parteitag, die Hinrichtung des ehemaligen tschechischen KP-Generalsekretärs Rudolf Slansky im November 1952 in der Tschechoslowakei und den Beschluss des ZK der SED über die »Lehren aus dem Prozess gegen das Verschwörerzentrum Slansky« vom Januar 1953. Das Schlagwort von der »Verschärfung des Klassenkampfes« im Zuge der Koexistenzpolitik beinhalte umfassende Terrormaßnahmen gegen die eigene Bevölkerung. Die

Vernichtung alter Kader der kommunistischen Parteien sei dabei lediglich die »Schaumkrone auf dem Kamm einer riesigen Welle«.[12] Für die nächste Periode der kommunistischen Politik brauche man eine »zusammengeprügelte Partei, die nun ihrerseits die Bevölkerungsmasse zusammenprügelt«. Dabei sei selbst die abstoßende Wirkung dieser Maßnahmen kühl darauf berechnet, die reaktionären Tendenzen im Westen zu fördern.[13]

Im Dezember 1952, nach dem Sieg Dwight D. Eisenhowers bei den amerikanischen Präsidentschaftswahlen[14] und der zweiten Lesung der Westverträge, entschloss sich die SPD-Spitze, die außenpolitische Linie der Partei einer Revision zu unterziehen.[15] Dazu legten Carlo Schmid und Gerhard Lütkens zur Jahreswende 1952/53 außenpolitische Memoranden vor,[16] die von Wehner begutachtet wurden.

Zunächst führte sich Wehner die wesentlichen Gesichtspunkte der außenpolitischen Lage vor Augen. Er notierte, dass sich die amerikanische Politik nach der Wahl Eisenhowers in einer Phase der Umgestaltung befinde. In Zukunft werde die Politik der Bundesregierung – ganz im Sinne Adenauers – noch stärker von der amerikanischen Politik abhängig sein. Der »Automatismus d[er] Kleineuropa-Politik«, toleriert durch Großbritannien, sei für die USA »bequem«. Der sowjetrussischen Politik gelinge es in dieser Situation nicht, eine »Alternative« zu bieten. Sie konzentriere sich auf Großbritannien und Frankreich, Deutschland sei lediglich ein »Objekt z[ur] Belebung antideutscher Komplexe«.[17]

Für Wehner war klar, dass in jedem Fall EVG- und Generalvertrag »als Rahmen f[ür] [die] Kontrolle über Deutschland« bestehen bleiben würden. Die SPD müsse an der »polit[ischen] Ablehnung festhalten«. Vorsicht sei bei »Initiativen f[ür] allgem[ein]-verbindl[iche] Gutachten« geboten. Dadurch dürfe nicht der Anschein erweckt werden, als sei man bereit, sich »in d[er] Sache« zu unterwerfen. Unter Umständen ergebe sich für Adenauer die Notwendigkeit einer Verfassungsänderung, um die Verträge durchbringen zu können. Diese Situation verführe zu »Manipulationen« und bringe eine »innenpolitische Verschärfung« mit sich.[18]

Die Sozialdemokraten steckten in der »Sackgasse«. Sie könnten nur hoffen, dass die Neuwahlen im Herbst 1953 eine »große Änderung« hervorbringen und sich dadurch die Westmächte zu einer Revision ihrer Deutschlandpolitik bereit finden würden. Was aber, wenn sich diese nicht sehr wahrscheinliche Möglichkeit endgültig zerschlagen hätte? Die SPD, »die zwar Nein sagt, aber nicht durchstoßen kann«, so hielt Wehner fest, »verlockt zur Vergewaltigung«. Damit bestehe die »Gefahr einer Konzentration faschistischen Typs«. Um dies zu verhindern, müsse der »Gegenstoß« der SPD nach folgendem Gesichtspunkt erfolgen: »Weil Ja z[ur] Sicherheit, Nein zu diesem Ersatz«. Es müsse daher das »Angebot z[ur] Teilnahme an [einer] gemeinsamen Anstrengung« erfolgen. Voraussetzung dafür sei »Gleichberechtigung und [die gemeinsame] Basis Wiedervereinigung«.[19] Aus dieser Einschätzung der politischen Gesamtlage heraus formulierte Wehner seine Kritik an den Ausarbeitungen von Schmid und Lütkens.

Schmid hatte – ausgehend vom Dortmunder Aktionsprogramm der SPD – außenpolitische Grundsätze formuliert, die die Idee eines »Systems kollektiver Sicherheit« in den Mittelpunkt stellten.[20] Lütkens hatte ein außenpolitisches Schema vorgelegt, dem zufolge die Bundesrepublik ihre Beteiligung am europäischen Integrationsprozess abbrechen und sich politisch und militärisch an die NATO anlehnen sollte.[21]

Zu den Entwürfen von Schmid und Lütkens hielt Wehner fest: »Wir brauchen Grundsätze und wir brauchen eine Art von Schema für unsere Aktion, aber wir müssen in jedem Fall von der ›Lage‹ ausgehen. Die ›Lage‹ wird im Wesentlichen bestimmt durch die Spannung SU-USA. Auch wenn das bedauert wird, kann man sich den dadurch geschaffenen und bestimmten Tatsachen nicht entziehen. Weder die Aufzeichnung von C[arlo] S[chmid] noch das Schema von G[erhard] L[ütkens] sind mit der ›Lage‹ verwoben und aus ihr entwickelt.

Adenauers außenpolitischer Praktizismus würde beide bald erdrücken. Seine Stärke ist die Verkoppelung der Interessentenwünsche des deutschen Großbesitzes mit den Interessen der herrschenden Strömungen der Besatzungsmächte.«[22]

Als schwächste Stelle in der Ausarbeitung Schmids empfand Wehner, dass »die entscheidenden Erwartungen in ein System kollektiver Sicherheit gesetzt [würden], das universal sein soll und vom Willen der Großmächte abhängig wäre«. Auf sein Zustandekommen hätten die Deutschen keinerlei Einfluss. Ansonsten schweige der Entwurf zur Frage der Sicherheit.

Lütkens hatte die »Beibehaltung des Besatzungsstatuts als bessere Lösung« gegenüber dem »Abschluss eines Vertrags heute« propagiert. Dazu bemerkte Wehner: »Die Alternative ›Beibehaltung des Besatzungsstatuts‹ würde die SPD innenpolitisch und gegenüber dem Ausland in Isolierung treiben. Eine solche Alternative könnte – gewissermaßen als ›Drohung‹ – nur während der Verhandlungen und der mit ihnen verbundenen öffentlichen Auseinandersetzungen gebraucht werden, *wenn* man sich dabei auf eine entsprechende Haltung großer Bevölkerungsteile stützen könnte. Wir haben aber in Deutschland offenbar nicht die Art, die Kraft und das Vermögen, die von den Indern aufgebracht wurden, um ihre Forderungen durchzusetzen. Leider haben wir es auch mit anderen Konstellationen der Spannungsträger zu tun.«[23]

Beide Ausarbeitungen ergäben, so Wehner, »keine Grundlage zu einer sozialdemokratisch geführten und beeinflussten Kraftzusammenballung, die die Regierung drängen und drücken könnte«. Sie seien also kein Programm, das eine Massenbewegung gegen die Westverträge auslösen und führen könnte. Sie seien aber »andererseits nicht realistisch genug, als komplette Plattform sozialdemokratischer Politik für den Fall des Inkrafttretens der Verträge dienen zu können […] Wenn wir uns nicht imstande fühlen oder sehen, die Dinge von innen her ›aus den Angeln‹ zu heben, so müssen wir unsere Anstrengungen konzentrieren auf eine Politik, die die Mächte zu den äußerst möglichen Konzessionen drängt. Der Rahmen dafür ist nicht sehr weit. Dabei müssen wir – auch wenn wir unsere Aktion maximal führen, z. B. unter Aktivierung ausländischer Bundesgenossen – in Kauf nehmen, wieder Opposition zu werden, um von dieser Position aus die Regierung zu drängen und den Mächten Konzessionen abzunötigen. Damit wenigstens das gelinge, muss ein bestimmtes Minimum innerpolitischer und parlamentarischer Bewegungsmöglichkeit errungen und gewahrt werden.«[24]

Die SPD könne sich nicht darauf verlassen, dass »sich auf außenpolitischem Gebiet sozusagen wiederholen [werde], was innerpolitisch, beim Grundgesetz, im April 1949 möglich war. Sie muss damit rechnen, dass die Mächte bei der ›Grundkonzeption‹ der Verträge bleiben. Für diesen (wahrscheinlichen) Fall braucht sie zu ihrem Nein gegen diese Verträge die Liste konkreter Forderungen, die zu einer stückweisen Änderung erforderlich sind und führen können. Sie kann darauf nicht verzichten, weil sie sonst den restaurativen Kräften die ›Revision‹ überlassen würde.«[25]

Mit der Montanunion sei die »erste ›Gemeinschaft‹ der Sechs zu Tatsache geworden«. Die Sozialdemokraten hätten sie nicht zu Fall bringen können. Dennoch sei der Kampf richtig gewesen und müsse »historisch und politisch seine Rechtfertigung bekommen dadurch, dass wir es verstehen, im Rahmen der ›Gemeinschaft‹ konkret zu kämpfen«. Wenn die SPD verhindern wolle, »dass nach dem Muster der Montanunion weiter ›integriert‹ wird«, so werde die Partei ihren »konkreten Kampf ›im Rahmen‹ der Montanunion verknüpfen müssen mit verstärkten Anstrengungen, politische Parteien anderer europäischer Länder für eine aktive, die Sechserkombination aus den Angeln hebende Politik zu gewinnen oder anzuregen«. Dafür brauche sie »Schwerpunkte der Argumentation und ebenso Schwerpunkte der Konzentration von Beziehungen«. Die SPD dürfe sich »nicht mehr darauf beschränken, Außenpolitik hauptsächlich unter Betonung ihrer eigenen nationalen Ziele und einiger allgemeiner internationalistischer Forderungen und Bekenntnisse zu treiben«.

Dies sei eine »Lebensfrage«. Dabei müsse die SPD »auf lange Sicht« arbeiten und genau wissen, »welche Kräfte wir anvisieren und schließlich mit uns in Bewegung bringen wollen«.

Weiter bemerkte Wehner: »Wir können nicht erwarten, dass anderen Parteien anderer Länder unsere nationalen Anliegen von vornherein von der gleichen Bedeutung erscheinen wie uns selbst. Aus dieser Feststellung haben wir nicht die Schlussfolgerung zu ziehen, entweder zu resignieren oder uns mit unserer Isolierung abzufinden; unsere Aufgabe ist es, diesen Parteien dadurch näher zu kommen, dass wir versuchen, zu konkreten Interessen- und Kampfgemeinschaften zu kommen, die wir nur herbeiführen können werden, wenn wir uns eingehend mit den z. B. aus der Existenz der Montanunion für die Wirtschaft jener Länder sich ergebenden neuen Problemen befassen, um uns an solche Interessengemeinschaften heranarbeiten zu können.«[26] In entsprechender Weise müsse auch »ein Verhältnis zu außereuropäischen demokratischen und sozialistischen Kräften und Strömungen« gefunden werden.

Auf dieser Basis formulierte Wehner die weitere Einzelkritik an den Entwürfen von Schmid[27] und Lütkens[28]. Abschließend kündigte er ein eigenes Konzept zu den außenpolitischen Richtlinien der SPD an.[29]

In seiner Ausarbeitung vom 26. Januar 1953[30] rückte Wehner die Idee, dass jede »deutsche Politik [...] auf eine Situation hinwirken [müsse], in der es möglich sein wird, Deutschlands Beziehungen zur übrigen Welt durch einen Friedensvertrag zu regeln«, ins Zentrum der Betrachtung. Ein Friedensvertrag setze voraus, »a) die Bereitschaft der Vier Mächte, mit einer auf der Grundlage freier Wahlen zustande gekommenen Regierung Deutschlands über die Regelung der aus Krieg und Nachkriegszeit entstandenen Fragen durch einen Friedensvertrag zu verhandeln; b) das Bestehen einer durch ein frei gewähltes Parlament gebildeten und diesem verantwortlichen Regierung Deutschlands.«

Deshalb sei es zunächst notwendig, »durch diplomatische

Fühlungnahme« mit Moskau festzustellen, »ob die Regierung der Sowjetunion bereit ist, zu ihrem Teil an der Schaffung der Voraussetzungen für Verhandlungen über einen Friedensvertrag mit Deutschland mitzuwirken [...] Wenn es sich herausstellen sollte, dass die Sowjetregierung zurzeit nicht bereit ist, solche Verhandlungen zu führen, und wenn demzufolge weiter mit der Gefahr gerechnet werden müsste, dass der sowjetisch besetzte Teil Deutschlands als Ausgangsstellung für den Versuch der Sowjetisierung Deutschlands benützt und ausgebaut werden soll, dann müssten sowohl die Bundesregierung als auch die Regierungen der drei Westmächte öffentlich erklären, dass alle von ihnen in Bezug auf Deutschland ins Auge gefassten Maßnahmen lediglich dem Zweck dienen, diese Gefahr zu bannen und ihrerseits alles zu tun, um zu gegebener Zeit den Abschluss eines Friedensvertrags zu ermöglichen.«[31]

Dann wäre es aber auch notwendig, dass die Westalliierten »mit dem freien Teil Deutschlands« vertragliche Abmachungen treffen, »die es der Bundesrepublik möglich machen, Rechte und Pflichten zu übernehmen und auszuüben, die im Rahmen des gemeinsamen Interesses an der Sicherung des Friedens, der Förderung ungehemmter wirtschaftlicher und kultureller Beziehungen und der Vorbereitung einer Situation liegen, in der ganz Deutschland seinen Beitrag zur vertraglichen Regelung friedlicher Beziehungen zu seinen Nachbarn und der übrigen Welt wird leisten können«.[32]

Um der Bundesrepublik »normale Beziehungen zu allen Staaten, die solche wünschen, zu ermöglichen und um sie in den Stand zu setzen, an gemeinsamen Anstrengungen zur Hebung des Volkswohlstands und zu[r] Sicherung des Friedens teilzunehmen«, sollten die Westmächte das Besatzungsstatut aufheben und der Bundesrepublik durch einen Vertrag einen völkerrechtlichen Status gewähren, »der sie (abgesehen vom Artikel 107 der Charta der UN und vom sowjetischen Veto) für die Mitgliedschaft in den Vereinten Nationen qualifizieren müsste«. Die Westallierten sollten allerdings Vorbehaltsrechte für Berlin, Gesamtdeutschland und Reparationen und Restitutionen behalten, damit mit der Sowjetunion weiter verhandelt werden könne. Dieser »gesamtdeutsche Vorbehalt« müsse so gestaltet werden, dass »a) alle Wege zur friedlichen Wiedervereinigung in Freiheit offen gehalten werden, b) keinerlei Bindungen der Bundesrepublik bei der friedlichen Verfolgung des Ziels der Wiedervereinigung eingegangen werden, c) Zusicherungen der drei Mächte vorliegen, nach welchen Grundsätzen sie mit der Bundesrepublik gemeinsam die gesamtdeutsche Politik zu führen gedenken«.[33]

Als Beitrag zur militärischen Sicherheit werde die Bundesrepublik »militärische Streitkräfte« aufstellen. Diese Streitkräfte sollten »in ein Assoziationsverhältnis zur NATO treten«, das »im Falle der Wiedervereinigung« ende. Bis dahin würden die in der Bundesrepublik stationierten Truppen der drei Westmächte »den Charakter von Schutztruppen der NATO« annehmen.

Diese Ausarbeitung Wehners bildete Ende Januar 1953 die Grundlage für ein außenpolitisches Positionspapier,[34] das in der SPD-Spitze mit Blick auf ein Zusammentreffen führender Sozialdemokraten mit dem neuen amerikanischen Außenminister John Foster Dulles formuliert wurde. Der Gedanke Wehners, sich außenpolitisch auf den Abschluss eines Friedensvertrags zu konzentrieren und von daher die Schaffung der Voraussetzungen für Friedensvertragsverhandlungen zum Gegenstand konkreter außenpolitischer Initiativen zu machen, fand sich in diesem Papier uneingeschränkt wieder. Seine Formulierung, dass ein Scheitern ernsthafter Verhandlungen mit der Sowjetunion impliziere, dass die DDR weiterhin zum Ausgangspunkt einer »Sowjetisierung« ganz Deutschlands benutzt werden solle, wurde dagegen fallen gelassen und damit auch die daran geknüpften sicherheitspolitischen Schlussfolgerungen, die bis zum aktiven Betreiben der Westbindung der Bundesrepublik reichten. Zwar enthielten die Leitlinien der SPD-Führung die Forderung nach ernsthaften Verhandlungen mit der Sowjetunion, welche politischen Konsequenzen ein Scheitern der Verhandlungen aber haben sollte, blieb unklar.

War für Wehner die Aufrechterhaltung der Vorbehaltsrechte der vier Mächte entscheidend, um die Möglichkeit von Wiedervereinigungsverhandlungen nicht zu gefährden, hielt das Beschlusspapier der SPD-Spitze es lediglich für »ratsam«, »sich vorläufig mit der Inanspruchnahme gewisser Vorbehaltsrechte durch die drei Westmächte abzufinden«. Und während Wehner Schmids Vorstellung eines »Systems kollektiver Sicherheit« explizit nicht aufgegriffen hatte, weil Deutschland im Zustand der Spaltung keinerlei Einfluss auf die Ausgestaltung eines solchen Sicherheitssystems haben konnte, so tauchte ebendiese Idee eines universalen Systems kollektiver Sicherheit im Grundsatzpapier wieder auf. Zudem wurde entgegen den Warnungen Wehners Schmids Vision einer gesamteuropäischen Einigung übernommen, ohne konkrete Forderungen im Hinblick auf die Weiterentwicklung der Montanunion zu erheben.

Dieses außenpolitische Positionspapier der SPD vermochte John Foster Dulles nicht zu überzeugen. Bei seinem Treffen mit Ollenhauer, Wehner und Schmid am 5. Februar 1953[35] machte der amerikanische Außenminister deutlich, dass die Vorstellungen der SPD für ihn von vornherein völlig indiskutabel seien. Eine Viererkonferenz, so Dulles' Fazit, habe nur Sinn, wenn man von ihr irgendeinen Erfolg erwarten dürfe. Dies sei aber erst gewährleistet, wenn der Westen eine starke, geschlossene Verteidigungsfront gebildet habe.[36]

Der Tod Stalins und der 17. Juni 1953

Der Tod Stalins am 5. März 1953 löste im Westen eine politische Verunsicherung über den weiteren Weg der Sowjetunion aus. Wehner nutzte diese Situation, um neue außenpolitische Akzente zu setzen.

Angesichts der Spekulationen in der westlichen Öffentlichkeit über einen Kurswechsel der sowjetischen Politik forderte er, dass der Westen selbst initiativ werde.[37] Er warnte davor, die Entwicklung in Moskau erst abzuwarten und dann auf die neuen Initiativen der Sowjetführung zu reagieren. Auf keinen Fall dürfe sich der Westen »mehr oder weniger unvorbereitet der Gefahr einer Überrumpelung oder Desorientierung durch ›Friedensinitiativen‹ aussetzen«. Der Westen solle vielmehr selbst »der Sowjetunion ein einheitliches Programm zur Entspannung vorlegen, zu dessen Hauptpunkten die deutsche und die österreichische Frage gehören müssten«. Dann werde nicht zuletzt die »politische Aktivität und Initiative des Westens« zur Klärung der künftigen außenpolitischen Linie der Sowjetunion führen.[38]

Gerade weil sich nach dem Tode Stalins bisher »keinerlei Lockerung des Zwangs und Drucks in der sowjetisch besetzten Zone« bemerkbar mache, riet Wehner zu direkten deutsch-deutschen Initiativen. »Wir müssen den Stier bei den Hörnern packen und durch eigene konkrete Vorschläge Gelegenheiten schaffen, über die nicht mehr hinweggeredet werden kann«. So empfahl er, den Vorschlag des Berliner Abgeordnetenhauses vom September 1951 wieder aufzugreifen, freie Wahlen in ganz Berlin auf der Grundlage der Wahlordnung von 1946 durchzuführen, und präsentierte ein Fünf-Punkte-Programm zur innerdeutschen Entspannung.[39] Demnach sollten die Sperren an der Zonengrenze auf »ein Mindestmaß« zurückgeführt werden, »das für eine normale Kontrolle notwendig ist, solange noch der Währungsunterschied zwischen D-Mark West und Ost besteht«. Die bis zum Sommer 1952 gültigen Bestimmungen des »kleinen Grenzverkehrs an der gesamten Zonengrenze« und die Wirtschaftsabkommen bezüglich des Zonengrenzstreifens sollten wiederhergestellt werden. In der »sowjetisch besetzten Zone Deutschlands« sollten »normale Lebensverhältnisse für alle Bevölkerungsteile« sichergestellt werden, »damit kein Bewohner Mitteldeutschlands mehr gezwungen ist, aus diesen Gründen seine Heimat zu verlassen«. In »Mitteldeutschland«

müsse der »freie Empfang von Lebensmittelpaketen aus Westdeutschland und aus dem Ausland gewährleistet werden, damit die Versorgungsschwierigkeiten bis zur neuen Ernte gelindert werden« könnten. Schließlich solle der »Empfang von Lebensmitteln, Stärkungsmitteln und Medikamenten [...] für die Gefangenen in den sowjetzonalen Strafvollzugsanstalten freigegeben« werden.[40]

Das Ziel dieser Vorschläge legte Wehner Anfang Juni in einem internen Memorandum zur »Deutschlandpolitik und zur Verhinderung der Sowjetisierung Mitteldeutschlands« dar.[41] Es komme darauf an, in Deutschland eine »Politik der Initiativen« zu starten. Die Passivität der Westalliierten und der Bundesregierung in der Deutschlandpolitik komme auf Dauer nur der kommunistischen Politik zugute. »Statt den Deutschen durch Initiativen des Westens Gelegenheit zu geben, die Demokratie als Dynamik und als *die* Ordnung zu begreifen, die Deutschland auch international wieder Respekt verschaffen will und verschaffen kann, stellen sich als Folge des Fehlens von Initiativen ein: die Abstumpfung der Elemente und Schichten der Bevölkerung, auf die es beim Neubau und der Neugestaltung der Verhältnisse eigentlich ankäme; dagegen Ermunterung und Stärkung derer, denen es lediglich auf Geschäftigkeit ankommt. Diese Politik schafft Apathie statt Energie; die politisch rückwärts gerichteten und sozial sterilen Elemente werden auf diese Weise bestimmend für den Charakter des westdeutschen Staates und sein Verhältnis zur sowjetisch besetzten Zone.«[42]

Sah Wehner also in der deutschlandpolitischen Abstinenz der Bundesregierung eine Stärkung der »reaktionären« Tendenzen in der Bundesrepublik, so befürchtete er dieselben Folgen dieser Politik auch für das Gebiet der DDR. Die »sowjetisch-besetzte Zone« werde »dem Gegner faktisch kampflos überlassen«. »Statt die breiteste Widerstandsfront (Modell Norwegen während der deutschen Besatzung) lebendig zu erhalten, wird die Praxis des ›Abwartens‹ genährt. Die Bevölkerung der sowjetisch-besetzten Zone wird mehr und mehr sich selbst überlassen. Als Folge treten ein: Verzweiflung und Flucht eines erheblichen Teiles der Bevölkerung; Erstarrung in der Illusion einer sozusagen automatisch von außen kommenden Befreiung und Passivität gegenüber dem wirklichen täglichen Geschehen mit der Tendenz: ›Je schlimmer, umso früher das Ende.‹ Breite Teile ›ergeben‹ sich.«[43]

Wehner folgerte deshalb: »Es wäre besonderer intensiver Studien und Analysen wert, die Übertragung gewisser demokratischer Energien aus dem Westen Deutschlands zur Behauptung eines gewissen legalen Spielraums für den einzelnen Menschen und Gruppen von Menschen der sowjetisch-besetzten Zone zu praktizieren.«[44]

In seinem Memorandum zur Deutschlandpolitik präsentierte Wehner auch neue Gedanken zur Vorbereitung von Viermächteverhandlungen. Hatte Dulles im Februar 1953 solche Verhandlungen gegenüber der SPD-Spitze noch kategorisch abgelehnt, so schienen sie nach dem Tode Stalins in greifbare Nähe zu rücken. Mitte April signalisierte Eisenhower Gesprächsbereitschaft, Churchill forderte am 11. Mai explizit Verhandlungen über die Wiedervereinigung Deutschlands und auch die französische Regierung drängte auf neue Beratungen vor der Ratifikation des EVG-Vertrags in der französischen Nationalversammlung.

Wehner schlug zur Vorbereitung von Viermächteverhandlungen das gründliche Studium der bisherigen sowjetischen Reparations- und Sicherheitsforderungen vor.[45] Die sowjetischen Reparationsansprüche hätten auf den Viermächtekonferenzen bis zum Frühjahr 1949 eine entscheidende Rolle gespielt. Es müsse überprüft werden, ob die Reparationsfrage zum Gegenstand konkreter Vorschläge an die Adresse der Sowjetunion gemacht werden könne.

Die Sicherheitsfrage solle »auch historisch untersucht« werden. Angesichts der »sowjetischen Anträge und Befürchtungen« solle »in aller Sachlichkeit und historischer Genauigkeit« dargestellt werden, »welchen Einfluss die damalige sowjetische Politik auf die Entwicklung des Hitler-Regimes in den ersten Jahren und in der Zeit des Stalin-Ribbentrop-Paktes gehabt hat«. Offenbar wollte Wehner damit der Regierung in Moskau eindringlich vor Augen führen, welche reaktionären Konsequenzen ihre gegenwärtige Politik im Westen haben konnte. Es komme jetzt darauf an, »etwas Neues zu schaffen«. Dabei sollten »alle Möglichkeiten eines Systems von Garantien und Nichtangriffspakten auf der Grundlage der Mitgliedschaft des vereinigten Deutschlands in den Vereinten Nationen« durchdacht werden.[46]

Das Primärziel, so hielt Wehner fest, müsse »die Rettung der sowjetisch-besetzten Zone Deutschlands vor der völligen Eingliederung in den Sowjetblock« sein. Noch sei sie in diesen »nicht endgültig einverleibt«. Deshalb müsse um sie »besonders gekämpft werden«. Es sei zwar richtig, auch »die Frage der demokratischen Selbstbestimmung Polens und anderer jetziger Satellitenstaaten generell und einmal auch konkret auf die Tagesordnung zu stellen«; in der gegenwärtigen Situation aber könne durch die Erörterung aller »erdenklichen Ostfragen auf einmal« die Erreichung der »nächste[n] Möglichkeiten erschwert oder gar zerschlagen werden«. Die Verhinderung der Sowjetisierung Ostdeutschlands schaffe »eine wesentliche Ausgangsposition für weitere Schritte in der Richtung einer Entspannung und Verhinderung der Konsolidierung der sowjetischen Expansion«.[47]

Dieses Memorandum Wehners bildete die Grundlage für den SPD-Antrag betreffend »Viermächteverhandlungen zur Wiedervereinigung Deutschlands«, der am 9. Juni 1953 in den Bundestag eingebracht wurde.[48] Durch die Ereignisse des 17. Juni gewann er eine unerwartete Aktualität.

Am gleichen Tag, an dem die SPD ihren parlamentarischen Vorstoß unternahm, verkündete das SED-Politbüro einen »neuen Kurs«, mit dem der forcierte »Aufbau des Sozialismus« in der DDR zurückgenommen werden sollte. Es wurde versprochen, künftig alle Anstrengungen zu unternehmen, die der »entschiedenen Verbesserung der Lebenshaltung aller Teile der Bevölkerung und der Stärkung der Rechtssicherheit« dienten.[49] Wehner kommentierte diese Ankündigung mit der Feststellung, dass dies lediglich eine »von Moskau aus« befohlene Kurskorrektur sei. Ihr liege offenbar die sowjetische Absicht zugrunde, »die sowjetische Zone Deutschlands als Verhandlungsobjekt zu erhalten«. Deshalb müssten die Bestrebungen der SED, die »Ostzone« zu einem »integrierten Teil des Sowjetblocks zu machen«, im Interesse Moskaus gebremst werden.[50]

Wenn der Wille zum Kurswechsel glaubhaft sein solle, so forderte Wehner, müsse die Bezirkseinteilung beseitigt, die Länderstruktur wiederhergestellt, die Sperrverordnung für die Zonengrenze vom 27. Mai 1952 aufgehoben, eine Generalamnestie für politische Gefangene durchgeführt und Hilfsaktionen für die unter den Ernährungsschwierigkeiten leidende Bevölkerung ermöglicht werden.[51] Damit konkretisierte er die Forderungen der SPD an die SED und erweiterte sie schließlich am 14. Juni sogar um die nach dem Rücktritt Walter Ulbrichts.[52]

Wehners Stellungnahmen in der ersten Junihälfte 1953 bewegten sich im Rahmen der Vorstellung, dass es im Interesse Moskaus zu einer evolutionären Entwicklung in der DDR kommen könne. Umso überraschender kam für ihn der Arbeiteraufstand vom 17. Juni 1953. Am Tag zuvor hatte er sich in Luxemburg zu einer Sitzung der beratenden Versammlung der Europäischen Gemeinschaft für Kohle und Stahl aufgehalten.[53] Von dort wurde er nach Bonn zurückgerufen und als Vorsitzender des Bundestagsausschusses für gesamtdeutsche und Berliner Fragen nach Berlin entsandt.[54]

Die Ereignisse des 17. Juni in Berlin und anderen Städten der DDR interpretierte er als einen klassischen Arbeiteraufstand. Am 1. Juli 1953 erklärte er im Bundestag: »[E]s fing an mit dem Kampf gegen die Normenschinderei, mit einem Ausbruch gegen den Hunger. Es verband sich sofort mit dem Eintreten für verfassungsmäßige Verhältnisse gegen eine Regierung, die diese eigene Verfassung verletzt und mit Füßen getreten hat. Und das alles mündete in dieses glühende Bekenntnis, für das in Berlin an einem Tag ein fast hundertprozentiger Generalstreik war und für das in der Zone Hunderttausende unter Lebensgefahr gestreikt haben; in dieses glühende Bekenntnis: Wir wollen nicht mehr in einem gespaltenen Deutschland leben, wir wollen Wiedervereinigung!«[55]

Zu den Ursachen des Aufstands sagte er: »Zusammengetroffen ist die Verzweiflung der arbeitenden Menschen, in einer solchen Lage nicht mehr so weiterleben zu können, […] mit einer gewissen Unsicherheit des Regimes von Gnaden der Besatzungsmacht. Denn es war ja eben erst kompromittiert und desavouiert worden wegen einer Politik, die mit Pauken und Trompeten seit Juni vergangenen Jahres als angeblicher ›Aufbau des Sozialismus in beschleunigtem Tempo‹ angekündigt worden und eingepeitscht worden war und deren Krönung eben in diesen Tagen die unerhörte 10%ige allgemeine Normenerhöhung, d. h. eine Akkordschinderei sonst in kapitalistischen Verhältnissen nicht bekannter Art war. Das war das zweite. Das dritte, was dazukam, war der Anfang mit gewissen Zugeständnissen, hinsichtlich derer die Arbeiter sich Gewissheit verschaffen wollten, was es denn damit auf sich habe, weil sie aus Erfahrung heraus mit einem gesunden Misstrauen und dem Verlangen begabt sind, zu wissen, ob es wenigstens in Teilfragen ernst ist oder nicht.«[56]

Der Kampf der Arbeiterschaft war für Wehner jedoch zum Scheitern verurteilt, er attestierte ihr eine »für normale Berechnungen aussichtslos erscheinende Lage«.[57] Da er es für das primäre Interesse der Sowjetführung hielt, die DDR als Faustpfand für Viermächteverhandlungen zu erhalten, musste ihm auch klar sein, dass Moskau alles daransetzen würde, die SED-Herrschaft aufrechtzuerhalten. Denkbar war lediglich eine Zügelung und Rücknahme der Sowjetisierungsmaßnahmen bis hin zum Austausch Walter Ulbrichts durch einen anderen SED-Funktionär.

Dennoch sah Wehner schließlich auch positive Auswirkungen des Aufstands. Zum einen sei dadurch »das Diktaturregime in der sowjetisch besetzten Zone bis in die Grundfesten erschüttert« worden. Durch den Arbeiterprotest habe »das SED-Regime in der sowjetisch besetzten Zone einen Stoß erhalten, von dem es sich nicht mehr erholen kann«.[58] Zum anderen habe der 17. Juni deutlich gemacht: »Die Einheit Deutschlands – und ich meine, das ist das Wesentliche, was durch diesen Aufstand manifestiert wurde – ist ein elementares Anliegen, dass nicht durch Konstruktionen und Pläne nach mehr oder weniger fremden Interessen verschoben werden kann.«[59]

Daraus leitete er einmal mehr die Forderung nach sofortigen Viermächteverhandlungen ab. Als am 1. Juli ein entsprechender Antrag der SPD im Bundestag scheiterte, erklärte er vor dem Hohen Haus, dass damit »unbestreitbar erwiesen [sei], dass die von Dr. Adenauer geführte Koalition praktisch nichts zur Herbeiführung von Vier-Mächte-Verhandlungen für die Einheit Deutschlands tun will«.[60]

Um die Vorwürfe der Opposition zu entkräften, ließ sich Adenauer Anfang Juli 1953 von seinem Vertrauten Herbert Blankenhorn dazu überreden, die Westmächte zur Ankündigung einer Außenministerkonferenz für den Herbst – nach den Bundestagswahlen – zu drängen. Tatsächlich erfolgte daraufhin am 15. Juli von den drei Westalliierten eine Einladung an die Sowjetunion, im Herbst auf Außenministerebene über die deutsche Frage zu verhandeln. Dadurch wurde der SPD-Forderung nach sofortiger Durchführung von Viermächteverhandlungen in der heißen Phase des Wahlkampfs die Spitze abgebrochen.[61]

Nach dem brutalen Vorgehen der Roten Armee gegen die Ost-Berliner Aufständischen stieg die Popularitätsrate Adenauers bis zu den Bundestagswahlen am 6. September rapide an.[62] Die SPD, sosehr sie sich auch um die Wiedervereinigung Deutschlands bemühte, vermochte aus ihrer gesamtdeutschen Politik im Wahlkampf kein Kapital zu schlagen.

Die Sozialdemokraten büßten bei der Bundestagswahl am 6. September 1953 0,4 Prozent ihres Stimmenanteils ein und lagen nur noch bei 28,8 Prozent. Die CDU dagegen gewann über fünf Millionen Stimmen hinzu und erhöhte ihren Stimmenanteil von 31 Prozent auf 45,2 Prozent. Da allgemein – auch über den Rahmen der SPD hinaus – ein besseres Abschneiden der Sozialdemokraten erwartet worden war, schmetterte der Wahlausgang die Partei geradezu nieder.

Zudem verfügte die neue Regierungskoalition aus CDU/CSU, DP, GB/BHE und FDP nun über eine Zweidrittelmehrheit im Bundestag.[63] Da seit Mitte 1952 zwischen Regierung und Opposition die Frage umstritten war, ob zur Verabschiedung der Westverträge die verfassungsändernde Mehrheit im Bundestag notwendig sei, enthob das Wahlergebnis Adenauer einer zusätzlichen Sorge.

In einer privaten Niederschrift versuchte Wehner, sich die Niederlage der SPD zu erklären. Er hielt fest, dass sich im Wahlergebnis das »Interesse breiterer Schichten« widerspiegele, »Erreichtes zu konsolidieren«. Diese Schichten wünschten »wirtschaftliche Prosperität« und eine »allmähliche Lösung aus der Bevormundung der Besatzungsmächte«. Gleichzeitig werde es »offenbar als angenehm empfunden, mit den westlichen Besatzungsmächten in einer Art Interessengemeinschaft zu sein«.[64] Die Kritik der SPD habe nicht vermocht, »zu einem Gegengewicht« zu werden. Zwar gebe es »weder eine ›Europa‹- noch eine ›Schuman-Plan‹-Begeisterung«, aber die »durch diese Politik bisher herbeigeführten Tatsachen werden nicht als unmittelbar drückend oder drohend empfunden«. Man traue es vielmehr »Adenauer zu, auch dies ›hinzukriegen‹, mit einer Portion Schläue und Verschlagenheit«. Der Eindruck sei verbreitet, dass die Opposition mit ihrer Kritik im Einzelnen zwar Recht habe, aber »die Gesamttendenz ihr bisher nicht Recht gegeben« habe. Es habe sich »noch stets alles einigermaßen zurechtgeschoben«.[65]

Es fehle »ein beherrschender Anlass für eine Unzufriedenheit von nationalem Ausmaß«. Die Auffassung der SPD, »dass die Unvereinbarkeit von Adenauers Politik mit der Wiedervereinigung Deutschlands zu einem solchen Anlass werden müsste, konnte bisher nicht zu dem im Bewusstsein breitester Schichten wirkenden Faktor werden«. Dazu hätten »Adenauers eigene Wendigkeit und das Zusammenspiel mit den Besatzungsmächten ebenso beigetragen wie die abstoßende Wirkung der sowjetischen Politik im Allgemeinen«.[66]

Konsequenzen aus dem Wahlergebnis mussten für Wehner vor allem für den außenpolitischen Kurs der SPD gezogen werden. Nachdem Adenauer am 20. Oktober 1953 die Regierungserklärung abgegeben hatte, erhielt Wehner von Erich Ollenhauer den Auftrag, die Grundzüge des außenpolitischen Teils der Antwort des SPD-Parteivorsitzenden zu entwerfen.[67]

Wehner erklärte in seiner Ausarbeitung vom 23. Oktober 1953, dass sowohl die »neuen Mehrheitsverhältnisse« als auch die »Entwicklung der Verhältnisse zwischen den Großmächten« eine »Modifikation« der Außenpolitik der SPD unvermeidlich machten. Die Zweidrittelmehrheit der Regierungskoalition erschwere es der SPD, »mit Argumenten und Forderungen zum Zuge zu kommen« und dadurch die »öffentliche Meinung zu gestalten«.

Der Wandel der Beziehungen zwischen den Großmächten stelle die SPD vor die zwingende Notwendigkeit einer »engere[n] Zusammenarbeit mit den sozialdemokratischen Parteien anderer europäischer Länder«. In ihrer »gegenwärtigen Isoliertheit« habe die SPD »keine Chance einer Einflussnahme in der Richtung unserer Hauptanliegen«.[68]

Angesichts der verfassungsändernden Mehrheit der neuen Regierungskoalition sei es notwendig, künftig stärker die Gemeinsamkeiten zwischen Regierung und Opposition zu betonen. Anknüpfend an die in der Adenauer'schen Regierungserklärung enthaltene Bemerkung, dass es hoffentlich in »wichtigen außenpolitischen Fragen« zu einem Zusammengehen von Regierungskoalition und Opposition kommen werde, hielt Wehner fest, worin sich beide einig seien, nämlich in der Herstellung der Unabhängigkeit der Bundesrepublik, der Wiedervereinigung Deutschlands und dem »Zusammenschluss des freien Europas und d[er] Integration Deutschlands in die europäische Gemeinschaft«.[69]

Im Generalvertrag vermochte er nunmehr eine »Reihe auch von der Opposition nicht bestrittener positiver Bestimmungen« zu erblicken, bemängelte jedoch das Junktim zwischen Generalvertrag und EVG und sicherte der Regierung jede Unterstützung zu, für die Bundesrepublik den »Status der völkerrechtlichen Unabhängigkeit« zu erringen.

Mit Blick auf die Wiedervereinigungspolitik würdigte er, dass sich Adenauer und die Westmächte seit dem Sommer 1953 für die Abhaltung einer Viermächtekonferenz ausgesprochen hatten. Zusätzlich regte er aber Initiativen der Bundesregierung an, »den Verkehr von Personen und Gütern über die Zonengrenze zu vermehren und freier zu gestalten und damit die Lage der Bevölkerung in der sowjetisch besetzten Zone zu erleichtern«. Insbesondere schlug er die Abschaffung des Interzonenpasses vor.[70]

Im Hinblick auf den europäischen Integrationsprozess akzeptierte Wehner die durch die Montanunion geschaffenen Voraussetzungen und forderte, die »Beziehungen der Montanunion zu Nichtmitgliedsstaaten so vielfältig und so lebendig wie möglich zu gestalten«. Es reiche nicht aus, die »Ausweitung des Gemeinsamen Marktes« als »Endziel« der Gemeinschaft zu beschreiben, sondern es sei notwendig, auch alle möglichen »Zwischenlösungen« zu schaffen, um eine »größtmögliche und so weit wie mögliche wirtschaftliche Zusammenarbeit der Länder Europas« zu erreichen.[71]

Auch wenn spektakuläre Vorschläge Wehners fehlten, so beschrieb er doch einen Weg der allmählichen Annäherung an die Regierung. Gegenüber Ollenhauer warnte er, dass die »unvermeidliche Modifikation unserer Außenpolitik von notorisch opportunistischen Kreisen in der Partei als Signal zur Rechtfertigung und Ausbreitung seichten Geschwätzes aufgefasst« werden könne. Umso notwendiger sei es, »die nächsten Schritte mit Sorgfalt zu tun«.[72] Die zurückhaltende Würdigung des Generalvertrags, der Adenauer'schen Wiedervereinigungsinitiativen und der Europapolitik boten Ansätze, um zu einer konstruktiven Zusammenarbeit zwischen Regierung und Opposition zu kommen.

Ollenhauer griff die Vorschläge Wehners auf und überraschte am 28. Oktober 1953 mit seiner Antwort auf die Regierungserklärung Parlament und deutsche Öffentlichkeit. Hatte Heinrich von Brentano als Fraktionsvorsitzender der CDU/CSU in seiner Rede die SPD noch scharf angegriffen, würdigten Thomas Dehler für die FDP sowie Eugen Gerstenmaier und Kurt-Georg Kiesinger für die CDU nach der Rede Ollenhauers den Verständigungswillen der Opposition.[73] Je näher jedoch gegen Jahresende die Berliner Außenministerkonferenz der vier Mächte rückte, desto rascher zerbrachen die Ansätze einer Verständigung zwischen Regierung und Opposition wieder.

Die deutsche Frage 1954/55

Die Berliner Außenministerkonferenz 1954

Noch Anfang November 1953 ging Herbert Wehner nicht davon aus, dass es in absehbarer Zeit zu einer Viermächtekonferenz über die deutsche Frage kommen werde. In einem Rundfunkinterview äußerte er sich angesichts des seit Sommer 1953 andauernden Notenwechsels zwischen den Westmächten und der Sowjetunion äußerst skeptisch. Der sowjetischen Regierung, so Wehner, komme es nicht auf die Beratung der Deutschlandfrage an. Vielmehr sei ihr in erster Linie an einer »Gesamtbereinigung der Spannungskomplexe« gelegen. Daher versuche sie zu einer Fünf-Mächte-Konferenz unter Beteiligung Chinas zu kommen, um auch über Fernost- und allgemeine Weltsicherheitsfragen konferieren zu können. Die deutsche Frage sei lediglich ein Faustpfand, um die Zustimmung zu einer solchen Konferenz zu erreichen.[1]

Die Hauptaufgabe der deutschen Politik sei in dieser Situation, »auf das Zustandekommen von Verhandlungen zwischen den Großmächten, die der Herbeiführung einer Entspannung dienen, hinzuwirken«. Im Rahmen eines allgemeinen Entspannungsprozesses könnten die vier Mächte dann auch in der deutschen Frage in Zugzwang gebracht werden, wenn von Seiten Bonns »alles im Bereich unserer Zuständigkeit als Bundesrepublik liegende« getan werde, »alle erdenklichen Erleichterungen im innerdeutschen Verkehr über die Zonengrenze und zur Normalisierung der Verhältnisse für die Bevölkerung der sowjetischen Besatzungszone« zu erringen.[2]

Nach der überraschenden Zustimmung der Sowjetunion zu

einer Außenministerkonferenz der vier Mächte hielt Wehner im Dezember 1953 die Vereinbarung von »Zwischenschritten«, die im Interesse beider Seiten lägen, für möglich. Dazu könnten die Wiederherstellung Gesamtberlins auf der Basis freier Wahlen, die Sicherung der Wirtschafts- und Verkehrsverbindungen Berlins mit Mittel- und Westdeutschland, Erleichterungen im Interzonenverkehr und die Beseitigung des Währungsgefälles zwischen Ost und West gehören.[3]

Der Verlauf der Berliner Außenministerkonferenz im Januar/Februar 1954 musste diese Hoffnungen enttäuschen. Während die westlichen Verhandlungsführer die Forderung nach freien Wahlen in den Vordergrund stellten, brachte die sowjetische Seite den Vorschlag eines europäischen Sicherheitssystems vor, ohne dass es zwischen beiden Seiten zu einer Annäherung kam.

Die Hauptschuld am Scheitern der Verhandlungen zur deutschen Frage sah Wehner in der Haltung der Westmächte. Nach der Konferenz berichtete er dem Parteiausschuss der SPD über die Verhandlungsgrundsätze, die die drei Westalliierten bereits in einem internen Schreiben vom 11. November 1953 festgelegt hatten, noch bevor die Sowjetunion ihre Zustimmung zur Konferenz gegeben hatte. Nach Wehner lauteten die drei Prinzipien: »1.) Es darf bei einer Wiedervereinigung keine Situation entstehen, in der das wiedervereinigte Deutschland nicht in die europäische Gemeinschaft integriert würde. 2.) Es darf bei einer Wiedervereinigung keine Situation entstehen, in der bis zum Abschluss des Friedensvertrages eine sozusagen österreichische Lage [...] entstünde, und 3.) Wenn es bei der Teilung bleibt, dann muss klar sein, dass die Schuld daran die Starrheit der Sowjets hat.«[4]

Für Wehner waren diese Verhandlungsmaximen ein klarer Beweis, dass noch vor Beginn der Berliner Außenministerkonferenz vom Westen bewusst darauf hingearbeitet worden war, die Verhandlungen über die deutsche Frage scheitern zu lassen. Als Wehner im Dezember 1954 Adenauer im Bundestag aufforderte, den Inhalt dieses Dokuments bekannt zu geben, weigerte sich der Kanzler, überhaupt dazu Stellung zu nehmen.[5] Noch im März 1959, als Wehner Einzelheiten des Schreibens publik machte, wurde ihm vom Kanzleramt angedroht, ihn wegen Geheimnisverrats zu belangen.[6]

Das Hauptziel der Westmächte in Berlin, so erklärte Wehner nach der Konferenz, sei der Nachweis gewesen, dass die Sowjetunion nicht zur Abhaltung freier Wahlen in Deutschland bereit sei.[7] Die Westalliierten und Adenauer hätten es offensichtlich darauf angelegt, das Scheitern der Konferenz zu einem überzeugenden Argument für das Vorantreiben des Ratifikationsprozesses des EVG-Vertrags zu machen. Die bestehenden Verhandlungsmöglichkeiten seien nicht genutzt worden. Deshalb habe er sich bemüht, in seiner Pressearbeit »jede sich bietende Verhandlungschance als solche darzustellen«.[8]

In der Tat hatte Wehner darauf hingewiesen, dass es zwischen der Interpretation der EVG durch die Westmächte und dem von Molotow vorgebrachten Plan eines europäischen Sicherheitspakts inhaltliche Anknüpfungspunkte gebe. Um den Sowjets die EVG schmackhaft zu machen, wurde westlicherseits betont, dass sie vor allem ein Mittel sei, um die Nachbarn – und damit letztlich auch die Sowjetunion – vor der Gefahr einer erneuten deutschen Aggression zu schützen. Vor dem Parteiausschuss der SPD folgerte Wehner daraus, dass sich »Berührungspunkte« böten zwischen einer »extensiven Auslegung von EVG« und einem »regionalen Sicherheitsabkommen«, »wie es abgewandelt werden könnte aus dem ursprünglichen sowjetrussischen Plan«. Daraus sei zu schließen, dass die Frage der deutschen Wiedervereinigung und der europäischen Sicherheit künftig nicht isoliert, sondern nur zusammen und als Ganzes behandelt werden müssten, um in der deutschen Frage weiterzukommen.[9]

Was die Chancen eines allgemeinen Entspannungsprozesses anbelangte, so entnahm Wehner der Verhandlungsführung der Großmächte, dass sowohl die USA als auch die Sowjetunion offenbar gewillt seien, die Universalität der UNO zum Zwecke von Abrüstungsgesprächen wiederzubeleben. Auch dies wertete er als Zeichen, dass es Möglichkeiten konstruktiver Lösungen zwischen Ost und West gebe, die bisher noch nicht ausgeschöpft worden seien.[10] Zudem sei es bezüglich der Krisengebiete im asiatischen Raum und der Abrüstungsprobleme, zu denen auch die Atomkontrolle gehöre, zwischen den USA und der Sowjetunion zu konkreten Vereinbarungen gekommen, die erste Schritte einer Annäherung darstellten.[11]

Angesichts dieser positiven Ansätze warnte Wehner seine Partei davor, von einem Misserfolg der Berliner Konferenz zu reden. Dies werde die Bundesregierung tun, um »ein negatives Resultat dieser Konferenz in der deutschen Frage als den Ausgangspunkt für alle nächsten internationalen Entwicklungen« hinzustellen. Dabei werde so getan werden, als sei das Scheitern der Verhandlungen in der deutschen Frage »sozusagen das Entscheidende und das Charakteristische und die gesamte Konferenz wertende Ergebnis«.[12] Die SPD habe dagegen die Aufgabe, »die Dinge, die in Fluss geraten sind, [...] in eine für die Lösung der deutschen Frage günstige Richtung zu drängen und zu wenden«. In Anbetracht des nun in Gang kommenden Entspannungsprozesses sei es notwendig, »für alle Erleichterungen, die es für die Beziehungen zwischen den Teilen Deutschlands und der Deutschen untereinander geben kann, mit größter Intensität einzutreten«. Dies würde einerseits den Entspannungsprozess unterstützen und andererseits gewährleisten, dass die von ihm ausgehenden Wirkungen sich auch in Deutschland entfalten könnten.[13]

Nach der Berliner Konferenz nahm Wehner jede Gelegenheit wahr, seine Schlussfolgerungen aus dem Konferenzverlauf als Maximen der deutschen Politik einzufordern. Nachdem die Sowjetunion in einer Note an die Westmächte vom 31. März 1954 neue Vorschläge für ein kollektives Sicherheitssystem in Europa unterbreitet hatte, setzte er sich nachdrücklich dafür ein, sie zu prüfen.[14] Gewiss gehe es Moskau auch darum, die »EVG nicht zur Tatsache werden zu lassen«; es sei aber kurzsichtig, nur diesen Aspekt zu betrachten. Im Gegensatz zu den Molotow'schen Angeboten auf der Berliner Konferenz habe die Sowjetregierung jetzt akzeptiert, dass die USA gleichberechtigt an einer europäischen Sicherheitslösung teilnehmen werde. Die sowjetische Forderung, in die NATO aufgenommen zu werden, unterstreiche das Interesse Moskaus an einem Sicherheitsabkommen zwischen Ost und West. Von deutscher Seite komme es jetzt darauf an, die vier Mächte zu drängen, dass »die europäische Sicherheit und die Herstellung der staatlichen Einheit Deutschlands als Ganzes betrachtet und behandelt« würden.[15]

Wehner wiederholte seinen Appell, nun alles zu unternehmen, um zu Erleichterungen im Interzonenverkehr und in den Beziehungen zwischen den beiden Teilen Deutschlands zu kommen. Die Initiative dazu müsse von den Westmächten ausgehen, doch »deutsche Stellen« sollten bei der »technischen« Abwicklung der Ost-West-Vereinbarungen beteiligt werden. Insbesondere sei zu erwägen, ob die im Zusammenhang mit dem Interzonenhandel »bestehenden Kanäle nicht auch für die anderen menschlichen Beziehungen benützt und erweitert werden könnten«.[16]

NATO-Eintritt

Das EVG-Projekt, das seit Frühjahr 1952 von der SPD entschieden bekämpft worden war, scheiterte Ende August 1954 endgültig in der französischen Nationalversammlung. Wehner nahm diesen Fehlschlag zum Anlass, einmal mehr die Forderungen der SPD zu wiederholen: Es gelte jetzt auszuloten, welche Möglichkeiten für den Abschluss eines regionalen Sicherheitsabkommens unter Einschluss der Sowjetunion und der USA bestünden. Dabei müsse parallel über den Aufbau eines europäischen Sicherheitssystems und die deutsche Wiedervereinigung verhandelt werden. Die Bundesregierung müsse alles zur Verbesserung des Verhältnisses zwischen den beiden Teilen Deutschlands unternehmen, um die Großmächte in der deutschen Frage in Zugzwang zu bringen.[17]

Wehner mochte sich aber auch den notwendigen Konsequenzen eines Misserfolgs der Verhandlungen nicht verschließen. Wenn sich herausstellen sollte, dass es zu keiner Einigung zwischen den Großmächten kommen werde, dann würde die SPD gemäß den Beschlüssen des Berliner Parteitags vom Juli 1954 für ein »westliches Verteidigungsbündnis« eintreten. Dabei müsse das Verhältnis zwischen der Bundesrepublik und den westlichen Verbündeten allerdings bis zum Abschluss eines Friedensvertrags »friedensvertragsähnlich« geregelt werden.[18]

War es der SPD aber schon bisher nicht gelungen, Einfluss auf die Außenpolitik Adenauers zu gewinnen, so wurde sie auch im September/Oktober 1954 erneut von der deutsch-amerikanischen Zusammenarbeit zwischen Dulles und Adenauer überspielt. Die Londoner Neunmächtekonferenz im September 1954 ebnete den Weg für die Aufnahme der Bundesrepublik in die NATO, die im Oktober 1954 mit den Pariser Verträgen besiegelt wurde.

Noch zu Beginn der Neun-Mächte-Konferenz äußerte Wehner die Erwartung, dass die als Ersatz für das EVG-Projekt in London angestrebten Vereinbarungen auch »Ansatzpunkte für Verhandlungen mit Russland« bieten könnten. Dabei dachte er vor allem an eine »Ausgestaltung des Brüsseler Paktes«. Entscheidend sei in jedem Fall, dass die Verhandlungslösung entweder »ausbaufähig [...] im Hinblick auf ein gesamteuropäisches Sicherheitssystem« oder »schmerzlos abbaufähig im Falle der Wiedervereinigung« sei.[19] Beides war im Falle eines NATO-Beitritts der Bundesrepublik nicht gegeben. Bereits als sich abzeichnete, dass die Aufnahme der Bundesrepublik in die NATO das Kernergebnis der Londoner Konferenz sein werde, mahnte Wehner in einer Versammlung im hessischen Frankenthal, »dass das Ziel jeglicher deutschen Politik die Entspannung der Lage in Deutschland, Europa und der Welt sein müsse, aber nicht die Verhärtung der Fronten durch Bildung von Machtblöcken«.[20]

Die Gefahr, dass mit der Eingliederung der Bundesrepublik in die NATO auf unabsehbare Zeit eine Blockkonfrontation eingeleitet werden könnte, veranlasste Wehner zu immer schärferen öffentlichen Angriffen auf Adenauer. Während der ersten Lesung der Pariser Verträge Mitte Dezember 1954 im Bundestag stellte er während der Regierungserklärung des Kanzlers kategorisch in Frage, ob die Bundesregierung alles unternommen habe, um die Westmächte zu einer aktiven Wiedervereinigungspolitik zu drängen. Zu Adenauers Behauptung, dass die Westmächte der Bundesregierung freie Hand in der Wiedervereinigungspolitik gelassen hätten, bemerkte Wehner, ob Adenauer denn bereit sei, »das Schreiben der Alliierten vom 11. November 1953 diesem Bundestag zugänglich zu machen, weil aus diesem Schreiben zu ersehen wäre [...], ob es Richtlinien mit Einschränkungen oder Richtlinien für eine wirkliche Wiedervereinigungspolitik gibt«.[21] Ende Januar 1955 erklärte Wehner in Kiel, dass die Bundesregierung mit den Pariser Verträgen das »Erstgeburtsrecht des deutschen Volkes auf Wiedervereinigung gegen das Linsengericht einer bundesrepublikanischen Streitmacht« verkaufe. Adenauer nahm diese Polemik zum Anlass, um auf eine Ablösung Wehners als Vorsitzenden des gesamtdeutschen Ausschusses zu drängen. Dafür erhielt er jedoch keine Unterstützung von der CDU-Fraktion.[22]

Im Vorfeld der zweiten und dritten Lesung der Pariser Verträge beschlossen die Leitungsgremien der SPD im Januar 1955, eine »Volksbewegung« gegen die Wiederaufrüstung und für die Einheit Deutschlands anzukurbeln. Mit einer Reihe von Kundgebungen und Unterschriftenaktionen sowie durch das »Deutsche Manifest« der Frankfurter Paulskirchenversammlung versuchte die SPD-Führung, Druck auf die Bundesregierung auszuüben.[23] Auch wenn Wehner als einer der schärfsten Kritiker Adenauers in der Öffentlichkeit als der eigentliche Inspirator dieser Bewegung galt, stand er den außerparlamentarischen Aktionen eher reserviert gegenüber.[24] Ihm war klar, dass die öffentliche Kampagne nicht ausreichen würde, »um eine Ablehnung der Pariser Verträge im Bundestag zu erwirken«.[25] Eine Polarisierung, die von vornherein keine Aussicht auf Erfolg hatte, musste aber letztlich zur Stärkung der Adenauer'schen Position führen. Als Referent vor dem Berliner Landesausschuss der SPD am 6. Februar 1955 ließ Wehner daher durchblicken, dass er die Berliner Sozialdemokraten keineswegs dazu drängen wolle, sich an den außerparlamentarischen Protesten zu beteiligen.[26]

Angesichts der Zweidrittelmehrheit der Koalition hielt Wehner es für effektiver, sich mit den Aktionen gegen die Regierungspolitik auf den parlamentarischen Bereich zu beschränken. So unterstützte er einen Vorschlag Hermann Veits, im Bundestag eine Grundgesetzänderung zu beantragen, um einen Volksentscheid über die Pariser Verträge zu ermöglichen. Aus der zu erwartenden Ablehnung dieses Antrags durch die Regierungsfraktionen hätte die SPD dann außerhalb des Parlaments politisches Kapital schlagen können. Jedoch wurde die Anregung Veits in einer gemeinsamen Sitzung von Partei- und Fraktionsvorstand am 21. Januar 1955 verworfen.[27]

Auch ein Plan, den Wehner Anfang Februar 1955 in einem Schreiben an Fritz Erler darlegte, zielte darauf ab, die Auseinandersetzung um die Verträge im parlamentarischen Bereich zu führen. Wehner wies Erler darauf hin, dass es in den Reihen der Koalitionsparteien eine Reihe von Abgeordneten gebe, die »sich ernsthaft Sorge um Wiedervereinigungsverhandlungen« machten. Sie stünden weder auf dem Standpunkt eines einfachen Ja zu den Verträgen noch auf dem eines einfachen Nein. Diese »Zwischengruppe« gelte es von Seiten der SPD zu organisieren. Auch wenn diese Abgeordneten nicht für die Forderung gewonnen werden könnten, vor der Ratifikation der Pariser Verträge Viermächteverhandlungen stattfinden zu lassen, so könnten sie doch davon überzeugt werden, sich für die »Einleitung« solcher Verhandlungen vor Ende des Ratifikationsprozesses auszusprechen. Da Adenauer auch dies in einem Schreiben an Ollenhauer bereits rundweg abgelehnt hatte, bestehe die Möglichkeit, in dieser Frage einen Spalt in die Regierungskoalition zu treiben.[28] Offenbar scheiterte aber dieser Versuch.

Da sowohl auf außerparlamentarischem als auch auf parlamentarischem Weg die Ratifikation der Pariser Verträge im Frühjahr 1955 in der Bundesrepublik nicht mehr zu verhindern war, blieb Wehner nur die Hoffnung auf einen von außen kommenden Impuls, der seines Erachtens nur von einer neuen, spektakulären Initiative der Sowjetunion ausgehen konnte. In einem Memorandum vom 7. Februar 1955 hielt er fest, dass es zwar theoretisch die Möglichkeit gebe, »nach der Ratifikation der Pariser Verträge eine ›Pause‹ einzulegen, die für Viermächteverhandlungen genutzt werden könnte, wenn die Westmächte ausdrücklich erklären würden, sie gedächten die Verträge erst nach einer gewissen Zeit wirksam werden zu lassen, falls es während der ›Pause‹ nicht zu konkreten Verhandlungsergebnissen zwischen den Vier kommen sollte«. Doch tatsächlich sei der Westen nicht dazu bereit, auch nur mit dem Gedanken zu spielen, die NATO-Mitgliedschaft der Bundesrepublik zur Disposition zu stellen.[29]

Daher könne nur noch von Seiten Moskaus die unvermeidlich erscheinende Konsolidierung der Blockkonfrontation verhindert werden. Wenn die Sowjetunion ernsthaft daran interessiert sei, müsse sie folgendermaßen vorgehen: Sie müsse die sofortige Vorbereitung von Viermächteverhandlungen anregen und daran die Bedingung knüpfen, dass zwischen Ratifizierung und Inkrafttreten der Verträge eine Pause eingelegt würde. Zugleich müsse sie einen Weg zur deutschen Wiedervereinigung aufzeigen. Dieser Vorschlag müsse folgende Punkte enthalten: freie Wahlen unter internationaler Kontrolle; Zusammentritt einer verfassunggebenden Nationalversammlung mit den Vollmachten der Weimarer Nationalversammlung von 1919; Einleitung der Friedensvertragsverhandlungen mit der von der Nationalversammlung gebildeten Regierung Deutschlands; Regelung der Grenzfragen und des militärischen Status des wiedervereinigten Deutschlands im Friedensvertrag. Darüber hinaus müsse die Sowjetregierung der Bundesregierung in einer akzeptablen Form die Aufnahme diplomatischer Beziehungen anbieten.

Eine solche Offerte könne im Unterschied zur Erklärung der Sowjetregierung zur Deutschlandfrage vom 15. Januar 1955[30] weder von den Westmächten noch von der Bundesrepublik schlichtweg abgelehnt werden.[31]

Ein entsprechender Vorstoß der Sowjetunion blieb aber aus. Bereits einen Tag nach Wehners Memorandum wurde Georgi Malenkow als sowjetischer Ministerpräsident durch Nikolai Bulganin ersetzt. Wehner sah darin das Ende des »neuen Kurses« in der Sowjetunion. Nun habe sich mit Bulganin und Shukow eine mittlere Gruppe durchgesetzt. Die »Männer, die für den härtesten Kurs eintreten«, seien unverkennbar auf dem Vormarsch. Letztlich sei dies die Rückwirkung der westlichen Konfrontationspolitik und lasse für die Zukunft wenig Gutes erhoffen.[32]

Die Genfer Konferenzen 1955

Obwohl nach der Ratifizierung der Pariser Verträge durch den Bundestag Ende Februar 1955 sowohl die USA als auch die Sowjetunion grundsätzlich ihre Bereitschaft zu Viermächteverhandlungen signalisierten, erwartete Wehner davon keine durchgreifende Lösung der deutschen Frage. Ende Mai stellte er dazu im Bundestag fest: »Viermächteverhandlungen werden zustande kommen, weil die Großmächte aus sehr verständlichen Gründen eine Entspannung der zwischen ihnen bestehenden Gegensätze anstreben.«[33] Dies sei vor allem die Folge der »Entwicklung der modernen Massenvernichtungswaffen«, entspringe aber nicht der Einsicht in die verhängnisvollen Folgen einer Blockpolitik. Zwar werde allgemein von »Sicherheitsabkommen« geredet, nur seien damit vor allem »Abkommen von Block zu Block bei Fortexistenz der Blöcke« gemeint. Der »deutsch[e] Beitrag zur Entspannung der internationalen Gegensätze« müsse aber gerade in dem Bestreben liegen, die Blöcke abzubauen.[34]

Wehner konzentrierte sich daher nach der Ratifizierung der

Pariser Verträge wiederum auf die Forderung nach einer innerdeutschen Entspannung. Anfang April mahnte er gleichzeitige Verhandlungen der Westmächte und der Bundesregierung zur Sicherung des Berlin-Verkehrs und zum Abbau von Hindernissen im innerdeutschen Verkehr an.[35] Kaum zwei Wochen später gelang es ihm sogar, einen Beschluss des Bundestagsausschusses für gesamtdeutsche und Berliner Fragen herbeizuführen, mit dem die Bundesregierung dazu gedrängt wurde, sich für eine Verbesserung des Verkehrs zwischen der Bundesrepublik »und den anderen deutschen Landesteilen« einzusetzen. Dabei wurde ausdrücklich betont, dass alle »geeigneten und erfolgversprechenden Maßnahmen« ergriffen werden sollten, sofern sie nicht »als Anerkennung der in anderen deutschen Landesteilen eingerichteten Regierung oder Verwaltung« ausgelegt werden müssten.[36]

Ende April schließlich nahm der SPD-Parteivorstand ein unter Federführung Wehners[37] ausgearbeitetes Programm für eine aktive Wiedervereinigungspolitik an, das ebenfalls die Intensivierung des innerdeutschen Verkehrs als Schlüssel für eine langfristige Überwindung der deutschen Teilung herausstellte.[38]

Im April 1955 begann eine Arbeitsgruppe der Westmächte, Viermächteverhandlungen vorzubereiten. Die Bundesrepublik war diesmal durch eine Delegation an den Beratungen beteiligt. Adenauer gab den bundesdeutschen Unterhändlern weitreichende Instruktionen mit, die für den Fall der Wiedervereinigung Rüstungsbegrenzung und die Schaffung einer demilitarisierten Zone in Mitteleuropa vorsahen.[39] Zeitgleich arbeitete auch Wehner einen Konferenzvorschlag für die SPD aus. Adenauers Vorgaben liefen darauf hinaus, an der Zugehörigkeit eines wiedervereinigten Deutschlands zum westlichen Verteidigungsbündnis festzuhalten. Wehner vertrat dagegen die Auffassung, dass sich die vier Mächte zunächst auf den bündnispolitischen Status des wiedervereinigten Deutschlands einigen müssten. Ergebnis der Verhandlungen müsse ein regionales europäisches Sicherheitssystem im Rahmen der

UNO sein. Ein »Etappenziel« könne dabei eine »Garantie-Abmachung« der Vier mit dem wiedervereinigten Deutschland über die »Unverletzbarkeit der Territorien, Verhütung bewaffneter Austragung von Konflikten und Anerkennung der Bestimmungen der Vereinten Nationen für die Regelung von Konflikten« sein. Die militärischen Verpflichtungen der Bundesrepublik aus den Pariser Verträgen sollten fürs Erste ausgesetzt und dann an ein regionales Sicherheitssystem abgetreten werden, insbesondere sei dabei an einen Ausbau und eine Öffnung der Westeuropäischen Union (WEU) nach Osten zu denken.[40] Am 29. April wurde diese Ausarbeitung Wehners als Programm der SPD für die kommenden Viermächteverhandlungen angenommen.[41]

Zwar erwartete Wehner, dass die Konsultationen der Großmächte in Bezug auf Entspannung und internationale Abrüstung zu »einschneidenden Entwicklungen« führen würden; er ging aber gleichzeitig davon aus, dass man es »für absehbare Zeit bei der Teilung Deutschlands belassen wird«.[42] Kurz vor den Genfer Viermächteverhandlungen hob er in verschiedenen Zeitungsartikeln die Bedeutung der deutschen Frage für die allgemeine Entspannung der internationalen Lage hervor.[43] Doch gleich nach Beginn der Gespräche zeichnete sich ab, dass es über Deutschland kaum zu einer Einigung kommen werde. Seiner Frau Lotte schrieb Wehner aus Lausanne über die erste Verhandlungsrunde der Regierungschefs: »Sie haben einen einigermaßen gemäßigten Gesprächston gewählt und tasten sich noch ab. Die deutsche Wiedervereinigung wird von allen sehr hervorgehoben, aber es sieht nicht aus, als käme man, angesichts dieser Betonung ihrer Bedeutung, vielleicht zu einem Schritt.«[44]

Ähnlich schätzte er die Lage ein, als er am 21. Juli vor dem Parteivorstand der SPD einen Zwischenbericht über die Genfer Verhandlungen abgab. Zwischen den Großmächten gebe es unverkennbar »Berührungspunkte in Fragen [der] Gewährleistung von Sicherheit und Abrüstungsprozeduren«. Die deutsche Wiedervereinigung werde aber aufgeschoben, »womit Ad[enauer] im Grunde einverstanden« sei. Es gebe eine gewisse »Arbeitsteilung« zwischen »Chefs und Außenministern«. Den Außenministern werde es überlassen, die Frage der Wiedervereinigung in Kommissionsberatungen weiterzuverfolgen, während sich die »Chefs« auf die allgemeine Entspannungspolitik konzentrierten.[45]

Im Sinne dieser »Arbeitsteilung« verabschiedeten die Regierungschefs der vier Mächte zum Abschluss der Genfer Konferenz eine Direktive an die Außenminister, für die Fragen »Europäische Sicherheit und Deutschland«, »Abrüstung« und »Entwicklung von Kontakten zwischen Ost und West« Lösungsvorschläge zu erarbeiten. Dabei wurde ausdrücklich betont: »Hierbei müssen sie der engen Verbindung zwischen der Wiedervereinigung Deutschlands und dem Problem der europäischen Sicherheit sowie der Tatsache Rechnung tragen, dass die erfolgreiche Regelung jedes dieser Probleme den Interessen der Festigung des Friedens dienen würde.« Unter dieser Prämisse wurde für Oktober 1955 eine Folgekonferenz der Außenminister in Genf vereinbart.[46]

Zur Vorbereitung dieser Konferenz entwickelte Wehner Anfang Oktober 1955 die Idee einer »Synchronisierung von Schritten zur Herstellung der staatlichen Einheit Deutschlands und zur Gewährleistung der europäischen Sicherheit«. In einem Memorandum, das sich die SPD wiederum als Positionspapier für das bevorstehende Außenministertreffen zu Eigen machte, ging er davon aus, dass die Bereitschaft der Sowjetregierung, die Einheit Deutschlands im Rahmen eines regionalen europäischen Sicherheitssystems wiederherzustellen, nach wie vor vorhanden sei. Für sie bestehe aber auch die Möglichkeit eines regionalen Sicherheitspakts unter Einschluss zweier deutscher Staaten. Deshalb sei es notwendig, dass die Sowjetunion zunächst ihre Vorstellungen vom militärischen Status eines wiedervereinigten Deutschlands darlege und die Westmächte gleichzeitig ihre Bereitschaft zur »Veränderung der in den Pariser Verträgen enthaltenen militärischen Bestimmungen« erklärten, um eine gleichzeitige und aufeinander abgestimmte Lösung des Problems »Europäische Sicherheit und staatliche Einheit Deutschlands« zu gewährleisten. Entsprechend forderte Wehner eine schrittweise Ablösung der »Deutschland betreffenden Bestimmungen der Pariser Verträge einerseits und der Warschauer Verträge andererseits« im Rahmen eines europäischen Sicherheitspakts.[47]

Neu waren auch zwei Verhandlungsgegenstände, die Wehner für die Genfer Außenministerkonferenz empfahl. Zum einen solle über die Verabschiedung von »Richtlinien für das Verhältnis zwischen der Bundesrepublik und der Regierung der sowjetisch besetzten Zone (DDR) im Rahmen der von den vier Mächten bezüglich Deutschland als Ganzes eingegangenen Verantwortlichkeiten« diskutiert werden; zum anderen müsse man über die Aufnahme »innerdeutsche[r] Beziehungen zwischen den durch die Demarkationslinie getrennten Teilen Deutschlands« sprechen.[48] Dabei ging Wehner davon aus, dass in dem Maße, wie das »System der gegeneinander gerichteten Militärblöcke« schrittweise abgebaut werde, sich das »Schwergewicht bei den praktischen Vorbereitungsmaßnahmen zur Wiedervereinigung auf die Regierungen in Bonn und Pankow verlagere«.[49] Von den Sowjets werde eine »Anerkennung Pankows« über diesen Weg bereits erwogen. Deshalb sei es notwendig, von vornherein eine »überschaubare, kontrollierbare und von beiden Seiten annehmbare Regelung im Rahmen der Vier-Mächte-Verantwortung« zu treffen, die die Möglichkeiten einer Wiedervereinigung offen halte.[50] Während Wehner bei den westlichen Delegationen in Genf mit seinem Vorschlag für »technische Kommissionen« zwischen der Bundesrepublik und der DDR auf positive Resonanz stieß, lehnte die Bundesregierung jede Vereinbarung über einen Verhandlungsrahmen zwischen den beiden deutschen Staaten entschieden ab. Nach dem Scheitern der Konferenz machten westliche Diplomaten diese Bonner Haltung dafür verantwortlich, dass es in der Deutschlandfrage zu keiner Annäherung gekommen sei.[51]

Als Folge der Genfer Außenministerkonferenz vermerkte

Wehner, dass bei den Verantwortlichen der vier Mächte an die Stelle der »früher so oft zur Schau getragene[n] lehrhafte[n] Selbstsicherheit« ein »prüfendes Nachdenken« getreten sei. Allen Beteiligten sei im Laufe der Beratungen klar geworden, dass »die bevorstehenden politischen Auseinandersetzungen im Zeichen des Ringens um die effektivsten Methoden der Sicherung friedlicher Regelungen der noch vorhandenen internationalen Streitfragen stehen werden«.[52] Wehner erwartete daher, dass den sozialdemokratischen Vorschlägen zur Friedenssicherung – wie bereits während der Konferenz – international zunehmendes Interesse entgegengebracht werde und die Einsicht in die Bedeutung wachse, die die deutsche Sozialdemokratie »für das weitere Ringen und die weiteren Verhandlungen um die Lösung der in Genf diskutierten Probleme haben wird«.[53]

Die Deutschlandpolitik sei aber durch die Konferenz auf einen »tote[n] Punkt« geführt worden. Dies berge die Gefahr, dass das »Vertrauen in die westlichen Demokratien« in Deutschland schwinde. Wenn die Spaltung des Landes, wie es nach Genf den Anschein habe, unabänderlich werden sollte, so würden in beiden Teilen Deutschlands »die Gewinner ausgesprochen antidemokratische Kräfte« sein.[54]

Nach der Konferenz, so legte Wehner dar, werde nunmehr die SPD sowohl von Seiten der Unionsparteien als auch der SED unter »Feuer« genommen.[55] Die SPD habe sich darauf einzustellen, einen entschiedenen »Zweifrontenkampf« gegen die »vom Großbesitz finanzierten ideologischen Kreuzzügler« im Westen und die »antidemokratische SED« im Osten zu führen.[56] So sah Wehner auch in der Ende Oktober 1955 erfolgten Gründung des »Christlichen Gewerkschaftsbundes Deutschlands« lediglich den Vorsatz, die deutsche Gewerkschaftsbewegung von rechts zu spalten, während die KPD das Gleiche von links versuche.[57]

»Tauwetter« 1956

Anfang Mai 1956 erklärte Herbert Wehner vor der SPD-Fraktion, dass nach der »scheinbaren Erstarrung von Genf« wieder »Bewegung« in die Weltpolitik gekommen sei. Zunächst würden – »bedingt durch die relative Unbeweglichkeit der USA-Politik im Wahljahr« – vor allem sowjetische Initiativen ins Auge fallen. Für die Zeit nach den Präsidentschaftswahlen sei aber auch von der amerikanischen Politik zu erwarten, dass die schon jetzt »erkennba[ren] [...] Schwerpunkte« »voll zur Geltung kommen« würden.[1]

Die beiden »grundlegenden Faktoren« der weltpolitischen Situation seien derzeit: »Angesichts der Entwicklung der modernen Massenvernichtungswaffen und ihrer Verteilung auf West und Ost müssen die Weltmächte verhandeln, besser gesagt: müssen sie in Verhandlung bleiben. Es kommt bei den Verhandlungen in erster Linie nicht auf die technische Formel an (die man finden kann, wenn man will, das zeigen die wechselnden Positionen, die von den Mächten bezogen werden), sondern darauf, im Gespräch zu bleiben.«[2] Zum Zweiten werde die Entwicklung durch die »Völker, die gestern noch Kolonialvölker waren oder es heute noch sind«, bestimmt. »Die ›Vier‹ können nicht mehr – wenn sie es auch wollten – die Welt allein nach ihrem Gutdünken ordnen oder einteilen.«[3] Die sowjetische Politik sei schon zu einer »Politik der Anpassung an diese Entwicklungen« übergegangen, wobei sie allerdings »so viel wie möglich für sich zu erhalten oder herauszuholen bestrebt ist«. Auch der Westen werde auf Dauer nicht umhin können, sich auf die neue Lage einzustellen.[4]

Im XX. Parteitag der KPdSU vom Februar 1956 sah Wehner den Versuch, notwendige innersowjetische Reformen in Angriff zu nehmen und sich gleichzeitig auf die veränderten Rahmenbedingungen der internationalen Politik einzustellen. Bereits am 19. Februar 1956, wenige Tage nach Beginn des Parteitags, stellte er in einem Rundfunkbeitrag fest, dass es auf dem Kongress im Wesentlichen um zwei Punkte gehe: »1. das Bemühen, die Kommunistische Partei aus der bürokratischen Erstarrung herauszuführen, um sie zum Motor für eine breiteste Bevölkerungsschichten in Bewegung setzende wirtschaftliche und kulturelle Offensive zu machen, mit der das Lebensniveau fühlbar gehoben werden soll; 2. das Bemühen, das Verhältnis der UdSSR zu anderen Staaten, auch zu den Staaten im eigenen Machtbereich, in die Formen normalerer zwischenstaatlicher Beziehungen zu bringen als es bisher der Fall gewesen ist.«[5]

Vor der Bundestagsfraktion unterstrich er im Mai 1956, dass die Entstalinisierungsversuche innerhalb des kommunistischen Lagers »erstrangig innersowjetischen Bedürfniss[en] und Notwendigkeiten« entsprängen. Zu der innenpolitischen Akzentverschiebung gehöre auch »eine andere Art der Balance im Machtbereich«. Zwar solle jetzt nichts preisgegeben werden, »was in der ›Stalin-Ära‹ hinzugewonnen wurde«; das schließe aber nicht »Lockerungen« aus, die sich an »den Prinzipien ›Selbstbestimmungsrecht der Völker‹, ›Nichteinmischung in die inneren Angelegenheiten‹ und ›Recht auf den eigenen Weg zum Sozialismus‹« orientieren, »wenn auch eben auf der Grundlage der seinerzeit geschaffenen Tatbestände«.[6]

Im Westen könne man zwar bestreiten, »dass sich die Sowjetunion oder ihre Politik ›in ihrem Wesen‹ verändert hätten«. Man werde aber über kurz oder lang nicht daran vorbeikommen, »auf ein anderes Verhalten der Sowjetunion zu ihrer Umwelt anders zu reagieren«. Zudem sei zu fragen, ob es für die »westliche Politik« nicht auch von Vorteil wäre, eine Entwicklung zu fördern, die »a) zu einer gewissen inneren Demokratisierung der Sowjetunion; b) zu einer Hebung des Lebensniveaus an Stelle des Rüstungs-Drucks; c) zu einer gewissen Abnahme der imperialistischen Praktiken in der Behandlung der Völker im sowjetischen Machtbereich; d) zu einem Verzicht auf direkte Expansion« führen könne.[7]

Für wie weitreichend Wehner die Rückwirkungen der neuen sowjetischen Politik auf den Westen einschätzte, versuchte er am Beispiel der innenpolitischen Rolle der Kommunistischen Partei Frankreichs (KPF) zu demonstrieren. Ende 1954 war die algerische Befreiungsbewegung zum bewaffneten Kampf gegen die französische Kolonialmacht übergegangen. Die 800 000 französischen Siedler in Algerien forderten unter allen Umständen die Aufrechterhaltung der französischen Herrschaft. Die Regierung in Paris mühte sich durch Truppenverstärkung die Lage in Algerien unter Kontrolle zu halten. Bestrebungen, durch Zugeständnisse an die algerische Unabhängigkeitsbewegung die Situation zu beruhigen, wurden durch die französische Rechte blockiert.

Als der neue französische Ministerpräsident, der Sozialist Guy Mollet, im Frühjahr 1956 einen Vorstoß unternahm, den Konflikt zu entschärfen,[8] sah Wehner darin die Chance, in Frankreich durch eine Verständigung der Sozialisten mit der KPF »eine demokratische Regierung zu halten und die Basis für eine demokratische Weiterentwicklung zu retten«.[9] Die gegenwärtige Moskauer Politik biete hierzu die Möglichkeit, weil sie einerseits die weltweite Unterstützung der »demokratischen Kräfte« proklamiere und andererseits den kommunistischen Parteien im nichtkommunistischen Lager offenbar die Freiheit lassen wolle, »ein anderes Verhältnis zu sozialdemokratischen Parteien und anderen Parteien« aufzubauen.[10] Noch im Frühjahr 1959, als die IV. Republik bereits an der Algerienfrage zugrunde gegangen war, erachtete es Wehner als entscheidenden Fehler der französischen Sozialisten, die Kommunisten 1956 aus dem Ringen um die Erhaltung der Demokratie in Frankreich ausgegrenzt zu haben.[11]

Auch die westliche Militärblockpolitik stand Wehner zufolge vor einer Zäsur. In der alten Form, mit den ihr innewohnenden Bestrebungen, die Überreste einer alten Kolonialpolitik aufrechtzuerhalten, könne sie nicht weitergeführt werden. Den 1954 und 1955 unter Führung der USA als Ergänzung zur NATO gegründeten Militärpakten im Mittleren Osten und in Südostasien, dem Bagdadpakt und der SEATO, sagte er 1956 die Tendenz voraus, »›Fremdkörper‹ in den Gebieten zu werden oder zu bleiben, für die sie eigentlich bestimmt sind«.[12] Die militärstrategisch bedingte Weigerung Großbritanniens, dem zypriotischen Verlangen nach Anschluss an Griechenland nachzugeben, war für ihn ebenso anachronistisch wie das Festhalten an den französischen Positionen in Algerien. Eine Revision der westlichen Politik erwartete Wehner darüber hinaus bezüglich Israels und der arabischen Staaten. Hinter dem Nahostkonflikt verberge sich in Wirklichkeit »ein Problem der Weltstrategie und des Öls«. Beim Staatsbesuch Bulganins und Chruschtschows im April 1956 in London sei es bereits zu britisch-sowjetischen Absprachen gekommen, um »die Konflikt-Situation im Nahen Osten einzudämmen und zu beenden, mit Hilfe der U. N.«[13]

Angesichts der allgemeinen internationalen Entwicklungstendenzen, so Wehners Einschätzung, werde es zu einer »gewissen Lockerung und wahrscheinlich zu Änderungen in den bestehenden Blöcken« kommen. Zunächst werde sich die Entkrampfung auf das Ost-West-Verhältnis beschränken, zunehmend werde es aber auch zu einer Auflockerung innerhalb der Blöcke kommen.[14]

Die bundesdeutsche Außenpolitik habe sich auf diese Entwicklungen einzustellen. Sie werde sich den Tendenzen zur »›Normalisierung‹ [...] nicht entgegenstellen« können, »wenn sie nicht Gefahr laufen will, völlig isoliert zu werden«.[15] Die Bundesrepublik habe die Aufgabe, »die Wiedervereinigungsfrage in der neuen Periode und unter den neuen Bedingungen in die Gespräche und Verhandlungen zu bringen«.[16] Dabei dürfe das »Verhältnis zu den Ostblockstaaten nicht so negativ bleiben wie jetzt«. Die gegenwärtige amtliche Bonner Haltung gegenüber diesen Staaten schaffe »ein Monopol für Moskau, den Ostblock zu vertreten«. Es könne nicht im Interesse

Deutschlands liegen, »den Weg zu direkten Beziehungen zwischen der Bundesrepublik und den Ostblockstaaten zu verbauen«.[17]

Schließlich müsse sich Bonn auch der folgenden Tatsache stellen: »Um eine Regelung des Verhältnisses zwischen der Bundesrepublik und der ›DDR‹ ist nicht herumzukommen. Das ist eine harte Nuss. Es handelt sich darum, eine Lösung zu finden, bei der wir nicht noch mehr verlieren als bisher. Je mehr wir versäumten, umso höher stieg der Verhandlungswert Pankows.«[18]

Die Auseinandersetzung mit der SED 1956

Seit Beginn des XX. Parteitags der KPdSU führte Wehner eine Auseinandersetzung mit der SED, und zwar auf zweierlei Weise: Er verschärfte die ideologische Kritik und versuchte über persönliche Kontakte Einfluss auf die Politik der SED zu gewinnen.

Kaum hatte der Parteitag der KPdSU im Februar 1956 begonnen, leitete Wehner eine »Propagandaoffensive« gegen die SED ein. Bereits der einführende Bericht Chruschtschows veranlasste Wehner zu einem pointierten Kommentar, der vom Sender Freies Berlin ausgestrahlt wurde und damit in weiten Teilen der DDR zu hören war.[19] Chruschtschow habe »einen interessanten Ausflug in die grundlegende Theorie des Leninismus unternommen, die in der Sowjetunion bisher monopolistisch im Sinne Stalins ausgelegt« worden sei. Dabei sei der Erste Sekretär der KPdSU auch auf das Thema des »Weges zum Sozialismus« eingegangen, das in der Vergangenheit sowohl zwischen SPD und SED als auch innerhalb der SED immer wieder zu Kontroversen geführt habe. Mit seiner Bemerkung, dass »die Arbeiterklasse […] in einer Reihe kapitalistischer Länder die Möglichkeit [habe], eine stabile Mehrheit im Parlament zu erobern, es in ein Instrument des wirklichen Volkswillens umzuwandeln und auf diese Weise die

Voraussetzungen für eine einschneidende sozialistische Umgestaltung zu schaffen«, habe Chruschtschow an »eines der grundlegenden Dogmen der von Stalin monopolistisch interpretierten Theorien Lenins« gerührt, dass nämlich der »Übergang zum Sozialismus [...] unbedingt und unter allen Umständen mit einem Bürgerkrieg zusammenhänge«.

Wenn »die leitenden Männer in Moskau« tatsächlich versuchten, »einen Weg zur Stützung der demokratischen Kräfte in der Welt zu finden«, dann wäre »die Politik der SED-Führung verurteilt«. Denn man könne nicht einerseits behaupten, dass der Übergang zum Sozialismus auch auf parlamentarischem Wege möglich sei, und andererseits »den parlamentarischen Weg versperren, wie es die SED-Führung in Deutschland tut, weil sie Angst vor dem Urteil der Arbeiterklasse, der werktätigen Bauernschaft, der Intelligenz und der patriotisch gesinnten Kräfte hat, um in Chruschtschows eigenen Begriffen zu sprechen«.[20]

Nach Abschluss des XX. Parteitags der KPdSU zog Wehner das Fazit, dass die SED-Führung in einer »verteufelt schwierigen Lage« stecke. Wiederum über den Sender Freies Berlin führte er am Tage vor dem Beginn der dritten Parteikonferenz der SED Ende März 1956 aus, dass durch die Verurteilung der Politik Stalins durch die KPdSU der »Urheber« der jetzigen SED-Führung verdammt worden sei. Wie wolle die SED verhindern, dass dieser Gedanke nicht »zu der die Massen bewegenden Gewalt« werde?

Sarkastisch wies er darauf hin, dass trotz der Rehabilitierung und Freilassung der Gebrüder Noël und Hermann Field, die 1949 als angebliche US-Spione verhaftet worden waren, der Beschluss des ZK der SED vom 6. Januar 1953 über die »Lehren aus dem Prozess gegen das Verschwörerzentrum Slansky« nach wie vor gültig sei. Dabei sei die SED damals sogar so tief gesunken, an antisemitische Hassgefühle zu appellieren, indem sie »einigen Funktionären der SED [vorwarf], sie hätten die jüdischen Opfer des Hitlerregimes in Schutz genommen und seien Teilnehmer einer so genannten zionistischen Verschwörung gewesen«.[21] Auch wenn es – wie Wehner bemerkte – Ulbricht als »gelerntem Stalinisten« gelinge, seine Position auf der Parteikonferenz zu behaupten, so sei das nur »von sekundärer Bedeutung«. Letztlich komme es darauf an, ob der Erste Sekretär der SED so weit gehen könne, »ein gewisses Maß von Rechtssicherheit [...] zuzulassen«. Dies sei aber bei ihm kaum vorstellbar.[22]

Parallel zu dieser öffentlichen Kritik nutzte Wehner im Sommer 1956 private Kanäle, um eine direkte Auseinandersetzung mit der SED-Spitze zu suchen. Seit Beginn der fünfziger Jahre pflegte er eine enge Verbindung zu dem Bonner Journalisten Otto Weil, einem Bekannten – und dies scheint bei der Anbahnung des Kontakts zwischen Wehner und Weil eine entscheidende Rolle gespielt zu haben – des Journalisten Alfred Weiland, der am 11. November 1950 gewaltsam von West- nach Ost-Berlin verschleppt worden war und für dessen Freilassung sich Wehner auf Bitten von Weilands Frau in den fünfziger Jahren besonders einsetzte.[23]

Weil gab sich Wehner gegenüber als Mitglied einer sozialistischen Gruppe aus, deren Mitglieder – soweit sie in der DDR lebten – in verdeckter innerparteilicher Opposition zur SED stünden. Auf dieser Basis vermittelte er Wehner Kontakte zu SED-Mitgliedern, von denen der SPD-Politiker annahm, dass sie einer Beeinflussung im demokratisch-sozialistischen Sinne zugänglich seien.[24] Was Wehner nicht wusste, war, dass Weil in Wirklichkeit Agent des Ministeriums für Staatssicherheit war. Als jüdischer Sudetendeutscher war er nach dem Einmarsch der deutschen Truppen in der Tschechoslowakei verhaftet worden und hatte sich als Agent provocateur in den Dienst der Gestapo gestellt. Auf diese Weise überlebte er die NS-Herrschaft und wechselte nach der Kapitulation zum sowjetischen Geheimdienst über. Nachdem er vom KGB zunächst in München eingesetzt worden war, wurde er zu Beginn der fünfziger Jahre an das neu geschaffene Ministerium für Staatssicherheit abgetreten und 1951 als Zeitungskorrespondent nach Bonn geschickt. Als Herausgeber der *Kommentar-Korrespondenz* suchte er schon bald die Bekanntschaft mit Wehner.[25]

Im Sommer 1956 stellte Weil in Aussicht, wegen der Freilassung Alfred Weilands ein Treffen zwischen Wehner und dem SED-Politbüromitglied Hermann Matern arrangieren zu können. Daraufhin kam es im Oktober 1956 in der Lüneburger Heide zu einer geheimen Unterredung Wehners mit dem DDR-Journalisten Ernst Hansch und mit Wilhelm Girnus, dem Vorsitzenden des Ost-Berliner »Ausschusses für deutsche Einheit«. Dabei wurde ein Zusammentreffen Wehners mit Hermann Matern in der West-Berliner Wohnung von Propst Heinrich Grüber vereinbart.[26]

Aus einem Schreiben von Wilhelm Girnus an Walter Ulbricht geht hervor, dass das Ministerium für Staatssicherheit von vornherein beabsichtigte, Wehner im Zuge dieser Verhandlungen unter einem Vorwand in den Ostteil Berlins zu locken. Girnus legte Ulbricht dar, dass Markus Wolf ihm die Aufgabe übertragen habe, Wehner zu einer Aussprache mit Matern in dessen Ost-Berliner Wohnung zu bewegen.[27] Nachdem Wehner dies entschieden abgelehnt hatte, wurde ihm vorerst kein Termin mehr mit einem hohen SED-Funktionär avisiert.[28]

Wehner wünschte den persönlichen Kontakt zu Matern nicht nur wegen der Freilassung Alfred Weilands. Im Laufe der Vorverhandlungen mit Girnus und Hansch hatte er als Gesprächsthema auch die Möglichkeiten einer Wirtschaftshilfe für die DDR vorgeschlagen. Zunächst war dies von Seiten der SED offen gehalten worden, doch als die Unterredung mit Matern in Ost-Berlin nicht zustande kam, wurde Wehners Angebot barsch zurückgewiesen.[29]

Wehners Initiative, mit der SED über eine westliche Wirtschaftsunterstützung zu reden, wurzelte in der Vorstellung, mit der Intensivierung bilateraler Wirtschaftsbeziehungen über Blockgrenzen hinweg den Prozess des Abbaus der Blockkonfrontation vorantreiben zu können. Den Moskau-Besuch der SED-Spitze im Juli 1956 hatte Wehner als Versuch gewertet, angesichts der Destabilisierung der Verhältnisse in Polen infolge des Posener Aufstands von der Sowjetunion eine durchgreifende Wirtschaftshilfe zur Konsolidierung der Lage in der DDR zu erlangen. Um sich die DDR als »Verhandlungsobjekt« im Ost-West-Konflikt zu erhalten, war die Moskauer Führung nach Einschätzung Wehners nicht darum herumgekommen, die erbetene Hilfe zu gewähren.[30] Dies musste aber letztlich zu einer verstärkten Abhängigkeit der DDR von der Hegemonialmacht des Ostblocks führen und den allgemeinen Entspannungstendenzen entgegenwirken.

Kontakte zum Bund der Kommunisten Jugoslawiens

Bereits im Juni 1955 hatte Wehner die sowjetischen Bemühungen, den Konflikt mit Jugoslawien zu entschärfen, mit Aufmerksamkeit verfolgt. Als es in Belgrad nach sieben Jahren Feindschaft wieder zu sowjetisch-jugoslawischen Verhandlungen kam, sah Wehner darin erste Anzeichen für das »Bestreben Moskaus«, »zu einem etwas anders geregelten Verhältnis mit Staaten in seiner weiteren Sphäre zu kommen«. Wenn dies auch in erster Linie taktischer Natur sei und sich aus der »Existenz Pekings« erkläre, so müsse doch »jede ›Lockerung‹ im Gefüge der kommunistischen Staaten vielfältig sich fortpflanzende Wirkungen haben«.[31]

Im Herbst 1955 berichtete Wehner seiner Frau: »Von jugoslawischer Seite liegt ein interessanter Diskussionsvorschlag vor zur Herstellung neuer Formen internationaler Zusammenarbeit sozialistischer Parteien, weder im Stile von Kominform noch der aufgewärmten II. Internationale. Damit will ich mich – unter der Hand – auch mal befassen. Aber man muss dabei höllisch vorsichtig sein, sowohl wegen der Beharrlichkeit, mit der die einen an lieb gewordenen Ruinen hängen, als auch wegen der möglichen Fallstricke, die in solchen Vorschlägen sein können.«[32] Spätestens seit dem XX. Parteitag der KPdSU im Frühjahr 1956 drängte es ihn, Näheres über die Haltung der jugoslawischen Kommunisten zu der neuen weltpolitischen Konstellation in Erfahrung zu bringen. Anfang April fädelte er über die jugoslawische Botschaft insgeheim einen »privaten« Besuch in Jugoslawien ein.[33] Vor der Fraktion spielte er Anfang Mai 1956 sicherlich auf diese Reise an, wenn er es für notwendig erklärte, Kontakte mit Ländern aufzunehmen und zu pflegen, »die sich um die Überwindung der Aufteilung der Welt in Blöcke bemühen«.[34] Wenige Tage vor Titos Geburtstag Ende Mai 1956 traf Wehner schließlich zur Überraschung der deutschen Öffentlichkeit in Belgrad ein.[35]

In einem Gespräch mit dem jugoslawischen Staatssekretär Zvonko Brkic, das am 24. Mai 1956 stattfand, erkundigte Wehner sich unter anderem nach der jugoslawischen »Einschätzung der Beziehungen der DDR zu den Ostblockstaaten«. Sein Gesprächspartner legte ihm dar, dass die Integration der DDR in ein »Ostsystem« nicht nur für Deutschland, sondern für ganz Europa schädlich sei. Sie stelle ein Hemmnis für die natürliche Entwicklung der Beziehungen dar. Wenn jedoch von Seiten des Westens und insbesondere auch von Seiten der Bundesrepublik die »wirtschaftliche Weltkooperation« gestärkt werde, beschleunige sich »die Entwicklung in der Sowjetunion und in Osteuropa«. In dieser Hinsicht gebe es in der deutschen Wirtschaft eindeutig »progressive« Tendenzen, die nach jugoslawischen Beobachtungen bisher von der SPD nicht hinreichend erkannt worden seien. Brkic regte deshalb einen Gedankenaustausch zwischen wirtschaftspolitisch tätigen Genossen der SPD und der jugoslawischen KP an.[36]

Als Bilanz seiner mehrtägigen Gespräche, darunter auch eines mitternächtlichen Zusammentreffens mit Tito, hielt Wehner fest, dass es für die Sozialdemokraten mit der jugoslawischen KP ungeachtet aller »grundlegenden Verschiedenheiten und Gegensätze« doch »zahlreiche und wesentliche Berührungspunkte« gebe, »die hoffnungsfreudig stimmen«.[37]

Ungarn-Aufstand und Suez-Krise

Der Prozess der Entstalinisierung geriet seit Sommer 1956 ins Stocken. Ende Juni 1956 kam es in Posen zu Arbeiterdemonstrationen, die brutal niedergeschlagen wurden. Die reformorientierte Regierung in Polen setzte daraufhin eine Untersuchungskommission ein.[1] In einem *Vorwärts*-Artikel bestärkte Wehner die polnische Regierung darin, die sozialen Ursachen des Posener Aufstands rücksichtslos zu ermitteln. Er warnte davor, sich der »alten Ausrede« zu bedienen, dass die Unruhen das Werk »ausländischer Agenten und Volksfeinde« gewesen seien. Die polnische Regierung habe besonders nachdrücklich die »Herstellung von Rechtssicherheit« und die »Demokratisierung der Verhältnisse« propagiert. Posen sei nun der »Prüfstein«, an dem sich entscheide, ob die Erklärungen der polnischen Regierung ernst gemeint seien oder Lügen gestraft würden.[2]

Zunächst schien es so, dass aus den Vorgängen in Posen tatsächlich die Reformkräfte im kommunistischen Lager gestärkt hervorgehen würden. Im Oktober 1956 kehrte der 1949 gestürzte stellvertretende Ministerpräsident der Lubliner Regierung Władysław Gomułka in die Parteiführung der Vereinigten Polnischen Arbeiterpartei zurück und rechnete scharf mit dem Stalinismus ab.[3] Gerade diese Entwicklung stimmte Wehner jedoch nicht vorbehaltlos optimistisch. Nach der Wahl Gomułkas zum Ersten Sekretär des ZK der polnischen KP schloss Wehner nicht mehr aus, dass es angesichts des »polnischen Kurses« zu einer Intervention der Sowjetunion kommen könne. Jedenfalls, so strich er in einem *Vorwärts*-Artikel heraus, werde es sich zeigen, »welche Grenzen die eigenen kommunistischen Parteiauffassungen den Reformbestrebungen stecken«. Wenn die Bestrebungen der polnischen Kommunisten wider Erwarten zu »greifbaren Ergebnisse[n]« führten, sei das allerdings ein »Fortschritt von geschichtlicher Tragweite«.[4]

Nicht die Entwicklung in Polen, sondern jene in Ungarn führte im Oktober 1956 jedoch in die Krise. Aus einer Sympathiekundgebung für den polnischen Reformkommunismus in Budapest entwickelte sich am 23. Oktober 1956 eine Aufstandsbewegung, die am 24. Oktober zum Sturz der Regierung und zur Einsetzung des Reformkommunisten Imre Nagy als ungarischen Ministerpräsidenten führte. Trotz der Bildung eines Reformkabinetts wurde aus dem Volksaufstand rasch ein das ganze Land erfassender Bürgerkrieg.[5]

Den unterschiedlichen Verlauf der Entwicklungen in Polen und Ungarn interpretierte Wehner als Ergebnis der unterschiedlichen Verfassung der kommunistischen Parteien beider Länder: Während es den polnischen Reformkommunisten gelungen sei, die Vertreter des alten Regimes in den Reformprozess einzubinden und für ihren Kurs auch die Unterstützung nichtkommunistischer Kräfte zu gewinnen, habe das stalinistische Regiment in Ungarn die »möglichen Reserven führungsfähiger Menschen auf ein Minimum« reduziert und die kommunistische Partei »von den breiten Schichten der Bevölkerung« isoliert. In dieser Situation sei es schwierig, »die notwendigen Umstellungen ohne heftige Erschütterungen zuwege zu bringen«.[6] Überall dort, wo der Kommunismus durch den Stalinismus diskreditiert worden sei, habe dies unter anderem die Folge, dass »Oppositionskräfte gegen den Stalinismus in antikommunistische und antisozialistische Bahnen« gedrängt würden, und zwar umso entschiedener, »je hartnäckiger am Stalinismus festgehalten wird«.[7] Dennoch wollte Wehner Ende Oktober die Möglichkeit nicht ausschließen, dass in Ungarn die »Neuinstallierung eines Regimes nach dem Muster der Stalinära verhindert« werden könne.[8]

Den Eindruck, dass die Hauptgefahr für die Entwicklung in

Ungarn vom Fehlen einer konstruktiven politischen Reformkraft ausging, fand Wehner in der Bürositzung der Sozialistischen Internationale bestätigt, an der er am 1. November 1956 in Wien teilnahm. Hier berichtete Anna Kethly, die Vorsitzende der zwei Tage zuvor wieder zugelassenen Sozialdemokratischen Partei Ungarns, über die Lage in Budapest, die sie auf den folgenden Nenner brachte: »Der Feind steht rechts und links.« Die Stalinisten hätten nach wie vor Schlüsselpositionen in Rundfunk und Presse inne. Die Reformkommunisten um Imre Nagy hätten es schwer, sich dagegen zu behaupten. Auf der rechten Seite dränge Kardinal Jozef Mindszenty, der das unumstrittene Idol der »weißen Elemente« sei.[9]

In der Diskussion über das Referat Kethlys wies Wehner darauf hin, dass die entscheidende Frage in Ungarn die Zusammensetzung der Übergangsregierung sei. Er halte es für notwendig, »dass die Sozialdemokraten – ungeachtet ihrer organisatorischen Schwierigkeiten [...] – der Übergangsregierung beitreten müssen, wenn das Chaos überwunden und freie Wahlen vorbereitet werden sollen. Die Russen würden sonst versuchen, es nochmals mit ihnen gefügigen Elementen zu tun. Oder – und dabei käme es auf dasselbe hinaus – die weißgardistischen Elemente nehmen überhand, wobei die Russen wieder eingreifen.«[10]

Tatsächlich trat Anna Kethly nach ihrer Rückkehr aus Wien mit den ungarischen Sozialdemokraten in das Kabinett Nagy ein. Doch führte das nicht zur Stabilisierung der Lage in Ungarn. Nachdem Imre Nagy am 1. November den Austritt seines Landes aus dem Warschauer Pakt erklärt und den Abzug der russischen Truppen gefordert hatte, bildete János Kádar am 4. November eine Gegenregierung, die die Rote Armee zum Sturz der ungarischen Regierung und zur Niederschlagung der Volkserhebung aufrief.[11] Damit war das Ende der Reformbewegung in Ungarn besiegelt.

Wehner setzte sowohl in Polen als auch in Ungarn auf eine gemäßigte Reformbewegung, die – wie er hoffte – schrittweise zur Überwindung des stalinistischen Systems und zur Liberalisierung der Verhältnisse im Ostblock führen würde. Zu rasche Reformschritte konnten nur das Eingreifen Moskaus und die Wiedereinführung stalinistischer Herrschaftspraktiken nach sich ziehen. Noch vor der Beseitigung des ungarischen Reformkabinetts Nagy hielt Wehner im *Vorwärts* fest: »Wenn es sich herausstellen sollte, dass auch kommunistische Kräfte und ganze kommunistische Parteien in solchen Ländern einen Weg suchen oder zu gehen bereit sind, der die Bahnen der hergebrachten Partei- und Staatsapparat-Diktatur verlässt und zu Formen demokratischer Regierungsweise führt – auch wenn diese nicht mit den klassischen westlichen Formen übereinstimmen –, so müsste die weltpolitische Bedeutung dieses Vorgangs verstanden und der Weg zu einer Unterstützung solcher Entwicklungen gefunden werden.« Dabei dachte er insbesondere an »Formen der wirtschaftlichen Zusammenarbeit« wie »[m]ultilaterale Wirtschaftsabkommen, an denen Staaten der verschiedenen politischen Sphären teilnehmen können, um gewisse regional bedingte gemeinsame Wirtschaftsanliegen zu lösen«.[12]

Wehner warnte deshalb davor, eine »*westliche Gleichschaltung der inneren Ordnung* der osteuropäischen Staaten«[13] anzustreben und den dortigen Umwandlungsprozess »zu einer Art ›Gegenrevolution‹« auszunützen, »die unter der Flagge der Einführung der ›freien‹ Ausbeutung und der Wiederherstellung von Privilegien früherer herrschender Schichten vor sich gehen würde«.[14] Von Seiten des *Rheinischen Merkur* brachte ihm dies den Vorwurf ein, einen »volksdemokratischen« Freiheitsbegriff zu vertreten und nicht mehr auf dem Boden des bundesdeutschen Grundgesetzes zu stehen.[15] Auch bei Teilen der Sozialistischen Internationale lösten die Äußerungen Wehners Befremden aus. Noch Monate später wurden diese zum Anlass genommen, ihn für politisch untragbar zu erklären.[16]

Die Politik des Westens im Jahre 1956 blieb für Wehner lange Zeit durch den amerikanischen Präsidentschaftswahlkampf gehemmt. Ende August 1956 wies er Ollenhauer zum Abschluss der parlamentarischen Sommerpause in einem Schreiben darauf hin, dass die notwendigen Konsequenzen, die aus den Ansätzen zur Entwicklung einer polyzentrischen Weltordnung gezogen werden müssten, »vor den amerikanischen Wahlen und vor einer gewissen Stabilisierung der amerikanischen Verhältnisse nach den Wahlen« nicht zu erwarten seien. Insbesondere berge dies die Gefahr, dass sich in der »Suez-Angelegenheit« »imperiale und damit verwandte Gedankengänge« vordrängten.[17]

Im September appellierte Wehner vergeblich an die Bundesregierung, sich als Signatarmacht der Suez-Konvention dafür einzusetzen, den Konflikt um den Kanal durch die Vereinten Nationen entscheiden zu lassen.[18] Am 29. Oktober – noch vor der Eskalation der Gewalt in Ungarn – erfolgte der Angriff Israels auf die Suezkanalzone und am 31. Oktober begann die britisch-französische Luftoffensive gegen Ägypten.[19]

Auch wenn die israelische Regierung eine vorherige Absprache mit Frankreich und Großbritannien abstritt, verurteilte Wehner die Intervention sofort als »abgekartetes Spiel« und als Versuch, »überholte koloniale Machtpositionen« zu behaupten.[20] Es sei für die Glaubwürdigkeit des Westens verheerend, dass die beteiligten Staaten durch ihr Vorgehen ihre »moralische Sauberkeit« verloren hätten. So berechtigt die moralische Entrüstung über die Intervention der Sowjetarmee in Ungarn sei, so wenig könne derjenige ein Anwalt der nach Unabhängigkeit strebenden Völker Osteuropas sein, der »unter Anwendung beträchtlicher Gewalt Kolonialgebiete und ›Stützpunkte‹ in seinem Besitz zu erhalten« beabsichtige.[21] Da die US-Regierung die britisch-französische Intervention im Nahen Osten scharf verurteilte,[22] setzte Wehner seine Hoffnung in den folgenden Monaten darauf, dass die amerikanische Regierung die »Zeichen der Zeit« erkannt habe.

Wehner strich heraus, dass vor allem in der Art und Weise, wie die Suez-Krise im Rahmen der Vereinten Nationen gelöst würde, der Schlüssel für die künftige Entwicklung der internationalen Beziehungen liege. In den Völkern Asiens und Afrikas habe »die militärische Invasion in Ägypten das tief eingewurzelte Misstrauen gegen die europäischen Mächte neu entfacht«. Es bestehe die Gefahr, dass diese Völker in der Furcht verharrten, Europa werde ihnen »doch immer wieder eine Art von kolonialem Abhängigkeitsverhältnis aufzuerlegen suchen«. Wenn es aber den Vereinten Nationen gelinge, die Probleme zu lösen, aus denen heraus der Nahostkonflikt entstand, dann würden die Völker Asiens und Afrikas der UNO das Fundament verleihen, das zur internationalen Friedensregelung unabdingbar sei. Insbesondere werde dadurch mit Blick auf den Ost-West-Konflikt auch die Möglichkeit reduziert, »sie für einen Mächteblock ausnutzen« zu können. Es sei von maßgeblicher Bedeutung für die »endgültige Friedensregelung in der Welt«, dass »in den europäischen und atlantischen Ländern verstanden wird, wie viel vom Verhältnis zu den asiatisch-afrikanischen Nationen und von der Fundierung der Vereinten Nationen in diesem Teil der Menschheit« abhänge.[23]

In der Weihnachtsausgabe des *Vorwärts* hob Wehner schließlich hervor, welche Tragweite das Zusammentreffen Eisenhowers mit dem Führer der Blockfreienbewegung, dem indischen Präsidenten Jawaharlal Nehru, besitze. Hinter Nehru stehe eine Kraft, die »als die entscheidende Kraft der zweiten Hälfte unseres Jahrhunderts bezeichnet werden« müsse, nämlich der »Wille der in der Entwicklung befindlichen Völker Asiens und Afrikas zum Aufstieg zu sozialer Gerechtigkeit und nationalem Selbstbestimmungsrecht«. Wenn Eisenhower sich der Bedeutung dieser Begegnung »gewachsen« zeige und die »Stunde Amerikas« zu nutzen verstehe, dann könne dies zu einer »neuen Sternstunde der Menschheit« werden.[24]

Die Hoffnungen Wehners auf einen grundlegenden Wandel der amerikanischen Politik erfüllten sich jedoch nicht.[25]

Demokratisierung Osteuropas?

Trotz der Ungarn-Krise gab Wehner dem Demokratisierungsprozess in Osteuropa auch im Herbst 1956 noch Chancen. Ein Element, das diesen Prozess stützen könnte, sah er in der Stärkung der UNO. Überall in den Ländern Osteuropas, so prognostizierte er, werde das Ringen um schrittweise Demokratisierung und staatliche Unabhängigkeit weitergehen. Dieser Kampf werde in dem Maße gefördert, wie es zur Durchsetzung der globalen Geltung der den UNO-Satzungen zugrunde liegenden Prinzipien komme.[26] Schließlich werde auch die »sowjetisch besetzte Zone« davon nicht unberührt bleiben können. Dadurch würden sich neue Wege der Wiedervereinigungspolitik erschließen.[27]

Als ein zweites, die Demokratisierung begünstigendes Element betrachtete Wehner die Abrüstungsverhandlungen zwischen den Großmächten. Als Mitte November 1956 die Sowjetunion dem Westen hierzu neue Vorschläge unterbreitete, deutete Wehner dies nicht als ein »Ablenkungsmanöver«, sondern als Ansatzpunkt für eine konstruktive Politik. Die Sowjets hatten den Vorschlag Eisenhowers aufgegriffen, entlang des »Eisernen Vorhangs« eine Luftinspektionszone einzurichten, verbunden mit dem Verbot von Atom- und Wasserstoffwaffen sowie einer drastischen Truppenverminderung in Europa.[28] Erkläre sich der amerikanische Präsident trotz der Ungarn-Krise bereit, auf Verhandlungen einzugehen, sei dies ein Weg aus der spannungsgeladenen Situation des November 1956. In Ost und West müssten die Voraussetzungen für ein günstiges Gesprächsklima geschaffen werden. Dies könne aber nur durch den Rückzug der britisch-französischen Interventionstruppen im Nahen Osten geschehen, was wiederum die Sowjets in Zugzwang brächte, die Lage in Ungarn zu normalisieren. Schließlich, so kalkulierte Wehner, vermindere eine Truppenreduzierung in Osteuropa den sowjetischen Druck auf die östlichen Satellitenstaaten und werde damit eine schrittweise Demokratisierung nach sich ziehen.[29]

Ein drittes Element, das den Demokratisierungsprozess im Ostblock voranbringen würde, erkannte Wehner in der Intensivierung der Wirtschaftsbeziehungen. Hatte Wehner schon im Sommer 1956 bei seiner Fühlungnahme mit SED-Vertretern seinen Vorschlag einer westlichen Wirtschaftshilfe für die DDR lanciert, so forderte er nun nach dem Aufstand in Ungarn auch öffentlich – auf der Landesdelegiertenkonferenz der Hamburger SPD am 11. November 1956 – eine »Initiative zu gesamtdeutscher Wirtschaftshilfe«.[30]

Die Frage der Wirtschaftshilfe für die DDR sah Wehner auch als Kernthema der Beratungen der Sowjetregierung mit der Regierung der DDR zu Jahresbeginn 1957 an.[31] Deren Ergebnis sei aber angesichts der katastrophalen Wirtschaftslage in der DDR nur unzureichend ausgefallen. Moskau gehe es offenbar nicht um eine dauerhafte Stabilisierung der DDR, sondern nur darum, kurzfristig »gewisse Engpässe leichter erträglich zu machen«.[32] Die Sowjetführung bemühe sich, für künftige Gespräche mit den USA nach allen Richtungen freie Hand zu behalten und nichts aufs Spiel zu setzen, was ihr »bei kommenden Verhandlungen zwischen den Mächten vielleicht von Nutzen sein könnte«.[33] Wehner plädierte deshalb für eine »gesamtdeutsche Wirtschaftshilfe«. Die Chancen, Einfluss auf die innere Entwicklung der DDR zu nehmen, beurteilte er noch zu Jahresbeginn 1957 ausgesprochen günstig.[34]

Das 30. ZK-Plenum der SED Ende Januar 1957 machte dagegen deutlich, dass die Möglichkeit einer inneren Demokratisierung der DDR in weite Ferne gerückt war. Walter Ulbricht hatte im Vorfeld der Tagung den Ost-Berliner Philosophen Wolfgang Harich und die Leitung des Berliner Aufbau-Verlags verhaften lassen und zu einem »revisionistischen« Verschwörerzentrum erklärt.[35] Als Kernpunkt aller »revisionistischen Theorien« seit dem XX. Parteitag der KPdSU benannte er die Forderung nach »Unabhängigkeit der volksdemokratischen Länder«. Dahinter verberge sich eine Strategie zur Auslieferung der DDR und der anderen sozialistischen Staaten an den Imperialismus.[36]

Wehner kritisierte an Ulbrichts Referat bezeichnenderweise nicht den Angriff auf die reformkommunistischen Strömungen, sondern dessen Argumentation für die Aufrechterhaltung der Spaltung Deutschlands. Damit verkenne der SED-Führer die »gesamtdeutsche Aufgabe der deutschen Arbeiterklasse«. In Ulbrichts Ausführungen suche man vergeblich nach Hinweisen auf ein Bewusstsein dafür, »welche fundamentale Bedeutung für die Entspannung der internationalen Gegensätze und damit für die Sicherung des Friedens die Wiedervereinigung Deutschlands im Rahmen eines europäischen Sicherheitssystems haben würde«. Das sei symptomatisch, da Ulbricht in der Wiedervereinigung lediglich eine Stärkung des »deutschen Imperialismus« sehe. Diese Vorstellung entspringe wiederum dem Glauben, dass man nicht in der Lage sei, erfolgreich »mit demokratischen Mitteln um die Durchsetzung einer sozialistischen Politik in Deutschland zu ringen«.[37]

Dass Ulbricht, »der Wert darauf legt, als ein Schüler Lenins zu gelten«, die »nationale Frage« ignoriere, sei ebenso kennzeichnend. Lenin habe die »Vernachlässigung der ›nationalen Frage‹ durch eine sozialistische Partei oder auch nur durch eine fortschrittliche Partei schlechthin verurteilt«, weil er sich der Gefahr bewusst gewesen sei, dass dann »nationalistische und reaktionäre Kräfte sich der ›nationalen Frage‹ bemächtig[t]en«.[38] Ulbrichts Politik gegen die Wiedervereinigung mache Deutschland gerade zu dem »Gefahrenherd«, »als den er Westdeutschland jetzt bezeichnet«.[39]

Zu Beginn des Harich-Prozesses im März 1957 wies Wehner im *Sonntagsblatt* darauf hin, dass es aufgrund der »Elemente des kritischen marxistischen Denkens«, die der kommunistischen Ideologie wesenseigen seien, innerhalb des »totalitären Kommunismus« immer wieder zu scharfen Auseinandersetzungen über die kommunistischen Dogmen und über die Wege zu einem »humanitären Sozialismus« kommen werde.[40] Ulbricht sei, so lautete sein Verdikt im Sommer 1957, lediglich »ein Techniker der Ausübung verliehener Macht«.

Er besitze keine theoretischen Qualitäten, könne sich deshalb auch nicht mit den reformkommunistischen Impulsen produktiv auseinander setzen, sondern lebe einzig »von der Fortdauer des Kalten Krieges und den Prophezeiungen einer reaktionären Entwicklung, der der Westen Deutschlands schließlich zum Opfer fallen werde«.[41]

Wahlkampf und Wehner-Debatte 1957

Kaum hatte der NATO-Oberbefehlshaber für Europa, General Lauris Norstad, im März 1957 die Ausrüstung der Bundeswehr mit atomaren Trägersystemen angekündigt,[1] forderte Herbert Wehner die Bundesregierung im Bayerischen Rundfunk auf, den Abschluss eines Teststoppabkommens für Atom- und Wasserstoffwaffen zu unterstützen.[2] Zur Bekräftigung verwies er auf den engen Zusammenhang, der zwischen der Haltung der Bundesrepublik in der Atomwaffenfrage und erfolgreichen Verhandlungen mit der Sowjetunion bestehe. Wenn die Bundesregierung auf ein Verbot von Atomtestversuchen und ein Rüstungskontrollabkommen zwischen den Großmächten dränge, werde dies der »Normalisierung der Beziehungen« zur Sowjetunion dienen und damit auch die Chancen für eine Wiedervereinigung Deutschlands erhöhen.[3]

Doch Adenauer gab am 4. April 1957 bekannt, dass die Bundeswehr entsprechend der NATO-Strategie mit atomaren Trägersystemen ausgerüstet werde.[4] Ende April lehnte er es ab, über die sowjetische Forderung, in beiden Teilen Deutschlands keine Atomwaffen zu stationieren, auch nur in Verhandlungen zu treten.[5] Wehner machte diese Haltung dafür verantwortlich, dass es 1957 zu keinen effektiven Fortschritten in der Wiedervereinigungsfrage kam. Die Bundesregierung verzichte durch ihre Ankündigungen darauf, in die laufenden Abrüstungsgespräche »Schritte zur Wiedervereinigung einzuschalten«.[6]

Im Wahlkampf 1957 konzentrierte sich Wehner daraufhin ganz auf die Atomfrage. Sie war für ihn im Sommer 1957 der Dreh- und Angelpunkt der weiteren innen- und außenpolitischen Entwicklungen. In einem an die »Wähler Hamburgs« gerichteten Zeitungsartikel fasste er die wichtigsten Aspekte kurz vor der Wahl zusammen: Die »Einheit Deutschlands« werde durch die »Atomrüstung endgültig unmöglich gemacht«. Die beiden Teile Deutschlands müssten »von der Lagerung von Atomwaffen und der Stationierung von mit Atomwaffen ausgerüsteten Truppen« befreit werden. Die Bundesrepublik dürfe nicht die »Bremse gegen die Abrüstung, sondern muss der Motor für die Abrüstung« werden. Einerseits seien »militärisch[e] Maßnahmen« zur »Verhinderung von Umsturz und Überfall notwendig«, sie müssten aber von Bemühungen begleitet werden, eine blockübergreifende Verständigung herbeizuführen. Der Ausgang der Bundestagswahl werde darüber entscheiden, ob die »sozialen Ordnungsmaßnahmen« verwirklicht werden könnten, »durch die stabile Lebensverhältnisse für die kleinen Leute gesichert werden, oder ob die Rüstungsfinanzierung alles auffressen wird«.[7]

Auch wenn die Adenauer'sche Atompolitik während des Wahlkampfjahres für die Regierungskoalition zeitweilig zu schlechten Umfrageergebnissen führte, brachte das Atom-Thema den Sozialdemokraten schließlich keinen Erfolg. Der Bundeskanzler vermochte nach seiner spektakulären Pressekonferenz vom April die Ängste in der Bevölkerung durch beschwichtigende Stellungnahmen abzubauen und steigerte durch die »Keine-Experimente«-Kampagne bis zum Wahltag am 15. September kontinuierlich die Zustimmung zu seiner Politik.

Der Wahlausgang war für die SPD schließlich ein Desaster. Die Unionsparteien CDU/CSU erhielten 50,2 Prozent der Stimmen und hatten damit ihren Stimmenanteil nochmals um fünf Prozent erhöhen können. Die SPD legte lediglich drei Prozentpunkte zu und kam auf 31,8 Prozent der Stimmen. Da die SPD vor der Sommerpause lange Zeit in den Umfragen zumindest gleichauf mit den Unionsparteien gelegen hatte, war die Enttäuschung des SPD-Anhangs am Wahlabend umso größer.

Waren Wehners deutschlandpolitische Stellungnahmen im Frühjahr und Sommer 1957 in der Parteiführung weithin konsensfähig, so verlor er im Sommer 1957 in der Europapolitik die Meinungsführerschaft als außenpolitischer Sprecher der SPD.

Die letzte Phase des Verhandlungsstadiums des EWG- und EURATOM-Vertrags hatte Wehner mit permanenter Kritik begleitet. Er monierte, dass die französische Regierung sich trotz EURATOM die Option für den Atombombenbau offen hielt und die Bundesregierung sich der lückenlosen Kontrolle der Verbreitung und Verwendung des spaltbaren Materials verweigerte. Er wandte sich gegen die französische Forderung, die Überseegebiete in die Europäische Gemeinschaft zu integrieren, weil dies die EWG in seinen Augen zu einem Instrument nationaler Kolonialpolitik herabsinken lassen würde. Er wies auf die Problematik der Integration des Agrarsektors hin, die von den assoziationswilligen Briten vehement abgelehnt wurde. Schließlich machte Wehner wiederholt darauf aufmerksam, dass die Gemeinschaftskonstruktion sozialpolitische Defizite und die vorgesehene parlamentarische Versammlung ein Demokratiedefizit aufwiesen.[8]

Bis zum Abschluss der Verhandlungen Ende März 1957 wurde keines dieser Probleme im Sinne Wehners befriedigend gelöst. Bezüglich der Möglichkeit einer militärischen Instrumentalisierung von EURATOM und der Kontrolle des spaltbaren Materials wurden lediglich »weiche« Kompromisse gefunden. Die Probleme der Landwirtschaftspolitik, der Demokratisierung der europäischen Institutionen und der Investitionshilfen für die Kolonialgebiete wurden vertagt und damit auf die lange Bank geschoben.[9] Wehner plädierte daher Ende Mai 1957 vor den Parteigremien, sich bei der dritten Lesung des Vertragswerks der Stimme zu enthalten.[10]

Doch der Fraktionsvorstand und schließlich auch die Fraktion folgten am 24. Juni 1957 nicht dem Votum Wehners, sondern sprachen sich mit deutlicher Mehrheit für die Zustimmung zu den Verträgen aus. Wehner interpretierte dies als einen offenen Affront gegen seine Stellung in der Partei. Dass auch Ollenhauer ihn in der entscheidenden Sitzung des Fraktionsvorstandes nicht unterstützt hatte, und zwar, ohne ihn vorzuwarnen, hätte Wehner um ein Haar dazu gebracht, alle seine politischen Ämter niederzulegen.[11]

Den Verlust seines Einflusses in der SPD führte Wehner auf innerparteiliche Intrigen zurück, die schließlich auch sein Vertrauensverhältnis zum Parteivorsitzenden erschütterten. Anfang März 1957 hatte die schwedische Tageszeitung *Dagens Nyheter* einen Artikel veröffentlicht, in dem behauptet worden war, dass Wehner während des Zweiten Weltkriegs von Stockholm aus einen Spionagering der Komintern geleitet habe. Am 12. März erklärte dazu der Geschäftsführer der CDU-Bundestagsfraktion, Will Rasner, dass sich seine Partei eine Stellungnahme zu dieser Pressemeldung vorbehalte. Damit gab er den Startschuss zu einer bis dahin in dieser Schärfe nicht gekannten publizistischen Auseinandersetzung um Wehner. Im Mittelpunkt stand dabei der Vorwurf, dass Wehner einst »Sowjet-Agent« gewesen sei,[12] was den Spekulationen über seine »eigentliche« Rolle in der Nachkriegszeit Tür und Tor öffnete.

Wehner behauptete später unwidersprochen, dass Adenauers Staatssekretär Hans Globke die Kampagne gegen ihn geleitet habe.[13] Möglicherweise basierte diese Aussage Wehners auf Informationen, die ihm 1956/57 zugetragen worden waren. Im Herbst 1956 hatte er erfahren, dass sich Erich Wollenberg, einst militärischer Leiter des Rotfrontkämpferbundes und Anhänger Trotzkis, darum bemühte, ihn zu Fall zu bringen. Wollenberg hatte sich Anfang November 1956 an Kurt Adam gewandt, um Belastungsmaterial gegen Wehner zu erhalten[14] und gleichzeitig versucht – wie Fritz Sänger im April 1957 in Erfahrung brachte –, sein »Material« an das Bundesinnenministerium zu verkaufen. Nachdem er von Innenminister Gerhard Schröder abgewiesen worden sei, sei er zum Bundeskanzleramt gegangen. »Und«, so bemerkte Sänger, »dann ging die Sache los«.[15]

Jedenfalls wurde in CDU-Kreisen schon vor der Veröffentlichung von *Dagens Nyheter* die Behauptung kolportiert, Wehner sei »Mitglied des sowjetischen Spionagerings in Stockholm« gewesen. Entsprechend äußerte sich Werner Marx, der damalige Sekretär von Otto Lenz, im Februar 1957 in einer CDU-Veranstaltung in Speyer.[16]

Auch als die *Dagens Nyheter* ihren Bericht über Wehner wenige Tage später in aller Form zurücknahm und der Geschäftsordnungsausschuss des Bundestages daraufhin einstimmig beschloss, durch den Bundestagspräsidenten eine Ehrenerklärung für Wehner abgeben zu lassen, verweigerte die CDU-Fraktion ihre Zustimmung.[17] Flankiert vom *Rheinischen Merkur*, der am 22. März Auszüge aus den schwedischen Gerichtsakten lieferte, signalisierte die Union, dass sie nicht bereit war, sich das Wahlkampfthema »Wehner« nehmen zu lassen.

Trotz aller Solidaritätsbekundungen seitens seiner Fraktionsgenossen fühlte sich Wehner rasch in seinem politischen Überlebenskampf allein gelassen. So scheiterte etwa die Veröffentlichung seiner »Notizen« in der Europäischen Verlagsanstalt Willi Eichlers an kleinlichen Querelen um die Finanzierung der Drucklegung, so dass Wehner schließlich ganz auf die geplante Veröffentlichung verzichtete.[18]

Ende Mai wurde schließlich Ollenhauer mit Informationen über Wehner konfrontiert, die das Misstrauen des Parteivorsitzenden weckten. Arno Scholz, Herausgeber des Berliner *Telegraf*, teilte ihm mit, dass in der dänischen sozialdemokratischen Funktionärszeitschrift ein Artikel über Wehner vorbereitet werde. Darin solle besonders auf seine angebliche Freundschaft mit dem Chefankläger Stalins, Andrej Wyschinski, und seine angebliche Teilnahme an einem Lehrgang »Zersetzung der Sozialdemokratie in kapitalistischen Ländern« 1939 in Moskau eingegangen werden. Ferner solle berichtet werden, dass die schwedische Polizei im Besitz von Unterlagen sei, die bewiesen, dass Wehner nach seinem Bruch mit der KPD noch jahrelang direkten Kontakt zu Moskau gehabt habe und 1945 in der SBZ gewesen sei, »wobei Wehner sicherlich eine Aufgabe zugedacht worden« sei. Schließlich sei Wehner nach Meinung schwedischer Abwehrexperten wegen seines *Prawda*-Interviews im Jahre 1956 und seiner Erklärungen zum Ungarn-Aufstand politisch nicht mehr tragbar.[19]

Ollenhauer wies daraufhin das Ostbüro an, die von Scholz übermittelten Angaben zu überprüfen. Auf der Basis der schwedischen Geheimdienstberichte der vierziger Jahre, die Stephan Thomas 1947/48 auf Anordnung Schumachers besorgt hatte,[20] erstellte das Ostbüro einen Bericht, wonach die »Kernerkenntnisse der schwedischen Behörden« darin bestünden, dass »der Ausschluss oder der Bruch Wehners mit der kommunistischen Partei [...] erheblich in Zweifel gezogen« werde. Die Observierung Wehners durch den schwedischen Geheimdienst habe die »sehr wichtige Erkenntnis« gebracht, »dass Wehner auch nach diesem angeblichen oder tatsächlichen Bruch mit den Kommunisten sehr enge Kontakte mit Spitzenfunktionären der KPdSU und vor allen Dingen eben der Kommunistischen Internationale pflegte«.[21]

Auch wenn Mitarbeiter des Ostbüros später bedauerten, dass dieser Bericht keine Konsequenzen gehabt habe,[22] so führte er doch zu einer nachhaltigen Vertrauenskrise zwischen Wehner und Ollenhauer. Nachdem am 24. Juni 1957 im Fraktionsvorstand die Entscheidung über die Zustimmung zu den EURATOM- und EWG-Verträgen gefällt worden war,[23] mutmaßte Wehner, dass dies bereits zuvor hinter seinem Rücken beschlossen worden sei und mit dem Bericht des Ostbüros in Zusammenhang stehe. Verbittert schrieb er an Ollenhauer, dass er nun in die Lage gekommen sei, sich »vogelfrei jedem Geheimbericht und jedem Wind« beugen zu müssen. Zwischen ihm und Ollenhauer werde sich »offenbar kaum noch Gelegenheit und Chance zu einem Gespräch wie unter Freunden« ergeben. Das Votum für die Verträge sei »ohne jede Rücksichtnahme auf ein gewisses Maß politischer Argumente« durchgezogen worden. Die Befürworter meinten, »heute in der Art ihrer Argumentation für den Vertrag zugleich unsere langjährige Politik nachträglich besudeln zu dürfen«. Wegen »mancher dieser Bundesgenossen« bedaure er seinen Parteivorsitzenden.[24]

Obwohl Wehner Anfang Juli gemeinsam mit Ollenhauer zur Tagung der Sozialistischen Internationale nach Wien fuhr, blieb der Dissens zwischen beiden bestehen. Ollenhauers Grüße zu Wehners Geburtstag am 11. Juli nahm dieser zum Anlass, dem Gratulanten in einem ausführlichen Schreiben mitzuteilen, dass er sich »sowieso ziemlich überflüssig« fühle. Zum *Spiegel*-Interview seines Fraktionsgenossen Joachim Schöne über die Haltung der SPD zur EWG bemerkte er: »Schon lange nicht so gelacht. Eine tolle Mischung von Schicksals- und Gemeinschaftsphrasen mit vagen wirtschaftspolitischen Andeutungen [...] Wenn es Mode oder möglich wird, im Sinne Schönes für unsere Partei zu argumentieren, werden wir es schwer haben, aus dem Dickicht wieder herauszufinden.« Es werde immer deutlicher, dass die Zustimmung zu den EWG-Verträgen aus »Gründen der Bequemlichkeit und der Opportunität« erfolgt sei, aber nicht weil man dabei »an eine konkrete Politik« denke. Aber, so nehme er an, das alles interessiere Ollenhauer sowieso nicht mehr.[25]

Erst in der zweiten Julihälfte wandte sich Ollenhauer in einem ausführlichen Brief an Wehner, um die Differenzen auszuräumen. Wehner nahm dieses Angebot an, bedankte sich für den Brief und ging wieder zur politischen Tagesordnung über.[26] Doch blieb eine letztlich unüberbrückbare Distanz zwischen beiden bestehen.

Parteireform 1957/58

Wehners Reformvorstellungen

Das schlechte Abschneiden bei den Bundestagswahlen 1957 wurde in der SPD zum Ausgangspunkt einer Debatte über eine tief greifende Parteireform. Erich Ollenhauer und der für die Parteipropaganda zuständige Fritz Heine hatten in ersten Stellungnahmen versucht, die Bedeutung des Wahlergebnisses herunterzuspielen, eine Haltung, die auf scharfe Kritik gestoßen war. Von allen Seiten erhob sich in der Partei der Ruf nach Reformen. Dabei wurden nach und nach insbesondere die Wirtschaftspolitik, die Außenpolitik, das Selbstverständnis und die Propagandaarbeit der Partei sowie die Eignung des Parteivorsitzenden zur Diskussion gestellt.[1]

Während Carlo Schmid als Repräsentant der Parteirechten die konsequente Öffnung der SPD zur Mitte und ihre Umwandlung in eine »Volkspartei« forderte, führte die Parteilinke den Misserfolg darauf zurück, dass den »Massen« der Gegensatz zwischen ihren »realen Interessen« und denen des »Industrie- und Finanzkapitals« noch nicht ausreichend vermittelt worden sei. Die Linke appellierte deshalb gerade nach der Wahlniederlage dafür, jede sich bietende Chance zu nutzen, um »kompromisslos« eine Alternative zur Union aufzuzeigen.[2]

Herbert Wehner, der nach seiner Wahl zum stellvertretenden Parteivorsitzenden im Mai 1958 die Parteireform im Wesentlichen durchführen sollte, trat in dieser Diskussion mit Äußerungen und Vorschlägen hervor, die zu keiner der verschiedenen Richtungen gezählt werden konnten.[3] Er folgte dabei wiederum jenen Vorstellungen zur Reform der sozialistischen Bewegung, die ihn seit Beginn der vierziger Jahre angetrieben hatten.

Zunächst sah Wehner in dem Wahlergebnis den Beweis dafür, dass »in den letzten Jahren« die »Sammlung und Konzentration der restaurativen und konservativen Kräfte« gelungen sei. Dies sei für die Sozialdemokratie das »Hauptproblem«, weil gleichzeitig die »Sammlung der Bedrohten in breitester Form« nicht erreicht worden sei.[4] Damit distanzierte sich Wehner explizit von der Interpretation, dass das Wahlergebnis den Trend zum »Zweiparteiensystem« widerspiegele. Für ihn dokumentierte sich im Wahlausgang lediglich der »Zug zu der einen Partei, die unter den Namen Christlich-Demokratische Union und Christlich-Soziale Union auftritt«.[5] Die Sammlungsbewegung im bürgerlichen Lager zog nach seiner Ansicht keineswegs automatisch einen entsprechenden Prozess im linken politischen Spektrum nach sich. Das hatte für ihn bereits der Nationalsozialismus eindringlich unter Beweis gestellt. Auch hier hatte eine Zusammenballung der rechten Kräfte nicht etwa eine größere Geschlossenheit der Arbeiterbewegung bewirkt, sondern im Gegenteil die vorhandenen Spaltungen verschärft und zur weiteren Zersplitterung der Linken geführt.

Daher war es auch kein Zufall, wenn Wehner Ende 1957 wieder einmal die Formulierung verwandte, dass die SPD auch in diesem Jahr »ihre historische Aufgabe nicht erfüllt« habe. Sie habe es in den zurückliegenden Jahren »nur äußerst mangelhaft« verstanden, den »breiten Schichten« die Gefahren deutlich zu machen, die von der Politik des Bundeskanzlers »für die Fortsetzung des friedlichen Aufbaus und für die Sicherung stabiler Lebensverhältnisse« ausgingen.[6] Erst durch dieses Versagen habe sie den Erfolg der Adenauer'schen Sammlungsbewegung ermöglicht.

Im Herbst 1957 ging Wehner sogar so weit, die Gefahr eines Einparteienstaats an die Wand zu malen. Als in der Union die Hoffnung ausgesprochen wurde, mit den nächsten

Landtagswahlen auch eine komfortable Mehrheit im Bundesrat erringen zu können, bezeichnete er dies als »Ankündigungen« einer »Gleichschaltung der Länderparlamente und Länderregierungen«. In der politischen Zielsetzung der Unionsführung gebe es einen »Zug zur Gleichschaltung und zur Einparteiherrschaft«.[7] Diese Formulierungen entsprangen keinem Bedürfnis nach überzogener politischer Polemik; sie waren durchaus ernst gemeint und sollten unterstreichen, dass die deutsche Sozialdemokratie immer noch nicht die notwendigen Lehren aus dem Aufstieg des Nationalsozialismus gezogen hatte. Dabei wollte Wehner der CDU/CSU keineswegs unterstellen, eine dem Nationalsozialismus vergleichbare totalitäre Politik zu verfolgen. Es ging ihm vielmehr darum, aufzuzeigen, dass das Versagen der Sozialdemokraten im Ringen um die demokratische Ordnung den politischen Gegner notwendigerweise in eine antidemokratische Richtung führe. Die Schuld daran trage dann aber die SPD, weil sie ihrer Aufgabe im Rahmen des demokratischen Systems nicht nachgekommen sei.

So sah Wehner die »demokratischen Kräfte in der Bundesrepublik« nach der Bundestagswahl vor eine »wirkliche Bewährungsprobe« gestellt. Damit meinte er nicht nur die in der SPD, sondern auch die in der Union. Denn für die demokratischen Kräfte, »die sich im Einflussbereich der CDU/CSU befinden«, komme es nun darauf an, »der Versuchung zur Einparteiherrschaft zu widerstehen«. Die demokratischen Kräfte in der SPD dagegen stünden vor der Herausforderung, ihrer Aufgabe als Opposition von »Angesicht zu Angesicht« mit einer Regierungspartei gerecht zu werden, »die ihrer Natur nach ständig versucht ist, autoritär zu sein«.[8] Letztlich würden »Art, Stil und Schwerpunkte« des Wirkens der SPD in der Opposition die »Entwicklung Deutschlands zur Demokratie« bestimmen.[9]

Wie sehr Wehner die politische Situation des Herbstes 1957 aus der Erfahrung der Zwischenkriegszeit heraus beurteilte, zeigte auch seine Aufforderung an die SPD, das »Erlebnis des

Kampfes um den dritten Deutschen Bundestag geistig zu bewältigen«.[10] Damit knüpfte er an seine Überlegung vom Beginn der vierziger Jahre an, dass zunächst die Niederlage gegen den Nationalsozialismus durchdacht und verarbeitet werden müsse, um zu einer Erneuerung der sozialistischen Bewegung in Deutschland kommen zu können. Wahlkampf und Wahlergebnis von 1957 waren für Wehner in gewisser Weise vergleichbar mit dem vergeblichen Abwehrkampf der Arbeiterbewegung gegen den Nationalsozialismus und ihrer Niederlage 1933. So verbarg sich hinter seiner Forderung nach einer bewussten Bewältigung der Wahlniederlage von 1957 auch der Aufruf zu einer grundlegenden politischen Neuorientierung der deutschen Sozialdemokratie.

Als Folge ihrer Auseinandersetzung mit den Fehlern der Vergangenheit sollte die SPD aber keinesfalls »ihren Charakter als Partei des demokratischen Sozialismus [...] ändern oder sich der Adenauerpartei [an]passen«. Vielmehr gehe es um eine »moderne Interpretation des demokratischen Sozialismus in einer in West und Ost in Wandlung begriffenen Welt«. Entscheidend sei dabei, nicht der Gefahr einer nationalen Verengung zu erliegen, sondern einen »modernen Internationalismus« zu entwickeln, der gleichermaßen offen sei »für die Probleme des Westens und der asiatisch-afrikanischen Welt wie für die Tastversuche der Völker Osteuropas nach Wegen zu einem humanitären Sozialismus«.[11]

Die Debatte, ob sich die SPD nicht von einer Arbeiter- zu einer Volkspartei wandeln müsse, um künftig mehrheitsfähig zu werden, war für Wehner daher abwegig. Hatte er in seinen »Notizen« 1946 als eines der Hauptprobleme der KPD vor 1933 herausgearbeitet, dass sie die Tuchfühlung zur Arbeiterschaft verloren hatte,[12] so stellte er dies nun auch für die SPD des Jahres 1957 fest. Die »Sozialen Arbeitsgemeinschaften« und die Betriebsgruppen der SPD führten ein Schattendasein, was nicht zuletzt ein Grund für die Sterilität der sozialdemokratischen Politik sei. Die SPD müsse ihrer Natur gemäß gerade darum kämpfen, »die arbeitende Bevölkerung für ihre

Forderungen zu sammeln«. Nur die »größtmögliche Einheit der arbeitenden Bevölkerung im Kampf um sozialdemokratische Forderungen gewährleist[et] eine spürbare Anziehungskraft der SPD auf weitere Bevölkerungsschichten«.[13]

Zudem müsse die SPD eine »Mitgliederpartei« bleiben. Die Mitgliederpartei sei in der Entstehungszeit der deutschen Sozialdemokratie die »Form der Selbsthilfe der bewussten Teile der Bevölkerungsschichten [gewesen], denen demokratische Rechte vorenthalten wurden«. Solange es »materiell bevorrechtete Oberschichten« gebe, »die imstande sind, die Demokratie zu verfälschen oder einzuengen«, werde der »Kampf um die Demokratie« weitergehen. Deshalb müssten die Mitglieder und die Vertrauensleute der Partei wie in der Vergangenheit das Fundament der SPD bleiben.[14] Die SPD müsse insgesamt eine »in den breiten schaffenden Schichten wurzelnde, von ihnen getragene und zum Wohle des ganzen Volkes wirkende« Partei sein.[15]

Als zentrale Aufgabe der sozialdemokratischen Oppositionsarbeit nach der Bundestagswahl betrachtete es Wehner, die SPD dazu zu ertüchtigen, eine »Volksbewegung [...] auszulösen und zu führen«. Diese Volksbewegung müsse ihre mobilisatorische Kraft daraus ziehen, dass sie ihre Politik von dem Grundgedanken einer »Politik der internationalen Verständigung« und der »Entspannung der internationalen Gegensätze« her konzipiere.[16] Dies sei umso notwendiger, da Adenauer die Außenpolitik »als Instrument des ideologischen Kampfes« missbrauche. Seine Politik laufe darauf hinaus, ein »ganzes Volk in ideologische Kampfstellung gegen andere Völker zu bringen«.[17] Um dies zu belegen, zitierte Wehner die jüngsten Äußerungen des Bundeskanzlers über die Entwicklungen in der Sowjetunion. Demnach hatte Adenauer behauptet, »dass es dem sowjetrussischen Totalitarismus gelungen ist, einer Bevölkerung von rund 200 Millionen Menschen den eigenen Willen, das Vertrauen zur eigenen Kraft zu nehmen und sie zu einer Masse zu machen, die sich von diktatorischen Kräften beliebig formen und verwenden lässt. Vierzig

Jahre Gewaltherrschaft haben im russischen Volk die Fähigkeit zur eigenen Willensbildung zerstört.«[18] Eine solche Charakterisierung der Völker im sowjetischen Herrschaftsbereich schüre lediglich nationale Ressentiments und müsse auf Dauer dazu führen, eine internationale Verständigungspolitik unmöglich zu machen.

Das Pendant dieser Außenpolitik Adenauers war für Wehner das innenpolitische Bestreben der CDU/CSU, »das Volk gegen den Sozialismus aufzupeitschen«. Die Forderungen der SPD und der Gewerkschaften nach größerer sozialer Gerechtigkeit würden nach der Bundestagswahl erst recht diffamiert. Unionspolitiker hätten erklärt, dass die Arbeiter offenbar mit der Regierung Adenauer einverstanden und gegen die Gewerkschaftsforderungen eingestellt seien. Wehner argwöhnte dahinter den Versuch, einmal mehr einen Keil zwischen die Arbeiterschaft und ihre Organisationen zu treiben. Deshalb sei es umso wichtiger, nicht nur mit »allgemeinen Formeln« gegen die Adenauer'sche Politik vorzugehen, sondern mit »konkreten Vorschlägen« zur Streuung des Besitzes, zur Sozialreform und zur Steuerreform aufzuwarten, um »Zug für Zug« die Politik der Bundesregierung mit »sozialistischen Antworten« zu »vereiteln«.[19] Die Propaganda der SPD müsse »maßgerecht« auf die Bedürfnisse der breiten Massen abgestimmt werden.[20]

Was die Reform der Parteispitze anbelangte, so hielt Wehner sie für längst überfällig. Die Parteiführung sei noch nach den politischen Anforderungen gestaltet, wie sie zwischen 1946 und 1949 an die SPD gestellt worden seien. Inzwischen hätten sich die Rahmenbedingungen grundlegend gewandelt. Eine Reform dürfe sich aber nicht in erster Linie auf die »Personenfragen« beschränken. Vor allem komme es darauf an, dass die SPD dazu befähigt werde, sich »in die Probleme der breiten Bevölkerungsschichten [hineinzuknien]« und die eigenen Vorschläge »ganz lebensnah« zu entwickeln.[21]

Als Mitglied der PV-Kommission, die Vorschläge zur Reform des Parteivorstands erarbeiten sollte, legte Wehner Anfang Dezember 1957 ein Memorandum vor. Im Zentrum seiner Überlegungen stand die Schaffung eines »zentralen Büros«, das die »Ermittlung, Zusammenfassung und Auswertung der Meinungen, Bedürfnisse und Strömungen in den breiten Bevölkerungsschichten« bündeln sollte. Dieses zentrale Büro sollte in die Abteilungen »Ermittlung«, »Auswertung und Entwürfe« und »Verbreitung und Organisation« unterteilt werden, die jeweils von »Sekretären« geleitet würden.[22] Zweifellos verarbeitete Wehner damit Erfahrungen aus seiner Arbeit für das ZK der KPD und die Komintern, bei der die Sekretäre des Politbüros und des Exekutivkomitees eine entscheidende Rolle spielten. Dem sozialen Charakter der SPD gemäß sollte sich die Abteilung »Ermittlung« darauf konzentrieren, die politischen Stimmungen unter den Arbeitern, Angestellten, Beamten, Selbständigen, den weiblichen und jugendlichen Angehörigen dieser Zielgruppen, den Frauen insgesamt und den Gläubigen beider Konfessionen zu eruieren.[23]

Darüber hinaus sollte die Parteiführung die politische Arbeit in den Betrieben und Gewerkschaften intensivieren. Bereits am 11. Oktober 1957 unterbreitete Wehner Ollenhauer Vorschläge für Verbesserungen in diesem Bereich. Darin empfahl er regelmäßige Treffen des Parteivorsitzenden und anderer Vorstandsmitglieder mit führenden Betriebsratsvorsitzenden zu einem »Wochenendgespräch«. Ferner sollten ein kontinuierlicher Erfahrungsaustausch zwischen älteren und jüngeren Betriebsratsmitgliedern und Gewerkschaftsvertrauensleuten organisiert und turnusmäßig regionale Konferenzen der Vertrauensleute aus Betrieb und Gewerkschaft sowie von Unterbezirks- und Bezirksvorständen mit leitenden Gewerkschaftern abgehalten werden. Der Ausschuss für Betriebs- und Gewerkschaftsarbeit beim Parteivorstand sollte zu einem wirksamen Instrument ausgebaut werden, um die Lage und Entwicklungstendenzen unter Arbeitern und Angestellten ununterbrochen beobachten zu können. Er sollte reorganisiert und stärker an den geschäftsführenden Vorstand angebunden werden, Unterkommissionen einsetzen können, die Berichte der Betriebssekretäre diskutieren und sich zudem besonders der Angestelltenproblematik widmen.[24]

Damit hatte Wehner noch vor dem Stuttgarter Parteitag der SPD sein »Reformprogramm« entwickelt und dargestellt. Im Frühjahr 1958 ließ er seine wichtigsten Beiträge zur Reformdiskussion mit Blick auf den bevorstehenden Parteitag unter dem Titel »Sozialdemokratische Politik im geteilten Deutschland« als Broschüre drucken. Auch wenn er es in einer »Vorbemerkung« ablehnte, seine Vorschläge als eine »Art von Programm oder Plattform« zu verstehen, so hatte er darin doch genau das getan, nämlich eine politische Programmatik vorgelegt, die auch künftig die Leitlinie seiner Politik als Parteivize der SPD sein sollte.

Stellvertretender Fraktionsvorsitzender

Kaum war die Bundestagswahl vorüber und das ganze Ausmaß der Wahlniederlage der SPD deutlich geworden, da tauchten bereits die Namen Carlo Schmid, Fritz Erler und Herbert Wehner in der öffentlichen Diskussion auf. Von ihnen erhofften sich unterschiedliche Flügel in der Partei eine Erneuerung der SPD und die Abschaffung der etablierten »Funktionärsherrschaft« in der Parteispitze. Bereits fünf Tage nach dem 15. September musste Günter Markscheffel, Redakteur des *SPD-Pressedienstes*, die Forderung öffentlich zurückweisen, Schmid, Erler und Wehner zum neuen Führungstrio der SPD zu machen.[25] Für die Parteiführung konnte es deshalb nicht überraschend sein, dass in der konstituierenden Sitzung der neuen Bundestagsfraktion am 26. September 1957 Stimmen laut wurden, die sich anstelle der beiden stellvertretenden Fraktionsvorsitzenden ein »Dreier-Kollegium« wünschten. Der Hamburger Bundestagsabgeordnete Hellmut Kalbitzer redete nicht mehr lange um den heißen Brei herum und schlug die drei Hoffnungsträger kurzerhand vor.[26]

Dass Wehner sich schließlich trotz des Widerstands von Ollenhauer zur Kandidatur bereit erklärte, war ein klares Indiz dafür, dass sich ihr Verhältnis seit der Affäre wegen des Ostbüro-Dossiers vom Juni 1957 zum Negativen gewandelt hatte. Zudem maß Wehner der Oppositionsarbeit für die Neuorientierung der Gesamtpartei eine zentrale Bedeutung zu. Wenn es darum ging, »maßgerechte« Forderungen der Opposition zu entwickeln, so hatte die Bundestagsfraktion die Hauptlast der Arbeit zu tragen.

Dass Wehner offenbar von vornherein gewillt war, für den stellvertretenden Fraktionsvorsitz zu kandidieren, dokumentierte die Zielstrebigkeit, mit der er sich um weitere Weichenstellungen bis zu den Vorstandswahlen in der Fraktion Ende Oktober 1957 bemühte. Am 9. Oktober beantragte er, neben den bisherigen parlamentarischen Geschäftsführern Walter Menzel und Adolf Arndt einen weiteren parlamentarischen Geschäftsführer zu wählen und diesem die allgemeine Fraktionsgeschäftsführung zu übertragen. Menzel sollte sich fortan auf die Verbindung zu den Landtagsfraktionen und zum Bundesrat beschränken, während Adolf Arndt wie bisher die juristischen Fragen bearbeiten sollte.[27] Faktisch war dies eine politische Entmachung Menzels.

Als neuen parlamentarischen Geschäftsführer schlug Wehner Karl Mommer vor. Für den Fall, dass dieser die ihm zugedachte Aufgabe nicht übernehmen wollte, beabsichtigte Wehner, Karl Wienand ins Spiel zu bringen.[28] Gewiss war es kein Zufall, dass Wehner bei der Suche nach geeigneten Personen für die Fraktionsgeschäftsführung ausgerechnet auf den ehemalige Kommunisten Mommer kam. Von ihm erwartete er die nötige Planungskompetenz und Zielstrebigkeit in der Verfolgung einer flexiblen Oppositionsstrategie.

In der Fraktionsvorstandssitzung am 20. Oktober meldeten Wehner, Schmid und Erler ihre Kandidatur für den stellvertretenden Fraktionsvorsitz an.[29] Zehn Tage später wurden sie in der Fraktion gewählt, während der auf Drängen Ollenhauers erneut aufgestellte Wilhelm Mellies keine Mehrheit fand. Außerdem stieß auch Wehners Vorschlag für die personelle und organisatorische Erneuerung der Fraktionsgeschäftsführung auf breite Zustimmung.[30]

Den drei neuen stellvertretenden Fraktionsvorsitzenden wurde schon bald nachgesagt, ein »Frühstückskartell« gebildet zu haben.[31] Tatsächlich beschränkten sie sich bei ihren regelmäßigen morgendlichen Sitzungen nicht darauf, die Arbeit der Fraktion zu koordinieren, sondern entwickelten mit Blick auf das neue Grundsatzprogramm und den bevorstehenden Parteitag in Stuttgart gemeinsame Reformvorstellungen.[32] Das Verhältnis der Beteiligten an dieser ersten »Troika« der SPD-Nachkriegsgeschichte blieb jedoch wie bei allen nachfolgenden Dreiergremien fragil. Das Gespann der Fraktionsvorsitzenden war eine notwendige Verbindung von Persönlichkeiten, die jede für sich zur Führung der SPD in der Lage war. Mit Rücksicht auf die Integrationskraft der Partei war es aber nicht ratsam, eine allein mit der Führungsrolle zu betrauen. So blieb Ollenhauer der formelle Parteivorsitzende, während die Richtungsentscheidungen über den Fortgang der Parteireform zunächst im informellen Zirkel Wehner-Erler-Schmid ausgehandelt werden mussten.

Politische Affinitäten und Differenzen zwischen den stellvertretenden Fraktionsvorsitzenden wurden überlagert durch persönliche Abneigungen und Sympathien. Während Erler und Wehner zum linken Flügel der Partei gerechnet werden mussten, gehörte Schmid eindeutig zum rechten Flügel der Sozialdemokratie. Auch wenn Schmid und Erler seit langem befreundet waren, fühlte sich Schmid menschlich eher zu Wehner hingezogen. Von Wehner hatte er nach dem Selbstmord seines Sohnes im Juli 1956 einfühlsamen Zuspruch erfahren.[33] Im Frühjahr 1957 war es Schmid gewesen, der als einziger profilierter SPD-Politiker Wehner gegen die öffentlichen Angriffe verteidigt hatte.[34] Erler dagegen hatte dazu geschwiegen, wohl nicht zuletzt, weil Wehner es zugelassen hatte, dass Erlers Wehrpolitik im Winter 1956/57 bei einem Jungsozialistenkongress attackiert worden war.[35]

Wehner sah die Aufgabe der Troika schlichtweg darin, dass im Prozess der Neugestaltung der Parteiarbeit keine der führenden Personen an den anderen vorbeikommen dürfe.[36] Das Dreiergremium sollte helfen, die Macht innerhalb der Parteispitze auszubalancieren; tatsächlich aber wurde es für Wehner zum Sprungbrett für die Übernahme der informellen Parteiführung.

Stellvertretender Parteivorsitzender

Nachdem Wilhelm Mellies bei der Wahl zum stellvertretenden Fraktionsvorsitz durchgefallen war, kündigte er an, auch für das Amt des stellvertretenden Parteivorsitzenden nicht mehr zu kandidieren.[37] Nicht wenige erwarteten, dass Herbert Wehner daraufhin für das Amt nominiert würde. Einige Freunde drängten ihn sogar, von sich aus anzutreten.[38] Zwei Gründe hielten Wehner jedoch davon ab.

Die vom Parteivorstand eingesetzte Siebenerkommission zur Reform der Parteispitze, der auch Wehner angehörte, hatte im Frühjahr 1958 den Vorschlag entwickelt, künftig zwei gleichberechtigte stellvertretende Parteivorsitzende zu wählen, die sich mit dem Vorsitzenden die Aufgabe in der Parteiführung teilen sollten.[39] Kaum war diese Entscheidung gefallen, wurden im informellen Kreis bereits Absprachen über die Kandidaturen getroffen. Wenige Tage vor Beginn des Parteitags äußerte Wehner dazu: »Mir ist bekannt, dass Egon Franke an Erwin Schoettle mit dem Vorschlag herangetreten ist, als einer der beiden stellvertretenden Vorsitzenden zu kandidieren. Erich Ollenhauer hat mir auch gesagt, dass er diesen Vorschlag unterstützt. Soviel ich weiß, sind inzwischen entsprechende Absprachen getroffen worden. Andererseits habe ich nicht den Eindruck, dass die Kandidaturen unter vorwiegend politischen Gesichtspunkten vorbereitet werden. Deshalb sehe ich mich nicht imstande, dem Vorschlag, mich selbst zur Wahl zu stellen, der mir von einigen Genossen gemacht worden ist, nachzukommen. Das würde ich nämlich nur dann für richtig halten, wenn vorher klargestellt werden könnte, was für eine gedeihliche Zusammenarbeit unerlässlich ist.«[40]

Wehner war also nicht grundsätzlich gegen eine Kandidatur, sondern hielt sie nur deshalb für sinnlos, weil der Kreis um Ollenhauer offenbar darauf hinagierte, einen stellvertretenden Parteivorsitzenden Wehner von vornherein zu verhindern. Dadurch blieb Wehner vorerst nur der stellvertretende Fraktionsvorsitz, um der Partei Reformimpulse geben zu können. So fiel es ihm auch nicht schwer, im Vorfeld des Stuttgarter Parteitags mit Erler und Schmid eine Absprache zu treffen, dass keiner von ihnen für den stellvertretenden Parteivorsitz kandidieren würde.[41] Diese Abmachung war eine gegenseitige Rückversicherung. Schmid und Erler wollten aus unterschiedlichen Gründen nicht, dass Wehner sich um das Amt bewürbe. Und Wehner stellte durch diese Vereinbarung sicher, dass er vor Überraschungen durch die Parteitagsregie bewahrt würde. Dass Erler oder Schmid sich kurzfristig zu einer Kandidatur überreden ließen, war zumindest nicht auszuschließen.

Als zu Beginn des Stuttgarter Parteitags in der Parteivorstandssitzung am 16. Mai Stimmen laut wurden, die statt der Kandidatur Schoettles diejenige Wehners forderten, blieb Letzterer daher bei seiner ablehnenden Haltung. Selbst als es am folgenden Tag in der Parteiausschusssitzung zu einer geheimen Abstimmung kam, in der sich 37 Ausschussmitglieder für ihn und nur 18 für Schoettle aussprachen, hielt Wehner an seiner Ablehnung einer Kandidatur fest. Als aber am 19. Mai die Nachricht eintraf, dass Schoettle aufgrund akuter Herzanfälle seine Bewerbung zurückzog, entstand schlagartig eine neue Situation.[42]

Nach den vorausgegangenen Diskussionen im Parteivorstand und im Parteiausschuss war Wehner nun der erste Anwärter für das Amt des stellvertretenden Parteivorsitzenden. Zwar hätte er sich nach wie vor verweigern können; doch anders als zuvor war er nunmehr in der Position, dass seine Zustimmung als quasi aus einer »Notlage« heraus gegeben angesehen werden musste. Selbst Ollenhauer vermochte sich nun nicht mehr gegen eine Kandidatur Wehners zu stellen.[43]

Während Erler sich über diese Entwicklung »irritiert« zeigte, war Schmid über die Nominierung Wehners geradezu entsetzt.[44] Es war klar, dass die »Troika« mit Wehners Wahl praktisch gesprengt werden würde. Wehner dürfte sich über diese Widerstände umso leichter hinweggesetzt haben, als sich ihm nun die Möglichkeit eröffnete, sein Reformprogramm von der Parteispitze aus durchzusetzen. Das hieß aber gleichzeitig, dass er aufgrund der in der Fraktion im Herbst 1957 getroffenen Vereinbarungen den stellvertretenden Fraktionsvorsitz niederlegen musste und dadurch die Stellung der Fraktionsführung gegenüber der Parteiführung wieder geschwächt wurde. Insbesondere für Carlo Schmid, der durch seine Wahl zum stellvertretenden Fraktionsvorsitzenden gerade wieder innerparteilich an Gewicht gewonnen hatte, konnte dies keine angenehme Vorstellung sein.

Für Ollenhauer bedeutete die Aufstellung Wehners die zweite große personalpolitische Schlappe nach der Niederlage Wilhelm Mellies' bei den Fraktionsvorstandswahlen. Die Vorberatungen auf dem Parteitag hatten zudem gezeigt, dass Wehner im Parteivorstand und Parteiausschuss über ausreichenden Rückhalt verfügte. Wehner wird sich andererseits bewusst gewesen sein, dass er seine Reformvorstellungen notfalls gegen den Widerstand des Parteivorsitzenden auf eigene Faust durchsetzen musste. Die Voraussetzungen dafür waren jedoch günstig. Waldemar von Knoeringen, der als zweiter stellvertretender Parteivorsitzender nominiert worden war, würde sich auf sein eigentliches Gebiet, die Kulturpolitik, beschränken.

So erklärte Wehner sich zur Kandidatur bereit und wurde kurz darauf mit 298 von 383 abgegebenen Delegiertenstimmen zum stellvertretenden Parteivorsitzenden gewählt.[45] Während die Wahl Ollenhauers mit lebhaftem und die von Knoeringens mit starkem Beifall begrüßt wurde, löste die

Wahl Wehners – wie das Parteitagsprotokoll vermerkt – bei den Delegierten den »stärkste[n], lang anhaltende[n] und von immer erneuten Bravo-Rufen unterbrochenen Beifall« aus.[46] Unter den Gunstbezeugungen des Parteitags erklärte Wehner – indem er einen bewussten Kontrapunkt zur Vorbereitung der Vorstandswahlen setzte –, dass er all seine Kraft dafür einsetzen werde, »um der Partei zu helfen, die zusammenarbeitsfähige Mannschaft an ihrer Spitze zu haben, auf die sie sich verlassen kann«.[47] Aus der Sicht Wehners konnte das nur bedeuten, dass die personelle Erneuerung der Parteispitze weitergehen musste.

II
Von der Parteibühne zur Staatsbühne

Berlin-Ultimatum und Deutschlandplan

Die weltpolitische Lage 1957/58

Nach Ansicht Herbert Wehners war es seit Sommer 1957 zu einer »erschreckenden Verhärtung« der internationalen Gegensätze gekommen.[1] Adenauers Forderung in seiner Regierungserklärung vom 29. Oktober 1957, die »Verpönung des Wortes von der Stärke des Westens« endlich aufzugeben,[2] interpretierte er als ein klares Bekenntnis zu einer verstärkten Konfrontationspolitik.[3]

Er selbst bemühte sich dagegen, weiter für eine Entspannungspolitik zu werben. Im Hinblick auf die Pariser NATO-Konferenz im Dezember 1957 schlug er ein »Netz zweiseitiger Verträge zur Entspannung der internationalen Lage« vor. Wenn die NATO-Tagung lediglich dazu genutzt werde, angesichts sowjetischer Machtbezeugungen mit einer »Demonstration der Macht und Einigkeit« des Westens zu antworten, käme man nicht aus dem Kreislauf der »Gegendemonstrationen« heraus. Je kompakter die Machtblöcke würden, desto ungünstiger würden die Bedingungen für die deutsche Wiedervereinigung. Zweiseitige Verträge, etwa der Bundesrepublik mit den Ostblockländern, könnten dagegen ebenso der Wiedervereinigung wie dem Abbau der Spannungen dienen.[4] Auf der gleichen Linie lag auch ein Antrag der SPD-Fraktion vom 5. Dezember, in dem Vorschläge für »Bemühungen der Bundesrepublik um internationale Entspannung und Einstellung des Wettrüstens« gemacht wurden. Die CDU/CSU-Fraktion verhinderte zwar, dass der Antrag vor der NATO-Konferenz diskutiert wurde, doch die SPD konnte insofern einen Erfolg erzielen, als sich die Deutsche Partei (DP), eine Koalitionspartnerin Adenauers, für die Beratung der sozialdemokratischen Vorschläge aussprach.[5]

Besorgniserregend war für Wehner auch die Entwicklung innerhalb der Sozialistischen Internationale. Ein von ihm entworfenes Abrüstungsmemorandum der SPD, das vom Büro der Sozialistischen Internationale Ende Dezember 1957 an alle Mitgliedsparteien verschickt wurde,[6] stieß überraschend auf den Widerstand der niederländischen Partij van de Arbeid. Die niederländischen Sozialisten erklärten, dass sie das seit Jahren von der Sozialistischen Internationale verfolgte »Projekt eines ›Europäischen Sicherheitssystems‹« ablehnten, weil es lediglich als »Mittel zur Wiedervereinigung Deutschlands« entwickelt worden sei. Für dieses Ziel sei es aber »untauglich«.[7]

Die anschließenden Verhandlungen in der »Kommission für Abrüstung und kollektive Sicherheit« der Sozialistischen Internationale offenbarten, dass es tief greifende Meinungsverschiedenheiten über eine Entspannungspolitik vor allem zwischen der SPD und den französischen Sozialisten gab. Für Wehner erwies sich der französische Außenminister Christian Pineau bei dieser Gelegenheit als einer der hartnäckigsten Gegner einer jeden auf Ausgleich gerichteten Politik. Pineau erklärte, dass durch Entspannungspolitik »die NATO zerstört und eine Lage wie vor 1948 geschaffen würde«.[8] Wehner war über diese Haltung des Franzosen irritiert. Er wusste allerdings auch nicht, dass Pineau kurz nach seinem Amtsantritt im November 1957 eine geheime Initiative gestartet hatte, gemeinsam mit Deutschland und Italien französische Atomwaffen zu entwickeln. Bereits im November 1957 hatte er darüber mit Adenauer konferiert.[9] Trotz intensiver Beratungen innerhalb der Abrüstungskommission der Sozialistischen Internationale gelang es lange Zeit nicht, sich auf eine gemeinsame Resolution einigen.[10]

Auch die Entwicklung in der DDR verfolgte Wehner mit Sorge. Am 11. Februar 1958 wurde auf der 35. Tagung des ZK der SED die »Schirdewan-Gruppe« gemaßregelt.[11] Damit, so vermutete Wehner, sollten alle nicht der Ulbricht-Linie entsprechenden Debatten über Wege der Wiedervereinigung innerhalb der SED und der Bevölkerung der DDR gewaltsam unterdrückt werden. In einem Kommentar für den Süddeutschen Rundfunk wies er darauf hin, dass Karl Schirdewan, Ernst Wollweber und Fred Oelßner vornehmlich der Vorwurf gemacht worden war, nicht verstehen zu wollen, welche Gefahren sich aus der »illusionären Auffassung« ergäben, dass »die Einheit Deutschlands um jeden Preis herbeizuführen« sei. Mit der Ausschaltung jeder Diskussion über die Wiedervereinigungspolitik versuche Ulbricht, den »Machtapparat« der SED »in jeder Beziehung perfekt« zu machen.[12]

Ulbrichts Politik, so erklärte Wehner, stelle sich als »eine Art Spiegelbild der ›Politik der Stärke‹« dar, wie sie vom Westen praktiziert werde.[13] Der SED-Chef verkünde, dass es darauf ankomme, die DDR als starken volksdemokratischen Musterstaat aufzubauen und darauf zu warten, dass Westdeutschland »mit in die zyklische Krise des Kapitalismus hineingezogen« werde.[14] Damit nähere sich die Argumentationsweise in Ost und West auf frappierende Art einander an: Während diesseits der Zonengrenze die »›harten‹ Politiker« predigten, es werde die Zeit kommen, in der man auf der anderen Seite nicht mehr weiterkönne, rechne Ulbricht damit, dass man eines Tages in Westdeutschland dem Konkurrenzkampf nicht mehr gewachsen sein werde. Für die »Kalten Krieger« auf beiden Seiten gelte, »dass die Wiedervereinigung Deutschlands ihnen nur um den Preis der völligen Niederwerfung der anderen Seite interessant ist«. Jeder werde geschmäht, der nach anderen Wegen suche, die Einheit des Landes wiederherzustellen.[15] Die »Politik der Stärke« sei aber, so führte Wehner aus, eine »Politik am Rande des Abgrunds und der Gefahr«, weil der »Einsatz [...] ständig erhöht« werde. Dadurch manövrierten sich beide Seiten in eine »Sackgasse«. Es komme stattdessen darauf an, »dem Wettrüsten entgegenzuwirken« und durch »beharrliche und konsequente Bemühungen um zunächst wirtschaftliche Zusammenarbeit beide Teile Deutschlands einander näher[zu]bringen«.[16]

Als Ulbricht Ende Februar 1958 in einem Interview mit der *Süddeutschen Zeitung* einen Vorschlag der SED vom Sommer 1957 wieder aufgriff, als ersten Schritt auf dem Weg zu einer Konföderation beider deutscher Staaten einen »Gesamtdeutschen Rat« zu bilden,[17] nahm Wehner seinerseits die Gelegenheit eines Interviews mit dem *SZ*-Redakteur Hans Ulrich Kempski wahr, um einen Vier-Etappen-Plan zur deutschen Einheit zu entwerfen. In einem ersten Schritt sei eine deutsche Wirtschaftsgemeinschaft anzustreben. Danach könne ein gemeinsamer Investitionsfonds gebildet werden. In der dritten Phase müsse es zur Angleichung der beiden Währungen kommen, um in der vierten und letzten Etappe die Herstellung der staatlichen Einheit Deutschlands im Rahmen des allgemeinen Abrüstungsprozesses erreichen zu können.[18]

Wehner strich heraus, dass es nunmehr an der Zeit sei, von der Existenz der Behörden der DDR Notiz zu nehmen. Das Ignorieren des Gegenübers bringe die Deutschen um keinen Schritt weiter. Dagegen stelle die Anerkennung der Tatsache, dass die andere Seite existiere, inzwischen kein die Spaltung vertiefendes Element mehr dar, sondern könne allmählich zu einem diese Spaltung überwindenden Moment werden.[19]

Wehner gab in dem Interview zu erkennen, dass sein Vorschlag angesichts der ökonomischen Probleme des Ostens sowohl für Teile der SED als auch für die beiden Großmächte als Ansatzpunkt für die Lösung der Deutschlandfrage interessant sein könne. Wenn es zu einer ernsthaften Diskussion über seinen Vorschlag käme, werde sich auch Ulbricht den Wünschen und Zielen der Großmächte letztlich fügen müssen.[20]

Bis zum Sommer 1958 schätzte Wehner die Entwicklung der internationalen Beziehungen immer negativer ein. Am 12. Mai 1958 vertraute er dem Journalisten Klaus Bölling an, dass die »innerdeutsche Lage [...] zurzeit wirklich schwierig« sei. Es sei aber besser, »die Dinge so zu sehen, wie sie wirklich sind, als nach Trost zu suchen«.[21] Insbesondere beunruhigte Wehner die erneute Kritik Moskaus an Jugoslawien. Nach dem 7. Kongress des Bundes der Kommunisten Jugoslawiens Ende April 1958 hatte die chinesische KP die dort gefassten Beschlüsse äußerst scharf verurteilt und die *Prawda* hatte sich dieser Kritik Anfang Mai angeschlossen.[22] An Bölling schrieb Wehner daraufhin, es falle schwer, im neuen »Kesseltreiben« der Sowjetunion gegenüber Jugoslawien »einen Sinn zu erblicken«. Es scheine fast so, als »dass man sich in Moskau zurzeit gar nicht um die eigentlichen internationalen Beziehungen« kümmere.[23]

Im Juni 1958 wurde in Budapest die Hinrichtung Imre Nagys und Pal Maleters bekannt gegeben. Wehner wertete dies als ein untrügliches Zeichen dafür, dass die sowjetische Führung gewillt war, »die Folgen, die sich aus einer größeren Selbständigkeit der Ostblockländer ergeben könnten«, mit aller Gewalt abzuwenden und »mit Blut vor Unabhängigkeitsbestrebungen zu warnen«. Bei der Budapester »Bluttat« handle es sich um ein »berechnetes Glied in der Kette der gegen das kommunistische Jugoslawien gerichteten Angriffe«. Jeder im sowjetischen Machtbereich solle davon abgeschreckt werden, »in die Nähe der mit dem Bannfluch belegten Jugoslawen zu geraten«. Derzeit lege die sowjetische Führung offenbar mehr Wert auf eine innere Disziplinierung des kommunistischen Lagers als auf das Zustandekommen einer erneuten Gipfelkonferenz.[24]

Vor dem Hintergrund dieser politischen Situation kam es am 2. Juli 1958 im Bundestag zu einer gemeinsamen Resolution in der Wiedervereinigungsfrage. Ursprünglich hatte die FDP vorgeschlagen, die Bundesregierung solle sich mit einem entsprechenden parlamentarischen Antrag im Rücken für die Bildung einer Viermächtekommission einsetzen, die die Grundzüge eines Friedensvertrags für Gesamtdeutschland beraten würde. Die CDU forderte dagegen, der Verhandlungsgegenstand einer solchen Viermächtekommission müsse die

Wiederherstellung der staatlichen Einheit Deutschlands sein. Damit wäre diese Initiative aber nach Einschätzung Wehners von Anfang an zum Scheitern verurteilt gewesen. Aufgrund der bisherigen Erklärungen der Sowjetregierung sei klar, dass Moskau »ein solches Verlangen von vornherein rundweg ablehnen würde«.[25]

Auf Vermittlung Wehners kam schließlich der Kompromiss zustande: Für den zu bildenden Viermächteausschuss wurde die Aufgabe formuliert, Grundzüge zur »Lösung der deutschen Frage« zu erarbeiten. Auch wenn nur schwache Hoffnungen bestünden, dass die Sowjetunion diesem Arbeitsauftrag eines Viermächtegremiums zustimmen werde, war nach Einschätzung Wehners die Ablehnung nicht so sicher, wie es sonst gewesen wäre.[26]

Chruschtschow lehnte die vom Bundestag vorgeschlagene Viermächte-Arbeitsgruppe jedoch rundweg ab.[27] Für Wehner war diese Haltung der Sowjets »weder logisch noch konsequent«, denn im März 1958 habe sich die Sowjetführung doch bereit erklärt, über einen Friedensvertrag für Deutschland zu verhandeln. Diese Möglichkeit biete nun auch das vom Bundestag vorgeschlagene Viermächtegremium. Daher – so Wehner – stelle sich die Frage, ob Chruschtschow überhaupt an einer Entspannung interessiert sei oder ob er es lediglich darauf anlege, »die Regierung Grotewohl-Ulbricht unter allen Umständen als Verhandlungspartner ins Spiel zu bringen«.[28]

Anfang Oktober 1958 schlug die SPD die Schaffung eines »Amtes für innerdeutsche Regelungen« vor. Dieses Amt sollte Verhandlungen mit der DDR führen können, ohne dass dadurch die völkerrechtliche Anerkennung der DDR befürchtet werden müsste.[29] Ernst Lemmer, Minister für gesamtdeutsche Fragen im dritten Kabinett Adenauer, erwog tatsächlich, diese Anregung aufzugreifen und in seinem Ressort eine »Erweiterungs- und Koordinierungsstelle« zu schaffen, was von Wehner sofort lebhaft begrüßt wurde.[30] Nachdem bereits am 1. Oktober in Berlin eine Sitzung des Bundestags stattgefunden hatte, in der die Einigkeit der Fraktionen in der Sorge um den

Zusammenhalt des deutschen Volkes protokolliert worden war, schien es nach den Erklärungen Lemmers im Oktober zu einer Annäherung in der Deutschlandpolitik zwischen Opposition und Regierung kommen zu können.[31]

In dieser Situation war es wiederum Adenauer, der alle derartigen Hoffnungen schlagartig zerstörte. Mitte Oktober hielt er in Würzburg eine seiner berühmt-berüchtigten Reden, in denen er die SPD nationaler Unzuverlässigkeit bezichtigte und Wehner als jemanden charakterisierte, »der die Sprache der SED« spreche.[32] Zweifellos war dieser Affront kühl kalkuliert, um die Fronten zur SPD nicht aufweichen zu lassen. Paul Wilhelm Wenger hatte bereits einige Tage zuvor im *Rheinischen Merkur* die strategischen Notwendigkeiten der Unionspolitik unverblümt dargelegt. Demnach drohten Teile der Union den »Formeln« Wehners zu erliegen. Insbesondere der von Ernst Lemmer herausgegebene Berliner *Kurier* habe Teile des Wehner'schen Gedankenguts bereits übernommen, so etwa die Vorstellung, zwischen Opposition und Regierung in »Fragen von nationaler Bedeutung eine Politik der Entspannung« einzuleiten. Das sei nichts anderes als eine »Wehner-Formel für die Selbstaufgabe der CDU«.[33]

Hatte die Bundesregierung bereits im Sommer 1958 zwei Monate damit gewartet, den Bundestagsbeschluss vom 2. Juli zur Einsetzung eines Viermächtegremiums zur »Lösung der deutschen Frage« den Botschaftern eben dieser vier Mächte zu übermitteln, so ließ sie sich nun auch mit einer Reaktion auf die im September 1958 eintreffenden Antwortnoten wieder zwei Monate Zeit. Als Anfang November bekannt wurde, dass die Regierung entgegen der Bundestagsentschließung in ihren Repliken die »Wiedervereinigung Deutschlands« als Hauptaufgabe des zu bildenden Viermächtegremiums herausstellen wollte, protestierte Wehner nachdrücklich gegen diese Entstellung des Parlamentswillens.[34]

Noch bevor die Bundesregierung Mitte November dazu kam, ihre Rückäußerungen loszuschicken, veränderte die Ankündigung des Berlin-Ultimatums schlagartig die innen- und außenpolitische Situation. Am 10. November 1958 überraschte Chruschtschow die Weltöffentlichkeit mit der Erklärung, dass die Rechte der Westmächte zum Verbleib in Berlin hinfällig geworden seien und dass die Funktionen, die die sowjetischen Organe in Berlin wahrnähmen, künftig von der DDR ausgeübt werden würden.[35]

Wehner sah in diesen Verlautbarungen vor allem ein Mittel, um im Westen Nervosität hervorzurufen. Im Westdeutschen Rundfunk äußerte er die Vermutung, dass der Sowjetführer die internationalen Reaktionen auf seinen Vorstoß sorgfältig studieren werde, um seine nächsten Handlungen daran auszurichten.[36] Als Ende November die schriftliche Fassung des Berlin-Ultimatums angekündigt wurde, warnte Wehner davor, sich in Spekulationen über den möglichen Inhalt zu ergehen. Das »Rätselraten über mutmaßliche sowjetische Schritte« und die »Erfindung von möglichen westlichen Schritten [...] auf solche gemutmaßten sowjetischen Schritte« entspreche dem, was sich die sowjetische Seite von ihren Proklamationen erhoffe. Für die deutsche Politik komme es darauf an, »die erforderliche Ruhe für die wahrscheinlich bevorstehenden Erwägungen und Überlegungen aufzubringen und zu sammeln«.[37]

Am 27. November 1958 wurde die Sowjetnote veröffentlicht, die als »Berlin-Ultimatum« in die Geschichte eingegangen ist. Darin kündigte die Sowjetunion ihre Viermächteverantwortung für Berlin auf. Sie erklärte die alliierten Vereinbarungen von 1944/45 »als nicht mehr in Kraft befindlich«, da die Westmächte die Abkommen gebrochen hätten. Binnen sechs Monaten sollte West-Berlin entmilitarisiert und als Freistadt in eine »selbständige politische Einheit« umgewandelt werden. Sonst werde die Sowjetunion mit der DDR einen separaten Friedensvertrag abschließen und ihr die »Berlin-Rechte« übertragen.[38]

Wehner notierte sich zu dieser Note: »Offenbar geht es darum, innerhalb von 6 Monaten Verhandlungen über die Ablösung der bisherigen Positionen der Mächte in Berlin zustande zu bringen oder nach Ablauf der Zeit die Organe der DDR als Adressaten für die 3 Westmächte zu haben.« Es müsse geprüft werden, welche »Grundlinien« die »eigentlich ›beste‹ Lösung für Gesamt-Berlin« aus der Sicht der Sowjetunion seien. Aus den vorliegenden Texten sei das noch nicht zu erkennen. Es sei lediglich »beiläufig erwähnt, aber nicht ausgeführt«.[39]

Für die deutsche Politik komme es jetzt darauf an zu ermitteln, was geschehen könne, »um Verhandlungen zustande zu bringen, in denen Berlin nicht als Besiegelung der Teilung Deutschlands behandelt, sondern versucht wird, zu einer Übergangslösung [für] Berlin im Rahmen einer Lösung der deutschen Frage zu kommen«. Das Resultat »Freie Stadt West-Berlin« sei jedenfalls inakzeptabel, da diese Variante schließlich zur »Einschmelzung [Berlins] in die DDR führen« werde. Wenn es aber gelinge, eine »Lösung ›Gesamt-Berlin‹ mit Regelung des Verhältnisses Berlins zu den beiden anderen Teilen und mit Ansatzpunkten zu einer etappenweisen Regelung der deutschen Frage auf den Verhandlungstisch zu bringen, [könne] daraus eine Überwindung des toten Punktes in der deutschen Frage« folgen.[40] Es komme darauf an, das bisherige provisorische Berlin-Arrangement »in einer der Lösung der deutschen Frage dienenden Weise durch eine neue Übergangsregelung« abzulösen.[41]

Wehner entwarf sogar – offenbar im Hinblick auf eine interfraktionelle Besprechung der Fraktionsvorsitzenden mit Adenauer am 1. Dezember 1958, an der er zusammen mit Ollenhauer teilnahm[42] – eine mögliche Antwortnote der Bundesregierung. Darin knüpfte er an die Beteuerung der Sowjetregierung in der Note vom 27. November an, »jederzeit an der Arbeit einer Kommission aus Vertretern der 4 Mächte zur Durchführung von Konsultationen zur Vorbereitung eines deutschen Friedensvertrages teilzunehmen«, und erklärte kurzerhand, dass diese Bereitschaft der Sowjetunion dem Wunsch des Deutschen Bundestags entspreche, eine »solche Kommission zur Lösung der deutschen Frage zu bilden«.[43]

Er wies darauf hin, dass die Bundesregierung vor dem Parlament bereits ihr Einverständnis erklärt habe, eine »Experten-Delegation« zu der Viererkommission zu entsenden, und auch, dass sie keine Bedenken dagegen habe, »wenn die von ihr nicht anerkannte Regierung der Deutschen Demokratischen Republik ebenfalls eine solche Experten-Delegation zu der ständigen Viererkommission entsendet«.

Abschließend sprach Wehner die Erwartung aus, »dass die von allen 4 Mächten bekundete Bereitschaft zur Bildung einer Viererkommission zur Lösung der deutschen Frage – selbstverständlich einschließlich des Problems Berlin – nunmehr unverzüglich zum Zusammentritt einer solchen Kommission führt, dass die erwähnten deutschen Experten-Delegationen zu Konsultationen eingeladen werden und gleichzeitig beginnen können zu versuchen, ihre Standpunkte zu koordinieren«.[44]

Die interfraktionelle Besprechung mit Adenauer am 1. Dezember zeigte, dass es »in der Sache« nach wie vor keine Gemeinsamkeit zwischen Kanzler und Opposition gab. Wiederum war der »Verhandlungsinhalt« künftiger Viermächtegespräche strittig. Adenauer wollte »über Berlin nur in Verbindung mit der Deutschlandfrage« reden, andererseits jedoch die »weitergehende Frage der europäischen Sicherheit ausklammern«. Die Diskussion über einen Friedensvertrag lehnte er ebenfalls ab, denn, so Adenauer, sie »werfe die Frage der deutschen Ostgrenze auf«.[45] Dieses Thema wollte der Kanzler aber auf keinen Fall anschneiden.

Dass die Position Adenauers angesichts der Interessenlage der Westmächte auf Dauer nicht haltbar war, zeigte sich für Wehner schon Mitte Dezember 1958 auf der Pariser Außenministerkonferenz. Die Vereinigten Staaten, Großbritannien und Frankreich bekräftigten bei dieser Gelegenheit ihre Entschlossenheit, »ihre Position und ihre Rechte in Bezug auf Berlin und das Recht auf freien Zugang dorthin zu wahren«.[46] Der anschließend in Paris tagende NATO-Rat erklärte, dass das Berlin-Problem nur im Rahmen eines Übereinkommens über Deutschland als Ganzes geregelt werden könne. Er erinnerte zudem daran, dass die Westmächte sich wiederholt bereit erklärt hätten, über das Problem der europäischen Sicherheit und der Abrüstung zu verhandeln.

Damit war nach Einschätzung Wehners sowohl die Entschlossenheit des Westens, den sowjetischen Vorstoß in der Berlin-Frage abzuwehren, nachdrücklich unter Beweis gestellt als auch der Rahmen für zukünftige Verhandlungen mit der Sowjetunion weit genug gesteckt worden, um Viermächteverhandlungen in Gang zu bringen.[47] Das eigentliche Problem, so führte Wehner vor der Fraktion am 15. Dezember und wenige Tage später auch im Süddeutschen Rundfunk aus, sei in der gegenwärtigen Situation, »dass die Sowjetregierung ihr Gebiet im weitesten Sinne des Wortes, dazu gehört auch der sowjetisch beherrschte Teil Deutschlands, die DDR, dichtmachen will. Sie will gewissermaßen ungestört ihr Einflussgebiet konsolidieren, und es ist notwendig, dass wir darauf reagieren, um dieses Dichtmachen nicht erst zur Tatsache werden zu lassen.«[48]

Wehner hielt angesichts dieser Lage ein zweigleisiges Vorgehen für notwendig: Zum einen müssten Verhandlungen über eine europäische Sicherheitsregelung und zum anderen Verhandlungen über einen Friedensvertrag angebahnt werden. Nur so lasse sich die Gefahr für Berlin, die Besiegelung der Teilung Deutschlands und die weitere Zementierung der Blockkonfrontation abwenden.[49]

Nachdem die Westmächte und die Bundesregierung am 31. Dezember 1958 beziehungsweise am 5. Januar 1959 auf die Sowjetnote vom 27. November geantwortet hatten, folgte am 10. Januar 1959 eine weitere sowjetische Note mit einem Friedensvertragsentwurf.[50] Aus der Analyse der neuen sowjetischen Vorschläge ergab sich für Wehner, dass nach Auffassung Moskaus der Abschluss eines Friedensvertrags und eines Berlin-Abkommens »zwei nebeneinander zu lösende Angelegenheiten« seien. Offenbar solle ein Berlin-Abkommen vereinbart werden, auch wenn es nicht zum Abschluss eines Friedenswertrags käme. Würde ein Friedensvertrag geschlossen, ohne dass sich beide Teile Deutschlands über die Wiedervereinigung verständigt hätten, »so würde Berlin im Sinne der sowjetischen Forderung als ›Freie Stadt West-Berlin‹ behandelt«.[51]

Für Wehner ergaben sich aus der Note vier Reaktionsmöglichkeiten der Bundesregierung. Zunächst könne man die Forderung aufstellen, den gegenwärtigen Zustand beizubehalten, solange die Wiedervereinigung durch die Sowjetunion nicht zugestanden werde. Das würde jedoch zur Folge haben, dass in Berlin die »Sowjet-Union durch DDR ›ersetzt‹« werden würde. Weiter gebe es die Möglichkeit, auf Friedensvertragsverhandlungen einzugehen. Im Zusammenhang mit solchen Verhandlungen müsse es dann zu Sicherheitsabmachungen der vier Mächte kommen, damit die Wiedervereinigung vollzogen werden könne. Ansonsten, so die Erwägung Wehners, würden auch Friedensvertragsverhandlungen nur die Teilung Deutschlands besiegeln. Sodann sei es denkbar, Friedensvertragsverhandlungen so lange abzulehnen, bis Deutschland wiedervereinigt sei, aber die Bereitschaft zur Erörterung eines europäischen Sicherheitssystems zu bekunden. Dann müsse es aber zu zusätzlichen Abmachungen über die Sicherheit Berlins, eventuell unter Einschaltung der Vereinten Nationen, kommen. Schließlich biete sich die Alternative, einen eigenen »Gesamtvorschla[g] zur Lösung der deutschen Frage und der europäischen Sicherheit« vorzulegen. Dieser Vorschlag müsse die Einrichtung mehrerer Beratungsgremien auf verschiedenen Ebenen umfassen: einer ständigen Kommission der vier Mächte »zur Vorbereitung des Friedensvertrages und der Übergangsbestimmungen für europäische Sicherheit unter besonderer Berücksichtigung der Rolle Deutschlands«, einer Kommission zur Vorbereitung einer Sicherheitsregelung und einer UN-Kommission »zur Unterstützung der Herstellung der Einheit Deutschlands«.[52]

Am 20. Januar 1959 regte Wehner im *Sozialdemokratischen Pressedienst* die Ausarbeitung und Vorlage eines solchen Gesamtvorschlags an. Dieser müsse »die Kraft einer großen westlich-deutschen Initiative« ausstrahlen, so dass »die Sowjetunion nicht einfach ausweichen könne und ihr zugleich die Möglichkeit geboten werde, brauchbare Ansatzpunkte in den Angeboten festzustellen und anzuerkennen«. Greife die Bundesregierung »diese oder eine ähnliche Initiativ-Chance« nicht entschlossen auf, dann müsse »auf absehbare Zeit damit gerechnet werden, dass der Westen oder einzelne Westmächte versuchen würden, unter Umgehung der deutschen Frage auf bequemere Wege auszuweichen«.[53]

In einer gemeinsamen Sitzung des außenpolitischen Ausschusses des SPD-Parteivorstands und des Arbeitskreises für Außenpolitik der Fraktion wurde kurz darauf die Einsetzung eines Unterausschusses beschlossen. Dieser sollte unter der Leitung Wehners Zielsetzungen erarbeiten, die in Richtung des von ihm vorgetragenen »Gesamtvorschlags« gingen.[54]

Deutschlandplan und Genfer Konferenz 1959

Die Noten der Westmächte und der Bundesregierung vom 16. Februar 1959, in denen als Antwort auf den sowjetischen Friedensvertragsentwurf die Einberufung einer Außenministerkonferenz vorgeschlagen wurde,[55] leiteten die Vorbereitungen zu einer erneuten Viermächtekonferenz ein.

In der Fraktionssitzung am 17. Februar würdigte Wehner die westlichen Noten ausführlich und hielt fest, dass sie »den Weg zum Verhandlungstisch« ebnen könnten, sofern nicht – was durchaus denkbar sei – die Sowjetunion neue Hindernisse auf den Weg wälze. Dies sei der Fall, wenn sie jetzt eine »Gipfelkonferenz« *und* eine »spezielle deutsche Konferenz« fordere.[56]

Der Bundesregierung, so riet Wehner den Fraktionsgenossen, solle man in dieser Situation »jede Möglichkeit« geben, »Verhandlungs-Vorbereitungen und -Vorschläge zu erarbeiten, ohne im Einzelnen öffentlich festgelegt werden zu können«. Insbesondere solle vermieden werden, dass sich die Regierung im Zuge des Abwehrens von SPD-Forderungen negativ festlege.[57]

Die Zurückhaltung gegenüber der Bundesregierung hatte ihre Gründe. Fritz Erler war nach dem Berlin-Ultimatum zu einer Sondierungsreise in die USA aufgebrochen[58] und hatte dabei geradezu einen »Hunger« nach deutschen Wiedervereinigungsinitiativen festgestellt.[59] Die SPD-Vorschläge zu einer koordinierten Abrüstungs- und Wiedervereinigungspolitik stießen im Unterschied zu früher nun auf reges Interesse. So konnte Wehner die Fraktion darüber informieren, dass die SPD-Führung »am Rande« über die Verhandlungen in der westlichen Arbeitsgruppe Einzelheiten erfahren habe, die »in mancher Hinsicht ermutigend« seien.[60] Offenbar rechnete er sich im Frühjahr 1959 durchaus Chancen aus, diesmal Adenauers Strategie gegen die Interessen der Westmächte ausspielen zu können.

Zunächst lehnte Chruschtschow eine Außenministerkonferenz brüsk ab.[61] Knapp eine Woche später teilte er den Westmächten jedoch unversehens mit, dass die Sowjetunion mit der Abhaltung einer solchen Konferenz einverstanden sei.[62] Dem Einschwenken der Sowjets war eine Moskau-Reise des britischen Premierministers Harold Macmillan vorausgegangen. Adenauer vermutete sofort, dass der britische Premier den Sowjets im Namen der Westmächte Konzessionen hinsichtlich der Abhaltung einer Gipfelkonferenz und der Einrichtung einer Rüstungskontrollzone gemacht habe. Als der britische Regierungschef im Anschluss an seine Moskau-Reise am 12./13. März 1959 Bonn besuchte, verliefen seine Unterredungen mit dem Kanzler äußerst stürmisch.[63]

In dieser Situation kündigte Wehner die Veröffentlichung eines »Deutschlandplans der SPD« an. Dabei bezog er sich ausdrücklich auf Adenauers Gespräche mit Macmillan, von denen er einen »hemmenden Einfluss auf Bemühungen um das Auseinanderrücken der militärischen Blöcke in Mitteleuropa« befürchtete. Das »amtliche Bonn«, so erläuterte Wehner, riskiere »Verhandlungen über das isolierte Berlin-Problem, die für Berlin selbst und für die Wiedervereinigung Deutschlands eine viel ungünstigere Lage schaffen würden«. Wenn der Westen sich nicht zu Gesprächen über einen Gesamtplan, inklusive eines europäischen Sicherheitssystems, entschließe, sei er über kurz oder lang gezwungen, sich mit der Sowjetregierung punktuell über Berlin zu einigen. »Verständigen sich die vier Mächte nur über Berlin, so droht die Teilung Deutschlands endgültig zu werden. Verständigen sie sich aber nicht über Berlin, so droht Krieg.«[64]

Aus den bisherigen Ergebnissen der SPD-Arbeitsgruppe, die Vorschläge für einen »Gesamtplan« zur Lösung der Deutschlandfrage erarbeiten sollte, wurde unter Federführung Wehners eine Kurzfassung erstellt und den Parteigremien zur Beschlussfassung vorgelegt. Nach dem Parteivorstand billigte auch die Fraktion am 18. März 1959 den später so genannten »Deutschlandplan«. Bei dieser Gelegenheit betonte Wehner, dass es bei den im Plan niedergelegten Vorschlägen »nicht auf [den] Beifall der Öffentlichkeit ankäme, sondern vielmehr darauf, dass sich an ihnen eine Diskussion entzünde, die zu den für Deutschland lebensnotwendigen Verhandlungen führe«.[65]

Die Veröffentlichung sollte in erster Linie Einfluss auf die Vorbereitung der kommenden Viermächteverhandlungen nehmen. So konnte Wehner auch nicht mehr durch die Ergebnisse der Unterredungen Erlers und Schmids mit Chruschtschow umgestimmt werden. Die beiden Fraktionsvorsitzenden kehrten kurz vor der Verabschiedung des Deutschlandplans aus Moskau zurück und berichteten, dass die Sowjetführung offenbar gewillt sei, an der Teilung Deutschlands festzuhalten.[66] Für Wehner war dies eher ein Grund mehr, in einem letzten verzweifelten Versuch die drohende Besiegelung der Spaltung Deutschlands abzuwenden.

Der Plan sah die stufenweise Einrichtung einer mitteleuropäischen Sicherheitszone, bestehend aus der Bundesrepublik, der DDR, Polen, der Tschechoslowakei und Ungarn vor. Auf der Basis von Vereinbarungen der vier Mächte sollte es im innerdeutschen Verhältnis nach und nach zu einer Annäherung bis hin zur staatlichen Wiedervereinigung kommen.[67]

Obwohl der Deutschlandplan sofort in der deutschen Öffentlichkeit von allen Seiten attackiert wurde,[68] schien Wehners Taktik zunächst erfolgreich zu sein. Der SPD-Führung wurde hinterbracht, dass die US-Regierung den Plan in einer ersten Stellungnahme grundsätzlich begrüßt habe. Die Bonner US-Botschaft wollte diese Meldung zwar weder bestätigen noch dementieren, betonte aber, dass die »militärischen Vorstellungen« des Plans »gewisse Parallelen zu anglosächsischen Gedanken« aufwiesen.[69]

Auch in den Konferenzplanungen der westlichen Arbeitsgruppe setzten sich Ende März 1959 Überlegungen durch, die – im Sinne des Deutschlandplans – eine Interimslösung für Berlin mit der Deutschlandfrage sowie militärischen Sicherheitsfragen verbanden.[70] Als Adenauer jedoch Mitte April 1959 von diesen Konzeptionen erfuhr, war er entsetzt und legte sein Veto ein. Aufgrund dieser Intervention rückte die westliche Arbeitsgruppe schließlich davon ab, die Bundesrepublik in eine Rüstungskontrollzone einzubeziehen. Damit war auch ein eigenständiger Beitrag der Bundesrepublik zur Entspannung zwischen Ost und West nicht mehr vorgesehen.[71]

Dem auf der Genfer Außenministerkonferenz Mitte Mai 1959 vorgelegten Plan des amerikanischen Außenministers Christian Herter wurde später nachgesagt, dass er wesentliche Teile des Deutschlandplans aufgegriffen habe.[72] In einem für Wehner zentralen Punkt traf dies aber nicht zu: Der Herter-Plan lief darauf hinaus, dass das wiedervereinigte Deutschland mit hoher Wahrscheinlichkeit NATO-Mitglied werden würde.[73] Für Wehner aber war dies der entscheidende Fehler der westlichen Konferenzstrategie. In seinen Augen war die Genfer Außenministerkonferenz im Sommer 1959 somit von vornherein zum Scheitern verurteilt – nicht weil die Sowjetunion nur über den Status von West-Berlin verhandeln wollte,[74] sondern weil der Westen an der militärischen Westintegration Deutschlands festhielt.[75]

Die Konferenz fand in zwei Tagungsperioden im Mai/Juni und Juli/August 1959 statt. Die Teilnahme zweier deutscher Beratungsdelegationen, die der Konferenz an so genannten »Katzentischen« beiwohnten, hat die historische Erinnerung an die Genfer Verhandlungen geprägt. Doch gerade dadurch, dass diese im August »ergebnislos« abgebrochen wurden, zeitigten sie lang anhaltende weltpolitische Wirkungen. Die Teilung Deutschlands war nach der Konferenz auf unabsehbare Zeit festgeschrieben.

»Demokratisierung« als neuer Leitbegriff

Chruschtschows Koexistenzpolitik

Das Scheitern der Genfer Konferenz ließ es Herbert Wehner notwendig erscheinen, die strategische Ausrichtung seiner Politik grundlegend zu verändern.

Der Deutschlandplan war für ihn der letzte Vorstoß gewesen, einer »nationalen Befreiungspolitik« in Deutschland zum Durchbruch zu verhelfen. Noch im März 1960 charakterisierte er den Plan rückblickend als einen Versuch, eine gesamtdeutsche demokratische Freiheitsbewegung zu initiieren: »Der Deutschlandplan des Jahres 1959 war nicht zuletzt ein Appell an die demokratischen Kräfte im geteilten Deutschland, sich gemeinsam um eine Lösung der Deutschlandfrage zu bemühen. Er setzte voraus, dass die demokratischen Kräfte im westlichen Teil Deutschlands sich der Aufgabe bewusst würden, als Demokraten die geschichtlich bedeutsame Chance zu nützen, die größtmöglichen Anstrengungen für die Lösung der brennenden nationalen Frage der Deutschen, die Wiedervereinigung Deutschlands in gesicherter Freiheit, zu unternehmen [...] [Die Sozialdemokratische Partei] hätte zweifellos beachtliche Kräfte auch im anderen Teil Deutschlands erweckt, durch die das Potential der Demokratie wesentlich vergrößert worden wäre.«[1] Angesichts der strategischen Neuorientierung der sowjetischen Politik nach der Genfer Konferenz ließ sich dieser Ansatzpunkt nicht weiterverfolgen.

Hatte die sowjetische Politik bis dahin die beiden Richtlinien, die »Koexistenz auf staatlicher Basis einerseits und die weltrevolutionären Ziele andererseits«, nebeneinander vertreten, so wurden sie im November 1959 in einem richtungsweisenden Artikel des Moskauer *Kommunist* zu der neuen These verknüpft, dass die Koexistenzpolitik eine Form des internationalen Klassenkampfs sei. Auf diesem Leitgedanken gründete fortan die Chruschtschow'sche Koexistenzpolitik.[2]

In dem Artikel wurde ausgeführt, dass das »Zusammenleben zweier Systeme« sich nicht in ihren »zwischenstaatlichen Beziehungen« erschöpfe; es habe auch eine »andere Seite«. Es spiegele jeweils die »Herrschaft einer Klasse« wider – »in einem Fall die Klasse der Kapitalisten, im anderen die der Arbeiter«. Der Kampf zwischen »den Arbeitern und der Bourgeoisie« vollziehe sich nicht nur innerhalb eines Landes, »sondern auch in der *internationalen* Arena, zwischen den beiden sozialen Systemen«.[3]

Der amerikanische Außenminister Herter reagierte auf diese strategische Wende der sowjetischen Politik bereits am 16. November 1959 in einer Rede vor dem amerikanischen Außenhandelsrat in New York. Er forderte einen stärkeren Einsatz der westlichen Länder, um den wirtschaftlichen Konkurrenzkampf mit dem Kommunismus bestehen zu können, und appellierte an die Standhaftigkeit »unseres Glaubens an die schließliche Ausbreitung der demokratischen Freiheit auf alle Völker unseres Planeten«.[4]

Die SPD-Spitze setzte sich ebenfalls umgehend mit der neuen sowjetischen Strategie auseinander. Im Frühjahr 1960 veröffentlichte sie die Broschüre »Die Alternative unserer Zeit«. Diese stellte den Entwurf einer politischen Abwehrstrategie dar.[5] Die SPD-Führung sah den entscheidenden Punkt der Chruschtschow'schen Koexistenzpolitik in der Formel vom »friedlichen Wettbewerb mit dem Kapitalismus«.[6] Hinter dieser Formel verberge sich der kommunistische Versuch, inmitten der zweiten industriellen Revolution und mit Hilfe des Sputnik-Schocks durch eine Intensivierung des »Wettbewerb[s] in Produktion und Technik [...] die wirtschaftspolitische und machtpolitische Überlegenheit zu erlangen«.[7] Es sei »offensichtlich [,] dass wissenschaftlicher, technischer und wirtschaftlicher Fortschritt gleicherweise in Diktaturen wie in der Demokratie unter kapitalistischen, kommunistischen wie auch sozialistischen Vorzeichen möglich ist«.[8] Während aber der Kommunismus – wie der Faschismus – den gewaltsamen Weg beschreite, bedeute der »demokratische Sozialismus [...] einen Entwicklungsprozess ohne Blut und Tränen, der von einer ständigen Ausweitung demokratischer Freiheit begleitet ist«.[9] Gehe es der Chruschtschow'schen Koexistenzpolitik darum, den Beweis für das »überlegene gesellschaftliche Ordnungsprinzip« zu erbringen, so sei es Aufgabe der SPD aufzuzeigen, dass im Gegenteil das »demokratische Ordnungsprinzip« das überlegene sei.[10]

Bisher hatte Wehner das Ziel verfolgt, den Sieg der »demokratischen Kräfte« in Deutschland im Zuge eines Wiedervereinigungsprozesses zu erlangen; von jetzt an setzte er darauf, die »demokratischen Kräfte« durch eine konsequente Demokratisierungspolitik zu stärken. Die endgültige, auch ideologisch fundierte Absage der Sowjetunion an eine deutsche Wiedervereinigung führte bei Wehner zu einer erneuten Umwertung der weltpolitischen Faktoren: Die Westmächte waren nun nicht mehr in erster Linie als Besatzer ein Hindernis für die Durchsetzung des demokratischen Sozialismus in Deutschland, sondern vielmehr Verbündete im Kampf um die Durchsetzung der Demokratie in Deutschland.

Wehners strategische Orientierung näherte sich damit wieder der einstigen Volksfront-Konzeption an, die auf das Bündnis mit den fortschrittlichen Kräften des Bürgertums baute. Seit November 1959 war er einer der stärksten Verfechter dieser politischen Linie. Welch andere Schwerpunkte er von nun an setzte, wurde dabei besonders im Zusammenhang mit der Diskussion um das neue Grundsatzprogramm der SPD deutlich. Hatte er bis zum Frühjahr 1959 vor allem imperialismus-, kolonialismus- und großmachtkritische Analysen zur Programmdiskussion beigetragen, so rückte er im Herbst 1959 das politische Ziel der Demokratisierung der bundesdeutschen Gesellschaft in den Vordergrund.

Das Godesberger Programm

Der SPD-Parteitag im Jahre 1954 hatte eine Programmkommission ins Leben gerufen,[11] in die auch Wehner gewählt worden war, und zwar als Leiter des Unterausschusses »Weltpolitik«.[12] Angesichts der Diskussionen in der Kommission hatte er aber schon bald das Interesse an einer Mitarbeit verloren.[13] Wie er später bissig bemerkte, vermochten in dieser Kommission nur die »ideologisch Geweihten« den Auseinandersetzungen zwischen den Vertretern unterschiedlicher weltanschaulicher Standorte zu folgen.[14]

Nach der Wahlniederlage von 1957 kündigte Erich Ollenhauer, nicht zuletzt um von der Diskussion über seine mangelnden Führungsqualitäten abzulenken, die rasche Verabschiedung eines neuen Grundsatzprogramms an. Gerade bei denjenigen, die in erster Linie eine personelle Erneuerung der Parteispitze forderten, fand seine Anregung deshalb keine Unterstützung. Sowohl Erler als auch Brandt, Schmid und Wehner verhielten sich ablehnend.[15] Letzterer warnte davor, »zu hoch gespannte Erwartungen auf die Auswirkungen eines Grundsatzprogramms« zu haben.[16]

Nachdem zu Jahresbeginn 1958 seine mangelnde Mitarbeit in der Programmkommission beklagt worden war,[17] entwarf Wehner Anfang Februar als Verantwortlicher des Unterausschusses »Weltpolitik« ein Papier über die Grundsätze sozialdemokratischer Außenpolitik. Diesen Text habe er, wie er den Kommissionsmitgliedern mitteilte, nach einer »Aussprache« mit Schmid und Erler verfasst. Er selbst trage aber die alleinige Verantwortung für den Inhalt.[18]

Die internationale Ausgangslage, schrieb Wehner, werde bestimmt durch eine »in Macht- und Einflusssphären aufgeteilt[e] Welt, in der Kräfte des imperialistischen Kapitalismus mit den vom Sowjet-Kommunismus beherrschten Machtgebilden um die Vorherrschaft ringen«. Die Außenpolitik der Staaten sei geprägt durch »ideologische Kampffronten, die in der Regel den machtpolitischen Bedürfnissen von Großmächten« dienten. Gefährlicher »Zündstoff« werde angehäuft durch »die Teilung von Staaten und Völkern, durch die Verweigerung des Selbstbestimmungsrechts für Völker und Volksgruppen, durch die Aufteilung der Welt in Blöcke und Lager und durch das Festhalten am Kolonialsystem«. Ziel einer sozialdemokratischen Außenpolitik sei es, »an die Stelle der Machtblöcke« eine »[i]nternationale Polizei und regionale Sicherheitssysteme [...] im Rahmen der Satzung der Vereinten Nationen« treten zu lassen.[19]

Nachdem Willi Eichler als Vorsitzender der Programmkommission im April 1958 die vorläufigen Ausarbeitungen der Unterausschüsse zu einem ersten Entwurf des neuen Grundsatzprogramms zusammengetragen[20] hatte, nahm Wehner dezidiert zu den einzelnen Beiträgen Stellung. Insbesondere setzte er sich dabei mit dem von Gerhard Weisser verantworteten Bereich »Sittliche und kulturelle Grundforderungen« auseinander. Wehner warf Weisser vor, von einem spezifisch westlich-industriellen Erfahrungshorizont auszugehen und eine »Idylle« zu zeichnen, »losgelöst von der Welt, in der mehr als die Hälfte nicht einmal ihren Hunger stillen können«. Die SPD gerate dadurch in die Lage, »Grundforderungen für die Bevölkerung eines industrialisierten ›Reservats‹ zu entwerfen, die oberhalb jenes Teils der Menschheit lebt«. Ziel eines SPD-Programms müsse es dagegen sein, glaubhaft darzulegen, dass die Partei »an der menschenwürdigen Umgestaltung der ganzen Welt teilzunehmen beabsichtigt«.[21]

Noch bevor der von Eichler zusammengestellte Programmentwurf auf dem Stuttgarter Parteitag im Mai 1958 zur Beratung gestellt wurde, rief Wehner in der *Neuen Gesellschaft* dazu auf, die Grundsatzdiskussion aus den »engeren Kreisen von Fachleuten« herauszuholen und zum Anliegen aller Parteimitglieder zu machen. Da dies aber angesichts der vielfältigen Aufgaben der Parteimitglieder, die allein im Jahr 1958 noch fünf Landtagswahlkämpfe und 1959 weitere Landtags- und Kommunalwahlen zu bestehen hätten, kaum zu bewerkstelligen sei, müsse man sich gezwungenermaßen zunächst auf

»Schwerpunkte sozialdemokratischer Politik im geteilten Deutschland« beschränken.[22] Diese Schwerpunkte seien: »1. Alles, was zur Erhaltung des Friedens dient. 2. Alles, was die Teile Deutschlands wieder näher bringen und die Spannungen in Deutschland mindern kann. 3. Alles, was die arbeitenden Menschen im Staat stärker zu Geltung und zur Mitgestaltung bringen kann. 4. Alles, was den jungen Menschen unseres Volkes helfen kann, Stellung zu beziehen und ihren Platz einzunehmen im Ringen um die Verwirklichung des demokratischen Sozialismus.«[23] Die eigentlichen Streitpunkte der Programmdiskussion (Sozialisierung, Stellenwert des Marxismus und Landesverteidigung) hatte Wehner also ausgeklammert.

Nach seiner Wahl zum stellvertretenden Parteivorsitzenden hielt Wehner im Juli 1958 in der Evangelischen Akademie Tutzing eine Grundsatzrede. Als Kerngedanken der SPD-Politik arbeitete er dabei die Entspannungspolitik heraus: Die »sozialdemokratische Alternative« zur Regierungspolitik sei »eine Politik des ernsthaften Verhandelns über Abrüstung und Entspannung, eine Politik der Normalisierung der Beziehungen zu anderen Regierungen und Völkern und eine weltweite Politik der Förderung des friedlichen Aufbaus in den Entwicklungsländern, in Asien und Afrika, damit im Geiste der Selbstbestimmung und der Partnerschaft auf der Grundlage der gegenseitigen Achtung eine Welt der Freiheit und des Friedens sich entwickeln kann.«[24]

Nachdem am 15. Februar 1959 der Beschluss gefasst worden war, für den November einen Programmparteitag nach Bad Godesberg einzuberufen, konnte auch Wehner die Diskussion um das neue Grundsatzprogramm nicht mehr aufschieben oder ignorieren. In der Präsidiumssitzung am 6. Mai 1959 setzten sich Wehner und Erler überraschend für die zügige Verabschiedung des neuen Programms ein. Sie drängten allerdings darauf, ein Redaktionskomitee mit der weiteren Arbeit daran zu betrauen. Damit erreichten sie, dass die Formulierung der Leitsätze der bisherigen Kommission unter Leitung Willi Eichlers aus den Händen genommen wurde. Zu Mitgliedern des neuen Redaktionskomitees wurden die Journalisten Fritz Sänger und Heinrich Braune sowie der österreichische Sozialist Benedikt Kautsky, Sohn Karl Kautskys, berufen.[25] Sänger legte am 22. Juni einen gründlich überarbeiteten Entwurf vor, der bis Anfang September zum zweiten offiziellen Entwurf ausgearbeitet wurde. Auch in dieser Zeit beteiligte sich Wehner nicht an der Programmdiskussion.[26]

Erst kurz nach der Veröffentlichung im September 1959 stellte sich Wehner demonstrativ hinter die Programmvorlage, die inzwischen von der Parteilinken scharf kritisiert wurde.[27] In zwei Rundfunkinterviews am 10. und 16. September sprach sich Wehner für die Grundlinie des neuen Programms aus. Dabei verteidigte er, dass der Marxismus neben der christlichen Ethik und dem Humanismus zu einer von mehreren philosophischen Quellen des Sozialismus degradiert wurde, und befürwortete auch, dass der Text ein klares Bekenntnis zur Landesverteidigung enthielt und der Sozialisierungsbegriff darin nicht mehr auftauchte.[28] Als zentrales politisches Ziel des neuen Programms bezeichnete Wehner in den Wochen vor dem Godesberger Parteitag das »Ringen um eine gesellschaftliche und politische Ordnung, die nicht mehr die Vorrechte jener schützt, die über die große wirtschaftliche Macht gebieten«. Diesem Endzweck seien letztlich alle anderen Programmforderungen untergeordnet.[29] Während Wehner in diesem Sinne auch noch bei anderen Gelegenheiten im Umfeld des Parteitags von einem »Kernpunkt« der neuen Richtlinien sprach,[30] modifizierte er seine Argumentation in seiner Rede in Godesberg dahin gehend, dass der Auftrag des Programms vor allem darin bestehe, »den Staat wirklich bis in die letztmöglichen Konsequenzen zu demokratisieren«.[31]

Die Forderung nach konsequenter Demokratisierung wurde, wie Kurt Klotzbach später treffend bemerkte, das zentrale, zugleich systemerhaltende und -überwindende Element des Godesberger Programms.[32] Wehner stellte das Thema

Demokratisierung auch schon bald nach dem Parteitag in den Mittelpunkt, wenn er über die Grundlinien des neuen Programms Rechenschaft ablegte. Zur Jahreswende 1959/60 charakterisierte er den Geist des Godesberger Programms mit der pointierten Formulierung, »dass Sozialismus vollendete, verwirklichte – für alle verwirklichte – Demokratie ist.«[33] Er artikulierte damit einmal mehr seine Grundüberzeugung, dass der Sozialismus im Kern eine Frage des Rechts sei und es darauf ankomme, die Idee des Rechts in unterschiedlichen Kontexten den Umständen entsprechend durchzusetzen.

Nachdem der Versuch gescheitert war, durch Viermächteverhandlungen einer internationalen Ordnung näher zu kommen, die auf der Idee des Rechts in Gestalt des Selbstbestimmungsrechts gegründet wäre, wandte sich Wehner der Verwirklichung der Rechtsidee in nationalem Rahmen zu: der Demokratisierung. Dabei verlor er allerdings nicht aus den Augen, dass es auf lange Sicht auch zur Umgestaltung der internationalen Ordnung kommen müsse. Nachdem der direkte Weg zu deren Veränderung gescheitert war, sollten nun innenpolitisch die Voraussetzungen geschaffen werden, um in Zukunft auch wieder Einfluss auf die Gestaltung der internationalen Beziehungen zu bekommen. Dabei orientierte sich Wehner – bewusst oder unbewusst – in seiner Demokratisierungspolitik seit Ende 1959 an den Grundzügen der marxistisch-leninistischen Strategie der »Einheit der demokratischen Kräfte«.

In der marxistisch-leninistischen Lehre vom bündnispolitischen Vorgehen der revolutionären Partei war die Strategie der »Einheit der demokratischen Kräfte« die Fortentwicklung der alten Volksfrontstrategie. Eine »Politik der demokratischen Einheit« bedeutete die »Herstellung der Aktionseinheit und Zusammenarbeit mit allen nationalen und demokratischen Kräften«, wobei sich »der Zusammenschluss aller Volksschichten in erster Linie auf der Grundlage demokratischer Forderungen und Losungen« vollzog.[34] Der Erfolg dieser Politik hing in erster Linie von der organisatorischen Festigung der revolutionären Partei, insbesondere dem Ausschluss der »links-sektiererischen Elemente« ab. Die »Politik der demokratischen Einheit« erforderte Zugeständnisse bis hin zum konsequenten Eintreten für die essentiellen Bedürfnisse der Bündnispartner. Die Entstehung einer linken Opposition gegen eine solche Politik war einkalkuliert.[35]

Dass Wehner in der Auseinandersetzung mit der sowjetischen Koexistenzpolitik seit Ende 1959 der Linie einer »Politik der demokratischen Einheit« folgte, entsprach nicht zuletzt auch der inneren Logik marxistisch-leninistischer Strategieplanung. In deren Arsenal diente die »Einheit der demokratischen Kräfte« – wie einst die Volksfrontstrategie – in besonderer Weise der Abwehr einer aggressiv faschistischen Politik. Daran mag ermessen werden, für wie gefährlich Wehner die Chruschtschow'sche Koexistenzpolitik für den Bestand der Demokratie hielt.

Der 30. Juni 1960

Nach der Jahreswende 1959/60 bemühte sich Herbert Wehner, die sozialdemokratische Politik schrittweise auf die von ihm eingeschlagene neue politische Linie umzustellen. Die am Neujahrstag in einem Interview gefallene Äußerung des amerikanischen Außenministers Christian Herter, dass die Lösung der »weltpolitischen Probleme [...] vielleicht Generationen brauchen werde«, nahm Wehner zum Anlass, nachdrücklich darauf hinzuweisen, dass dies »unter Umständen eine Zerreißprobe für unsere demokratische Ordnung in der Bundesrepublik« bedeuten würde.[1]

Wehner griff in diesem Zusammenhang auch die antisemitischen Schmierereien der Jahreswende 1959/60 auf und hielt fest: »Solche und noch andere Herausforderungen [...] werden wir nur dann durchstehen können, wenn wir unser inneres demokratisches Gefüge in Ordnung bringen.«[2] Der eingeschobene Nebensatz – »mögen sie angezettelt und gesteuert sein von wem immer« – sollte wohl darauf hindeuten, dass er von der Urheberschaft oder zumindest Mitwirkung der SED bei einem Großteil dieser Schmierereien ausging.[3]

Als Anfang Januar 1960 im Fraktionsvorstand die antisemitischen Vorfälle besprochen wurden, warnte Wehner eindringlich davor, von Seiten der SPD so zu tun, als habe man das alles »wegen der Globke, Oberländer usw.« schon kommen sehen. Vielmehr sei es jetzt notwendig, »zur Übereinstimmung wirklich demokratischer Angehöriger im Bundestag in dieser Sache [...] durch[zu]stoßen«. Daher müsse sowohl verhindert werden, dass diese Frage im Bundestag nach dem Schema »Regierung und Opposition« abgehandelt werde, als auch, dass es darüber zur »Zerfleischung« der Demokraten komme.[4]

In den Parteiveranstaltungen ging Wehner dazu über, als »Hauptaufgabe unserer Zeit« die »konsequente Durchsetzung der Demokratie in allen Bereichen« zu propagieren.[5] Den Widerstand der traditionellen Arbeiterklientel gegen die Aufgabe der Sozialisierungsforderungen im Godesberger Programm versuchte er dabei mit dem Hinweis zu entkräften, dass das Anliegen der Vergesellschaftung ein »Dogma« sei, »das sachlich zu Unrecht als Ausdruck der Zielvorstellungen des Soz[ialismus] angesehen wird«. Darüber hinaus habe die SPD bei einem Verzicht darauf eine größere Aussicht, »für konsequent durchzuführende demokr[atische] öff[entliche] Kontrolle breite Wählerschichten, auch über die Arbeiterschaft hinaus, zu gewinnen«, als mit einem Programm, »das breiten Bev[ölkerungs]-Teilen als vom Dogma des Gemeineigentums geprägt erscheint«.[6]

Im März 1960 beseitigte Wehner mit dem Deutschlandplan die letzten Überreste der gescheiterten »Politik der nationalen Befreiung«. Nachdem sich am 12. März 1960 im Parteivorstand eine Mehrheit für die Vorlage eines modifizierten Deutschlandplans zur Pariser Gipfelkonferenz ausgesprochen hatte,[7] schrieb Wehner wenige Tage später im *Vorwärts:* »Der Deutschlandplan des Jahres 1959 ist ein Glied in der Kette der Versuche, die Wiedervereinigungsverhandlungen vom toten Gleis herunterzubringen. Er hat leider ebenso wenig zum Ziel geführt wie die früheren Vorschläge. Insofern gehört er der Vergangenheit an.«[8] Wehner stellte damit klar, dass der Deutschlandplan im Hinblick auf die Pariser Gipfelkonferenz nicht mehr der gültige Vorschlag der SPD sei. Eine Woche später kommentierte er im *Vorwärts* die öffentliche Resonanz auf seinen Artikel. Die Kritik von links und rechts an dem Rückzug der SPD vom Deutschlandplan wertete Wehner als Zeichen dafür, welche Rolle dem Plan noch diesseits und jenseits der Zonengrenze bei der künftigen Bekämpfung der Sozialdemokratie zugedacht gewesen sei.[9]

Noch vor der Bundestagsdebatte am 30. Juni 1960 und dem formellen Bruch der SPD mit dem Sozialistischen Deutschen Studentenbund im Juli[10] zog Wehner seinen eigenen Trennstrich gegenüber dem SDS. In einem Interview für die Juni-Ausgabe der *Marburger Blätter* erklärte er, dass der Kurs des SDS in seinen Augen seit Anfang 1959 »ferngesteuert« sei, und fügte hinzu: »Wo wir eine fremde Loyalität feststellen, da schlagen wir zu. Da sind wir eisenhart.«[11]

Während Wehner im Frühjahr 1960 den Gedanken der Demokratie und der Gemeinsamkeit der Demokraten in den Vordergrund rückte, stieß Willy Brandt eine Diskussion über eine gemeinsame Außenpolitik von Opposition und Regierung an. Brandt legte am 7. Januar 1960 im Berliner Abgeordnetenhaus fünf Grundsätze einer konsensfähigen Berlin-Politik dar, die kurz darauf die »absolute« Unterstützung Adenauers fanden.[12] Erlers Bundestagsrede in der außenpolitischen Debatte am 10. Februar 1960 folgte diesem Fünf-Punkte-Programm und war zuvor mit Brandt abgestimmt worden.[13]

Die Gemeinsamkeit in der Außenpolitik wurde am 4. März auch von der Siebenerkommission, die den Wahlkampf vorbereitete, als Leitlinie der SPD für den Bundestagswahlkampf festgelegt.[14] Dass Wehner im März 1960 den Deutschlandplan zurückzog, konnte als Stützung dieser politischen Linie verstanden werden.

Nachdem Chruschtschow den Pariser Gipfel schon zu Beginn in aufsehenerregender Weise hatte platzen lassen, forderte Wehner Ende Mai 1960 eine außenpolitische »Bestandsaufnahme«.[15] Gleichzeitig setzte er sich von der Zielvorgabe einer »gemeinsamen Außenpolitik« ab. Gegenüber Conrad Ahlers erklärte er Mitte Juni: »Ich habe niemals von einer gemeinsamen Außenpolitik gesprochen [...] [W]as wir heute brauchen, ist [...] das Bemühen, gemeinsam die Lage zu überprüfen und dann zu sehen, wie weit die Strecke ist, die man gemeinsam gehen kann.«[16] Welche konstruktiven Folgen ein Austausch der außenpolitischen Standpunkte haben könnte, erläuterte Wehner nach einem Bericht Conrad Ahlers' wie folgt: »Wenn man bei einer Bestandsaufnahme zu dem Ergebnis kommen würde, dass es im Bereich der deutschen Außenpolitik auf absehbare Zeit keine Möglichkeit gibt, die deutsche Wiedervereinigung zustande zu bringen, dann müssten eigentlich die anstehenden Probleme, wie etwa die Berlin-Frage, ganz anders gesehen werden. Dann käme es doch darauf an, unter Vermeidung alles dessen, was eine spätere Wiedervereinigung erschweren würde, zumindest einen Modus Vivendi zwischen den beiden Teilen Deutschlands zu erreichen, damit wenigstens die menschlichen Beziehungen erhalten bleiben.«[17]

Dem SED-Chef gehe es darum, so referierten die *SPD-Pressemitteilungen* Wehners Worte gegenüber Vertretern der Pommerschen Landsmannschaft Mitte Juni, »das deutsche Volk als Nation zu zerbrechen. Ulbricht wisse genau, dass er das ganze Deutschland nicht kommunistisch machen könne. Gerade deshalb sei es sein Ziel, das, was es noch an nationalem Zusammenhalt gebe, zu zerstören.«[18] Aus dieser Einschätzung heraus rief Wehner dazu auf, »unser Verhältnis zu den innenpolitischen Partnern und Gegnern in Sachen Außenpolitik zu versachlichen. Die Außenpolitik darf nicht zum innenpolitischen Schlaginstrument werden und weiter als solches gebraucht werden.«[19] Ulbrichts Zielsetzung werde nur dadurch gefördert, »wenn wir uns gegenseitig zerfleischen«.[20]

Nach der gescheiterten Pariser Gipfelkonferenz musste allen Beteiligten klar sein, dass die außenpolitische Debatte am 30. Juni 1960 die Weichen für das künftige Verhältnis von Regierung und Opposition stellen würde. Mit Blick auf den kommenden Bundestagswahlkampf versuchte dabei die Union, die Fronten zur SPD klar herauszustellen. Die CDU, stellte Wehner im Juni 1960 vor dem baden-württembergischen SPD-Landesparteitag fest, sei beunruhigt wegen des Scheiterns einiger innenpolitischer Vorhaben. Schröders Notstandsgesetzentwurf sei verunglückt, die Neuregelung des Krankenversicherungssystems habe auf dem CDU-Bundesparteitag im April 1960 zu schweren Meinungsverschiedenheiten geführt[21] und auch die Vorhaben zur Vermögensstreuung, die eigentlich das zentrale Wahlkampfthema hätten werden sollen, seien innerhalb der Union umstritten. Von all diesen Fehlschlägen und inneren Streitigkeiten solle durch eine außenpolitische Polemik gegen die SPD abgelenkt werden.[22]

Im Vorfeld der außenpolitischen Debatte vom 30. Juni 1960 stellte Franz Josef Strauß schließlich in der *Politisch-Sozialen Korrespondenz* zehn Forderungen auf, die die SPD als Vorbedingung für eine gemeinsame Außenpolitik von Regierung und Opposition erfüllen müsse. Sie alle liefen darauf hinaus, dass die SPD die Fehler der Vergangenheit eingestehen und sich der Politik der Regierung anschließen sollte.[23] Wehner entgegnete darauf im *SPD-Pressedienst*, dass es Strauß offenbar nur darauf ankomme, die Bemühungen um eine »gemeinsame Bestandsaufnahme« zu konterkarieren.[24] Vor dem Bundesvorstand der Pommerschen Landsmannschaft erklärte Wehner, dass es in der gegenwärtigen politischen Lage schädlich sei, »sich gegenseitig Fragen zu stellen und Antworten zu fordern, um ein innenpolitisches Mütchen zu kühlen«. Wer alles daran setze, um »Gegensätzlichkeiten aufzureißen«, erweise damit »dem deutschen Volk einen schlechten Dienst«.[25]

Das Hauptproblem für die SPD nach dem Scheitern der Pariser Konferenz war allerdings, ihr künftiges Verhältnis zur NATO zu definieren. Noch vor der Debatte am 30. Juni 1960 erklärte Wehner in einem Zeitungsinterview: »Ich persönlich habe zu keiner Zeit die NATO als solche abgelehnt, weder vor der Gründung der Bundesrepublik noch nachher. Die Frage war immer nur, in welche Beziehungen die Bundesrepublik zur NATO treten sollte. Diese Frage ist jetzt entschieden. Und die SPD rüttelt nicht an der Gültigkeit der Pariser Verträge.«[26]

Auch wenn Wehner damit ein persönliches Bekenntnis zur Westintegration ablegte, so blieb diese Äußerung doch zunächst wenig überzeugend, da er gleichzeitig herausstrich: »Allerdings bleibt das Problem, ob die Bindungen, die die Bundesrepublik eingegangen ist, auch das wiedervereinigte

Deutschland binden. Doch stimmen Völkerrecht und auch wiederholte Erklärungen der Westmächte darin überein, dass dies nicht der Fall ist, was nicht ausschließt, dass ein großer Teil der CDU eine derartige Übertragung auf Gesamtdeutschland wünscht. Nur hat mir bisher noch niemand jemals erklären können, wie man bei Aufrechterhaltung dieser Forderung der Wiedervereinigung überhaupt näher kommen könnte.«[27]

Wehners Bundestagsrede

In seiner berühmt gewordenen Bundestagsrede vom 30. Juni 1960 gelang Wehner zweierlei: Er durchkreuzte die auf außenpolitische Konfrontation angelegte Strategie der Union, und er fand eine überzeugende Formel für die Billigung der Westintegration durch die SPD. Für die Vorbereitung seiner Rede war ihm zugute gekommen, dass er minutiös über den »Schlachtplan« der Unionsfraktion informiert worden war. Erhard Eckert, der Chefredakteur des Politisch-Parlamentarischen Pressedienstes (PPP), hatte die strategischen Planungen der CDU/CSU am 21. Juni in Erfahrung gebracht und die SPD-Spitze darüber in Kenntnis gesetzt.[28] Wehner hatte dem entnehmen können, dass auf Anweisung Adenauers für die Debatte eine bis ins Detail gehende Dramaturgie entworfen worden war, die die »SPD bis aufs Blut [...] reizen« und zu Erklärungen hinreißen sollte, die zum einen für eine Anti-SPD-Propaganda im Ausland und zum anderen für den Bundestagswahlkampf 1961 genutzt werden sollten.[29]

Zunächst sollte Außenminister Heinrich von Brentano in einer sachlich gehaltenen Darstellung den Nachweis erbringen, dass die »Außenpolitik der Bundesregierung in jeder Phase und in jedem Abschnitt richtig gewesen sei« und dass eine Gemeinsamkeit von Regierung und Opposition in diesem Bereich nur möglich sei, wenn die SPD auf den Kurs der Regierung einschwenke.

Sodann sollte Ernst Majonica als erster Sprecher der CDU/

CSU-Fraktion die grundsätzliche Bereitschaft der Union zu einer gemeinsamen Außenpolitik erklären, aber herausstreichen, dass die Grundlage nur die »außenpolitischen Thesen der CDU« sein könnten. Außerdem, so hatte Majonica selbst angeregt, wollte er in seiner Rede auf Japan eingehen, wo die Sozialisten angeblich die »aktivste fünfte Kolonne Moskaus« seien, um entsprechende Parallelen zur SPD ziehen zu können.

Franz Josef Strauß als zweiter Sprecher der CDU/CSU sollte den Schwerpunkt auf die Wehrpolitik legen. Als Bundesminister kam ihm die Aufgabe zu, während der Debatte immer wieder das Wort zu ergreifen und die SPD der Reihe nach zu Konzessionen bei der NATO, dem Wehretat und der Atombewaffnung zu zwingen. Zum Wehretat sollte er insbesondere Folgendes anmerken: Wenn die SPD »nach dem Scheitern ihrer Illusionen über eine Wiedervereinigung mit Zustimmung der Sowjetunion zu einer gemeinsamen Außenpolitik bereit sei, so müsste sie auch bereit sein, den Wehretat ohne jede Abstriche zu bewilligen«. Hätte die SPD sich erst zu Konzessionen bezüglich der NATO-Mitgliedschaft und des Wehretats bereit gefunden, dann – so die Erwägung – komme sie auch nicht mehr umhin, der Atombewaffnung zuzustimmen.

Der CSU-Abgeordnete Karl Theodor von und zu Guttenberg sollte als dritter Redner der Union die SPD auffordern, die letzten Reste des Deutschlandplans zu zerreißen und sich vor dem Plenum des Bundestags selbstkritisch von diesem Plan zu distanzieren. Rainer Barzel als nächster Sprecher sollte »seit Wochen gesammeltes Material über die kommunistische Infiltration und Anfälligkeit der SPD« vortragen. Wenn die Aufregung im Parlament zu groß würde, sollte sozusagen als »Beruhigungspille« stets Heinrich Krone auf die Rednertribüne steigen, um wieder die »grundsätzliche Bereitschaft der CDU für eine gemeinsame Außenpolitik« festzustellen.[30]

Um die Reihen der Union von vornherein zu verwirren, ließ Wehner über die *SPD-Pressemitteilungen* umgehend verlauten, dass »die CDU eine sachliche Auseinandersetzung nicht wünsche und ihre ganzen Vorbereitungen für diese Debatte so anlege, einen Skandal zu erreichen. Diese Vorbereitungen seien bereits so detailliert, dass schon heute feststehe, welcher Abgeordnete der CDU gegenüber der SPD welche Provokationen vorbringen solle und was man an Steigerung vorhabe, wenn die SPD nicht in der von der CDU gewünschten Weise darauf reagiere. Im Grunde genommen habe die CDU diese Debatte unter das Motto eines innenpolitischen Scheibenschießens gestellt.«[31]

An die eigene Bundestagsfraktion appellierte Wehner in der Sitzung am 21. Juni 1960, sich keinesfalls provozieren zu lassen.[32] Bei dieser Mahnung dachte er aber vermutlich nicht nur an die »Provokationen« von Seiten der Regierungsparteien, sondern auch an seine eigene Rede. Weder der Fraktion noch dem Parteivorsitzenden vertraute er zuvor an, wie weit er in seinem Debattenbeitrag gehen werde.[33]

Als Erstes nahm Wehner in seiner Rede Franz Josef Strauß den Wind aus den Segeln.[34] Er ging auf die vier Vorbedingungen für eine gemeinsame Außenpolitik ein, die der Bundesverteidigungsminister wenige Tage zuvor in einer Rede in Schleswig genannt hatte, und kam ihnen rhetorisch so weit wie möglich entgegen.[35] Indem Wehner die Gemeinsamkeiten bis zum Äußersten herausarbeitete und die Differenzen hinter mehrdeutigen Formulierungen verbarg[36], erzielte er den psychologischen Effekt, dass die Polemik der Regierungsfraktionen ins Leere lief. Auf lange Sicht konterkarierte dies die strategische Funktion, die die Debatte für die Union im Hinblick auf den Bundestagswahlkampf 1961 haben sollte.

Entscheidend war aber die Formel, die Wehner für das künftige Verhältnis der SPD zur NATO einführte. Das »europäische und atlantische Vertragssystem« bezeichnete er im Gegensatz zu früher als »Grundlage und Rahmen für alle Bemühungen der deutschen Außen- und Wiedervereinigungspolitik«.[37] An dieser Erklärung war bemerkenswert, dass Wehner nicht – wie noch zwei Wochen zuvor – lediglich Vertragstreue schwor, sondern dem westlichen Bündnis eine konstruktive Rolle für die Wiedervereinigungspolitik zuschrieb. Dieses Bekenntnis war letztlich eine Konsequenz seiner politisch-strategischen Wende. Denn wenn eine »Politik der demokratischen Einheit« in Auseinandersetzung mit der kommunistischen Koexistenzstrategie notwendig war, konnte sie nicht auf Westdeutschland beschränkt bleiben, sondern musste auch Leitlinie der internationalen Politik werden. Für Wehner wandelte sich daher das westliche Verteidigungsbündnis von einem Instrument der Spaltung zu einem potentiellen Instrument universaler Demokratisierung.

Adenauer spürte offenbar, dass Wehner mit seinem Bekenntnis zur NATO Gedanken verband, die ihm selbst zutiefst fremd waren. Vor dem Bundesvorstand der CDU erklärte er im August 1960 zur Wehner-Rede: »Auf mich hat das gar keinen Eindruck gemacht. Das Ganze war ein schlechtes Theater, auch die ganze Ausdrucksweise und diese Worte, die er gebraucht, und die Pausen, die er eingelegt hat. Das war eine rein kommunistische Dialektik und nichts anderes.«[38] Heinrich Krone vermerkte dagegen in seinem Tagebuch: »Wehners Rede ist eine Sensation.«[39] Und Willy Brandt, dem nach dieser Rede klar sein musste, dass die Würfel für seine Kanzlerkandidatur in der SPD gefallen waren, telegrafierte an Wehner noch während der laufenden Debatte aus Berlin: »Zu Deiner großartigen Rede möchte ich Dich herzlich beglückwünschen [...] Du hast der gemeinsamen Sache einen bedeutenden Dienst erwiesen.«[40]

Ulbrichts Reaktion

In der SED-Propaganda wurde der 30. Juni 1960 stärker noch als das Godesberger Programm zum Symbol des Verrats der SPD.[41] Bereits am 8. Juli 1960 schrieb Ulbricht an Chruschtschow, dass nunmehr – nach der Rede Wehners – die offene Auseinandersetzung mit den rechten sozialdemokratischen

Führern anstehe.[42] Ulbricht ließ keinen Zweifel daran, dass die SED die strategische Wende der Sozialdemokratie mit intensivierten Bemühungen beantworten würde, die SPD innerlich zu zersetzen.

Nachdem der SED-Chef von einem »Urlaub« in der Sowjetunion, in dessen Verlauf er die weitere politische Strategie mit der Sowjetführung abgestimmt hatte, zurückgekehrt war, erläuterte er den Genossen im September 1960, man müsse die SPD in einer Weise beeinflussen, dass »auf der unteren und mittleren Ebene eine andere Politik durchgeführt wird als der Vorstand will [...] Es geht nicht um die Bildung einer neuen Partei. Das wäre jetzt schädlich. Es geht darum, den Kampf innerhalb der Partei zu führen mit dem Ziel, einen Kapitulanten nach dem anderen aus der Führung zu verdrängen. Es muss gelingen, auf diese Art und Weise wirklich oppositionelle Kräfte bei der Wahl 61 mit in den Bundestag zu bekommen.« Es sei jetzt vordringlich, »echte linke Gruppen in der SPD zu bilden«.[43]

Unter dieser Vorgabe erarbeitete Heinz Geggel, der Intendant des Deutschlandsenders, einen Plan für die Bildung einer »marxistischen Gruppe in der SPD«, den er im Oktober dem Politbüro vorlegte.[44] Beim bevorstehenden SPD-Parteitag im November sollten demnach einige Delegierte als Opponenten gegen den Kurs der Parteiführung auftreten und dadurch zum Kristallisationspunkt einer künftigen Parteiopposition werden.[45]

In seinen Veranstaltungen im Sommer 1960 sah sich Wehner – wie seine Briefe aus dieser Zeit belegen – permanent mit »zielbewussten Zersetzern« konfrontiert. So strich er in einem Bericht an Erich Ollenhauer heraus, dass er in Frankfurt in einer Diskussion mit dem Bezirksvorstand und den Unterbezirksvorständen von Hessen-Süd auf eine Reihe von Genossen getroffen sei, »die nicht mehr in den Rahmen unserer Partei« gehören. Auch in einer Diskussion mit den Funktionären des Bezirks Mittelrhein in Köln seien nur »Leute mit vorher geschriebenen Manuskripten« aufgetreten, »die sie standhaft vorlasen und in denen die ausgemachten Sauereien nur so wimmelten«. Was dort gesagt worden sei, passe »nicht mehr in unsere Partei«.[46]

In einem Brief an Jesco von Puttkamer warf er Ende September dem *Vorwärts* vor, in der letzten Ausgabe in einer Reihe von Punkten von der Parteilinie abgewichen zu sein. In einem Artikel über das »Ende der Weimarer Republik« seien unverhohlen die Geschichtsinterpretationen der SED vertreten worden. Der – auch für den politischen Kampf der SPD wichtige – Wahlsieg der schwedischen Sozialdemokraten sei dagegen klein geredet und der »Westen« in der Kongo-Frage völlig unqualifiziert abgeurteilt worden.[47] Die konsequente Ausgrenzung der Parteilinken nach der außenpolitischen Debatte vom 30. Juni 1960 führte dazu, dass sich die SED-Führung im Frühjahr 1961 schließlich das Scheitern aller Versuche eingestehen musste, innerhalb der SPD einen Ansatzpunkt für die Sammlung »linker Sozialdemokraten« zu bilden.[48]

Die Auseinandersetzung mit der SED-Strategie erstreckte sich für Wehner aber nicht nur auf defensive Maßnahmen. Als Ende August/Anfang September 1960 die SED zunächst unter dem Vorwand eines Vertriebenentreffens eine viertägige Sperre Ost-Berlins für Bundesbürger verfügte und Mitte September eine Visumpflicht für West-Berliner auf den Transitwegen einführte,[49] erläuterte Wehner Ulbrichts Strategie in einem Artikel für die Mitgliederzeitschrift der IG Metall: Der SED-Chef wolle weltweit den Eindruck erwecken, Berlin sei »ein Brennpunkt, von dem aus heute oder morgen Europa und die übrige Welt in eine Katastrophe gerissen werden könnten, wenn man sich nicht endlich dazu entschlösse, dem sowjetischen Drängen nachzugeben, nämlich Deutschlands Teilung durch einen Vertrag zu besiegeln«.[50] Dabei könne sich Ulbricht darauf stützen, »dass Chruschtschow große Anstrengungen machen wird, die ›DDR‹ als Partner in das Spiel von Verhandlungen zu bringen, aber er darf nichts tun, was Chruschtschows Absicht durchkreuzen könnte, solche Verhandlungen zu erzwingen«.[51]

Als Gegenstrategie empfahl Wehner die »Einigkeit«, was er folgendermaßen erläuterte: »Die Einigkeit aller Deutschen, Berlin als die Hauptstadt aller Deutschen zu erhalten und den Zutritt zu dieser Stadt aller Deutschen nicht von einem Leumundszeugnis Ulbrichts und seiner Beamten abhängig machen zu lassen, ist die Voraussetzung dafür, dass in Verhandlungen zwischen West und Ost oder in den Vereinten Nationen nichts geschehen kann, was Ulbrichts Absichten Vorschub leisten würde.«[52] Im Hessischen Rundfunk erklärte er kurz darauf: »Ich sehe ja [...] diese Schritte Ulbrichts als etwas Zusammenhängendes« an. »[W]enn das so ist, dann muss man auch das, was dagegen getan werden soll und kann, als ein Ganzes betrachten, weil nur mit solcher Überlegung das abgewehrt werden kann, was Ulbricht stiften will.«[53]

Die Bundestagswahl 1961

Grundlagen der Wahlkampfstrategie

Im Vorfeld des Hannoveraner Parteitags betonte Herbert Wehner, dass dessen zentrales Thema und auch das des SPD-Wahlkampfs der Inhalt des Artikels 20 des Grundgesetzes (»Die Bundesrepublik Deutschland ist ein demokratischer und sozialer Bundesstaat«) werden müsse. Dies sei der Punkt, von dem aus die Auseinandersetzung mit der CDU über die innere Ausgestaltung der Demokratie in Deutschland zu führen sei.[1] Zugleich – und dies solle der »Appell von Hannover« deutlich machen – müsse immer wieder folgende Devise herausgestellt werden: »Statt Selbstzerfleischung – Zusammenwirken aller demokratischen Kräfte«.

Auf den Einwand einer Journalistin, dass dies aber eine für einen Wahlkampf »ungewöhnlich noble These« sei, entgegnete Wehner: »Die ist gar nicht nobel. Das ist der Zug der Zeit in einem geteilten Land: Das ist bitter notwendig angesichts eines Chruschtschows und eines Ulbrichts, die im nächsten Jahr die Puppen tanzen lassen werden, dass den Leuten Hören und Sehen vergeht.«[2]

Auch die Auseinandersetzung mit der Person des Bundeskanzlers war dieser strategischen Vorgabe untergeordnet. Der Wahlkampf sollte nach Wehners Vorstellungen herausarbeiten, dass die »Alternative« der SPD zur »Ein-Mann-Politik« Adenauers das »Zusammenwirken der demokratischen Kräfte« sei. Der »Appell zur Gemeinsamkeit« müsse so zwingend und überzeugend werden, dass das »Ein-Mann-Regime« des Kanzlers über kurz oder lang »dieser neuen Kraft« weiche.[3]

Auf dem Parteitag Ende November 1960 warb Wehner für seine neuen Leitideen. Er legte dar, dass die SED unter Ulbricht versuche, den Westen Deutschlands zu zersetzen, und dass das Ziel der sowjetischen Politik derzeit die Aufrechterhaltung der Teilung Europas sei. Die Deutschen kämen deshalb nicht umhin, mit der Sowjetunion um ihr Selbstbestimmungsrecht zu ringen. Wenn es gelinge, dass die Kommunisten »als Leute bloßgestellt und erkannt werden, die das nationale Selbstbestimmungsrecht, von dem sie in anderen Erdteilen vorgeben, sie seien seine Vorkämpfer und Hüter, im Herzen Europas mit Füßen treten und missachten«[4], so werde das eine weltpolitische Wirkung entfalten, die man nicht unterschätzen dürfe. Zwar habe auch der Westen in der Vergangenheit nicht alles getan, um das Selbstbestimmungsrecht der Deutschen zu verwirklichen.[5] Da aber die weltpolitischen Alternativen heute eingeschränkt seien, müsse versucht werden, im Rahmen der NATO »den Einfluss zu bekommen, den man haben muss, wenn man nicht bloß Proklamationen oder Deklarationen schreiben will«.[6] Ohne die westlichen Verbündeten gebe es keine Aussicht mehr, »Einfluss zu nehmen auf die weiteren Schritte, Winkelzüge und Kurven der großen Politik«.[7]

Angesichts dieser politischen Überzeugungen hielt es Wehner für inopportun, dass Ollenhauer in seiner Parteitagsrede demonstrativ die Atombewaffnung der Bundeswehr ablehnte.[8] Hatte Wehner schon zuvor keine Gelegenheit ausgelassen, diese Frage herunterzuspielen,[9] so erklärte er auf dem Parteitag selbst, dass es dem Osten auch beim Thema Kernwaffen lediglich um ein »Durcheinanderbringen des ganzen Westens« gehe. »Bekenntnisse in dem ganzen Bereich der so schrecklichen nuklearen Rüstung«, so führte Wehner aus, »müssen politisch wirksam gemacht werden können […] Durchsetzen können wir es nur in dem Bereich, in den wir gestellt sind, in dem Bereich der westlichen Verteidigungsgemeinschaft.«[10]

Der Wahlkampf selbst sollte in drei Phasen ablaufen. Die erste Zeit bis zur Veröffentlichung des Regierungsprogramms im April 1961 war dazu gedacht, einen »breiten Sockel von Sympathie, von Neugierde, von allgemeinem Interesse« aufzubauen. In dieser Wahlkampfphase sollte auch für die Person Brandts als eines Sympathieträgers geworben werden. Nach der Veröffentlichung des Regierungsprogramms Ende April 1961 würde es darauf ankommen, die politischen Vorstellungen der Sozialdemokratie für die kommende Legislaturperiode zu verbreiten und die »Mannschaft« zu profilieren. In der dritten und letzten Periode des Wahlkampfs ab Mitte August sollte schließlich angestrebt werden, »das öffentliche Bild zu prägen und zu behaupten«.[11] Alles in allem sollte der Wahlkampf konsequent auf innenpolitische Themen konzentriert bleiben.[12]

Die Rolle Brandts

Sosehr sich Wehner nach der Entscheidung der SPD für Willy Brandt auch bemühte, den neuen Kanzlerkandidaten der Partei in seinen Reden besonders herauszustellen, so wenig vermochte er zu verdecken, dass die Person und die Politik Brandts in seinen strategischen Planungen eigentlich keinen Platz hatten. Bis zum Jahresanfang 1960 hatte Wehner noch eine Kanzlerkandidatur Carlo Schmids unterstützt.[13] Nachdem sich dieser aber im März 1960 im SPD-Präsidium für die Anerkennung der DDR ausgesprochen hatte,[14] erkannte Wehner, dass eher Brandt in sein politisches Langzeitkonzept passte. Auch wenn Schmid selbst in der Präsidiumssitzung am 11. Juli 1960 davon überrascht wurde, dass Wehner sich für den Regierenden Bürgermeister von Berlin aussprach,[15] so hatte Wehner seine Präferenz doch bereits in seiner Bundestagsrede am 30. Juni 1960 dadurch erahnen lassen, dass er ausführlich auf Brandts außenpolitisches Sechs-Punkte-Programm vom 24. Juni 1960 eingegangen war.[16]

Noch Anfang September 1960 war sich Wehner allerdings nicht sicher, ob die Zusammenarbeit mit Brandt überhaupt gelingen würde. Umso erleichterter war er, als eine Unterredung mit dem Kanzlerkandidaten im September in einer ausgesprochen entspannten Atmosphäre verlief.[17] Bei nächster Gelegenheit ging er daraufhin öffentlich auf sein Verhältnis zu Brandt ein und legte dar, dass sie beide nicht in Konkurrenz zueinander stünden. Und er betonte, dass Brandt nun qua seines Amtes die politische Führungsrolle in der Partei zukomme. Hinsichtlich seiner eigenen Rolle erklärte Wehner, er wolle sich ganz der »Organisationsarbeit« widmen.[18]

Auf dem Hannoveraner Parteitag propagierte Brandt mit den Schlagworten vom »neuen politischen Stil« und den drei »Gemeinschaftsaufgaben« Volksgesundheit, Städtebau/Verkehrswesen und Bildung[19] ein explizit innenpolitisches Programm. Wehner reagierte darauf, indem er die Leitgedanken der Brandt'schen Parteitagsrede ohne zu zögern in sein politisches Konzept integrierte. Bereits eine Woche nach dem Hannoveraner Parteitag griff er vor sozialdemokratischen Betriebsfunktionären Brandts Gedanken zu den »drei Gemeinschaftsaufgaben« und dem »neuen politischen Stil« auf[20] und interpretierte sie als Elemente eines entschlossenen Demokratisierungsprozesses in der Bundesrepublik. Letztendlich seien sie darauf gerichtet, »dass die SED die entscheidende Niederlage erleidet«.[21] Zugleich strich Wehner heraus, dass die entscheidende Formel für den Erfolg der Sozialdemokraten die Präsentation einer »Mannschaft« und eines »dazu passende[n] Regierungsprogramm[s]« sei. Beides müsse die Mitglieder und Funktionsträger der Partei dazu motivieren, »für den Sieg von Mannschaft und Regierungsprogramm zu kämpfen«.[22] Die Kanzlerkandidatur Brandts hob er nicht eigens hervor.

Mitte Dezember 1960 gab Brandt in einem Brief an Wehner zu bedenken, dass sie beide »ja wohl einigermaßen unterschiedliche Typen« seien und dass es für eine fruchtbare Zusammenarbeit notwendig sei, »dass wir einander offen die Meinung sagen, wann und wo immer es notwendig werden sollte«.[23] In seiner ausführlichen Antwort an Brandt offenbarte Wehner daraufhin seine eigene Ansicht über ihr Verhältnis: »Ich hatte manchmal das Gefühl, als stünde zwischen uns etwas, das sich der Klärung und Überwindung entzieht. Von mir aus war ich außerstande, es zu begreifen. Ab und zu stellte sich bei mir der Verdacht ein, es sei auf Deiner Seite vielleicht die taktische Überlegung, mit mir nicht in einen Topf geworfen werden zu wollen. Mir blieb, so schien es mir, nur die Möglichkeit, öffentlich und intern das zu tun, was ich meiner Überzeugung gemäß tun muss, um zu der Lösung beizutragen, die ich aus eigener Überlegung für richtig halte.«[24]

Wehner legte seinem Brief eine seiner letzten Reden bei, in der er öffentlich auf sein Verhältnis zu Brandt eingegangen war. Daran knüpfte er die Bemerkung: »Mir liegt daran, Dich an diesem Beispiel erkennen zu lassen, wie ich versucht habe, die mit Deiner Kandidatur zusammenhängenden Fragen zu behandeln. Du wirst daraus erkennen, dass ich ›aufs Ganze‹ gehe. So habe ich es überall getan. Diese Rede ist eine unter vielen.« Abschließend bekannte er: »Wenn es Dir darauf ankommt, so wirst Du in mir immer einen Genossen und Freund haben, auf den Du bauen kannst. Ich bin durch andere Schulen und Lehrjahre gegangen. Vielleicht weiß ich gerade deshalb manches, was andere nicht wissen oder gering achten.«[25] Noch Jahre später zitierte Brandt aus diesem Schreiben, wenn er auf sein Verhältnis zu Wehner angesprochen wurde.[26]

Wehner charakterisierte im Frühjahr 1961 vor Parteifunktionären die Rolle Brandts im Wahlkampf als lediglich dazu nützlich, um Interesse für die SPD zu wecken. So war er sich bewusst, dass die Sympathien, die Willy Brandt entgegengebracht wurden, »noch in ziemlichem Abstand von den Sympathien für die Sozialdemokratische Partei selbst liegen«. Das Interesse der breiten Öffentlichkeit an der Person des sozialdemokratischen Kanzlerkandidaten bezeichnete er dabei als »ein gewisses sportliches, oder wie man es sonst nennen will, Interesse«.[27]

Der Inhalt des sozialdemokratischen Regierungsprogramms

vom 18. April 1961 unterstrich noch einmal den Willen der SPD-Führung, einen konsequent innenpolitisch orientierten Wahlkampf zu führen.[28] Die dramatische Zuspitzung der Berlin-Krise im Sommer 1961 durchkreuzte jedoch dieses Vorhaben.

Die Eskalation der Berlin-Krise

Im Frühjahr 1961 war die Kennedy-Administration darin übereingekommen, dass Berlin der entscheidende Angelpunkt für die Glaubwürdigkeit der amerikanischen Außenpolitik sei.[29] Das zentrale Problem für die Bewahrung des Friedens bestand nach amerikanischer Einschätzung darin, Chruschtschow von der »firmness«, der Entschlossenheit, des Westens zu überzeugen.[30] Daraufhin kam es Anfang Juni 1961 beim Wiener Gipfeltreffen zwischen John F. Kennedy und Nikita Chruschtschow in der Berlin-Frage zu einer scharfen Konfrontation, die mit einer gegenseitigen Kriegsdrohung endete.[31] Nach außen hin allerdings sollte der Eindruck der Eskalation vermieden werden. Im gemeinsamen Schlusskommuniqué hieß es lediglich: »Präsident Kennedy und Ministerpräsident Chruschtschow haben zwei Tage nützlicher Zusammenkünfte beendet, in deren Verlauf sie die Beziehungen zwischen den USA und der UdSSR wie auch andere Fragen erörtert haben, die für die beiden Länder von Interesse sind.«[32]

In einem ersten Rundfunkkommentar vermutete Wehner bereits hinter dieser unverbindlichen Formel des Kommuniqués den Auftakt zu neuen Auseinandersetzungen über Berlin.[33]

Das sowjetische Berlin-Memorandum, das Kennedy in Wien übergeben worden war, wurde in der *Prawda* vom 10. Juni 1961 veröffentlicht. Der Kernsatz des Schreibens lautete: »Die UdSSR hält es im Interesse der Festigung des Friedens für erforderlich, die nach dem Kriege in Europa entstandene Lage zu fixieren, die Unantastbarkeit der bestehenden deutschen

Grenzen juristisch zu formulieren und zu festigen und die Lage in Westberlin auf der Grundlage einer vernünftigen Berücksichtigung der Interessen aller Seiten zu normalisieren.«[34]

Wehner schlug daraufhin einen ganzen Maßnahmenkatalog vor, mit dem auf die Androhung des sowjetischen »Teilungsdiktats« geantwortet werden sollte. Gerade weil die sowjetische Propaganda darauf abziele, die Bundesrepublik und Berlin als »Friedensstörer« zu brandmarken, solle die Bundesregierung durch ein Weißbuch über ihre bisherigen Vorschläge zur friedlichen Lösung der deutschen Frage Rechenschaft geben. Der Bundestag solle durch eine einmütige Erklärung, dass die »frei gewählte Vertretung des deutschen Volkes« nur an eine »friedliche Regelung der deutschen Frage« denke, die Friedenspolitik der Bundesrepublik deutlich machen.[35]

Nach dem Wiener Gipfel stand für Wehner trotz des innenpolitisch angelegten SPD-Wahlkampfs die deutsche Außenpolitik wieder ganz oben auf der Prioritätenliste. Heftig kritisierte er, dass Adenauer unmittelbar nach Abschluss des Wiener Treffens den Anspruch der Bundesrepublik auf Atomwaffen angemeldet und gleichzeitig der Sowjetunion Verhandlungen über ein Kulturabkommen angeboten hatte. Jetzt die Atomwaffenfrage aufzurühren, so Wehner, könne nur dazu dienen, »die Bundesrepublik zum Blitzableiter für alle möglichen internationalen Gewitter zu machen«. Da die Verhandlungen über das Kulturabkommen schon vor Pfingsten an dem Versuch der Sowjetunion gescheitert waren, Berlin davon auszuklammern, lasse sich das Angebot zur Wiederaufnahme der Verhandlungen auf Seiten Moskaus nur so verstehen, dass man »mit einem Trick um die Berlinverpflichtungen« herumkommen könne.[36]

Die Aufgabe der deutschen Außenpolitik nach dem Wiener Gipfel sei es, »die großen Mächte dieser Welt dazu zu bewegen, Berlin weder zum Ausgangspunkt eines mit Waffen auszutragenden Konfliktes noch zum Festlegungsort der endgültigen Besiegelung der Aufteilung Deutschlands werden zu lassen«. Nichts sei jetzt wichtiger, »als die Verständigung der demokratischen Parteien in der Bundesrepublik über das, was in dieser Richtung getan werden muss«.[37]

Im Bundestagsausschuss für gesamtdeutsche und Berliner Fragen führte Wehners Anregung im Juni 1961 zu dem einstimmigen Beschluss, den Bundestagspräsidenten zu ersuchen, in seiner Rede zum Abschluss der Sitzungsperiode den Friedenswillen der Bundesrepublik zu unterstreichen.[38] Eugen Gerstenmaier erklärte daraufhin am 30. Juni 1961 im Bundestag, dass Deutschland einen Friedensvertrag als Ganzes und nicht mit den beiden Teilen wünsche und dass im Zuge von Friedensverhandlungen der militärische und politische Status Gesamtdeutschlands sowie die Grenzen ausgehandelt werden müssten.[39] Auch wenn Wehner die Erklärung Gerstenmaiers in einem Handschreiben an den Bundestagspräsidenten als »eine gute und große Tat« bezeichnete, die »einen wesentlichen Grundstein für zukünftiges Handeln behauen und gelegt«[40] habe, ließ der Widerstand Adenauers die Initiative seines Parteikollegen zu einer Episode werden. Entschieden wandte sich der Kanzler dagegen, von Seiten der Bundesrepublik einen Friedensvertrag einzufordern.[41] Der Ende Juni 1961 von Wehner im Kuratorium Unteilbares Deutschland eingebrachte Vorschlag, auf breiter Front Aktionen zu initiieren, die vor der Welt den Willen des deutschen Volkes zu einer friedlichen Lösung der Deutschland- und Berlin-Frage dokumentieren sollten, fand ebenfalls nicht das notwendige Echo, um daraus eine öffentliche Kampagne anzukurbeln, die ein nennenswertes politisches Gewicht hätte entfalten können.[42]

Am 25. Juli 1961 hielt Kennedy eine Rundfunk- und Fernsehrede, in der er als die drei »Essentials« der amerikanischen Berlin-Politik die Anwesenheit alliierter Truppen, den ungehinderten Zugang sowie die Freiheit und Sicherheit West-Berlins bezeichnete.[43] Dies konnte als Signal aufgefasst werden, dass die Abriegelung Ost-Berlins letztlich vom Westen akzeptiert werden würde.

Als Wehner und Ollenhauer daraufhin Ende Juli zu einer

bereits seit langem geplanten informellen Beratung mit führenden Politikern der Sozialistischen Internationale zusammentrafen, stellte sich heraus, dass die deutschen Sozialdemokraten mit ihrer Forderung, die Berlin-Politik nicht nur auf die Gewährleistung der Freiheit West-Berlins und des freien Zugangs dorthin zu beschränken, allein standen.[44] Aus den – vermutlich unter maßgeblichem Einfluss Wehners entstandenen – Sitzungsvorlagen der SPD zu diesem Treffen geht hervor, dass die Parteispitze der Sozialdemokraten detailliert über die Krisensituation in der DDR orientiert war. Sie hielt sie zumindest für ebenso ernst wie die Lage vor dem 17. Juni 1953. Auch war sie sich darüber im Klaren, dass »ohne den ›Friedensvertrag‹ und die Abriegelung Berlins [...] die Sowjetzone nicht zu stabilisieren« sei.[45]

Mit ihrem Einsatz für die Beibehaltung des Status quo in Berlin wollten die SPD-Delegierten die SED zwingen, »die verderblichen Direktiven des V. Parteitages«, nach denen seit Sommer 1958 die forcierte »Sowjetisierung« der DDR betrieben wurde, »abzustoppen oder zumindest doch zu relativieren«. Dabei berief sich die SPD-Delegation auf Informationen, nach denen in der Deutschlandabteilung des ZK der KPdSU bereits die womöglich notwendig werdende »›innere Entspannung‹ der Lage in der ›DDR‹« vorbereitet werde.[46] An die Gefahr eines Krieges wegen Berlin glaubte die sozialdemokratische Parteiführung – im Gegensatz zu den meisten anderen westlichen Politikern – nicht.[47] Mit ihrer Forderung, den Viermächtestatus für Berlin ungeschmälert zu erhalten, blieb die SPD-Spitze jedoch im Vorfeld des Mauerbaus auch innerhalb der Sozialistischen Internationale allein.

Der Mauerbau

Bei der Abriegelung der Sektorengrenzen Ost-Berlins am 13. August 1961 achtete die UdSSR darauf, die drei Essentials Kennedys peinlich genau einzuhalten.[48] Ein ernsthafter Widerstand des Westens gegen den Mauerbau war daher nicht zu erwarten.

Die SPD-Spitze hatte gerade am 11./12. August 1961 mit ihrem »Deutschlandtreffen« in Nürnberg die letzte Phase ihres Wahlkampfs eingeleitet,[49] als sie am Morgen des 13. August von der Nachricht des Berliner Mauerbaus überrascht wurde. Für diesen Tag waren Wehner und Ollenhauer in Frankfurt zu einer Unterredung mit Außenminister von Brentano verabredet. Dieser wollte die SPD-Führung über die Ergebnisse der eine Woche zurückliegenden Außenministertagung der Westmächte unterrichten.

Wie Wehner später auf einer Parteisekretärskonferenz berichtete,[50] war Brentano äußerst erregt. Nachdem er im Morgengrauen telefonisch über den Mauerbau in Berlin informiert worden war, hatte er das Radio eingeschaltet und als Erstes einen Kommentar von Karl Eduard von Schnitzler gehört, in dem dieser sich hämisch über diejenigen verbreitete, die mit gepackten Koffern vom Mauerbau überrascht worden waren.

Trotz seiner Empörung begann Brentano dann jedoch geschäftsmäßig von den Beratungen der westlichen Außenminister zu berichten, bis Wehner ihn unterbrach und darauf hinwies, dass sich die Situation seit wenigen Stunden grundlegend gewandelt habe. Hätten es die Außenminister der Westmächte noch vor einer Woche wegen der unsicheren Haltung vieler UNO-Mitgliedstaaten in der Berlin-Frage abgelehnt, die Vereinten Nationen anzurufen, so sei nun durch den Mauerbau eine neue Lage entstanden. Denn dieser verstoße gegen die Menschenrechtscharta der Vereinten Nationen und sei damit als ein »Verbrechen gegen die Menschlichkeit« zu werten. Deshalb sei deutscherseits unbedingt darauf zu drängen, dass der Mauerbau auch als ein solches Verbrechen von der UNO verurteilt werde.[51] Zwar soll Brentano den Erwägungen des SPD-Politikers zugestimmt und versprochen haben, sich in diesem Sinne einzusetzen;[52] doch die Bundesregierung lehnte kurz darauf den Vorschlag Wehners ab.[53] Nicht nur der Versuch, die Bundesregierung zu außenpolitischen Schritten mit weltpolitischer Signalwirkung zu drängen, scheiterte. Auch Wehners Bemühen, nach dem Mauerbau den Wahlkampf zu einer Demonstration demokratischer Geschlossenheit in der Bundesrepublik zu machen, blieb erfolglos.

Am 14. August traf die SPD-Spitze in Berlin mit Willy Brandt zusammen. In den Beratungen wurde beschlossen, dem Präsidium, das am folgenden Tag in Bonn zusammentreten sollte, einen Brief an die anderen Bundestagsparteien vorzuschlagen. Darin sollte angeregt werden, den Wahlkampf »in seiner ausgesprochenen Wahlkampfart« abzubrechen und alles, was mit dem Wahlkampf zusammenhing, unter das Thema »Mauerbau« zu stellen. Die Wahlkampfveranstaltungen sollten dadurch zu eindrucksvollen »Bekundungen des Willens der Deutschen« werden.[54]

Als am nächsten Morgen das Präsidium zusammentrat, hatten sich jedoch schon Nachrichten von Adenauers Wahlkampfrede in Regensburg verbreitet. Der Kanzler hatte trotz der Ereignisse in Berlin einmal mehr auf die uneheliche Geburt des Regierenden Bürgermeisters der Stadt angespielt. Danach war für den vorgesehenen Brief an die anderen Parteien im Präsidium keine Mehrheit mehr zu erhalten.[55]

Daraufhin beschloss die SPD-Führung am 18. August, von sich aus den weiteren Wahlkampf unter das Thema Berlin zu stellen. Damit wurde die innenpolitische Ausrichtung des SPD-Wahlkampfs endgültig aufgegeben. Zugleich gelang es aber nicht, in der Berlin-Frage zu einer gemeinsamen Haltung mit der Bundesregierung zu kommen. Während die SPD sich nun darauf konzentrierte, die kommunistischen Provokationen in der Deutschlandpolitik zurückzuweisen, setzten die Wahlkampfredner der CDU/CSU ihre Angriffe auf die Sozialdemokraten fort. Sie taten so, bemerkte Wehner verbittert, »als wenn die Sozialdemokraten und nicht der Kommunismus der Hauptfeind sei[en]«.[56] Die polemische Broschüre »Was will Herbert Wehner?« des Essener Custos-Verlags wurde zwar Ende August 1961 auf Antrag der Staatsanwaltschaft beschlagnahmt.[57] Teile dieser Anti-Wehner-Schrift hatte Kurt-Georg Kiesinger aber bereits zuvor in einer Wahlkampfrede verwandt.[58] Nichts könne Ulbricht und Chruschtschow nach dem 13. August mehr dienen, so charakterisierte Wehner Anfang September 1961 den CDU/CSU-Wahlkampf, als wenn die demokratischen Parteien angesichts des Mauerbaus nicht zu einer gemeinsamen Politik fänden, sondern sich gegenseitig im Wahlkampf zerfleischten. Ulbricht könne so Zug um Zug seine Position in der deutschen Frage ausbauen.[59]

Die Folgen des Mauerbaus für den Wahlausgang im September 1961 sind bis heute schwer abzuschätzen.[60] Die SPD ging zunächst davon aus, durch dieses Ereignis die Wahl endgültig verloren zu haben.[61] Später wurde dagegen aus der Tatsache, dass die Union in den Wahlumfragen im Sommer bei 49 Prozent gelegen hatte und im August auf 35 Prozent abgesackt war,[62] der Schluss gezogen, dass CDU und CSU zur Jahreshälfte 1961 durchaus auf dem besten Wege gewesen seien, wiederum die absolute Mehrheit zu erringen. Die überzogene Polemik Adenauers gegen Brandt nach dem Mauerbau habe die Union jedoch schließlich unter die 50-Prozent-Marke gedrückt.[63]

Auch wenn das Wahlergebnis für die SPD insgesamt enttäuschend war, so blieb ihr doch ein erneutes Debakel erspart.[64] Sie gewann 4,4 Prozent hinzu und kam nun auf 36,3 Prozent der Stimmen. Die Union hatte 4,9 Prozent verloren und war trotz der schlechten Umfrageergebnisse vom August auf 45,3 Prozent gekommen. Die großen Wahlgewinner waren jedoch die Liberalen, die ihren Stimmenanteil sprunghaft von 7,7 Prozent auf 12,8 Prozent vergrößert hatten. Ihre Wahlparole zugunsten der CDU bei gleichzeitiger Ablehnung eines Kanzlers Adenauer war offenbar auf eine weitverbreitete Stimmung in der Wählerschaft gestoßen.

Regierungsbildung 1961

Noch in der Wahlnacht des 17. September forderten Wehner, Brandt und Ollenhauer die in den Bundestag eingezogenen Parteien CDU/CSU und FDP zur Bildung einer Allparteienregierung auf.[1] Die FDP unter Erich Mende signalisierte dagegen, dass sie nach dem Verlust der absoluten Mehrheit der Union bereit sei, zusammen mit dieser eine Koalitionsregierung zu bilden, sofern auf Adenauer als Kanzler verzichtet werde.[2]

Gleichwohl warb Herbert Wehner in den folgenden Tagen weiter für die Idee einer Allparteienregierung. Parallel dazu erneuerte er seine Forderung nach einer »außenpolitischen Bestandsaufnahme«: In einem Rundfunkinterview führte Wehner aus, dass die Hauptaufgabe nach der Wahl die »freimütige Erörterung der Lage« sei, »in der sich Deutschland zurzeit befindet«. Eine »ernsthafte Beratung der autorisierten Vertreter der drei Parteien« halte er deswegen für unerlässlich. Als beste Lösung erscheine ihm dabei »eine Regierung aller im Bundestag vertretenen Parteien«. Denn es wäre »Irrsinn oder Wahnwitz [...] mit dem Feuer einer innerdeutschen Auseinandersetzung im freien Teil Deutschlands zu spielen angesichts einer vor uns stehenden Existenzprüfung oder vielleicht sogar Existenzkrise«.[3] Bisher sei die Zeit nach der Bundestagswahl nur dazu genutzt worden, »dass CDU/CSU und FDP einander Bedingungen stellen, unter denen sie [...] eine Regierung bilden können«. Daher fürchte er, dass das von Adenauer für den 25. September anberaumte Gespräch mit den Führungsspitzen der SPD sich »auch wieder auf diese Seite der Sache beziehen wird«.[4]

Im Sondierungsgespräch mit dem alten und vermutlich neuen Kanzler am 25. September[5] setzte sich Wehner dafür ein, durch die Bildung einer Allparteienregierung ein »Zeichen« zu setzen. Wie er später vor den Betriebssekretären seiner Partei darlegte, konfrontierte er Adenauer damit, »dass die einzig richtige Antwort auf die Ereignisse vom 13. [August] und seit dem 13. [sei], dass die Deutschen aller Welt zeigen, wie ernst sie diese Ereignisse nehmen, [und] dadurch die Chance bekommen, dass die anderen sagen, wenn die Deutschen das selber so ernst nehmen, dann müssen wir uns mit ihnen zusammen um eine Lösung der Krise kümmern«.[6]

Während die FDP weiterhin die Personalfrage in den Vordergrund rückte, erklärte Wehner am 26. September in Nürnberg, dass diese für die SPD nur von zweitrangiger Bedeutung sei.[7] In der eigenen Partei stieß er damit allerdings auf Unverständnis. Wehner versuchte deshalb vor der Fraktion, die Gründe für seine Stellungnahme darzulegen. Der Protokollant notierte dazu: »Zurzeit würde der Begriff ›Bürgerliche Regierung‹ aus der Mottenkiste hervorgeholt, und die Einsicht in die nationalpolitischen Notwendigkeiten komme zu kurz. Das sei aber ein Grund mehr für uns, an der Forderung nach der Allparteien-Regierung festzuhalten. Die Gegenseite würde sich Täuschungen hingeben, wenn sie glaubte, dass sie jetzt über diese Forderungen hinweggehen könnte in der Erwartung, dass wir in einigen Monaten dem Rufe folgen müssten, den wir heute erhöben. Leider habe Mende mit seinem sofortigen Koalitionsangebot die CDU der Notwendigkeit enthoben, ihre Unterlegenheit bei der Wahl zuzugeben [...] Eine Allparteien-Regierung bedeutet, dass eine andere Politik als die bisherige Politik getrieben würde. Seine Wendung, dass die ›Personenfrage zweitrangig‹ sei, bedeute nicht, dass sie ohne Rang sei, sondern lediglich, dass sie an zweiter Stelle zu behandeln sei. ›Wir sollten aber nicht, bevor alles ausgespielt ist, uns den Schuh anziehen, von dem andere meinen, er sei uns für alle Zeiten zugemessen.‹«[8]

Wehners Bemühungen, nach der Bundestagswahl eine Allparteienregierung zustande zu bringen, scheiterten. Dabei fand seine Forderung sogar die tatkräftige Unterstützung von Bundespräsident Heinrich Lübke. Am 22. September hatte Lübke Mendes Vorschlag abgelehnt, Ludwig Erhard mit der Bildung einer christlich-liberalen Koalition zu betrauen.[9] Der Bundespräsident wünschte sich Eugen Gerstenmaier als Kanzler einer Allparteienregierung, mehr aber noch, da für ihn die FDP lediglich ein »Störfaktor« im politischen Leben war, die Bildung einer Großen Koalition.[10] Obwohl Gerstenmaier die Forderung nach einer Allparteienregierung unterstützte, weigerte er sich doch, gegen Adenauer in einer Kampfabstimmung anzutreten.[11] So kam es schließlich Ende Oktober zur Bildung einer CDU/CSU-FDP-Koalition unter dem alten Kanzler, wobei es der FDP zumindest gelungen war, von dem fast 86-Jährigen das Zugeständnis zu erhalten, dass er im Laufe der Legislaturperiode einem Nachfolger Platz machen werde.[12]

Die Umrisse der künftigen Oppositionsstrategie

Sobald für Wehner absehbar war, dass es zur Bildung einer christlich-liberalen Koalition kommen werde, ging er daran, den Parteifunktionären die politisch-strategische Grundlinie einer künftigen Oppositionspolitik zu erläutern. Die Maxime der SPD-Politik während der Regierungsbildung und darüber hinaus müsse sein, dass es nach dem 13. August kein Problem der deutschen Politik geben dürfe, »das wichtiger genommen würde als das Problem, wie Stacheldraht, Betonmauern und Sperrgürtel aus Deutschland beseitigt werden können«.[13] Dies sei das zentrale nationale, die Politik in Deutschland beherrschende Problem. Durch ihre Forderung nach Bildung einer Allparteienregierung sei die SPD die »einzige Partei« gewesen, »die durch ihr eigenes Verhalten die für die Situation Deutschlands bestimmenden Faktoren auch bestimmend sein ließ«. Diese Haltung müsse weiterhin durchgestanden werden.[14]

Den sozialdemokratischen Betriebssekretären legte Wehner Ende November 1961 dar, dass die SPD-Politik wesentlich von außen- und wiedervereinigungspolitischen Erwägungen ausgehe, ihre politischen »Vorstöße« in der kommenden Zeit aber hauptsächlich »innenpolitische Akzente« tragen würden. Das liege daran, dass das Interesse »der anderen für uns« nur durch das geweckt werden könne, »was ihnen eingehen kann«. So habe sich die SPD auch schon im Wahlkampf von der Überlegung leiten lassen, »dass wir alles, was wir an innenpolitischen Schwerpunkten in den Vordergrund stellten, [...] immer damit begründen konnten, dass die [kommende Weg]strecke, die die Bundesregierung zu beschreiten haben wird, eine integre, eine intern solide, eine, hinsichtlich der Lage der Bevölkerung, krisenfeste Bundesrepublik [voraussetzt]. Das eine passt zum andern, und nach dieser hausbackenen Gebrauchsanweisung machen wir unsere Politik und machen wir sie weiter.«[15]

Beispiele für eine innenpolitische Argumentation im Horizont der außenpolitischen Problemlage lieferte Wehner, wenn er angesichts der Regierungsbildung beklagte, »was das für unser Volk hätte bedeuten können, wenn angesichts der schrecklichen Mauer [...] in diesem unserem Teil Deutschlands eine Mauer niedergerissen worden wäre, die hier zwischen den demokratischen Parteien steht und die, genau besehen, nur aus Vorurteilen zusammengesetzt ist«.[16] Ebenso bemühte er sich, vor dem Hintergrund des Ost-West-Konflikts den Gemeinschaftsgedanken zu beleben. So führte er mit Blick auf das Scheitern einer Allparteienregierung aus: »Wir hätten in unserem Teile Deutschlands unserem ganzen eigenen Volk und der übrigen Welt ein Beispiel gezeigt, dass es auch in der Freiwilligkeit eine Gemeinschaft gibt, also nicht nur durch Zwang oder durch das Gegenteil demokratischer Verhältnisse, wir hätten damit den Gegensatz gesetzt zu der Uniformität, der Zonenuniformität und Totalitarismus, [...] wir hätten damit den Umriss geliefert dafür, dass dieser Teil Deutschlands eine Art Bauplatz für die freiwillige Gemeinsamkeit der ganzen Nation in einem freien Deutschland ist und sein will, in einem Deutschland, in dem die Demokratie zur Staats- und Lebensordnung aller werden wird, ein Deutschland, in dem das Feind-Verhältnis« begraben wird.[17]

Ziel Wehners war es, die christlich-liberale Regierungskoalition von vornherein politisch-propagandistisch abzuwerten. So erklärte er bereits Mitte Oktober 1961, dass es im neuen Bundestag zwei »gegensätzliche Auffassungen« einer »Gemeinsamkeitspolitik« gebe. Die eine sei die von der SPD angestrebte »Gemeinsamkeit aller demokratischen Kräfte zur Rettung Deutschlands aus der nationalen Krise«; die andere sei die von der CDU/CSU und FDP praktizierte »Gemeinsamkeit zur Ausschaltung der Sozialdemokratie aus der Regierung des Staates«.[18] Gerade wenn eine Strategie der demokratischen Einheit gelingen sollte, war für Wehner die Bezeichnung der CDU/CSU-FDP-Koalition als »bürgerliche Regierung« gefährlich. Wehner versuchte dieser Formel gezielt entgegenzusteuern, indem er Mitte Oktober erklärte, dass eine Regierungsbildung aus CDU/CSU und FDP dazu führen werde, »dass der aus der Mottenkiste des Deutschen Industrie-Instituts geholte Begriff eines ›Bürgerblocks‹ endlich [,] wirklich und restlos diskreditiert wird«.[19]

Dass dies auch mit Blick auf die Opponenten in den eigenen Reihen geschah, legte Wehner vor den Betriebssekretären in Bergneustadt dar: »Wenn ich geschrieben habe und gesagt habe, dass [der Begriff bürgerliche Regierung] ein Begriff aus der Mottenkiste ist, so wollte ich ihn damit abwerten und [...] damit auch sagen, wir fallen auf diesen Begriff nicht hinein! Ich sage das deswegen, weil man gleich gesehen hat, wie sie darauf hineinfallen. Man brauchte nur den ›Vorwärts‹ anzusehen, dessen Balkenüberschrift, das war wie ein Seufzer der Erleichterung dieser geplagten Redakteure, die einige Monate Wahlkampf haben tolerieren müssen. Es war also wie ein Seufzer, dass sie nun [...] die Bürgerblockfanfare ausstoßen konnten. Bei uns kommt das nicht in die Tüte. Wir rutschen nicht zurück in eine Zeit, in der [man], wenn es dem anderen passt, sozusagen mit Worten Klassenkampf [machen] kann [...] So wollen wir diesen Ausdruck [...] sich abwerten lassen, indem wir immer sagen, was wir nötig gehabt hätten, wäre eine deutsche Regierung gewesen oder ähnliche Varianten.«[20]

Ein weiteres Mittel, die christlich-liberale Regierungskoalition von Beginn an in Misskredit zu bringen, war für Wehner die Behauptung, dass sich die FDP gegenüber ihren »Geldgebern« verpflichtet habe, keine Koalition mit der SPD einzugehen. Hatte er bereits Mitte Oktober dieses Argument öffentlich verwandt,[21] so erklärte er Ende desselben Monats vor Parteifunktionären: »Bei der FDP wurden hinter dem Rücken Meiers [gemeint ist Reinhold Maier] Abmachungen getroffen, die darauf hinausliefen, dass eine FDP erhalten und gehalten werden muss, damit sich nicht SPD und CDU als Alternative gegenüberstehen.«[22]

Im November ging Wehner schließlich ausführlicher auf den Hintergrund seiner Behauptungen ein. Sie basierten auf Informationen, die er 1958 von führenden liberalen Politikern erhalten hatte. Demnach habe sich die FDP-Führung verpflichtet, die Partei als Mehrheitsbeschafferin der Union fungieren zu lassen. Wehner berichtete, bei dieser Gelegenheit im Jahre 1958 hätten »die Leute vom Bundesverband der [Deutschen] Industrie den Leuten von der FDP gesagt [...], es darf keine Situation entstehen, in der vor den Wählern einfach die Alternative steht, entweder CDU oder SPD. Es muss immer eine Partei, wie die FDP, da sein, die dann, wenn die CDU etwas abgebraucht ist, das auffängt. Das war die Absprache, wie sie auch einem ganzen Teil der führenden FDP-Leute damals sehr bitter aufgekommen ist, als sie sie hörten und als sie ihnen bekannt wurde. Das hat Konfusionen gegeben, die eine Weile dauerten. Dann haben auch diese Leute sich damit abgefunden und so sind sie eben mitschuldig an diesem Betrug, der ein vom Bundesverband der [Deutschen] Industrie, von den Leuten, die damals gesagt haben, die DP lassen wir sowieso fallen, die FDP finanzieren wir, wenn sie der Aufgabe gerecht wird, [inszenierter Betrug ist].«[23]

Schließlich empfahl Wehner seiner Partei nachdrücklich, die Differenzen und unterschiedlichen Akzentsetzungen bei den führenden Köpfen der Unionsparteien aufmerksam zu registrieren und für die eigene Politik zu nutzen. Insbesondere verwies er dabei auf Ludwig Erhard, Hermann Höcherl und den neuen Außenminister Gerhard Schröder. Gerade Schröders Politik müsse wachsam verfolgt werden, da er nach seiner Ernennung erklärt habe, »dass er, nachdem er sein altes Tätigkeitsfeld hinter sich lasse, auf dem er oft im innenpolitischen Getümmel habe kämpfen müssen, er sich, wie er sich geschwollen ausdrückt, in edleren Gefilden der Politik wohl diesen abträglichen Ruf eines Mannes, der mit den anderen nicht reden könne, wieder abstreifen wolle«.[24]

Für die Einigkeit des Westens

Noch bevor Adenauer im November 1961 als wiedergewählter Bundeskanzler seinen ersten Arbeitsbesuch in Washington absolvierte, rückte Herbert Wehner die Frage der »Einigkeit des Westens« in den Vordergrund der außenpolitischen Diskussion. In einem Rundfunkgespräch Mitte November hielt er fest, dass das deutsch-amerikanische Verhältnis nach dem Mauerbau für die Lösung der deutschen Frage von zentraler Bedeutung sei. Bei den Gesprächen Adenauers mit Kennedy müsse es darum gehen, »wie diese beiden Partner in der atlantischen Gemeinschaft, die aufeinander angewiesen sind, miteinander in dieser Krise operieren und kooperieren« wollten.[1] Nichts werde heute dringlicher gebraucht, so ergänzte Wehner wenige Tage später auf dem Bundeskongress der Jungsozialisten, »als die volle Einigkeit des Westens in der Behandlung der deutschen und der Berliner Frage«. Diese Einigkeit müsse »trotz aller Schwierigkeiten und noch vorhandener Differenzen mit allen Anstrengungen intensiviert und erreicht werden«.[2]

Schon in dieser Situation warnte Wehner vor einer deutsch-französischen Annäherung auf Kosten der europäischen Integration und der Beziehungen zu den USA. Er nannte es »unentschuldbar, wenn die Bundesregierung in den Worten Adenauers erkennen lasse, dass sie darauf ausgehe, im Westen noch einmal eine besondere Gruppe zu bilden«. Es würde, »zu einer ganz schiefen Entwicklung führen, wenn die beiden ›Alten‹ in Europa glauben sollten, dass sie die großen internationalen Probleme an ihren Kaminen miteinander ausknobeln könnten«.[3]

Die von der Außenministerratstagung der drei Westmächte Mitte Dezember 1961 in Paris erreichten Ergebnisse in der Berlin-Frage waren für Wehner unbefriedigend. Frankreichs Staatspräsident Charles de Gaulle fürchtete, dass sich Berlin-Verhandlungen nicht auf die Viersektorenstadt eingrenzen lassen würden, sondern durch Einbeziehung allgemeiner Sicherheitsfragen faktisch zur Neutralisierung Deutschlands und auf lange Sicht auch zu einer Neutralisierung Frankreichs führen könnten.[4] So einigte man sich schließlich auf den kleinsten gemeinsamen Nenner, und zwar, dass die USA zunächst ohne offizielles Mandat Sondierungsgespräche mit der Sowjetunion in der Berlin-Frage führen sollten.[5]

Damit bleibe es auch vier Monate nach dem Mauerbau, so kommentierte Wehner, bei der bedenklichen Situation, »dass nämlich die sowjetische Seite weiter an ihrem Teilungsdiktat gegen Deutschland festhält, während der Westen noch nicht darüber einig ist, wie diese Drohung unwirksam gemacht werden kann.«[6] Obwohl die »Schandmauer in Berlin« errichtet und das »große KZ, das sich ›DDR‹ nennt, [...] hermetisch abgesperrt worden« sei, könne sich der Westen »noch nicht einmal darüber einig werden, ob man verhandelt und mit welchem Konzept man verhandelt«.[7] Damit bleibe die Sorge, »ob die Sowjetunion diese Schwäche des Westens nicht zu neuen einseitigen Akten ausnutzen wird«.[8]

Nicht nur de Gaulle, sondern auch Adenauer hegte Misstrauen gegen die amerikanische Verhandlungsführung in der Berlin-Frage.[9] Der Bundeskanzler spielte deshalb im Herbst 1961 mit dem Gedanken direkter Gespräche zwischen Bonn und Moskau.[10] Wehner warnte nachdrücklich davor. Die Berlin-Krise sei nicht »von dem Hebelansatzpunkt [der] Beziehungen Bonn-Moskau aus zu lösen«. Bei allen Versuchen, Teilabkommen mit der Sowjetunion zustande zu bringen, werde die Bundesregierung gedrängt werden, sich »der Staatentheorie der Sowjets zu beugen oder zu fügen«. Darin lägen die unüberwindlichen »Begrenzungen für die direkten Bonn-Moskau-Beziehungen«.[11]

Nachdem auf der Pariser Außenministerratstagung der Versuch gescheitert war, eine gemeinsame Verhandlungslinie in der Berlin-Frage zu gewinnen, versuchte die Sowjetregierung Ende Dezember 1961 durch ein freundlich gehaltenes Aide-Mémoire die Bundesregierung zu direkten Gesprächen zu bewegen.[12] Wehner wies dieses »taktisch[e] Manöver, mit dem der Westen gegeneinander ausgespielt werden soll«, Anfang Januar 1962 zurück.[13] An der Antwortnote der Bundesregierung wurde er erstmals umfassend beteiligt.[14] Am 21. Februar lehnte diese die Forderungen der Sowjetunion ab, worauf sich der Ton gegen Bonn wieder verschärfte.[15]

In der Regierungskoalition führte das Sowjetmemorandum zu tief greifenden Auseinandersetzungen. Die Freien Demokraten verlangten die Aufnahme direkter Gespräche mit der Sowjetunion.[16] Ernst Majonica, der deutschlandpolitische Sprecher der Unionsfraktion, warnte dagegen eindringlich vor einem »Direktgespräch zwischen Bonn und Moskau«. Damit gebe man den Sowjets lediglich »den Aufhänger, um die gegenwärtigen Gespräche zwischen Thompson und Gromyko zum Scheitern zu bringen«.[17] Wehner mahnte einmal mehr ein »Höchstmaß an Übereinstimmung« an, um in »entscheidenden Stunden« nicht zu versagen.[18]

Kurz darauf veröffentlichten acht bekannte Persönlichkeiten der evangelischen Kirche[19] einen Appell, in dem sie als bundesdeutschen Beitrag für die Lösung der deutschen Frage zum Verzicht auf die Gebiete jenseits der Oder-Neiße-Linie drängten. Sie erklärten, dass die »Anerkennung der Oder-Neiße-Grenze« in »vergangenen Jahren außenpolitisch ein denkbares Handelsobjekt« gewesen sei. Heute sei dies nicht mehr der Fall. Dagegen könne »die öffentliche Anerkennung dieser Grenze im Rahmen eines umfassenden Programms [...] unsere Beziehungen zu Polen entscheidend entlasten, unseren westlichen Verbündeten das Eintreten für unsere übrigen Anliegen erleichtern und der Sowjetunion die Möglichkeiten nehmen [...], Deutschland und Polen gegeneinander auszuspielen«.[20] So konstruktiv dieser Denkanstoß auch für die

Entwicklung einer flexiblen Ostpolitik in späteren Jahren gewesen sein mochte, im Zeichen einer »demokratischen Einheitspolitik« lehnte Wehner ihn entschieden ab. Er warnte vor dem »Irrtum«, sich von solch einem Schritt ein entscheidendes Vorwärtskommen in der deutschen Frage zu versprechen. Es sei »sachlich falsch und politisch gefährlich oder bedenklich, anzunehmen, die an Berlin angesetzten Daumenschrauben der sowjetischen Politik ließen sich lockern oder lösen, wenn wir Deutschen den Anspruch auf Wiedervereinigung Deutschlands selbst abschwächten und uns mit der Verstümmelung Deutschlands abfänden. Hier irren die Unterzeichner des Memorandums, denn wir dürfen uns unter dem sowjetischen Druck nicht auch noch aufspalten lassen in Deutsche, die für, und in Deutsche, die gegen die Grenze sind, die von der Sowjetpolitik suggeriert wird. Wir müssen begreifen und uns daran gewöhnen, dass nur im gemeinsamen Bemühen das Mögliche erreicht werden kann, nämlich das Recht des ganzen deutschen Volkes auf Selbstbestimmung.«[21]

Die Appelle zur Einigkeit des Westens und der demokratischen Kräfte in der Bundesrepublik ließ Wehner Anfang April 1962 in einem Artikel für die *Welt der Arbeit* kulminieren, in dem er den 1. Mai als ein Symbol für das Bewusstsein der Arbeiterbewegung interpretierte, dem »Ausbau und der Sicherung unseres freiheitlich demokratischen Gemeinwesens« verpflichtet zu sein. Das Manuskript dieses Artikels sandte er am 8. April nicht nur an den Parteivorsitzenden Ollenhauer und an leitende Gewerkschafter, sondern auch an führende Politiker der Regierungskoalition.[22] Adenauer antwortete ihm darauf: »Sehr geehrter Herr Wehner, für Ihren Brief vom 8. April nebst Anlage danke ich Ihnen. Den beigefügten Artikel habe ich sorgfältig durchgelesen. Ich finde ihn sehr bemerkenswert.«[23] Diese Antwort Adenauers konnte aber – wie sich schon bald herausstellen sollte – nicht darüber hinwegtäuschen, dass sich beide in der Einschätzung der Kernprobleme der deutschen Politik weiterhin erheblich voneinander unterschieden.

Die Torpedierung der amerikanisch-sowjetischen Berlin-Verhandlungen

Als die amerikanisch-sowjetischen Sondierungsgespräche im Frühjahr 1962 so weit gediehen waren, dass es Mitte April in der Berlin-Frage zu Verhandlungen zwischen dem amerikanischen Außenminister Dean Rusk und dem sowjetischen Botschafter Andrej Gromyko kommen sollte, wurde der Bundesregierung am 11. April das amerikanische Verhandlungsmaterial zur Stellungnahme unterbreitet.

In den Vorgesprächen hatte sich das angelsächsische Bestreben durchgesetzt, neben der Berlin-Frage auch die Deutschlandfrage insgesamt und Rüstungskontrollkonzepte zu verhandeln.[24] So enthielten die Papiere den Plan einer internationalen Zugangsbehörde für die Landwege und die Luftkorridore unter Einbeziehung der DDR, den Vorschlag eines Austauschs von Nichtangriffserklärungen zwischen den NATO-Staaten und den Staaten des Warschauer Pakts mit der Versicherung der Respektierung der bestehenden Grenzen und Demarkationslinien, die Offerte eines amerikanisch-sowjetischen Abkommens über die Nichtweitergabe von Kernwaffen an Drittstaaten und die Zustimmung zur Einsetzung von drei gemischten Kommissionen aus Vertretern der Bundesrepublik und der DDR.[25]

Adenauer, der strikt gegen die Verbindung der Berlin-Frage mit allgemeinen Sicherheitsfragen war, unterrichtete am 12. April die Fraktionsspitzen der Bundestagsparteien. Angesichts der Geheimhaltungsstufe dieser Papiere war dies mehr als ungewöhnlich.[26] Bereits am folgenden Tag war der Inhalt des amerikanischen Verhandlungspapiers in die Presse lanciert. Den Rusk-Gromyko-Gesprächen wurde durch diese gezielte Indiskretion der Boden entzogen. Damit waren die amerikanischen Anstrengungen zur Lösung der Berlin-Frage vorerst gescheitert.[27]

Wehner empörte sich über diesen Vertrauensbruch und beklagte, dass der deutschen Öffentlichkeit der Eindruck vermittelt werde, »als spiele sich hinter den Kulissen etwas ab, das zu höchstem Misstrauen Anlass gebe, und bei dem es eigentlich darum gehe, das deutsche Volk in eine[r] Art von insgeheimem Einverständnis der beiden Weltmächte für eben diese Verständigung der Weltmächte zahlen zu lassen«.[28] Im Westdeutschen Rundfunk sagte er: »Die Amerikaner haben bei ihren Sondierungsgesprächen herausgefunden, dass die Erhaltung der Freiheit und Sicherheit Westberlins nur erreichbar ist durch das Verklammern eines Berlinabkommens mit einigen Grundelementen der deutschen und der europäischen Fragen, über die selbst es zurzeit mit der Sowjetregierung noch kein Übereinkommen geben kann. Dafür verdienen die Amerikaner nicht getadelt zu werden«.[29]

Die Vereinigten Staaten hielten fest »an dem Grundsatz, dass Deutschland wieder vereinigt werden muss. Sie stehen an unserer Seite, wenn wir das Recht auf Selbstbestimmung für das ganze deutsche Volk fordern«. Zugleich hätten die »Amerikaner [...] die Sowjets nicht in Zweifel darüber gelassen, dass sie ihre Schutzmachtaufgabe in Westberlin unter keinen Umständen aufgeben werden, das bedeutet, die Freiheit Westberlins bleibt erhalten. Und damit bleibt die Hoffnung auf die schließliche positive Lösung der deutschen Wiedervereinigung erhalten. Bei dieser Anstrengung verdienen die Amerikaner jede Unterstützung durch die Bundesrepublik, denn es ist Deutschland, um das in Wirklichkeit gerungen wird, wenn die Vereinigten Staaten die Freiheit und die Sicherheit Westberlins verteidigen.«[30] Die in der Presse geäußerten »Unterstellungen« gegenüber der amerikanischen Verhandlungsführung seien so perfide, dass sie geradezu »aus der Propagandaküche des Ostens geliefert« worden sein könnten. »In Wirklichkeit aber sind sie aus einem leider nicht zu leugnenden illusionistischen Denken und Verhalten zu erklären, in dem auch nach dem 13. August 1961 viele Leute verharren, die von sich selbst meinen, sie wüssten politisch Bescheid.«[31]

Laut dem Parlamentarisch-Politischen Pressedienst erläuterte Wehner die Haltung der Sozialdemokratie zu den in den Zeitungsmeldungen angesprochenen vier Punkten wie folgt:

1) Zu dem Plan einer internationalen Zugangsbehörde für die Landwege und die Luftkorridore unter Einbeziehung der DDR habe er bemerkt: »In der Frage der Zugangswege-Kontrollbehörde müsste man so lange Bedenken haben, solange nicht ganz klar gemacht worden sei, dass die Situation in den Luftkorridoren nicht verändert würde.«[32]

2) Zu dem Vorschlag eines Austauschs von Nichtangriffserklärungen zwischen den NATO-Staaten und den Staaten des Warschauer Pakts mit der Versicherung der Respektierung der bestehenden Grenzen und Demarkationslinien habe er geäußert: »Ein Nichtangriffspakt als Aktion für sich wäre nicht ausreichend und genüge nicht zur Behebung der Krise, doch sollte man bereit sein, auch dieses Problem als Bestandteil eines ›Pakets‹ eingehend zu diskutieren, wobei man auch an diese Frage unter dem Gesichtspunkt der von der deutschen Politik anerkannten These der Nichtanwendung von Gewalt herangehen müsste.«[33]

3) Zu der Offerte eines amerikanisch-sowjetischen Abkommens über die Nichtweitergabe von Kernwaffen an Drittstaaten habe er gemeint: »Das ›Hineinpacken‹ der Atomwaffenfrage in die ›vier Punkte‹ sei unkorrekt, weil bereits seit geraumer Zeit sichtbar geworden und z. B. von Strauß auch schon zur Kenntnis genommen worden sei, dass die Vergrößerung der Zahl atombewaffneter Staaten nicht in die politische Linie Washingtons gehöre. Der Bundesregierung würde es allerdings zweifellos schwer fallen, von ihrer bisherigen Atomwaffen-Haltung wegzukommen.«[34]

4) Schließlich habe er zu dem Angebot einer Zustimmung zur Einsetzung von drei gemischten Kommissionen aus Vertretern der Bundesrepublik und der DDR erklärt: »Die Einrichtung ›technischer Kommissionen‹, die schon seit 1948 diskutiert würde, sowie von ständigen Organen sei ›nicht völlig aussichtslos‹.«[35]

In einem Radiokommentar für den Hessischen Rundfunk

beklagte Wehner, dass das deutsch-amerikanische Verhältnis leichtfertig aufs Spiel gesetzt werde, während »Bonn gewissen Bestrebungen zu Sonderbündeleien, die von Paris aus das innere Gefüge der NATO zu ändern trachten«, nicht entschieden genug entgegentrete.[36] Jeder müsse sich über Folgendes im Klaren sein: »Wer der Auffassung sein sollte, es sei notwendig, den Amerikanern durch einige Schüsse vor den Bug Warnzeichen geben zu müssen oder zu dürfen, der möge dabei darauf achten, dass wir Deutschen mit ihnen im gleichen Boot sitzen.«[37]

Regierungsfähig

Die Spiegel-*Affäre*

Am 10. Oktober 1962 erschien im *Spiegel* eine Titelgeschichte über den Generalinspekteur der Bundeswehr Friedrich Foertsch und das NATO-Herbstmanöver »Fallex 62«, die im Wesentlichen auf Recherchen des für Bundeswehrthemen zuständigen Redakteurs Conrad Ahlers beruhte. Der Artikel analysierte sorgfältig die militärische Strategie im Falle eines östlichen Atomangriffs und stellte die im Verlauf des Manövers zutage getretenen Mängel dar: den Zusammenbruch des Sanitätswesens, der Lebensmittelversorgung, des Luftschutzes und des Fernmeldewesens. Ahlers kam zu dem vernichtenden Urteil, dass die Bundeswehr auch sieben Jahre nach ihrer Gründung lediglich »bedingt abwehrbereit« sei.[1]

Aufgrund dieses Artikels wurde von der Bundesanwaltschaft ein Ermittlungsverfahren wegen des Verdachts des Landesverrats eingeleitet. Am 26. Oktober 1962 ergingen Haft- und Durchsuchungsbefehle gegen den *Spiegel*.[2] Die Redaktion des Nachrichtenmagazins blieb vier Wochen lang besetzt, der Herausgeber Rudolf Augstein wurde festgenommen und 102 Tage in Untersuchungshaft festgehalten. Ebenso verhaftet wurden Conrad Ahlers, Verlagsdirektor Hans Detlev Becker, Redakteur Hans Schmelz, Rechtsanwalt Josef Augstein, der Bruder des *Spiegel*-Gründers, sowie die Obersten Adolf Wicht vom BND und Alfred Martin.[3]

Helmut Schmidt, damals Hamburger Innensenator, war am frühen Nachmittag des 27. Oktober ins Polizeipräsidium der Hansestadt gefahren, weil er davon gehört hatte, dass etwas

»im Gange sei«. Dort traf er Bundesanwalt Siegfried Buback, der ihn über die Aktion ins Bild setzte.[4] Für Schmidt war die Angelegenheit heikel. Am 29. September hatte ihn Conrad Ahlers in seiner Wohnung aufgesucht und den Artikel mit ihm durchgesprochen. Schmidt hatte von einer Veröffentlichung abgeraten, weil er an mehreren Punkten »Geheimhaltungsbedenken« hatte. Nun stand er vor der Frage, ob er über das Gespräch mit Ahlers die Bundesanwaltschaft informieren und sich als Zeuge anbieten müsse.[5]

Nach dem Gespräch mit Buback vereinbarte Schmidt umgehend für den nächsten Tag einen Termin mit dem Hamburger Bürgermeister Paul Nevermann und eilte zu Herbert Wehner, der zufälligerweise Gast einer Veranstaltung zur politischen Bildung war, die in der Nähe Hamburgs stattfand. Wehner riet Schmidt, über sein Gespräch mit Ahlers vorerst Stillschweigen zu bewahren, damit die SPD in der zu erwartenden Pressekampagne nicht mit der Affäre in Verbindung gebracht würde.[6]

Diese Vorsicht war auch deshalb angebracht, weil es bereits Hinweise gab, dass es zu einer groß angelegten Aktion gegen die SPD kommen sollte. Zwei Tage vor der Razzia in den Räumen des *Spiegel* hatte Franz Josef Strauß bei einem Empfang auf Schloss Brühl als Tischnachbar Carlo Schmids in alkoholisiertem Zustand von einer »Bombe« gesprochen, die in vier Wochen platzen werde. Die SPD sei durch und durch verseucht. Es fielen die Namen Gerhard Jahn, Annemarie Renger und Stephan Thomas.[7] Gerhard Jahn wurde später tatsächlich in die Affäre verwickelt. Bei der Durchsuchung der *Spiegel*-Redaktion wurde ein geheimes Protokoll des Verteidigungsausschusses sichergestellt, das vom stellvertretenden Ausschussvorsitzenden Hans Merten (SPD) an Jahn weitergegeben worden war, der es dem *Spiegel*-Journalisten Hans Schmelz ausgehändigt hatte.[8]

Nach seinem Gespräch mit Schmidt gab Wehner noch am Nachmittag des 27. Oktober eine Pressemitteilung heraus. Er war damit der erste deutsche Politiker, der sich öffentlich zu der Affäre äußerte.[9] Darin erklärte er: »Polizeiliche Maßnahmen gegen die Hamburger und Bonner Redaktion des ›Spiegel‹ mussten zunächst den Eindruck erwecken, als sei eine sowohl dem Umfange als auch der Art nach mit unseren rechtsstaatlichen Grundsätzen nicht zu vereinbarende Aktion geführt worden. Angesichts der besonders gespannten außenpolitischen Situation ergaben sich daraus innenpolitische Befürchtungen. Sie sind durch Äußerungen aus der Umgebung des Bundesverteidigungsministers in den letzten Tagen in entscheidendem Maße genährt worden.«[10]

Sodann verarbeitete er die Informationen, die er von Schmidt erhalten hatte, und versuchte, das Interesse auf die »Informanten aus dem Bundesverteidigungsministerium« zu lenken: »Die inzwischen gegebenen Hinweise aus der Bundesanwaltschaft lassen erkennen, dass ein Verfahren eingeleitet worden ist, in dem der Verdacht des Landesverrats und der Bestechung geklärt werden soll. Aufgrund dieser Mitteilung muss die Erwartung ausgesprochen werden, dass im Interesse einer umfassenden Aufklärung gegen die Informanten aus dem Verteidigungsministerium ebenso schnell und scharf vorgegangen wird wie gegen die beschuldigten Journalisten.«[11] Abschließend hielt er fest, dass angesichts der sich zuspitzenden Kuba-Krise verlangt werden müsse, »dass auf unvermeidliche polizeiliche und staatsanwaltliche Maßnahmen auch nicht der Schatten eines Verdachts fällt, sie könnten innenpolitische Schachzüge darstellen«.[12]

Wehner versuchte von vornherein jeden Verdacht, die SPD könne landesverräterische Bestrebungen unterstützen, im Keim zu ersticken. »Ich habe mich von meiner ersten Erklärung an«, schrieb er Mitte November im *Vorwärts*, »stets von einer Identifizierung mit dem Delikt Landesverrat fern gehalten.«[13] Zudem unternahm er alles, um eine Identifizierung der SPD mit dem *Spiegel* zu verhindern. Er wollte vermeiden, dass die SPD als »*Spiegel*-Partei« abqualifiziert werden konnte. Dabei spielte seine tiefe Abneigung gegen *Spiegel*-Herausgeber Augstein sicherlich eine wesentliche Rolle.

Unter Hinweis auf persönliche Gespräche, die er mit ihm geführt habe, bezeichnete er Augstein als einen »kranke[n] Gnom, bei dem manches nur zu erklären ist, weil er ein solcher Gnom ist«. Augstein habe sich »in seinen Vorstellungen an die Stelle des Parlaments« gesetzt. Die SPD habe er immer schon für eine »sehr dumme Partei« gehalten.[14] Gegenüber Klaus Bölling charakterisierte Wehner später das Wesen der Augstein'schen Publizistik folgendermaßen: »Er hat eine gewisse Fertigkeit bewiesen, unter der Hand die Gedanken anderer zu entstellen und für seinen Gebrauch zurechtzudrücken. Was er für seine großen Stunden hält, ist nicht viel mehr als die Wirkung etwas modernisierter antisozialdemokratischer Grundgedanken, die mit der unserer Zeit gemäßen intellektuellen Brillantine unter die Leute geworfen werden.«[15]

Die Affäre entwickelte sich in den Wochen nach der Besetzung und Durchsuchung der *Spiegel*-Redaktion rasch in drei Richtungen: Die Durchführung und der Verlauf der Aktion weckten Zweifel an der Korrektheit des Vorgehens der Justizbehörden; Kanzler Adenauer und Verteidigungsminister Strauß agierten in der Öffentlichkeit derart ungeschickt, dass sich die Affäre in Windeseile zu einer Regierungskrise auswuchs; und schließlich kam es aufgrund des Zweifels am rechtsstaatlichen Ablauf und der Unfähigkeit der Regierung, die Krise in den Griff zu bekommen, zu einer breiten und lang anhaltenden öffentlichen Diskussion, die die Affäre schließlich zu einem »Lehrstück in Sachen Presse- und Meinungsfreiheit« werden ließ.[16]

In seinen Verlautbarungen beschränkte sich Wehner darauf zu würdigen, dass sich an der breiten öffentlichen Diskussion zeige, »wie sehr die Menschen nach einer Rechtsordnung verlangen, die diesen Namen verdient«. Das sei angesichts der nationalsozialistischen Vergangenheit Deutschlands »viel mehr als viele geglaubt hatten, erwarten zu dürfen«.[17] Im Übrigen erlegte er sich Zurückhaltung auf und empfahl diese auch seiner Fraktion. Dem Protokoll der Fraktionssitzung vom 6. November zufolge äußerte er sich in folgendem Sinne: »Die

Situation verlange eine nüchterne Betrachtung. Sehr wahrscheinlich würde die ganze Aktion auf ihre Initiatoren zurückschlagen. Aber noch sei die Situation sehr undurchsichtig. Wir können uns daher nicht erlauben, mit Vermutungen zu argumentieren.«[18]

Das Verhalten von Adenauer und Strauß in der von der SPD-Fraktion beantragten Bundestagsdebatte vom 7. bis 9. November verschärfte die Krise. Adenauer ließ sich zu einer öffentlichen Vorverurteilung Augsteins hinreißen, und Strauß verschwieg zunächst seinen Anteil an der Verhaftung von Conrad Ahlers in Spanien und musste schließlich Stück für Stück seine persönliche Verstrickung in die Affäre eingestehen.[19] Daraufhin stellte die SPD-Fraktion den Antrag, Strauß als Verteidigungsminister zu entlassen. Den sozialdemokratischen Abgeordneten gegenüber machte Wehner deutlich, worauf es ihm in diesem Stadium der Krise ankam. Der Antrag biete die Möglichkeit, »von der Tribüne des Bundestags her klar zu machen, dass sich in den Parteien, die die derzeitige Koalitionsregierung bildeten, keine verantwortliche Persönlichkeit bereit erklärt hätte, mit seinem Namen dazu beizutragen, dass Ordnung geschaffen werden könnte«.[20]

Damit spielte er darauf an, dass offenbar niemand innerhalb der Unionsfraktion willens war, sich für ein konstruktives Misstrauensvotum gegen Adenauer zur Verfügung zu stellen, selbst wenn dieser – was zu erwarten war – weiterhin an Strauß festhielt. Die CDU/CSU, so hatte Wehner schon am 6. November festgestellt, müsse in der Krisensituation »Außergewöhnliches« tun, »da sonst klar würde, dass die SPD regierungsfähig sei«.[21]

Die Koalitionsverhandlungen 1962

Bereits am 4. November hatte Heinrich Krone angesichts der *Spiegel*-Affäre notiert: »Der Kanzler kann stürzen. Am Ende stünde die Koalition mit den Sozialdemokraten. Diese kommt auch demnächst, doch nicht heute und nicht über einen Kanzlersturz sollte sie kommen.«[22]

Ende August 1962 war Krone von dem fränkischen Baron und CSU-Abgeordneten Karl Theodor von und zu Guttenberg darüber informiert worden, dass dieser seit Frühjahr 1961 ausgiebige Gespräche mit Herbert Wehner geführt hatte.[23] In deren Verlauf waren bereits die wichtigsten Stichworte für ein schwarz-rotes Regierungsbündnis gefallen: Zweiparteiensystem, Mehrheitswahlrecht, Fortführung der bisherigen Sicherheits- und Außenpolitik, Inflationsbekämpfung.[24] Krone hatte aber zu diesem Zeitpunkt noch die Meinung vertreten, dass vorerst an eine Große Koalition nicht zu denken sei, da man in naher Zukunft an einer Kanzlerschaft Erhards nicht vorbeikommen werde.[25] Erhard aber war ein strikter Gegner einer solchen Koalition.

Der Wunsch nach einem Bündnis mit der SPD war auf Seiten der CDU nach dem Godesberger Programm und Wehners Bundestagsrede vom 30. Juni 1960 besonders beim katholischen Flügel spürbar. Er nährte sich von der Hoffnung, gemeinsam mit den Sozialdemokraten einen weiteren Ausbau des Sozialstaats, die Stärkung der Staatsautorität durch Schaffung eines Zweiparteiensystems und eine Zügelung der Übermacht der Wirtschaft zu erreichen.[26] Eine Kanzlerschaft Erhards wollte dieser Flügel der Union aus sozial- und gesellschaftspolitischen Gründen unter allen Umständen verhindern.

Wehner hatte spätestens seit dem Dortmunder Parteitag der CDU im Juni 1962 die »Kanzler-Nachfolge« als zentrales Problem der Union erkannt. Adenauer sei nach der Bundestagswahl von 1961 ein Kanzler, »den die eigene Partei kaum noch will und bei dem der Wechsel zwischen ›guter Tagesform‹ und Entschlusslosigkeit oder uneinsichtigem Starrsinn sich immer mehr beschleunigt«. In der Union sei aber niemand bereit, das Wagnis auf sich zu nehmen, in einem konstruktiven Misstrauensvotum gegen Adenauer zu kandidieren.[27] Auch nach dem Beginn der *Spiegel*-Affäre und Adenauers peinlichem Auftritt in der Fragestunde des Bundestags am 7. November sah Wehner niemanden in der Union, der bereit war, gegen den Kanzler aufzutreten. Damit schien über kurz oder lang alles auf Ludwig Erhard als Kanzlernachfolger hinauszulaufen, da er nach Adenauer der populärste Unionspolitiker war und sich der Unterstützung der Freien Demokraten sicher sein konnte.

Nachdem die FDP Mitte November 1962 die Entlassung von Strauß gefordert hatte und der Bruch der Koalition absehbar wurde, bemühte sich Wehner, keinerlei Argumente für die Aufrechterhaltung der CDU/CSU-FDP-Koalition zu liefern. Er sprach sich kompromisslos gegen alle Spekulationen um die Bildung einer Großen Koalition aus. Diejenigen, die die Gerüchte einer drohenden schwarz-roten Koalition in die Welt setzten, so erläuterte Wehner, wollten »doch nur die Gespenstersituation vom Herbst 1961 erneut heraufbeschwören, um dem anderen Regierungspartner eine klare Entscheidung zu erschweren«. Wie auch immer die Entscheidung in der Koalition falle, »niemand in ihr wird behaupten können, er habe sich nicht nach seinem Gewissen entscheiden können, weil die SPD im Hintergrund stand, um andere Mehrheitsbildungen zu ermöglichen.«[28]

Kaum hatte die FDP am 19. November ihre Minister aus dem Kabinett zurückgezogen, regte Guttenberg unter Hinweis auf seine Gespräche mit Wehner innerhalb der Union wiederum die Bildung einer Großen Koalition an. Diesmal sprach er Wohnungsbauminister Paul Lücke an, der in der Endphase des bayerischen Landtagswahlkampfs in Guttenbergs Wahlkreis kam.[29]

Nachdem die CSU am darauf folgenden Sonntag ein glänzendes Landtagswahlergebnis erzielt hatte, fühlte sich ihr Vorsitzender Strauß trotz der von ihm ausgelösten Regierungskrise wieder obenauf und weigerte sich mit Blick auf die notwendige Kabinettsumbildung, auf ein Ministeramt in Bonn zu verzichten.[30] Tags darauf griff Lücke die Anregung Guttenbergs auf und schlug Adenauer Sondierungsgespräche mit

Wehner vor. Der Kanzler stimmte zu.[31] Als Lücke Wehner noch am gleichen Tag telefonisch zu einem Gespräch ins Wohnungsbauministerium einlud, willigte dieser sofort ein und informierte seinen Parteivorsitzenden Ollenhauer.[32]

In den sich nun entwickelnden Verhandlungen verfolgte Wehner ein dreifaches Ziel. Zum einen lag ihm – wie auch seinen Gesprächspartnern – daran, eine Kanzlerschaft Erhards zu verhindern, denn von einer Regierung unter dessen Leitung befürchtete er eine »regenerierte und stabilisierte FDP/CDU-Koalition«.[33] Deshalb sah er sich genötigt, die Fortsetzung der Kanzlerschaft Adenauers zu unterstützen, »um zu verhindern, dass der ›Stimmenmagnet‹ Erhard ansonsten grünes Licht« erhält.[34] Wenn die SPD im Herbst 1962 aber in ein Kabinett Adenauer einträte, so seine weitere Erwägung, »dann hätte das einen Einfluss auch darauf ausgeübt, dass die CDU diesen Stimmenmagnet Erhard nicht wie eine Konserve nach einem Jahr in der alten Vitaminfrische hervor hätte holen können. Er wäre abgewertet worden.«[35] Und schließlich hätte Adenauer durch seine Koalition mit der SPD »das von ihm begründete Märchen selbst aus der Welt geschafft und entleibt [...], dass Sozialdemokraten der Untergang Deutschlands« seien.[36] Es wäre eine »tolle Sache« gewesen, stellte Wehner im Dezember vor den Parteisekretären der SPD fest, »wenn der Bundeskanzler Adenauer seinen eigenen Dreck [hätte] fressen [müssen]«.[37]

Für Wehner kam es in den Besprechungen mit Lücke und Guttenberg deshalb zunächst darauf an, die Tabuisierung der Zusammenarbeit mit der Sozialdemokratie auf Bundesebene durch Adenauer selbst widerlegen zu lassen. Dazu benötigte er einen Beweis, dass die Verhandlungen zur Regierungsbildung, die er mit den Unionsabgeordneten führte, von Adenauer autorisiert waren.[38]

Nachdem Wehner am Morgen des 28. November zu einem weiteren Gespräch mittags in die Wohnung Guttenbergs gebeten worden war, notierte er sich während einer Sitzung des Auswärtigen Ausschusses seine Position zu den vorgeschlagenen Koalitionsverhandlungen.[39] Dabei kam er zu folgendem Ergebnis:

»1. Nach den bisherigen Erfahrungen ist Adenauer nicht bereit, eine Regierung mit der SPD zu bilden, weder eine Allparteienregierung wie im vorigen Jahr, die er abgelehnt hat mit Gründen, die er gesagt hat und solchen, die er nicht gesagt hat, noch eine Große Koalition.

2. Solange nicht eine verbindliche Äußerung des Adenauer oder seine Haltung es selbst erkennbar macht, dass er diesen Standpunkt geändert hat, müssen wir immer annehmen, dass a) die Vorstellungen von Angehörigen der CDU/CSU, etwa wie sie Lücke vertreten hat, im eigenen Bereich scheitern werden, weil sie dort nicht gegen den Kanzler eine entsprechende Mehrheit zustande bringen oder vielleicht sogar […] b) nur zu einem Irritationsmoment für die FDP werden, womit man sie billiger und kirre macht oder sogar c) seitens Adenauer als Mittel benutzt oder geduldet werden, die FDP oder Teile der FDP gefügig und billig zu machen für die kleine Koalition […]

3. [A]ngesichts dessen ist unsere Notlösung […] Allparteienregierung zur Regelung dringender Staatsaufgaben immer noch eine nicht einfach beiseite zu schiebende Möglichkeit.

4. [I]n der SPD herrscht ein weit verbreitetes und tiefes Misstrauen gegen die Bereitschaft Adenauers oder gegen seine Fähigkeit, eine Koalition CDU/SPD überhaupt nur als zu anderen Zwecken zu erörtern als denen der Täuschung, nämlich der FDP und anderer Partner[,] und das gilt ähnlich auch für die Allparteienregierung, die nicht ausdrücklich ohne Adenauer gemacht werden könnte.

5. [O]bwohl die SPD im Grunde weiß oder davon überzeugt ist, dass die Bundesrepublik schließlich nur durch ein anständig geregeltes Verhältnis zwischen CDU/CSU und SPD zu bewahren und zu entwickeln ist, […] wird die SPD gehemmt und beeinflusst a) durch Adenauers Verhalten […] b) durch

das Unvermögen der CDU, das Problem der Bundeskanzlernachfolge anständig zu lösen [...] c) durch immer wieder festzustellende Tatsachen der Ausnützung gewissenloser und sogar verbrecherischer Elemente durch CDU oder CSU-Einrichtungen, Persönlichkeiten oder Repräsentanten, bis zu Regierungsdienststellen, zu Propaganda- und zu Kampfaktionen gegen die SPD und deren Persönlichkeiten, ohne Rücksicht auf die verheerenden Folgen für das Ansehen einer staatstragenden Partei und damit letzten Endes für das Ansehen eines demokratischen Staates [...]

6. [Schlussfolgerungen:] a) Diese Punkte müssen geklärt werden und die CDU-Vertreter, die mit uns reden, müssen [...] davon ausgehen, [dass] das Gespräch mit der SPD dieser SPD die Gewissheit verschaffen m[uss], bei der CDU dürfe man ein aufrichtiges Bemühen um das Aufräumen der Hindernisse annehmen. b) Die SPD kann und will bei einer ungeregelten Kanzlernachfolge [...] der CDU/CSU nicht in einen Gruppenkampf verstrickt werden [...] c) Wenn der Bundeskanzler selbst eine Koalition mit der SPD will, um die Krise anständig und endgültig zu überwinden, dann muss er auch selbst zu sprechen beginnen. Dann erst können die Voraussetzungen konkret besprochen werden. Solange das nicht gegeben ist und solange auch andererseits nicht die Möglichkeit gegeben ist, ein konstruktives Misstrauensvotum mit Hilfe einer Persönlichkeit der CDU/CSU [durchzuführen], [...] muss sich die SPD immer noch die Notlösung Allparteienregierung zur Überwindung der Krise in Reserve halten.«[40]

Eine Abschrift dieser Aufzeichnungen übergab Wehner am 28. November Lücke und Guttenberg und stellte ihnen anheim, sie auch Adenauer vorzulegen.[41] Lücke tat dies noch am gleichen Abend.[42]

Am kommenden Tag, dem 29. November, trafen Wehner und Guttenberg anlässlich einer Tagung des Kuratoriums Unteilbares Deutschland in Berlin zusammen. Der CSU-Politiker hatte, um Wehners Wunsch nach einem »Signal« zu befriedigen, von Adenauer ein Legitimationsschreiben erhalten. Dieses sollte er Wehner zur Kenntnis geben. Adenauer schrieb darin: »Ich habe mit großem Interesse von den Gesprächen Kenntnis genommen, die Sie zusammen mit Herrn Minister Lücke mit dem Herrn Bundestagsabgeordneten Wehner wegen der Bildung einer Regierungskoalition CDU/CSU-SPD geführt haben. Die Voraussetzung für eine derartige Koalition wäre für mich, dass mit Hilfe eines Mehrheitswahlrechts die demokratischen Verhältnisse in der Bundesrepublik stabilisiert werden. Ich darf Sie bitten, mit Herrn Wehner aufgrund der gemachten Vorschläge weitere Einzelheiten zu klären.«[43]

Wehner war dieses »Signal« zu wenig. Er regte an, dass sich Adenauer nunmehr auch direkt an Ollenhauer wenden solle. Wenn der Bundeskanzler dazu noch nicht bereit sei, könne er auch seinen Sonderminister Krone oder den Fraktionsvorsitzenden Brentano damit beauftragen.[44] Dies war der nächste Schritt, um von der Sondierungsphase in die Phase harter Verhandlungen überzuleiten.[45] Krone wandte sich daraufhin tatsächlich telefonisch an Ollenhauer,[46] wobei allerdings offen blieb, ob er dies aus eigenem Antrieb oder im Auftrage Adenauers tat.

Bei dem Treffen mit Guttenberg am 29. November drängte Wehner auch darauf, dass nunmehr die Gremien der CDU zusammentreten sollten, um den Sozialdemokraten ein offizielles Verhandlungsangebot zu unterbreiten. Erst dann könnten die Gremien der SPD in Aktion treten.[47] Wehner seinerseits sagte zu, in der Parteivorstandssitzung am 30. November einen Beschluss herbeizuführen, dass angesichts der Regierungskrise »theoretisch« auch Sondierungsgespräche mit der CDU geführt werden könnten – allerdings ohne darzulegen, wie weit diese Kontakte bereits gediehen waren. Tatsächlich wurde dieser Beschluss am 30. November vom Parteivorstand einstimmig gefasst.[48]

Daraufhin berief Adenauer die ihm für Koalitionsverhandlungen beigegebene Kommission der CDU/CSU für den

1. Dezember ein.[49] Wehner hatte am Tag zuvor gegenüber Guttenberg eine schriftliche Erklärung abgegeben, dass er die Ausarbeitungen, die ihm im Verlauf ihrer Unterredungen vorgelegt worden waren, mit Ollenhauer und Erler erörtert habe und sie von beiden als Grundlage für Koalitionsverhandlungen akzeptiert worden seien.[50] Die Verhandlungskommission der CDU/CSU beschloss daraufhin, für den 3. Dezember die Parteigremien einzuberufen, um den Sozialdemokraten ein konkretes Angebot für Konsultationen zu unterbreiten.[51]

Wehners Absicht bei den Sondierungsgesprächen mit Lücke und Guttenberg war von vornherein, daraus zu offiziellen Koalitionsverhandlungen überzuleiten. Die Zugeständnisse, die er seinen Gesprächspartnern zu diesem Zweck machte, waren für ihn nur zweitrangig. So konzedierte er den Unionspolitikern von Beginn an die unbefristete Fortsetzung der Kanzlerschaft Adenauers und die Einführung eines Mehrheitswahlrechts und erweckte den Eindruck, als könne er dies in der SPD durchsetzen. Es war sein Glück, dass die Parteigremien der Union am 3. Dezember die Aufnahme von Koalitionsverhandlungen mit den Sozialdemokraten beschlossen und Adenauer die SPD daraufhin offiziell dazu einlud.[52]

Bereits die erste Verhandlungsrunde am 4. Dezember im Palais Schaumburg zeigte, dass sich beides, Kanzlerschaft Adenauers und Mehrheitswahlrecht, kaum innerhalb der SPD durchsetzen ließ.[53] Zwar gelang es in der anschließenden Sitzung von SPD-Fraktions- und Parteivorstand noch, eine Mehrheit von 23 zu 13 Stimmen für eine Kanzlerschaft Adenauers zustande zu bringen.[54] Doch in der Fraktionssitzung am folgenden Tag wurde klar, dass unter den sozialdemokratischen Abgeordneten weder für das eine noch für das andere eine Mehrheit zu haben war.[55] Adenauer entschloss sich deshalb konsequenterweise, die Koalitionsgespräche mit der SPD abzubrechen.[56]

Das Fazit der gescheiterten Koalitionsverhandlungen zog Wehner vier Tage später in einem Interview mit der *Süddeutschen Zeitung*.[57] Die Beratungen zur Bildung einer gemeinsamen Regierung seien ein »Anlauf mit einem Teilergebnis« gewesen. Für die SPD sei es eine »Operation« gewesen, »die auf längere Sicht positiv wirken wird«. Die Kontaktbereitschaft der CDU hätte dazu beigetragen, dass die SPD weniger als vorher als »eine Partei erscheint, wie sie jahrelang von der Gegenseite durch ein Zerrbild hingestellt worden ist«. Durch das Zurückdrängen der Polemik zwischen den beiden großen Volksparteien habe die SPD schon in der Vergangenheit hinzugewonnen. Von dieser Entwicklung könne sie auch in Zukunft nur profitieren.

Drei Punkte würden von den Koalitionsverhandlungen bleiben: 1. Nach den Gesprächen der letzten Woche könne die »Erkenntnis« nicht mehr ausgelöscht werden, »dass beide Seiten sich für zusammenarbeitsfähig halten«. 2. Man könne später wieder darauf zurückkommen. 3. Der Versuch, zu einer Übereinkunft zu gelangen, könne die weitere innenpolitische Auseinandersetzung nur versachlichen.

Der »vorläufige Schluss« der Konsultationen werde allerdings »im Umkreis der Brigade Erhard das Selbstbewusstsein schwellen lassen«. Denn im Falle eines Koalitionsabschlusses wäre es unwahrscheinlich gewesen, dass »dieser Stimmenmagnet eine Konserve geblieben wäre«.[58]

Dass die Fäden zwischen den Verhandlungspartnern nicht abreißen sollten, signalisierten beide Seiten unmittelbar nach den gescheiterten Koalitionsberatungen. Wehner schrieb am 9. Dezember an Lücke: »Es war ein Wagnis, das Sie und ich unternommen haben. Ich wäre glücklich, wenn dabei auch bei Ihnen Vertrauen zurückbliebe.«[59] Und Adenauer schrieb an Wehner am Tag, nachdem das Interview in der *Süddeutschen Zeitung* erschienen war: »Es freut mich, dass es Ihnen wieder gut geht. Ich hoffe, dass Ihre Gesundheit Ihnen noch lange erhalten bleibt. Mit freundlichen Grüßen, Ihr Adenauer.«[60]

Turbulenzen im Bündnis

Die Vision der europäisch-atlantischen Partnerschaft

Nach den Irritationen im deutsch-amerikanischen Verhältnis durch die Indiskretionen vom April 1962 bot sich Herbert Wehner zunächst Ende Juni durch das Aktionskomitee für die Vereinigten Staaten von Europa ein erneuter Ansatzpunkt, für die Idee der Einigkeit des Westens zu werben. Das 1955 von Jean Monnet mitbegründete Komitee verabschiedete am 26. Juni eine gemeinsame Erklärung, in der es hieß, die in dem Gremium versammelten Politiker der wichtigsten demokratischen Parteien und Gewerkschaften der EWG-Länder seien zu der Auffassung gelangt, »dass die wirtschaftliche und politische Einheit Europas einschließlich Großbritanniens sowie die Herstellung einer auf voller Gleichberechtigung begründeten Partnerschaft zwischen Europa und den Vereinigten Staaten von Amerika allein die Möglichkeit bieten, den Westen in sich zu festigen und auf diese Weise die Voraussetzungen für den Frieden zwischen West und Ost zu schaffen«.[1]

Die Forderung nach Einigkeit des Westens wurde dabei explizit mit der Notwendigkeit begründet, nur dadurch die kommunistische Herausforderung bestehen zu können. In der gemeinsamen Erklärung hieß es dazu: »Solange der Westen den Eindruck erweckt, dass seine Spaltung möglich wäre, wird die Sowjetunion nicht zu Abkommen geneigt sein, da sie dann stets in dem Glauben leben wird, sie könne das Gleichgewicht in der Welt umstürzen. Wenn jedoch Amerika und Europa es allen deutlich erkennbar gemacht haben, dass sich der Westen aus eigenem Antrieb und nicht unter äußerem Druck wandelt und dass er seine Einheit für lange Zeit festigt, dann werden alle Voraussetzungen für eine dauerhafte friedliche Regelung zwischen dem Osten und dem Westen geschaffen sein.«[2]

Diese Gedanken entsprachen so sehr denen Wehners, dass dieser Jean Monnet kurze Zeit später in einem privaten Schreiben mitteilte, er stimme vollständig mit ihm in der Einschätzung der grundlegenden politischen Fragen überein.[3] Die Grundüberlegungen der gemeinsamen Erklärung griff Wehner im Verlauf des Jahres 1962 immer wieder auf.

Geradezu euphorisch reagierte Wehner auch auf eine Rede John F. Kennedys anlässlich des amerikanischen Unabhängigkeitstags am 4. Juli 1962. Der Präsident der Vereinigten Staaten hatte darin erklärt: »Auf uns allein gestellt, können wir nicht überall auf der Welt Gerechtigkeit schaffen – wir können nicht dafür sorgen, dass Ruhe auf der Welt herrscht, oder für ihre gemeinsame Verteidigung aufkommen, oder ihren allgemeinen Wohlstand fördern oder die Segnungen der Freiheit für uns und unsere Nachwelt sicherstellen. Aber gemeinsam mit anderen freien Nationen können wir dies und noch viel mehr tun. Wir können den Entwicklungsländern helfen, das Joch der Armut abzuschütteln. Wir können unseren weltweiten Handel und unseren Zahlungsverkehr auf einem Stande ausgleichen, der ein größtmögliches Wachstum verheißt. Wir können ein Abschreckungsmittel schaffen, das so gewaltig ist, dass es jede Aggression unterbindet. Und schließlich können wir dazu beitragen, eine Welt des Rechts und der Entscheidungsfreiheit zu schaffen und damit die Welt des Krieges und des Zwangs zu verbannen. Denn die Atlantische Partnerschaft, von der ich spreche, würde nicht nur nach innen blicken und würde sich nicht nur mit ihrem eigenen Wohlergehen und ihrem eigenen Fortschritt befassen. Sie würde auch nach außen blicken und mit allen Nationen bei der Behebung der gemeinsamen Sorgen zusammenarbeiten. Sie würde einen Kern für den schließlichen Zusammenschluss aller freien Menschen bilden – derjenigen, die jetzt frei sind, und derjenigen, die eines Tages frei sein werden.«[4]

Vor dem 5. Kongress der sozialistischen Parteien der Europäischen Gemeinschaft erläuterte Wehner im November 1962, weshalb die Vision Kennedys von der atlantischen Partnerschaft von zentraler Bedeutung für die Auseinandersetzung mit dem Kommunismus sei. Ende der vierziger Jahre habe Eugen Varga »vier grundlegende Dogmen der kommunistischen Anschauung hoffnungslos zertrümmert [...] Er hat nämlich festgestellt: 1. Nach diesem Zweiten Weltkrieg wird es keine Wirtschaftskrise geben, die vergleichbar der Wirtschaftskrise ist, die in den Jahren 1929/30 die Welt verheert hat. 2. Nach diesem Zweiten Weltkrieg würde es, wie er sich ausdrückte, zwischen den imperialistischen Staaten keine Kriege geben. 3. Nach diesem Zweiten Weltkrieg würde es eine grundlegende Änderung (das war noch genau vor der Freigabe Indiens und der entsprechenden Länder durch England, das damals unter einer Labour-Regierung stand) in der Behandlung der Kolonialprobleme geben. 4. Der englisch-amerikanische Gegensatz, wovon die Kommunisten immer geredet haben – warum weiß ich nicht – aber ich folge jetzt ihren Worten: ist nicht mehr wie früher da. Damit waren vier Säulen der kommunistischen Dogmatik zerbrochen.«[5]

»Europa vereint in einer Partnerschaft mit den Vereinigten Staaten von Amerika« sei der Schlüssel, um auf die Entwicklungen innerhalb des Ostblocks konstruktiv einwirken zu können. Viele Anzeichen sprächen dafür, dass bei den Kommunisten »in den letzten Monaten gegen ihren Willen und gegen ihren Geschmack der Faktor Europäische Wirtschaftsgemeinschaft und was dazu gehört eine so entscheidende Rolle gespielt hat, dass man sagen kann, 15 Jahre nach jenen ketzerischen Erklärungen Vargas sind sie gezwungen, durch die Entwicklung der Europäischen Wirtschaftsgemeinschaft eine Änderung in ihren eigenen Kalküls vorzunehmen«.[6] Alles, »was in der EWG und um sie herum gemacht wird«, sei letztlich »große strategische Politik«.[7]

Das endgültige Scheitern der Verhandlungen um die Aufnahme Großbritanniens in die EWG kommentierte Wehner daher im Januar 1963 mit den Worten: »Welcher Bärendienst der europäischen Einheit und der atlantischen Solidarität und Partnerschaft durch das Scheitern der Verhandlungen in Brüssel erwiesen worden ist, das dürfte die Reaktion aus dem Ostblock zeigen, die voll unverhohlener Schadenfreude ist.«[8]

Kritik an deutsch-französischer »Sonderbündelei«

Schon im Herbst 1961 hatte Wehner auf die Gefahr einer »Sonderbündelei« zwischen der Bundesrepublik und Frankreich hingewiesen. Mit entsprechendem Argwohn verfolgte er während des gesamten Jahres 1962 die Adenauer'sche Frankreichpolitik.

Das gemeinsame Abschlusskommuniqué des Staatsbesuchs in Frankreich von Anfang Juli 1962 erklärte Wehner für dringend »erläuterungsbedürftig«. Zwar hätten de Gaulle und Adenauer den Beitritt Großbritanniens zur EWG als erstrebenswert bezeichnet, doch ließe der Text weitreichende »Deutungsmöglichkeiten« zu. Es werde lediglich Bezug genommen auf die wirtschaftliche Integration Großbritanniens, während der Eindruck erweckt werde, die politische Union solle zunächst vom »Europa der Sechs« in Angriff genommen werden.[9] In einem Interview für die *Welt am Sonntag* wies Wehner darauf hin, dass die französische Regierung »in manchen entscheidenden Fragen« eine Politik vertrete, die »nicht mit der der Vereinigten Staaten und Großbritanniens synchronisiert ist«.[10]

Misstrauisch machte Wehner auch ein Schreiben Adenauers an den Hamburger Bürgermeister Nevermann, in dem der Kanzler Ende September 1962 zwar grundsätzlich beteuert hatte, das Beitrittsgesuch Großbritanniens zur EWG »wohlwollend [zu] prüfen«, gleichzeitig aber erklärt hatte: »Wir müssen aber auch die deutschen Interessen beachten.« Angesichts der französischen Vorbehalte gegen den EWG-Beitritt Großbritanniens bemerkte Wehner dazu: »Dieses

›aber auch‹ stimmt nachdenklich.« Könne es in der derzeitigen weltpolitischen Situation, wo die Einheit des Westens oberste Priorität habe, überhaupt im deutschen Interesse liegen, einen Beitritt Großbritanniens zur EWG zu vereiteln?[11]

De Gaulles Veto gegen die Aufnahme Großbritanniens in die EWG, das er am 14. Januar 1963 aussprach, war gleichzeitig die Absage an Kennedys Vision einer »atlantischen Partnerschaft«.[12] Verschärft wurde diese Absage noch durch den gleichzeitig angekündigten Abschluss des deutsch-französischen Freundschaftsvertrags, der nach den Vorstellungen de Gaulles die Grundlage eines von Paris und Bonn dominierten Europas als dritter Kraft zwischen den Supermächten bilden sollte.[13]

Von welchen Motiven die französische Politik seiner Ansicht nach geleitet wurde, erläuterte Wehner in einem Interview für die Zeitschrift *Christ und Welt* im Februar 1963. Ziel – sowohl der amerikanischen als auch der französischen Politik – sei der Prozess, den »Ostexperten als Auflockerung, Liberalisierung, Polyzentrismus« im kommunistischen Bereich bezeichneten. Während die Amerikaner wollten, »dass dieser Entwicklung eine größtmögliche Kooperation des Westens gegenübersteht«, zögen die Franzosen daraus andere Konsequenzen: »Sie erhoffen sich daraus Regelungen aufgrund der gegenwärtigen territorialen Machtverhältnisse – Regelungen, bei denen die Mittelgroßmächte eine ›autonome‹ Rolle weiterspielen können.« Wenn sich diese Politik durchsetze, so gehe die »große Chance« verloren, »mittels der EWG auf den Ostblock einzuwirken«.[14] Für die SPD kam es deshalb nach den Worten Wehners darauf an, »dass die deutsche Politik, d. h. die Politik der Bundesrepublik, nicht eine Wahl aufgezwungen bekommt zwischen deutsch-französischer Freundschaft einerseits und atlantischem Bündnis andererseits. Also nicht ein Entweder-oder, sondern ein Sowohl-als-auch.«[15]

Bereits in seinen ersten Stellungnahme zum Scheitern der britischen Beitrittsverhandlungen lehnte es Wehner daher ab, die Annahme des deutsch-französischen Vertrags von einer

Zustimmung Frankreichs zum britischen EWG-Beitritt abhängig zu machen. »[D]ie Folge wäre, dass sich wahrscheinlich die Haltung de Gaulles noch mehr versteift und das deutsch-französische Verhältnis einen Riss erhält, der schwer zu heilen ist.« Stattdessen sei in den Ratifikationsverhandlungen zu erwägen, »ob noch Zusätze oder Annexe zu vereinbaren« seien.[16] Zunächst dachte Wehner dabei an eine Ergänzung oder ein Zusatzabkommen zum Élysée-Vertrag,[17] wofür aber bei den anderen Parteien keine Mehrheit zu bekommen war.[18] Auch sein Vorschlag, ähnliche Abkommen wie mit Frankreich auch mit anderen Ländern der EWG und mit Großbritannien abzuschließen,[19] stieß auf Widerspruch. Die Bürositzung der sozialistischen Parteien der EWG lehnte die Ausweitung des Bilateralismus Mitte März 1963 ab. Vielmehr sollte der deutsch-französische Vertrag in den multilateralen Rahmen der EWG eingebettet werden.[20]

Den Weg aus dem Dilemma wies schließlich Carlo Schmid, indem er die Aufnahme einer Vertragspräambel anregte, die das Abkommen zwischen Bonn und Paris in den Rahmen von EWG und NATO einfügte.[21] Noch Anfang März hielt Wehner diese Lösung für nicht ausreichend,[22] doch stimmte er ihr schließlich Mitte Mai zu, nachdem geklärt worden war, dass die Präambel dieselbe Gesetzeskraft wie die anderen Teile des Vertrags haben würde.[23] Trotz des Widerstands Adenauers fand die Präambellösung auch innerhalb der Union eine breite Mehrheit. Für de Gaulle war der deutsch-französische Vertrag dadurch im Wesentlichen entwertet.[24]

Adenauer-Nachfolge

Die Berliner Wahlen brachten der SPD am 17. Februar 1963 einen überwältigenden Sieg. Die SPD gewann 9,3 Prozent hinzu und erzielte 61,9 Prozent der Stimmen. Die CDU verlor 8,9 Prozent und kam nur noch auf 28,8 Prozent. Im Westteil der Stadt hatte bisher eine Große Koalition regiert. Nun, nach der Wahlschlappe, wurden in der CDU Stimmen laut, es wäre besser, aus der Senatskoalition auszuscheiden.[1]

Herbert Wehner machte keinen Hehl daraus, dass er gern die Fortführung der Großen Koalition in Berlin sähe. In einem RIAS-Interview am Tage nach der Wahl wandte er sich gegen eine Schlussfolgerung, wonach »das Berliner Wahlergebnis sozusagen gegen die Große Koalition spreche«. Er halte das »für kurzsichtige und vor allem die besondere Lage Berlins [...] völlig verkennende Berechnungen, die im Zusammenhang mit diesem Wahlergebnis angestellt werden«. Jedenfalls werde sich die SPD »weiter bemühen um das Zusammenwirken und auch um die Bildung einer Regierung im Bund, die das Zusammenwirken der demokratischen Kräfte zur Verwirklichung der demokratischen, der gesamtdeutschen Verpflichtung der Bundesrepublik möglich macht«.[2]

Für Wehner ging es bei der Koalitionsfrage in Berlin letztlich auch um eine Vorentscheidung für die Kanzlernachfolge in der CDU. Aus dem gleichen Kalkül heraus setzte sich auch Adenauer für die Fortführung der Großen Koalition in Berlin ein. Offenbar schloss der 86-Jährige im Februar 1963 noch nicht völlig aus, über den Umweg einer Regierungsbeteiligung der SPD in Bonn doch noch an der Macht bleiben und die Kanzlerschaft Erhards verhindern zu können.[3]

Nachdem die CDU schließlich ihren Austritt aus der Berliner Senatskoalition erklärt hatte, entwickelte Wehner »Vier Thesen zur deutschen Politik«, die die Bereitschaft der SPD zu einer Großen Koalition in Bonn nachdrücklich bekräftigen sollten. Im Wortlaut der *SPD-Pressemitteilungen* hatten sie folgenden Inhalt:

»1. Wenn die CDU in Berlin nicht mehr in einer Senatskoalition mit der SPD zusammenwirken wolle, dann könne sie dennoch nicht umhin, dass Maß von Gemeinsamkeit in der Verteidigung der Freiheit und im Ringen um die Gewährung von Menschenrechten für die Deutschen in der geteilten Stadt und im geteilten Deutschland zu erfüllen, das erwartet werden müsse.

2. Die CDU müsse in Berlin selbst entscheiden, in welchem Verhältnis zur SPD sie den deutschen und Berliner Notwendigkeiten gerecht werden wolle.

3. Die SPD werde sich ihrerseits in Bonn um diese Gemeinsamkeit bemühen und sei bereit, Verantwortung zu tragen für das Zustandekommen und die Handlungsfähigkeit einer Regierung, die stark und vertrauenswürdig sei.

4. Die CDU müsse in Bonn der Notwendigkeit Rechnung tragen, endlich das Verhältnis zur SPD zu finden, das für Deutschland lebensnotwendig sei.«[4]

Wehner war allerdings skeptisch, ob es noch gelingen könne, Erhard zu verhindern. Anfang März 1963 äußerte er in einem Kommentar für die *Welt am Sonntag:* »Wenn wir es recht sehen, dann ringen zurzeit zwei Gruppen in der CDU/CSU. Die eine Gruppe ist der Auffassung, es müsse wieder das alte Feind-Freund-Verhältnis Platz greifen. Sie würde sich am wohlsten fühlen, wenn wir wieder mit Dreschflegeln aufeinander einschlügen. Diese Gruppe ist der geradezu törichten Meinung, die CDU/CSU könnte allein dadurch wieder ›Profil‹ erhalten und ihren Stimmenniedergang stoppen. Die andere Gruppe möchte daran festhalten, dass beide großen

Parteien für Existenz und Sicherheit unseres Volkes verantwortlich sind und genug übrig bleibt, das parteipolitisch ausgetragen werden muss. Es ist nicht abzusehen, welche Schule in der CDU/CSU sich durchsetzen wird. Auf jeden Fall merken wir gerade in letzter Zeit deutlicher, dass die Scharfmacher wieder am Werk sind.«[5]

Nachdem Heinrich von Brentano Anfang März 1963 von der Unionsfraktion damit beauftragt worden war, die Nachfolgefrage endgültig zu klären, wurde am 22. April Ludwig Erhard als Kandidat der CDU/CSU-Fraktion für die im Herbst vorgesehene Kanzlerwahl im Bundestag nominiert. Wehner reagierte darauf, indem er einerseits klarstellte, dass diese Entscheidung ein deutliches Zeichen gegen die Große Koalition sei; andererseits signalisierte er aber, dass er durchaus bereit sei, über die Einführung eines Mehrheitswahlrechts mit sich reden zu lassen.[6] Zweifellos sollte damit die Unzufriedenheit der Kritiker Erhards in der Union von vornherein genährt werden.

Nach der niedersächsischen Landtagswahl Mitte Mai 1963 war für Wehner ein Moment gekommen, die innenpolitische Lage nach der Nominierung Erhards und die sich daraus ergebenden Konsequenzen für die Strategie der SPD zu analysieren. Die am 23. April erfolgte Designation Erhards sei als Versuch der Unionsparteien zu werten, »die Fronten und Hauptkampflinien für [die Bundestagswahl] 1965 festzulegen«. Zusammen mit der FPD wolle man »noch einmal [die] SPD daran hindern, [die] Bundesregierung zu bilden«. Im Unterschied zum Herbst 1962, wo es für die Union denkbar gewesen sei, mit den Sozialdemokraten eine Koalition einzugehen, versuche man »jetzt mit einer FDP, von der man weiß, dass sie die Stimmen vom September 1961 nicht mehr hat«, die SPD, »von der man fürchtet, dass sie die stärkste Partei wird«, noch einmal zu besiegen.[7]

In der Entscheidung für Erhard zeige sich zum einen das Bestreben, die Union »moralisch auf[zu]rüsten«, zum anderen sei damit der »Übergang zur Bundestags-Wahlkampf-Gemeinschaft für 1965« vollzogen worden. Das Nahziel, die Landtagswahlen in Niedersachsen im Mai 1963 positiv zu beeinflussen, sei nur »bedingt erreicht« worden, da die Gewinne der Christdemokraten vor allem auf die Auflösung der DP zurückzuführen seien. Dadurch fehle der Union der »Schwung für die nächsten Runden«. Aber nur einzelne CDU-Abgeordnete suchten »die Fehler bei der Union und zugleich ein offeneres Verhältnis zur SPD«.[8] Der größte Teil der Union wünsche sich einerseits eine SPD, »die man als Unsicherheitsfaktor zum Prügelknaben« machen könne, und halte andererseits Ausschau nach einem »Immunisierungsmittel gegen den Einfluss des Aufstiegs der SPD auf [die] Union«. Bei alledem suche man zudem noch nach einem politischen »Stil der Auseinandersetzung mit [der] SPD, der nicht vom alten Zerrbild SPD, das [die] Union entworfen hatte, bestimmt wird«. Dabei bleibe der »eigene Weg der Union [...] für sie selbst noch unbekannt«. Die Unsicherheit in ihren Reihen halte an.[9]

Angesichts dieser Situation stehe die SPD vor der Aufgabe, ihren Aufstieg, wie er sich in den Landtagswahlen der Jahre 1962/63 vollzogen habe, fortzusetzen und die »öffentliche Diskussion zielbewusst auf die Schwerpunkte zu lenken und zu vertiefen, die für die Meinungsbildung entscheidend werden können«. Die Richtung sei mit den Brandt'schen »vier Gemeinschaftsaufgaben« angegeben. Hinzu komme noch der »Finanzausgleich« zwischen Bund, Ländern und Gemeinden, denn dieser sei das Fundament, auf dem der »soziale und kulturelle Ausbau« fortgesetzt werden könne. Nur durch eine tief greifende Reform des Finanzausgleichs könnten die Gemeinden in den Stand gesetzt werden, »das zu leisten, was alle verbessert haben wollen«.[10] Die SPD müsse »undogmatisch und vorurteilsfrei« alle Anregungen aufgreifen, die dem gerechten Ausgleich der Sozialordnung dienten. Sie müsse ein »loyaler Partner in der Zusammenarbeit« sein, wenn es darum gehe, die »Preise stabil [zu] halten, Eigentum gerechter [zu] streuen [und] Einkommen [zu] verbessern«. Dann sei zu erwarten, dass auch »jeder Akzent [in der] Außenpolitik aufmerksam gehört und positiv gewürdigt« werde.[11]

In den Fragen der »Europäischen Zusammenarbeit und Vereinigung« und damit »auch [der] NATO« müsse die SPD »als die zuverlässigste Partei deutlich werden«. Dadurch ergäben sich positive Rückwirkungen für die SPD vom Ausland her. In den Fragen der »Wiedervereinigungspolitik« müsse jedoch äußerst »sorgfältig« vorgegangen werden, da sie »sehr kompliziert geworden« seien. Erst dann, wenn die SPD etwas »in der Bundesregierung zu sagen hab[e]«, werde es auch in »Fragen, die heute auf dem toten Punkt [sind]«, vorwärts gehen.[12]

Beim Amtsantritt Erhards Mitte Oktober 1963 versuchte Wehner die potentielle Bruchstelle der neuen Koalitionsregierung zu lokalisieren. Er erklärte: »Ludwig Erhard weiß, dass es sein eigentlicher Auftrag ist, die Unionspartei 1965 hochzureißen und ihr die Führung zu sichern. Der Koalitionspartner FDP hat zu befürchten, dass der FDP dabei einiges verloren gehen könnte. Die eine Seite der Koalition möchte unabhängiger werden vom Koalitionspartner. Die andere Seite möchte unentbehrlich bleiben. Sosehr die Strategen beider Seiten die Übergangsregierung Erhard als einen Anlauf zu einem Wahlkampf 1965 sehen möchten, der sie noch einmal instand setzen soll, die SPD daran zu hindern, die neue Bundesregierung zu bilden, so wenig sind sie doch imstande, ihren eigenen machtpolitischen Interessengegensatz aus der Welt zu schaffen. Die beiden gemeinsame Gegnerschaft gegen die SPD reicht dazu nicht aus. Selbst dann nicht, wenn sie von manchen Leuten in beiden Parteien beschwörend als Kitt der Koalition zu kneten versucht wird.«[13]

Seiner eigenen Partei gab Wehner dabei zu bedenken, dass Erhard die beiden Möglichkeiten habe, entweder »Unionsstratege« oder »Bundeskanzler« zu sein. Die SPD dürfe sich nicht darüber täuschen lassen, »dass ein Bundeskanzler Ludwig Erhard, der wirklich und vor allem Bundeskanzler ist, sie 1965 vor eine harte Aufgabe stellt«.[14]

Wehner hatte allerdings auch die unmittelbaren Rückwirkungen zu fürchten, die von der Ernennung des populären Erhard zum Bundeskanzler auf das Selbstvertrauen der SPD ausgingen. Rudolf Augstein fasste die Ängste in der SPD-Anhängerschaft treffend zusammen, wenn er im *Spiegel* erklärte, Wehner habe sich verrechnet, dass die SPD nur als Juniorpartner in die Regierung kommen könne und werde. Die CDU habe nun einen selbstbewussten Kanzler. Das mache die Schwäche der SPD deutlich, die einen Strategen (Wehner), einen Fraktionsführer (Erler) und einen Volksliebling (Brandt), aber keinen Oppositionsführer habe. Brandt sei nur als »Gemeinsamkeitspolitiker« und natürlicher Nachfolger Adenauers eine richtige Besetzung gewesen. Diese Zeit sei jetzt vorbei.[15]

Zu derselben Einschätzung kamen nach der Wahl Erhards durch den Bundestag auch führende baden-württembergische Sozialdemokraten. Sie versuchten Anfang November 1963, Willy Brandt dazu zu bewegen, von der Kanzlerkandidatur zurückzutreten und 1964 für das Amt des Bundespräsidenten zu kandidieren. Stattdessen sollte Erler zum Kanzlerkandidaten für 1965 ernannt und als Nachfolger Ollenhauers Parteivorsitzender werden.[16]

Als diese Aktion Mitte November in der Presse bekannt wurde, erklärte Wehner sie für »politisch kindisch und taktlos«.[17] Die davon angefachte Diskussion versuchte er mit allen Mitteln zu unterbinden. Es wurde ein Parteikongress in Bad Godesberg für Mitte Dezember 1963 angesetzt, der – wie Wehner später darlegte[18] – die Gefahr bannen sollte, dass die SPD politisch in die Defensive geriet. Auf diesem Kongress erteilte Wehner allen Spekulationen um eine Führungskrise der SPD eine Absage. Er erklärte, dass Brandt – solange Ollenhauer erkrankt sei – der amtierende Parteivorsitzende, Wehner selbst weiterhin der stellvertretende Parteivorsitzende und Erler der amtierende Fraktionsvorsitzende sei.[19]

Damit hatte Wehner die personelle Konstellation für die Zeit nach Ollenhauer von vornherein festgelegt. Nach dessen Tod am 14. Dezember 1963 setzte er sich sofort dafür ein,

Brandt zum neuen SPD-Vorsitzenden zu wählen.[20] Alle Einwände gegen diesen wies er mit der kategorischen Erklärung zurück, dass Brandt der neue »politische Führer« der deutschen Sozialdemokratie sei.[21]

Deutschlandpolitik 1963/64

Egon Bahrs Tutzinger Rede

Dass Herbert Wehner sich nach dem Tode Ollenhauers für Willy Brandt als Parteivorsitzenden aussprach, war für viele Beobachter überraschend. Der KGB ging noch Ende September 1963 davon aus, dass Wehner einen SPD-Chef Brandt unter allen Umständen verhindern werde. Nicht zuletzt der Dissens in der Deutschlandpolitik, der zwischen Wehner und Brandt im Sommer 1963 offenbar geworden war, diente dabei als Anhaltspunkt.[1]

Die Gelegenheit eines Vortrags, den Egon Bahr im »Politischen Club« der Evangelischen Akademie Tutzing am 15. Juli 1963 halten sollte, hatte Brandt genutzt, um einen deutschlandpolitischen »Versuchsballon« zu starten. Im Vorfeld der Rede waren der Regierende Bürgermeister und sein Senatspressechef übereingekommen, dass Bahr »besonders brisante Dinge« sagen sollte, die Brandt selbst in seinem Beitrag für Tutzing nicht äußern wollte. Die Rede seines engsten Beraters sollte die Gedanken, die er in zurückhaltender Form vorstellen wollte, pointiert fortführen.[2] Die Ausführungen Bahrs stießen nicht nur in der Union auf scharfe Kritik, die darin »Aufweichungstendenzen« der Berliner Sozialdemokraten erblickte. Auch Wehner distanzierte sich von den Thesen Bahrs und nannte sie privat »Bahrer Unsinn«.[3]

Bahr knüpfte mit seiner Argumentation an die von Kennedy im Juni 1963 umrissene »Strategie des Friedens« an und versuchte, den deutschen Beitrag im Rahmen einer solchen globalen Strategie zu bestimmen. Er plädierte dafür, dem

SED-Regime von westdeutscher Seite die »durchaus berechtigten Sorgen« so weit zu nehmen, »dass auch die Auflockerung der Grenzen und der Mauer praktikabel wird, weil das Risiko erträglich ist«. Der innerdeutsche Handel solle zu einer materiellen Verbesserung der Lage in der DDR führen, um »unkontrollierbaren Entwicklungen« vorzubeugen. Der »Weg der Erleichterungen für die Menschen« dürfe sich nur in »so homöopathischen Dosen« vollziehen, »dass sich dadurch nicht die Gefahr eines revolutionären Umschlages ergibt, die das sowjetische Eingreifen aus sowjetischem Interesse zwangsläufig auslösen müsste.«[4] Der Schlüssel zur »deutschen Frage« liege in Moskau. Die »Voraussetzungen zur Wiedervereinigung« seien nicht in »Ost-Berlin zu bekommen, nicht gegen die Sowjetunion, nicht ohne sie«. Die »Wiedervereinigung« sei ein »außenpolitisches Problem.«[5]

Für Wehner war dieser deutschlandpolitische »Versuchsballon« aus drei Gründen inakzeptabel:

a) Die provokativen Thesen Bahrs drohten die von Wehner verfolgte deutschlandpolitische Burgfriedenspolitik zu gefährden. In der Periode des Übergangs von Adenauer zu Erhard plädierte Wehner dafür, »die Unsicherheit in der CDU auszunützen und sie in weitere Verwirrung zu bringen«.[6] Bahrs Vorstoß gab der Union stattdessen die Gelegenheit zu einem deutschlandpolitischen Schulterschluss gegenüber der SPD. Ende Oktober 1963, kurz nach der Wahl Erhards, bekräftigte Wehner noch einmal: »Wir können kein Interesse daran haben, diejenigen zu sein, die Experimente wollen.« Man müsse überlegen, »wie man die CDU in ihrer eigenen Außenpolitik in Uneinigkeit verstricken« könne.[7]

Gleichzeitig bot die Kontroverse um die Rede Bahrs der SED die Möglichkeit, die SPD in Flügelkämpfe zu verstricken. Nachdem die SED-Führung – offenbar auf Initiative Bahrs[8] – bereits vor dem 15. Juli 1963 über den Inhalt der Tutzinger Rede informiert worden war, benutzte sie sie in den folgenden Monaten zu dem Versuch, die »Gruppe Wehner/Erler« innerhalb der SPD zu isolieren.[9]

b) Angesichts des chinesisch-sowjetischen Konflikts bot sich für Wehner im Sommer 1963 kein konstruktiver Ansatzpunkt für die Lösung der deutschen Frage.

Im *Spiegel*-Gespräch Ende September 1963 erläuterte Wehner seine Einschätzung, dass sich die Haltung der Sowjetunion in der deutschen Frage in nächster Zeit eher verhärten werde, »weil Moskau in der Rolle als Gralshüter des Leninismus es sich gerade angesichts der Kritik aus Peking nicht leisten kann, irgendwo auf Positionen des Kommunismus zu verzichten«.[10] Bis zum Herbst 1964 warnte Wehner immer wieder vor der Illusion, von den ideologischen Auseinandersetzungen innerhalb des kommunistischen Lagers Zugeständnisse in der deutschen Frage zu erwarten. In den Kontroversen zwischen den Fraktionen innerhalb des Kommunismus diene die deutsche Frage nur als »Sack«, »auf dem sie herumschlagen«. Alle Strömungen seien sich – unter »umgekehrten Vorzeichen« – darin einig, auf die Bundesrepublik als »Sündenbock« einzuschlagen. Sie nutzten die deutsche Frage, »um sich gegenseitig ins Unrecht zu setzen«. Unter diesen Umständen bestehe nicht die »geringste Chance, die Deutschland-Frage ernsthaft und sachlich zu verhandeln«.[11]

c) Der Hauptgrund für Wehners ablehnende Reaktion auf Bahrs Rede war aber dessen These, dass der Schlüssel zur deutschen Frage in Moskau liege.

In der Bürositzung der Sozialistischen Internationale Ende November 1963 legte Wehner dar, dass es fatal sei, die Sowjets »als eine Art ›Ordnungsfaktor‹ zu gebrauchen«. Dadurch begebe man sich der Chance, »den Vorteil der eigentl[ichen] innerkomm[unistischen] Auseinandersetzung zu gewinnen«.[12] Früher habe es sich bei diesen Auseinandersetzungen um eine Angelegenheit innerhalb der »internationalen Partei« gehandelt. Heute dagegen sei es ein Konflikt unter kommunistisch regierten Staaten. Dadurch sei es »zugleich ein Konflikt über die Politik der Zentralmacht gegenüber den anderen kommunistisch regierten Staaten [...], außerdem noch ein Konflikt über die Politik des Gesamtblocks gegenüber der übrigen

Welt«. Diese innerkommunistischen Differenzen, sosehr sie auch kurzfristig zur Verhärtung in der deutschen Frage führten, böten auf lange Sicht die »Möglichkeit großer Veränderungen«, und niemand könne wissen, »welche Form die Auseinandersetzung im Führungsland selber annehmen« werde.[13]

Deshalb lehnte Wehner es auch ab, wie er es im Oktober 1966 anschaulich formulierte, den Parteiführern der SED zu signalisieren, »sie seien nichts wert und man könnte ganz andere anrufen, die ihnen schon beibringen würden, was sie zu machen hätten«.[14] Die Sowjetunion dürfe keinesfalls als »Ordnungsmacht« in den innerdeutschen Beziehungen fungieren.

Die Passierscheinregelung

Im Dezember 1962 war der erste Versuch des Berliner Senats, ein Passierscheinabkommen mit den Behörden der DDR auszuhandeln, an der Frage der Anerkennung der DDR gescheitert. Ein Jahr später allerdings glückte der Versuch: Für die Zeit von Weihnachten 1963 bis Neujahr 1964 wurde eine Vereinbarung erreicht, die West-Berlinern den Besuch in Ost-Berlin ermöglichte. Entscheidend für den Erfolg dieser Verhandlungen war die Einigung auf eine von Heinrich Albertz vorgeschlagene salvatorische Klausel, in der sich beide Seiten den unterschiedlichen Rechtsstandpunkt in Hoheitsfragen und Gebietsbezeichnungen bescheinigten, so dass die Anerkennungsfrage juristisch umgangen werden konnte.[15]

Wehner hatte zunächst vor zu großen Hoffnungen auf den Abschluss einer Passierscheinregelung gewarnt, um nicht »dem Sowjetzonenregime die Chance zu geben, wieder einmal vor Weihnachten mit den innersten Empfindungen der Menschen Schindluder zu treiben«. Er hatte deshalb Berliner Journalisten davon abgeraten, »Voraussagen zu treffen oder Hoffnungen so zu steigern, dass es den sowjetzonalen Propagandisten erleichtert würde, die Enttäuschung und Bitterkeit der betroffenen Menschen zu missbrauchen«.[16]

Nach dem erfolgreichen Ausgang der Gespräche erklärte Wehner, er sei darüber informiert gewesen, »dass die sowjetzonale Einheitspartei schon alle Vorbereitungen für ein Scheitern der Verhandlungen getroffen hatte. Das Pamphlet, das zur ›Entlarvung‹ der angeblich Schuldigen, das heißt der Sozialdemokraten im Berliner Senat, dienen sollte, lag schon druckfertig vor.«[17]

Dass diese Strategie durchkreuzt wurde, lag für Wehner an der Einigkeit des Westens in der Passierscheinfrage, insbesondere am »Zusammenwirken des Berliner Senats mit den alliierten Schutzmächten und der Bundesregierung«.[18]

Eine Aufwertung des »Sowjetzonenregimes« vermochte Wehner in der Vereinbarung nicht zu sehen, da die Begegnung von über einer Million Menschen im Ostsektor Berlins ihre eigene Dynamik habe. Sie stelle »aller Welt« vor Augen, »dass die Deutschen sich nicht mit der Spaltung und Trennung abgefunden haben, sondern *ein* Volk geblieben sind und als *ein* freies Volk zusammenleben wollen«. Zudem seien die betroffenen Menschen in der Hoffnung bestärkt worden, »dass Menschlichkeit und Menschenrechte schließlich doch stärker sein werden als die Brutalität von Mauer, Schießbefehl, Stacheldraht und Minenfeldern«.[19]

Im Frühjahr 1964 brach die Union einen Streit um die Passierscheinregelung vom Zaun. Hintergrund war die Sorge führender CDU/CSU-Politiker, im Falle einer regelmäßigen Erneuerung des Passierscheinabkommens zunehmend politische Konzessionen für die jederzeit rücknehmbare Gewährung »menschlicher Erleichterungen« machen zu müssen.[20] Dieses Motiv vermischte sich mit dem Versuch, durch politische Polemik die SPD innenpolitisch in die Defensive zu drängen. Den sozialdemokratischen Verhandlungsführern des Berliner Senats wurde deshalb unterstellt, während der Gespräche über ein erneutes Passierscheinabkommen im Februar 1964 die »Gefahr der Trennung Berlins vom Bund« heraufbeschworen zu haben.[21]

Wehner wies diese Vorwürfe entschieden zurück und betonte, dass es verhängnisvoll sei, »wenn das Thema menschliche Erleichterungen von gewissen Kreisen der CDU/CSU auch wieder nur unter innenpolitischen Gesichtspunkten in der Bundesrepublik betrachtet wird. Der Passierschein-Streit, der von diesen Kreisen angezettelt wurde, hat nicht nur einen Teil des von den freiheitlichen demokratischen Kräften errungenen Erfolges zerredet, sondern die Verhandlungslage selbst erheblich beeinträchtigt.«[22] Der Vorwurf des »Separatismus« und die Verbreitung von Gerüchten »über Meinungsverschiedenheiten zwischen sozialdemokratischen Politikern« in der Passierscheinfrage dienten nach Einschätzung Wehners nur dazu, von einer »in sich verworrene[n] CDU/CSU« und einer »schweigende[n] und nicht mehr zu bemerkenden FDP einschließlich des Gesamtdeutschen Ministers [Mende]« abzulenken.[23]

Zwar scheiterte eine Passierscheinregelung zu Ostern 1964, doch für die Zeit um Allerheiligen und Totensonntag gelangte man wieder zu einer Übereinkunft. Bis Pfingsten 1966 kam es dann regelmäßig zu Passierscheinvereinbarungen, ohne dass, wie befürchtet, die bundesdeutsche Position in der Deutschlandpolitik davon beeinträchtigt worden wäre.[24]

SED und Entspannungspolitik

Ulbricht misstraute der sich seit Sommer 1963 zwischen der Sowjetunion und der USA entwickelnden Entspannungspolitik. Bereits im Oktober 1963 hatte er seine Sorge geäußert, dass es durch die Intensivierung der westdeutschen Wirtschaftsbeziehungen zu einer Reihe von sozialistischen Ländern zu einer Aufweichung und Zersetzung des Ostblocks kommen könne. Nicht zuletzt die DDR werde dabei die Leidtragende sein.[25]

Wehner beurteilte die Lage unter umgekehrten Vorzeichen ähnlich. Nach dem ersten Passierscheinabkommen und dem Scheitern einer Regelung für die Osterfeiertage 1964 legte er dar, dass eines der stärksten Motive Ulbrichts für die im Winter gegebene Zustimmung die Entwicklungen im Ostblock gewesen seien. Angesichts der inzwischen eingeführten »freiere[n] Reisegestaltung in Ungarn und in der Tschechoslowakei« wolle Ulbricht die DDR nicht als das »brutalste Regime« erscheinen lassen. Deshalb könne man zuversichtlich sein, dass sich weitere Möglichkeiten eröffneten für »Gespräche über innerdeutsche Erleichterungen«.[26]

Gleichzeitig wies Wehner darauf hin, dass die Interessenlage der »Führungskräfte der SED« darin bestehe, »Schritte zur Normalisierung der Beziehungen der Bundesrepublik zu osteuropäischen Staaten zu stören«. So habe das »theoretische Organ« der SED erst kürzlich versucht nachzuweisen, »dass geordnete Beziehungen zwischen der Bundesrepublik und osteuropäischen Staaten von Übel seien, weil sie augenscheinlich machen, dass man mit der Bundesrepublik normale geordnete Beziehungen haben und pflegen kann, während die Zonenregierung ja überall behauptet, Störenfried in Europa sei die Bundesrepublik. Hier geraten die Entspannungsthesen Moskaus in Konflikt mit der Praxis eines Regimes in dem von Moskau kontrollierten Machtbereich.«[27]

Diese politische Zwangslage, in die die DDR angesichts der sowjetischen Entspannungsinitiativen geriet, war für Wehner auch der Grund, weshalb Ulbricht Ende April 1964 einen Zeitungsaustausch zwischen der Bundesrepublik und der DDR vorschlug. Am 25. April hatte der SED-Chef auf dem Bitterfelder Schriftstellerkongress geäußert: »Wir wären bereit, einige westdeutsche Zeitungen, wie etwa ›Die Zeit‹ oder die ›Süddeutsche Zeitung‹, bei uns zum Verkauf auszulegen, wenn die Garantie dafür gegeben wäre, dass in Westdeutschland das ›Neue Deutschland‹ in gleichem Maße öffentlich verkauft wird.«[28]

Für Wehner bestand der Zweck dieser Äußerung nicht in erster Linie darin, der Bundesrepublik ein konkretes Angebot zu unterbreiten; vielmehr habe Ulbricht während des Schriftstellerkongresses ein »Ventil« gebraucht. Die »sowjetische

Besatzungszone« sei heute das Gebiet, »in dem noch der Geist Stalins am lebendigsten ist«. Die Verhältnisse in Ungarn oder in Polen hätten sich bereits wesentlich geändert. »Das bemerkt man auch in der SED. Deshalb hat es einen nicht zu unterschätzenden Druck gegeben, die totale geistige Isolierung aufzulockern.«[29]

Anstatt »Ulbricht sofort beim Wort« zu nehmen und »in seiner eigenen Schlinge« zu fangen, habe die Bundesregierung »dieses ›Angebot‹ postwendend mit juristischen Argumenten« zurückgewiesen,[30] indem sie feststellte, dass der Verkauf des *Neuen Deutschland* als eines verfassungsfeindlichen Organs in der Bundesrepublik verboten sei.[31] »Statt Ulbricht festzulegen, hat man ihm Propagandapunkte geliefert.«[32] Der nachfolgende Versuch der Bundesregierung, dann doch noch zu einer Verhandlung über das Zeitungsaustauschprojekt zu kommen, konnte diese erste negative Reaktion nicht mehr wettmachen.[33]

Dass der DDR-Staatsratsvorsitzende die »Zeichen der Zeit« erkannt hatte, zeigte für Wehner der Abschluss des »deutsch-sowjetischen Freundschafts- und Beistandspakts« im Juni 1964. Während die »kommunistischen Regierungen Rumäniens, Ungarns, Polens und der Tschechoslowakei« den sowjetisch-chinesischen Konflikt dazu nutzten, »um für ihre nationale Politik Vorteile zu erringen«, gehe Ulbricht »genau den entgegengesetzten Weg«. Er verstricke »die Zone in ein neues Netz von Abhängigkeiten«, »um sich so der Sowjetunion als Statthalter unentbehrlich zu machen«.[34]

Dennoch setzte Wehner darauf, dass die Wirkungen der Entspannungspolitik über kurz oder lang auch in der DDR dazu führen würden, »dass man wieder ›Ventile‹ braucht«.[35]

Vorbereitung der Großen Koalition

Die Wiederwahl Lübkes

Die Wiederwahl Heinrich Lübkes zum Bundespräsidenten am 1. Juli 1964 wurde zum ersten Schritt auf dem Weg zur Großen Koalition im Dezember 1966.[1] Ludwig Erhard war noch keine drei Monate im Amt, da warf zu Jahresbeginn 1964 der Bonner Bürochef der *Welt*, Georg Schröder, öffentlich die Frage auf, ob Lübke bei der am 1. Juli anstehenden Bundespräsidentenwahl wieder kandidieren wolle.[2] Herbert Wehner reagierte darauf noch am selben Tag: »Ich bin für die Wiederwahl Lübkes und werde mich dafür einsetzen, sobald unsere Partei darüber berät.«[3] Manch ein Beobachter der Bonner Szene mutmaßte daraufhin, dass Schröders Artikel und die dadurch entfachte Debatte von Wehner inspiriert worden seien.[4] Die Unionsfraktion wurde jedenfalls von der Bemerkung des SPD-Politikers überrascht und in Zugzwang gebracht.

Dass Wehner Lübke wegen dessen Sympathien für eine Große Koalition unterstützte, war offenkundig. Allen Befürwortern einer solchen Lösung war von vornherein klar, dass die Wiederwahl Lübkes die Chancen für eine künftige Regierungsbildung von SPD und CDU/CSU erhöhte.[5] Auch der Bundespräsident selbst machte daraus keinen Hehl. Die Neujahrsglückwünsche Wehners zum Jahreswechsel 1962/63 hatte er bereits mit der komplizenhaft wirkenden Bemerkung erwidert, »dass ich bei Gelegenheit dieses Jahreswechsels auch Ursache habe, Ihnen, sehr geehrter Herr Wehner, zu danken für Ihr Verhalten in dem vergangenen Jahr. Was ich meine, werden Sie wissen.«[6] Ebenso herzlich waren auch die Neujahrsgrüße, die Lübke ein Jahr und zwei Tage später, nachdem er von Wehner zur Wiederwahl vorgeschlagen worden war, an den stellvertretenden SPD-Parteivorsitzenden sandte.[7]

Dessen Vorstoß wurde von den Anhängern einer Großen Koalition im Unionslager dankbar aufgegriffen. Sie setzten gegen Erhard und die FDP die Wiederkandidatur Lübkes durch.[8] Nicht nur Lübke suchte daraufhin im Vorfeld der Bundesversammlung den direkten Dialog mit Wehner. Ende Juni bemühte sich auch ein Vertreter des Vatikans um eine Unterredung mit dem SPD-Abgeordneten. Dieser lud den Kirchenmann daraufhin zum Mittagessen in seine Wohnung im Bonner Kiefernweg.[9]

Informellen Beratungen über eine Große Koalition gegenüber aber blieb Wehner im Sommer 1964 zurückhaltend. Als Lübke noch vor dem Zusammentreten der Bundesversammlung um ein persönliches Gespräch nachsuchte, verhielt sich Wehner abweisend.[10] Erst nach der geglückten Wiederwahl fand er sich zu einer Begegnung mit dem Bundespräsidenten bereit.[11]

Nicht verweigern mochte er sich im September 1964 Heinrich von Brentano, als ihn der todkranke Fraktionsvorsitzende der CDU/CSU ebenfalls um einen Meinungsaustausch bat. An seine Frau Lotte schrieb er aber: »Brentano hat mir sagen lassen, er möchte sehr gern persönlich mit mir reden. Das wird sehr tragisch, denn in seiner Verfassung wird er zu Gesprächsthemen neigen, die weit über das hinausgreifen, was in Bonn unter den Umständen möglich ist. Doch entziehen kann ich mich dem Wunsche nicht.«[12]

Einen Koalitionswechsel in Bonn noch vor der Bundestagswahl hielt Wehner im Sommer 1964 für politisch nicht durchsetzbar. Mit Brentano kam er am 27. September 1964 zu dem Ergebnis, »bis zur Bundestagswahl im Herbst 1965 in unseren Bereichen keine Verhandlungen über eine Große Koalition zu führen oder zu begünstigen, aber dafür zu sorgen, dass nach der Wahl die beiden großen Parteien miteinander eingehend darüber sprechen, wie es weitergehen soll mit Deutschland«.[13]

Zunächst, so schien es, musste die Bundestagswahl mit Ludwig Erhard durchgestanden werden, um in der Frage einer Zusammenarbeit von SPD und Union weiterkommen zu können.

Geheime Verhandlungen im Wahlkampf 1965

Der Streit um das Konkordat, das Niedersachsen mit dem Vatikan geschlossen hatte, bot im Frühjahr 1965 einen erneuten Anknüpfungspunkt für Verhandlungen über eine Große Koalition. Wehner unterstützte den Kurs des niedersächsischen Ministerpräsidenten Georg Diederichs, mit Hilfe des Konkordatsstreits die FPD aus der Landesregierung zu drängen und in Hannover zum Abschluss einer SPD-CDU-Koalition zu kommen.[14] In diesem Zusammenhang frischte Wehner einen Kontakt auf, den er früher einmal zu Johannes Schauff geknüpft hatte.[15] Schauff war ein ehemaliger Zentrumsabgeordneter, der sowohl im Vatikan als auch innerhalb der Bonner Regierungskreise über vielfältige Beziehungen verfügte und das Projekt einer Großen Koalition in Bonn nachhaltig unterstützte.[16] Für die Zeit um den 17. Mai regte Schauff eine vertrauliche Besprechung an.[17]

Während es am 3. Mai in Niedersachsen wegen des Konkordats zum Bruch des sozial-liberalen Regierungsbündnisses und am 19. Mai zum Abschluss einer Großen Koalition kam, bildete sich in der ersten Jahreshälfte 1965 innerhalb der CDU/CSU eine recht heterogene Fronde gegen Ludwig Erhard. Nach dem Debakel der deutschen Nahostpolitik im Frühjahr standen in der Unionsfraktion die so genannten »Europäer«, die »Katholiken«, die Anhänger des Mehrheitswahlrechts und Kräfte, die auf eine Modernisierung der Parteiorganisation hinarbeiteten, mit Unterstützung Adenauers und Lübkes gegen Erhard.[18] Als dann auch noch Außenminister Schröder in der Bundestagsdebatte am 15. Mai zu erkennen gab, dass er nicht länger am Alleinvertretungsanspruch der Bundesrepublik festhalten wolle, wandte sich Guttenberg an Wehner.[19] Anschließend berichtete er an Bauminister Paul Lücke, dass sein Gesprächspartner von der SPD »unverändert auf der alten Linie« sei. Für Ende Juli sei ein Treffen vereinbart worden, bei dem eine Reihe von Sachfragen erörtert werden sollten.[20]

Die Geheimkonferenz fand am 25. Juli 1965 im pfälzischen Deidesheim statt. Für die SPD nahmen Wehner und Georg Leber, für die Union Guttenberg und Lücke teil.[21] Letzterer – so fasste Wehner später die Unterredungen zusammen – legte seinen Gesprächspartnern dar, dass er für die Große Koalition sei, weil sich die SPD »unter Erler, Wehner und Schmidt-Hamburg zu einer staatstragenden Partei entwickelt« habe. »Wenn es nun wieder nicht gelinge, die SPD zur stärksten Partei zu machen und sie nicht einmal an der Verantwortung beteiligt würde, dann würden diese gemäßigten Vertreter der SPD von der Parteiführung abgewählt und durch radikalere, dem Gewerkschaftsflügel nahe stehende jüngere Kräfte abgelöst werden. Es sei jetzt ohnedies höchste Zeit zu grundlegenden Reformen, die den Arbeiter an diesen Staat heranführen könnten, denn in allen Fraktionen drängten die Manager der Macht nach vorne.«[22] Dieses Ziel könne man aber nur dadurch erreichen, »dass die SPD in die Regierungsverantwortung genommen werde«.[23]

Als zweiten Grund, der für eine Große Koalition spreche, nannte Lücke – nach Wehner – eine Reihe von einschneidenden Reformen, die nur mit Zweidrittelmehrheit durchzusetzen seien. Dies seien »1) Wahlrechtsreform mit dem Ziel der Einführung eines Mehrheitswahlrechts in zwei Etappen, 2) Bildungsnotstand (Errichtung neuer Universitäten, stärkere Zuständigkeit des Bundes in kulturellen Fragen), 3) Finanzreform (eigene Steuerquellen für die Gemeinden), 4) Längere Legislaturperiode des Bundestages, 5) Ausbau des Artikels 113 des Grundgesetzes, 6) Ostpolitik (Friedensvertrag), 7) Sicherheitspolitik.«[24]

Eugen Gerstenmaier, so berichtete Lücke, sei für diese Reformpläne ein Hindernis, da er für eine Koalition mit der SPD ohne Wahlrechtsänderung eintrete. Die FPD-freundliche Haltung Gerstenmaiers sei, wie Strauß annehme, durch »*Spiegel*-Enthüllungsdrohungen beeinflusst«. Erhard dagegen sei zwar grundsätzlich gegen eine Große Koalition, nicht jedoch »gegen ein taktisch bedingtes Zusammengehen mit der SPD zur Erreichung fest umgrenzter Ziele«.[25]

Wehner äußerte sich skeptisch über eine Kanzlerschaft Erhards in einer Großen Koalition. Einigkeit wurde jedoch in der Einführung eines relativen Mehrheitswahlrechts, der Unausweichlichkeit einer Notstandsverfassung und einer Finanz- und Steuerreform erzielt.[26] Eine weitere Besprechung wurde nicht vereinbart. Der Kontakt sollte jedoch »jederzeit wieder aufgenommen werden können, unabhängig von dem zu führenden Wahlkampf«.[27]

Als nach der Deidesheimer Konferenz in der Presse wiederum Spekulationen um eine Regierungsbeteiligung der SPD auftauchten, bemühte sich Wehner, seine Partei aus dieser Diskussion herauszuhalten, und erklärte das Thema zu einem inneren Streitpunkt der CDU. Wenn Erhard öffentlich gegen eine Große Koalition polemisiere, so nehme er lediglich Stellung »gegen prominente Mitglieder seiner eigenen Partei«, die »in diesen Fragen nicht nur eine andere Meinung haben, sondern das auch öffentlich äußerten«. Die SPD warnte Wehner nachdrücklich, sich in diesen »internen Hausstreit der CDU/CSU einzumischen«.[28]

Der positive Verlauf der Deidesheimer Besprechungen führte in der Führungsspitze der CDU zu ernsthaften Erwägungen, nach den Wahlen mit Hilfe des Bundespräsidenten einen anderen CDU-Politiker als Ludwig Erhard mit der Regierungsbildung zu beauftragen, um den Weg zur Bildung einer Großen Koalition frei zu machen.[29] Kurz vor dem Urnengang im September nahmen Adenauer und Lübke darüber hinaus öffentlich entschieden Partei für eine schwarz-rote Regierung.[30]

Wehner schürte die Auseinandersetzungen im Unionslager, indem er anderthalb Wochen vor dem Wahltag in einem Schreiben an Lübkes Staatssekretär Hans Berger herausstellte, welche negativen Konsequenzen für den weiteren Weg der SPD ein Scheitern der Großen Koalition nach der Bundestagswahl haben würde. Die Beteiligung der Sozialdemokraten an der kommenden Bundesregierung sei von »großer Bedeutung«, weil sonst die Gefahr bestehe, dass sich in ihren Reihen die »Sehnsucht nach einem ›neuen Staat‹« entwickle und damit »die bestehende Demokratie abgewertet werde«. Außerdem könne die SED eines Tages nach Änderung ihrer bisher »recht ungeschickten« Politik »auch in der Bundesrepublik aufpoliert« erscheinen »und damit Wählerschichten der SPD an sich ziehen«. Als Bundeskanzler einer Großen Koalition kämen für die SPD nur Rainer Barzel, Paul Lücke oder Kurt-Georg Kiesinger, nicht aber Gerstenmaier in Frage.[31]

In der Endphase des Bundestagswahlkampfs konzentrierte sich Wehner schließlich in seiner Kritik ganz auf Erhard und den FDP-Vorsitzenden Erich Mende,[32] unterließ aber pauschale Angriffe auf die CDU. Noch am Wahlabend selbst schloss er offenbar nicht aus, dass Ludwig Erhard nicht wieder mit der Regierungsbildung beauftragt würde.[33] Als sich jedoch in der späten Nacht das ganze Ausmaß von dessen Wahlsieg abzeichnete, lösten sich alle diesbezüglichen Hoffnungen auf Seiten der CDU und Wehners in Luft auf.

Die Demontage Erhards

Das Ergebnis der Bundestagswahl 1965 war für die SPD enttäuschend. Zwar hatte sie ihren Stimmenanteil noch einmal um 3,1 Prozent auf 39,3 Prozent vergrößern können. Doch die CDU/CSU unter Erhard hatte ebenfalls wieder zulegen können und war auf 47,5 Prozent gekommen. Ihr fehlten nur noch drei Mandate zur absoluten Mehrheit im Bundestag. Die FDP ging geschwächt aus der Wahl hervor. Ihr Stimmenanteil sank auf 9,5 Prozent ab. An eine kleine Koalition zwischen SPD und FDP war damit noch weniger zu denken als zuvor. Wären nach Abschluss einer sozial-liberalen Koalition von den 49 FDP-Abgeordneten auch nur drei ins Lager der Union übergewechselt, hätte die Union allein regieren können.[1] Erhard war der strahlende Gewinner der Wahl, und das bekamen die Sozialdemokraten zu spüren. Unmittelbar nach der Wahl nahm die Union Koalitionsgespräche mit der FDP auf, mit der SPD wurden nicht einmal Sondierungsgespräche geführt.

Die Gründe für das Scheitern seiner Partei brachte Herbert Wehner wenige Tage nach der Wahl auf folgende Formel: Bei der CDU sei »nichts an Sachaussage, sondern nur Erhard« gewesen sowie das, »was er an Verdiensten aufweist oder was man ihm an Verdiensten zuschreibt«. Dagegen habe die SPD den Wahlkampf mit vielen – womöglich zu vielen – Sachargumenten geführt, die jedoch ungeordnet vorgetragen worden seien, so dass es nicht gelungen sei, »jeden zwingend in den Bann« zu schlagen.[2]

Angesichts der politischen Herausforderungen, die das zweite Kabinett Erhard zu bestehen hatte, bemühte sich Wehner schon am Tage nach der Wahl wieder herauszustellen, dass die Regierung früher oder später ohne die Unterstützung der SPD nicht auskommen könne. Am 20. September 1965 erklärte er das Jahr 1966 zum »Jahr des In-Ordnung-Bringens der Staatsfinanzen«.[3] Damit machte er deutlich, dass die notwendige große Finanzreform nicht ohne die Sozialdemokraten zu verwirklichen war.

Mitte November 1965, kurz nach der Regierungserklärung Erhards, wandte sich Wehner an Heinrich Krone, der im zweiten Kabinett Erhard wiederum Minister für Angelegenheiten des Bundesverteidigungsrats geworden war. Er machte Krone seinen Standpunkt klar, dass er nach wie vor eine Große Koalition für notwendig halte, und stieß damit bei dem Minister auf Resonanz.[4] Gleichzeitig erhielt Wehner von Alfred Mozer, dem Kabinettschef der EWG-Kommission, eine Mitteilung Guttenbergs, wonach dieser in den Koalitionsverhandlungen versucht habe, »doch noch unsere eigentlichen Pläne möglich« zu machen. Demnächst werde sich der CSU-Abgeordnete wieder mit Wehner in Verbindung setzen.[5]

Als der stellvertretende SPD-Vorsitzende am 2. Dezember 1965 in seiner Bundestagsrede zur Regierungserklärung Erhards eingehend aus dem Zeitschriftenartikel Adenauers vom Sommer 1965 zitierte, in dem der Altbundeskanzler dargelegt hatte, welche Aufgaben die neue Regierung haben werde und dass sie ohne Beteiligung der Sozialdemokraten nicht zu lösen seien,[6] gratulierte ihm Guttenberg noch am gleichen Tag zu seiner »großartigen Rede«. »Ich fürchte nur«, fügte der Unionspolitiker hinzu, »dass die wenigsten bei uns begriffen haben, um was es Ihnen ging.«[7] Auch Heinrich Krone, so wusste Johannes Schauff zu berichten, hatte sich sehr »anerkennend« über Wehners Bundestagsrede geäußert.[8]

Nachdem Wehner kurz vor Weihnachten 1965 noch einmal an Krone und über Staatssekretär Berger auch an Lübke appelliert hatte, die Bereitschaft der Sozialdemokratie, Verantwortung zu tragen, nicht auszuschlagen,[9] forderten auch der Altbundeskanzler[10] und der Bundespräsident in Interviews die Große Koalition. Die jetzige Regierung sei nicht in der Lage, die anstehenden Probleme zu lösen.

Auf die Äußerungen Adenauers und Lübkes angesprochen, erklärte Wehner, dass sich die SPD nicht an der Diskussion um den innerparteilichen Streit der Union beteiligen werde. Auch werde die SPD ihre Zustimmung zu den Notstandsgesetzen und der Finanzreform nicht von einer Regierungsbeteiligung abhängig machen.[11] Allerdings, so fügte er hinzu, werde die Auseinandersetzung um die Große Koalition in den Reihen der CDU/CSU »wohl nun nie mehr abreißen«.[12]

Die Heckenschützenaffäre

Der enttäuschende Ausgang der Bundestagswahl 1965 sorgte innerhalb der SPD für Unmut. Am 21. September 1965, zwei Tage nach der Wahl, zogen in einer Bonner Wohnung »drei des Journalismus kundige Sozialdemokraten«, wie der *Spiegel* später zu berichten wusste, Bilanz.[13] Es handelte sich dabei um Carl Guggomos, Chef vom Dienst beim *Vorwärts*, Adalbert Wiemers, der gelegentlich als Grafiker für das SPD-Parteiorgan arbeitete, und den Bonner Korrespondenten der *Süddeutschen Zeitung*, Ulrich Blank.[14] Für alle drei war einzig und allein Herbert Wehner an der Wahlniederlage der SPD schuld. Bis Ende Oktober erstellten sie ein 26-seitiges Memorandum, für das sie von den einstigen Schumacher-Vertrauten Fritz Heine und Stephan Thomas[15] mit Informationen über Wehners kommunistische Vergangenheit versorgt wurden.

Der Kernvorwurf des Schriftstücks lautete, dass Wehner als »heimlicher Generalsekretär« die SPD beherrsche, »die er inzwischen nach dem Schema einer bolschewistischen Organisation gegliedert hat und die er mit Methoden beherrscht, die er in seiner politischen Vergangenheit als Kaderchef gelernt hat«. Zwar habe sich der stellvertretende Parteivorsitzende von der »kommunistischen Ideologie« getrennt, ihm sei aber

»das Freischwimmen von kommunistischer Methodik« nicht gelungen.[16] Als Grund dafür wurde Wehners Art der Trennung von der KPD genannt. Er sei von Karl Mewis an die schwedische Polizei verraten worden und darüber so enttäuscht gewesen, dass er mit der »kommunistischen Ideologie« gebrochen habe. Nichtsdestoweniger – so das Memorandum – »sieht [er] die kommunistische Methodik: ›Vertrauen ist gut, Kontrolle ist besser!‹ bestätigt wie eh und je«.[17]

Die von Wehner seit dem Stuttgarter Parteitag 1958 betriebene organisatorische Neuordnung der Partei habe aus der einstmals »radikal-demokratischen« SPD, in der der Meinungsbildungsprozess von »unten nach oben« verlief, eine »gleichgeschaltete« Partei gemacht, in der dieser Prozess – wie in den kommunistischen Parteien – von »oben nach unten« verlaufe. Wehner schade der SPD, »weil er die demokratische SPD mit einem totalitären Machtapparat verwechselt. Weil die Verbindung von totalitär ausgerichtetem Apparat und wertfreiem politischen Management, wie Wehner es eingeführt hat, dem Wesen einer demokratischen Massenorganisation nicht entspricht und sie in ihrer Substanz mehr schwächt, als sie auf der anderen Seite ihre Schlagkraft stärkt.«[18] Angereichert wurde diese Argumentation mit einer Fülle von Informationen über Wehners kommunistische Vergangenheit und über den Auftrag Schumachers an Stephan Thomas, darüber nähere Erkundigungen einzuziehen; mit einem angeblichen Ausspruch des ersten SPD-Vorsitzenden über Wehner auf dem Totenbett: »Lasst diesen Mann in der Partei nie hochkommen«; und mit Vorwürfen über Wehners enge Zusammenarbeit mit dem Bundesamt für Verfassungsschutz.[19]

Nachdem der Inhalt des Memorandums bekannt geworden war, gestand Wehner ein, dass es sich dabei um einen äußerst gefährlichen Angriff auf seine politische Stellung handelte. Es sei »psychologisch nicht ganz ungeschickt gemacht«, seine kommunistische Vergangenheit mit dem Vorwurf undemokratischen Verhaltens in Parteivorstand und Parteipräsidium zu kombinieren. Die Verfasser hätten sich dabei einer »Waffe mit allerbesten Patronen im Lauf« bedienen können.[20]

Nach Fertigstellung des Memorandums wurde es dem Bonner Korrespondenten der Illustrierten *Quick*, Mainhardt Graf Nayhauß-Cormons, zur Veröffentlichung übergeben, da Adalbert Wiemers mit dem Grafen »engstens befreundet« war.[21] Nayhauß informierte seinen Chefredakteur Karl-Heinz Hagen zunächst telefonisch über den Inhalt des Artikels.[22]

Inzwischen waren Karl Theodor von und zu Guttenberg in Bonn Gerüchte über das Anti-Wehner-Memorandum zu Ohren gekommen. Er hatte auch gehört, dass das Material in der *Quick* erscheinen sollte, und wandte sich daraufhin direkt an Hagen, der ihm den Inhalt des Pamphlets mitteilte und auch, dass er nicht an eine Veröffentlichung denke.[23] Am 23. Dezember 1965 benachrichtigte Guttenberg Wehner brieflich, dass gegen ihn aus »nächster Umgebung« denunzierendes Material zusammengetragen und der Illustrierten *Quick* zugespielt worden sei. Chefredakteur Hagen habe allerdings zugesagt, es nicht zu publizieren.[24] Seinem Brief legte der CSU-Politiker ein achtseitiges Exposé des geplanten Artikels bei.[25]

Während Guttenberg seine Recherchen über das Anti-Wehner-Memorandum einzog, schaltete sich auch das Kölner Bundesamt für Verfassungsschutz in die Angelegenheit ein. Graf Nayhauß hatte das 26-seitige Manuskript im Dezember an die Münchner Privatadresse Hagens geschickt. Der Brief traf aber erst nach Weihnachten ein, als der Chefredakteur bereits im Winterurlaub war. Bei der Zustellung trug er den Vermerk: »Wegen mangelhafter Verpackung postalisch neu verpackt. Deshalb verspätete Zustellung.« Kurz darauf meldetet sich bei der *Quick* ein Verfassungsschutzbeamter und teilte mit, es sei dem Amt bekannt, dass der Illustrierten Material gegen Wehner vorliege. Im Falle einer Veröffentlichung müsse davon abgesehen werden, zwei bis drei im Manuskript genannte Namen zu erwähnen, da dies sonst den Tatbestand des Geheimnisverrats erfülle.[26]

Tatsächlich ging das Pamphlet breit auf die Zusammenarbeit Wehners mit dem Verfassungsschutzamt ein. Dabei wurden auch Namen genannt. Noch in der veröffentlichten Fassung wurde ein »Fall Fink« geschildert. Der SPD-Funktionär Michael Fink hatte zunächst für das DDR-Ministerium für Staatssicherheit (MfS) spioniert. Nach seiner Enttarnung war er vom Bundesamt für Verfassungsschutz als Doppelagent angeworben worden. Als dies der örtlichen SPD bekannt wurde, strengte sie ein Parteiausschlussverfahren an. Wehner wurde vorgeworfen, dieses Verfahren mit allen Mitteln behindert zu haben.[27]

Aber nicht der »Fall Fink« war für die Kölner Verfassungsschützer prekär, sondern die Erwähnung Karl Tromsdorfs. Tromsdorf war einst Sicherheitsbeauftragter der SED gewesen. Ende der fünfziger Jahre hatte er sich in den Westen abgesetzt und war bald darauf als persönlicher Vertrauter Wehners Sicherheitsbeauftragter der SPD geworden.[28] Tromsdorf unterhielt im Auftrag des SPD-Parteivorstands ständigen Kontakt zum Bundesamt für Verfassungsschutz und informierte Wehner umfassend über die für die SPD relevanten Erkenntnisse des Kölner Amtes. Was Wehner jedoch nicht wusste, war, dass Tromsdorf gleichzeitig im Auftrag des Verfassungsschutzes die Bonner SPD-Spitze ausspionierte. Als die zwielichtige Rolle seines engen Mitarbeiters Anfang der siebziger Jahre aufgedeckt wurde, war dies für Wehner ein persönliches Desaster. Die »Tromsdorf-Akten« sind seitdem eines der bestgehüteten Geheimnisse der SPD.[29]

Als das Bundesamt für Verfassungsschutz Ende April 1966 von einem Informanten erfuhr, dass ein Journalistenteam des *Stern* dabei war, Informationen über Tromsdorf zu sammeln, wandte sich dieser sofort mit dem folgenden, in einer Aktennotiz überlieferten Vorschlag an Wehner: »Man müsste auf alle Fälle versuchen, das Erscheinen des beabsichtigten Artikels zu verhindern bzw. so zu beeinflussen, dass er keinen Schaden anrichten kann. Wie wäre es, wenn Herbert Wehner oder Willi [!] Brandt ein vertrauliches Gespräch zwischen Nannen und mir gestatten würde?«[30] Für Tromsdorf und den

Verfassungsschutz bestand die Gefahr, dass die Doppelrolle des SPD-Sicherheitsbeauftragten bekannt würde.

Nachdem Wehner Ende Dezember 1965 von dem Memorandum erfahren hatte, traf er sich am 5. Januar in seinem Bonner Büro mit Graf Nayhauß. Aus den Fragen, die Nayhauß ihm vorlegte, konnte Wehner schließen, dass die Informanten aus dem Umkreis des Parteivorstands kommen mussten.[31] Am gleichen Abend informierte er deshalb Willy Brandt, der wie er an den Feierlichkeiten zum neunzigsten Geburtstag Konrad Adenauers teilnahm.[32] Der SPD-Vorsitzende ordnete daraufhin eine Parteiuntersuchung durch den Bundestagsabgeordneten Gerhard Jahn an.[33] Alle von Jahn vernommenen Mitarbeiter der Parteizentrale stritten jedoch ab, etwas mit dem Anti-Wehner-Memorandum zu tun zu haben, darunter auch Fritz Heine und Stephan Thomas.[34]

Die Auseinandersetzung um die Denunziation erreichte eine neue Qualität, als Ulrich Blank am 18. Februar 1966 in der *Süddeutschen Zeitung* Einzelheiten der innerparteilichen Untersuchung und aus dem Anti-Wehner-Papier unter dem Titel »Der Baron warnt Wehner vor dem Grafen« enthüllte.[35] Der Pressedienst der Unionsfraktion äußerte daraufhin, »dass es für den mächtigsten Mann in der SPD schwer sein würde, seine Stellung zu behaupten – wenn die Vorwürfe stimmen«.[36] Erst nach dem Artikel in der *Süddeutschen Zeitung* gelang es den Autoren des Memorandums, das Manuskript über den Bonner *Stern*-Korrespondenten Peter Staehle an die *Zeit* zu verkaufen.[37] Die Hamburger Wochenzeitung veröffentlichte es in ihrer Ausgabe vom 11. März.

Die Tatsache allerdings, dass der Artikel anonym erschien und darüber bereits eine geraume Zeit spekuliert worden war, nahm ihm einen wesentlichen Teil seiner Wirkung. Die Verfasser wurden schon bald in der Öffentlichkeit als »Heckenschützen« bezeichnet, die nur im Schutz der Anonymität wagten, ihre Attacke auf Wehner vorzutragen. Innerhalb und außerhalb der Partei setzte eine breite Front der Solidarität mit dem angegriffenen Wehner ein.[38]

Als die *Frankfurter Allgemeine Zeitung* unter Berufung auf Gerhard Jahn den Verdacht äußerte, dass es sich bei den Autoren um Carl Guggomos, Alexander von Cube, Ekkehard und Adalbert Wiemers handele, beantragte der Letztere eine einstweilige Verfügung gegen die *FAZ* und versicherte, »dass er weder zu den Autoren noch zu den Veranlassern des Memorandums gehöre«.[39] Im Auftrag Wehners forschte Karl Tromsdorf jedoch weiter und erfuhr schließlich von Peter Staehle, dass Guggomos und Adalbert Wiemers die Lieferanten des *Zeit*-Artikels gewesen waren.[40]

Der Rederaustausch von SPD und SED

Zu Jahresbeginn 1966 hatte Bundesvertriebenenminister Johann Baptist Gradl in einem *Spiegel*-Gespräch die deutschlandpolitische Agonie der Bundesregierung kritisiert und damit großes Aufsehen erregt. Hektisch bemühte sich Erhard daraufhin, eine Initiative zur Belebung der Ost-West-Beziehungen zu starten und vereinbarte Gespräche darüber mit allen im Bundestag vertretenen Parteien.[41]

In dieser Situation entschloss sich Wehner, die Bundesregierung öffentlich unter Druck zu setzen und »Punkt für Punkt und Schritt für Schritt vor Fragen zu stellen, auf die sie entweder antworten oder aber den Offenbarungseid leisten muss. So bekommen wir auf einem Umweg dann doch eine öffentliche Debatte über das, was möglich, notwendig und nützlich ist.«[42] Als Ansatzpunkt wählte er Anfang Februar 1966 die Beantwortung des »Offenen Briefes« der SED an die Delegierten des Dortmunder SPD-Parteitags. Die sich daraus entwickelnde Diskussion um einen »Redneraustausch« von SPD und SED brachte gleichzeitig die innerparteiliche Kritik an Wehner zum Schweigen. Dass dies auch von seinen Gegnern so gesehen wurde, erfuhr er im Mai 1966. Am Rande des DGB-Kongresses in Berlin hatten eine Reihe von IG-Metall-Funktionären, die gleichzeitig SPD-Bundestagsabgeordnete waren, auf einer separaten Konferenz in Spandau-Pichelsberg die Auswirkungen des öffentlichen Dialogs zwischen SPD und SED beklagt. Ein Verfassungsschutz-Informant berichtete darüber wie folgt: »Prinzipiell sei man davon ausgegangen, dass der Dialog die oppositionellen Kräfte der SPD in einer ausgesprochen ungünstigen Situation träfe. Die Agitation der SED stütze objektiv die Position Wehners und die Kräfte, die auf eine Beibehaltung der bisherigen Linie der Partei drängten. Der Zeitpunkt des Briefwechsels hätte nicht unglücklicher gewählt werden können.«[43]

Die offenen Briefe der SED an die SPD-Parteitagsdelegierten hatten Tradition. Von Seiten der SPD waren sie immer als propagandistische Manöver gewertet und nie beantwortet worden. So konnte die SED davon ausgehen, dass auch auf ihren offenen Brief vom 7. Februar 1966 nicht reagiert werden würde.[44] Kaum war dieser jedoch veröffentlicht, setzte sich Wehner im SPD-Präsidium für eine Beantwortung des Schreibens ein.[45] Bereits am 12. Februar 1966 kündigte er im RIAS an, dass die SED auf ihren »Offenen Brief« eine »offene Antwort erhalten« werde.[46]

Mit der Ausarbeitung dieser Erwiderung wurde Wehner in der Vorsitzendenbesprechung am 4. März 1966 beauftragt. Auf der Grundlage seines Entwurfs, der um Anregungen Brandts ergänzt wurde, verabschiedeten die Spitzengremien der SPD am 18. März 1966 ihr Antwortschreiben an die DDR-Einheitspartei.[47] Darin schlugen die Sozialdemokraten der SED vor, »die offene Aussprache aller Parteien in allen Teilen Deutschlands einzuleiten«. Überall sollten »die Voraussetzungen dafür geschaffen werden, dass Vertreter der im Deutschen Bundestag und in der Volkskammer vertretenen Parteien offen ihre Auffassungen über die Deutschlandfrage darlegen, vertreten und austragen« könnten. Zugleich kündigte die SPD die Veröffentlichung des SED-Briefes zusammen mit ihrer Antwort im *Vorwärts* an und machte den Fortgang des Dialogs von der »Art der Veröffentlichung dieser unserer Stellungnahme in der Zone« abhängig.[48]

Derart in Zugzwang gebracht, veröffentlichte die SED das Antwortschreiben der SPD zusammen mit ihrer Replik am 26. März 1966 im *Neuen Deutschland.* Darin regte sie an, zunächst gemeinsame Veranstaltungen in Chemnitz und Essen abzuhalten, auf denen Vertreter beider Parteien zu Wort kommen sollten.[49] Steckte hinter diesem Vorschlag der SED auch die Strategie, mit dem Redneraustausch eine »Aktionseinheit der Arbeiterklasse« zu demonstrieren, so war doch ernsthaft zu erwägen, ob die SPD sich nicht auf diese Art der Auseinandersetzung einlassen sollte. Denn schon die Antwort der SPD hatte die von Wehner angestrebte breite Debatte über die Grundlagen der bundesrepublikanischen Deutschlandpolitik entfacht. Die Veröffentlichung der SPD-Erwiderung im *Neuen Deutschland* hatte im Machtbereich der SED ihrerseits in weiten Kreisen zu intensiven Diskussionen geführt, da die SPD offen den bis dahin geleugneten »Schießbefehl« angesprochen und die Einheitspartei ihn wortreich zu verteidigen gesucht hatte.[50]

Am 15. April beschloss die SPD, durch ihre Vorsitzenden Brandt, Erler und Wehner an einer von der SED einzuberufenden Veranstaltung in Chemnitz im Mai 1966 teilzunehmen. Kurz darauf sollte dann die von der SPD zu organisierende Veranstaltung in Hannover stattfinden. Da die SED-Führung im Geltungsbereich des Grundgesetzes aufgrund des KPD-Verbots und des Schießbefehls der Strafverfolgung ausgesetzt war, sicherte ihr die SPD zu, sich »bei den zuständigen Behörden [zu] vergewissern, dass den Rednern der SED aus Anlass ihrer Teilnahme an der Veranstaltung in Hannover keine Schwierigkeiten erwachsen«.[51]

Nachdem das ZK der SED den »Redneraustausch« am 28. April 1966 im Prinzip gebilligt, die Veranstaltungstermine jedoch in den Juli verschoben hatte,[52] begann in der Bundesrepublik der Streit um das »freie Geleit« der SED-Redner. Einige Politiker der CDU/CSU sprachen sich sofort dagegen aus.[53] Schließlich kam es jedoch im Juni 1966 gegen den Widerstand eines beachtlichen Teils im Unionslager, zu dem auch Erhard zu rechnen war, zur Verabschiedung eines von allen drei Fraktionen des Bundestags eingebrachten »Gesetzes über die befristete Freistellung von der deutschen Gerichtsbarkeit«.[54]

Mit Verweis auf die Debatte um das freie Geleit stellte Wehner Ende Mai fest, dass die Kontroversen zeigten, dass es in der Deutschland- und Ostpolitik nicht um Gegensätze zwischen Opposition und Regierung gehe, sondern um »zum Teil erhebliche Unterschiede zwischen der SPD und Teilen der Koalitionsparteien einerseits und der Bundesregierung andererseits«.[55] Tatsächlich kam im Sommer 1966 unter Führung der SPD eine punktuelle Mehrheit gegen Erhard zustande. Die SED dagegen hatte nach Einschätzung Wehners darauf spekuliert, dass es der SPD nicht gelingen werde, ihr die rechtlichen Voraussetzungen zur Teilnahme an der Veranstaltung in Hannover zu ermöglichen. Nachdem dies jedoch geschehen war, sagte sie den Redneraustausch mit den Sozialdemokraten unter einer fadenscheinigen Begründung ab.[56] In der bundesrepublikanischen Öffentlichkeit wurde dies als ein eindrucksvoller moralischer Sieg der SPD über die SED gewertet.

Die Auseinandersetzung über den Redneraustausch zwischen SPD und SED bestimmte das politische Klima in Deutschland bis zur parlamentarischen Sommerpause 1966. Noch nach der Absage der SED am 30. Juni 1966 ging die Diskussion in der Bundesrepublik weiter, da die ARD der SPD-Führung die Möglichkeit eingeräumt hatte, am 14. Juli 1966, dem für Chemnitz vorgesehenen Termin, ihre Ansprachen über Rundfunk und Fernsehen zu verbreiten.[57] Wehner nutzte diese Nachdebatte, um seine deutschlandpolitischen Ziele für die nächste Periode zu propagieren. Am 10. Juli 1966 erklärte er im Hamburger *Sonntagsblatt*, dass es ihm darum gehe, »Formen des Miteinanderlebens« zwischen den beiden Teilen Deutschlands zu finden. Wenn die vier Mächte sich dabei heute nicht »engagieren« wollten, so »müsste probiert werden, ob die beiden deutschen Seiten selbst imstande wären, den Rahmen für solche Formen zu finden«. Es komme heute darauf an, »die ›Formel‹ zu finden, durch die beide Seiten in Deutschland miteinander verkehren können, obwohl keine Seite die andere als ihresgleichen anerkennt«.[58]

Der Bruch der christlich-liberalen Koalition

Wehner hatte bereits im Mai 1966 gegenüber Guttenberg prophezeit, dass es »uns im Herbst durchs Dach« regnen werde.[59] Damit spielte er offenbar auf die in der zweiten Jahreshälfte anstehenden finanzpolitischen Entscheidungen und die dabei zu erwartenden Schwierigkeiten an. Die Kritik an Erhard riss endgültig nicht mehr ab, nachdem die CDU im Juli 1966 erhebliche Verluste bei den nordrhein-westfälischen Landtagswahlen erlitten hatte. Insbesondere Guttenberg ging nun dazu über, Erhard öffentlich anzugreifen. Gegenüber Wehner erklärte er, dass diese Angriffe dazu dienten, in den Reihen der CDU/CSU den »Mut zum Handeln« zu wecken.[60]

Wehner diagnostizierte zur gleichen Zeit in einem Deutschlandfunk-Interview eine allgemeine »Unruhe« in der Bundesrepublik. Sie gründe in der »außenpolitischen Unsicherheit« der Bundesrepublik und dem weit verbreiteten Gefühl, nach Jahren der Hochkonjunktur könne es jetzt »auch anders kommen«. In solchen Zeiten blicke der Bürger auf seine Regierung. »Diese Regierung und die sie tragenden Parteien aber streiten, sind in sich zerfallen, reagieren hektisch, taumeln zwischen Nichtstun und Pseudoaktivität, loben und verdammen den Mann, den sie selber auf den Schild gehoben haben, nämlich Erhard.«[61] Die Koalitionsparteien forderte Wehner auf, den Kanzler durch ein konstruktives Misstrauensvotum zu stürzen. »Haben sie diesen Mut nicht, dann sollen sie schweigen, denn alles andere ist Schaumschlägerei.«[62] Das Presse- und Informationsamt der Bundesregierung reagierte auf dieses Wehner-Interview äußerst gereizt. Es sprach von einer »seit Wochen systematisch gesteuerten Kampagne der

Opposition« und warf dem SPD-Vize vor, durch sein Interview »die Autorität und Legitimität der Bundesregierung und ihres vom Volk mit klarer Mehrheit berufenen Chefs untergraben« zu haben.[63]

Kaum war Wehners Interview veröffentlicht, wurde die SPD-Spitze darüber informiert, dass der Besitzer des *Rheinischen Merkur*, Kurt Ganske, mit Bundesinnenminister Lücke bereits den Kanzlersturz besprochen habe. Dieser habe jedoch noch »große Schwierigkeiten für die Beseitigung E[rhard]s« gesehen. Ende September sollten die Besprechungen zusammen mit Erler und Wehner fortgeführt werden.[64] Wehner sondierte daraufhin sofort bei Lücke und erfuhr, dass dieser »aus sehr überzeugenden Überlegungen eine grundlegende Regierungsumbildung mit anderer Koalition für die nächste Runde nicht für möglich« halte. Seiner Meinung nach sei zunächst lediglich an »Übergangslösungen« zu denken.[65]

Noch vor der Wiederaufnahme der parlamentarischen Arbeiten Mitte September 1966 erklärte Wehner allen Spekulationen, dass es zu einer Großen Koalition unter Erhard kommen könne, eine klare Absage. Das »Tischtuch zwischen der SPD und Erhard [sei] zerschnitten«. Die Sozialdemokraten würden »in keiner Weise als Aushilfe zur Verfügung« stehen.[66] Die Fraktion, die er seit der Erkrankung Erlers führte, drängte Wehner dazu, sich ganz auf die Auseinandersetzung mit der Regierungspolitik zu konzentrieren. Das im Juni eingebrachte und nun zur Beratung anstehende Stabilitätsgesetz und die im August aufgebrochene Führungskrise im Bundesverteidigungsministerium stünden dabei im Vordergrund.[67] Er warnte jedoch gleichzeitig davor, das Stabilitätsgesetz, das aufgrund verfassungsändernder Artikel mit Zweidrittelmehrheit zu verabschieden war, als Hebel zum Sturz des Kanzlers benutzen zu wollen. Als Gerstenmaier im Rahmen einer Diskussionsrunde im ZDF am 22. September 1966 zu verstehen gab, dass Erhard ein Scheitern des Stabilitätsgesetzes politisch wohl nicht überstehen werde, erklärte Wehner zur Verblüffung des Bundestagspräsidenten, dass die SPD dem Stabilitätsgesetz durchaus zustimmen könne. Es hänge allein »von der Qualität des Gesetzes ab«.[68] Die SPD, so machte er kurz darauf vor der Fraktion klar, werde sich nicht als »Blitzableiter für die Schwierigkeiten innerhalb der CDU/CSU gebrauchen lassen«.[69] Auch nach dem Rücktritt des Kanzleramtsministers Ludger Westrick am 15. September 1966 bemühte sich Wehner weiterhin, die SPD in der öffentlichen Diskussion aus den innerparteilichen Querelen der Union und den Streitigkeiten der Koalitionspartner herauszuhalten. Er zählte dabei auf den inneren Zersetzungsprozess der Regierungskoalition, der sich ohne Einflüsse von außen frei entfalten sollte. Nichtsdestoweniger fuhr er fort, sich insgeheim mit Lücke und Guttenberg über den Kanzlersturz zu beraten.[70]

Mitte Oktober 1966 brach Wehner dann plötzlich eine deutschlandpolitische Kontroverse vom Zaun. Am 12. Oktober erschien im *Deutschen Panorama* ein Vorabdruck aus Gesprächen, die Wehner mit Günter Gaus geführt hatte und die binnen kurzem als Taschenbuch erscheinen sollten. Der SPD-Politiker hatte sich darin ausführlich über die Geschichte der Nachkriegs-SPD, die Außen- und Deutschlandpolitik und die deutsche Innenpolitik geäußert.[71] Das Buch sollte Akzente in der innen- und außenpolitischen Diskussion setzen, vor allem aber für die Große Koalition werben. Für den Vorabdruck wurde jedoch eine Passage ausgewählt, in der Wehner die Bildung einer »Deutschen Wirtschaftsgemeinschaft« zwischen beiden Teilen Deutschlands anregte. Tagelang beherrschte dieser Vorschlag die innenpolitische Diskussion im Oktober 1966.[72] Erhard bezeichnete ihn vor dem Kabinett als »utopisch und gefährlich«.[73] Nach anfänglichem Zögern erklärte auch FDP-Chef Mende ihn für »unrealistisch«.[74] Wehner hielt dem entgegen, dass alle, die ihn jetzt verurteilten, »unter dem Strich sehr nachdenklich werden [werden], wenn sie das Ganze gelesen haben«.[75]

Tatsächlich schlug die Stimmung rasch um. Es wurde bekannt, dass die Amerikaner den Gedanken Wehners begrüßt hatten,[76] während die SED darüber beunruhigt war.[77] Kurz darauf unterstützten auch der Vorsitzende des Kuratoriums Unteilbares Deutschland, Wolfgang Wilhelm Schütz, und der Berlinbeauftragte der Bundesregierung, Ernst Lemmer, die Initiative Wehners.[78] Und zuletzt führte der Vorschlag trotz der ablehnenden Haltung Mendes im Oktober noch zu einem handfesten Koalitionskrach zwischen FDP und CDU/CSU.[79]

Für den Zustand des Regierungsbündnisses war es bezeichnend, dass sich Erhard im Oktober nicht mehr durchsetzen konnte. Zu den ohnehin vorhandenen finanzpolitischen Querelen kam hinzu, dass es Wehner auch auf deutschlandpolitischem Gebiet gelang, die Regierung zu entzweien. In einem *Spiegel*-Gespräch wenige Tage vor dem Bruch der Koalition erklärte er, dass es ihm darum gegangen sei, klarzustellen, dass sich die Bundesrepublik nicht in einer »selbstzufriedenen Ohnmacht« gefallen dürfe, da dies heutzutage »nur zu einem ohnmächtigen Nationalismus führen« könne. Er habe versucht, »Kräfte in den Regierungsparteien, von denen [er] annahm, sie könnten noch progressiv tätig werden, zu ermuntern«. Alles in allem erscheine es ihm für den Streit um die Deutschlandpolitik der »richtige Zeitpunkt« gewesen zu sein.[80]

Am 25. Oktober schwor Wehner die Fraktion noch einmal darauf ein, sich nicht in die Diskussion der Regierungsparteien über den Bundeshaushalt 1967 hineinziehen zu lassen. Die Sozialdemokraten seien »keine Erfüllungsgehilfen bei der Lösung der Schwierigkeiten der jetzigen Regierung«. Die SPD müsse deshalb verhindern, in diesen Auseinandersetzungen »als Prügel benutzt« zu werden.[81]

Zwei Tage später zerbrach die Koalition am Streit über den Haushalt. Sofort legte Wehner Wert auf die Feststellung, dass die SPD »nichts getan habe, was die Krise angeheizt habe«. Diese sei einzig und allein »eine Krise der Führung der CDU/CSU«.[82] Die Fraktion bat er um »Zurückhaltung«. Sie möge alles vermeiden, was »von den anderen Parteien und Fraktionen dahin gedrechselt werden könnte, als sei die SPD ›ein Stock in der Hand der anderen‹«. Die bisherigen Koalitionsparteien hätten »den Offenbarungseid zu leisten«.[83]

Bildung der Großen Koalition

Der Sturz Erhards und die Nominierung Kiesingers

Am 30. Oktober beschloss der Fraktionsvorstand der SPD, Erhard aufzufordern, gemäß Artikel 68 des Grundgesetzes die Vertrauensfrage zu stellen. Drei Tage später legte das Gremium ein Acht-Punkte-Programm über Sofortmaßnahmen einer neuen Bundesregierung vor.[1]

Noch vor der Sitzung der CDU-Fraktion am 3. November 1966 kam es zu einer ausführlichen Unterredung zwischen dem CSU-Vorstandsmitglied Guttenberg und Herbert Wehner, bei der der SPD-Vize die Grundgedanken dieses Programms darlegte. Guttenberg informierte seinen Parteivorsitzenden Strauß darüber und teilte ihm gleichzeitig mit, dass Wehner »für eine vernünftige und auch für die CDU/CSU mögliche gemeinsame Linie zu haben« sei. Habe man diese erst gefunden, werde sich Wehner dafür in seiner Fraktion einsetzen. Guttenbergs detaillierte Erläuterungen des Acht-Punkte-Programms stießen beim CSU-Vorsitzenden auf »gänzliche Zustimmung«. Abschließend bat Strauß darum, Wehner auszurichten, »er werde in jedem Fall ›darauf hinwirken, dass zur Bildung einer neuen Regierung der ernsthafte Versuch gemacht werde, ein Gesamt-Tableau der anstehenden Sachfragen mit der SPD zu erarbeiten‹«. Er, Strauß, werde auch Kiesinger, der – wie Guttenberg bemerkte – »offenkundig der Mann seiner Wahl« sei, über den Inhalt dieses Gesprächs orientieren.[2]

Am 4. November teilte Guttenberg Wehner mit, dass es in der Fraktionssitzung der CDU am 3. November »noch nicht zu einer grundsätzlichen Debatte – geschweige denn zu einer Entscheidung« gekommen sei. Jedermann sei sich allerdings darüber im Klaren gewesen, dass Erhards Äußerung, er werde einer Lösung nicht im Wege stehen, des Kanzlers »endgültiges Ende« besiegelt habe. Die Stimmung innerhalb der Unionsfraktion scheine sich jedoch wieder zu wandeln, nachdem von der FDP »Zeichen eines prinzipiellen Rückkehrwillens« gegeben worden seien. Er, Guttenberg, gehe allerdings davon aus, »dass mit Hilfe eines mehrheitsbildenden Wahlrechts die Mehrheit der Fraktion für eine stabilisierende Lösung gewonnen werden« könne.[3]

Der CSU-Abgeordnete teilte auch mit, dass wahrscheinlich Kiesinger der neue Kanzlerkandidat der Union sein werde, und führte aus: »Die Landesverbände Baden-Württembergs, Rheinland-Pfalz', des Saargebiets und wohl auch Bayerns haben sich sozusagen schon inoffiziell abgestimmt, ihn als den Mann ihrer ersten Wahl anzusehen. Das sind bereits ca. 100 Abgeordnete; demgegenüber wird weder Schröder noch Barzel im ersten Wahlgang eine Chance haben; und Barzels Leute werden m. E. im zweiten Wahlgang eher Kiesinger als Schröder wählen.«[4]

Vor dem Hintergrund dieser Informationen erhielt der sozialdemokratische Antrag, der Bundestag möge den Bundeskanzler auffordern, die Vertrauensfrage zu stellen, eine erstrangige taktische Bedeutung. Der Antrag, den die SPD in der Sitzung des Ältestenrats am 4. November für die Plenarsitzung am 8. November ankündigte, zwang die Freien Demokraten, Farbe zu bekennen, ob sie zum Koalitionswechsel bereit seien. Nur wenn die FDP ihn geschlossen unterstützte, hatte er Chancen, im Plenum eine Mehrheit zu finden. Würde er angenommen, dann wäre Erhard nicht länger zu halten und der Entscheidungsprozess innerhalb der Unionsfraktion, einen neuen Kanzlerkandidaten zu benennen, würde beschleunigt werden. Zugleich hätten die Tendenzen zur Neuauflage einer

Koalition von CDU/CSU und FDP einen empfindlichen Dämpfer erhalten, der sich auch auf die Auswahl des neuen Kanzlerkandidaten der Union auswirken würde. Sollten die Freien Demokraten dem sozialdemokratischen Antrag aber nicht zustimmen, so wäre einmal mehr unter Beweis gestellt, dass sie zu einer Koalition mit der SPD nicht bereit seien.

In der Fraktionssitzung der FDP am 7. November votierte gegen den Widerstand Mendes die Majorität der Abgeordneten für eine Unterstützung des SPD-Antrags. Die Minderheit sagte zu, diese Entscheidung bei der Abstimmung mitzutragen. Tatsächlich erzielte der SPD-Antrag daraufhin in der Plenarsitzung am 8. November eine Mehrheit.[5] Wenige Stunden später beschloss der Bundesvorstand der CDU, der Fraktion Barzel, Gerstenmaier, Kiesinger und Schröder als mögliche Kanzlernachfolger vorzuschlagen. Die Entscheidung darüber sollte so rasch wie möglich fallen.[6]

Am 10. November wurde Kurt-Georg Kiesinger in der Unionsfraktion zum Kanzlerkandidaten gewählt. Wehner kommentierte dies gegenüber Guttenberg mit der Bemerkung, »dass es nun doch möglich wird, Gutes und Entscheidendes für Deutschland zu tun«.[7] Bereits am 12. November traf Wehner mit Kiesinger zu einer ersten Unterredung zusammen.[8]

Koalitionsverhandlungen und Regierungsbildung

In den ersten beiden Koalitionsgesprächen zwischen SPD und CDU/CSU,[9] die auf der Grundlage des ausformulierten Acht-Punkte-Programms der SPD[10] am 15. und 18. November 1966 geführt wurden, war das Bestreben Kiesingers unverkennbar, aufkommenden Meinungsverschiedenheiten zwischen den Verhandlungsdelegationen von vornherein die Schärfe zu nehmen.[11] Nachdem am Morgen des 22. November auch das erste Koalitionsgespräch zwischen FDP und SPD stattgefunden hatte,[12] wurde die Fraktion nachmittags über den Stand der bisherigen Verhandlungen unterrichtet. Wehner wies in diesem Zusammenhang darauf hin, dass die SPD in der Frage eines Regierungsbündnisses so lange keine Entscheidung fällen könne, wie »nicht eine Aufklärung der Öffentlichkeit über die wirklichen Ursachen der Finanzkrise erfolgt sei«.[13] Worauf er damit anspielte, musste den meisten seiner Zuhörer allerdings verborgen bleiben.

Guttenberg hatte am 15. November Ex-Finanzminister Rolf Dahlgrün von der FDP vorgeworfen, geschönte Einnahme- und Ausgabeschätzungen im Bundeskabinett vorgetragen und dadurch ein Haushaltsdefizit heraufbeschworen zu haben.[14] Dahlgrün hatte daraufhin zur eigenen Entlastung einen Brief an Erhard vom 15. Juni 1965 veröffentlicht. Darin hatte er den Bundeskanzler nachdrücklich darauf hingewiesen, dass angesichts teurer »Wahlgeschenke« der Ausgleich des Bundeshaushalts akut gefährdet sei.[15] Die FDP nahm nun im November 1966 wegen dieses Briefes für sich in Anspruch, durch ihren Minister rechtzeitig auf die sich abzeichnende Finanzkrise des Bundes aufmerksam gemacht zu haben. Wie sich Wehner notierte, bemerkte Kiesinger in den Koalitionsverhandlungen mit der SPD dazu: »[D]ie einzige Möglichkeit, die der Finanzminister damals gehabt hätte, wäre zurückzutreten. Einen Brief zu schreiben, hat nicht genügt.«[16]

In den Beratungen zwischen SPD und FDP am 22. November hatte sich herausgestellt, dass Dahlgrün tatsächlich vorgehabt hatte, im Juni 1965 zurückzutreten. Mende hatte ihn damals jedoch mit Rücksicht auf den bevorstehenden Wahltermin davon abgehalten und erklärt: »[I]ch nehme es auf meine Kappe, Sie vom Rücktritt abgehalten zu haben.«[17] Wenn Wehner daher die »Aufklärung der Öffentlichkeit über die wirklichen Ursachen der Finanzkrise« forderte, so spielte er damit vor allem auf die Rolle Erich Mendes an.

Am 23. November vormittags traten die Verhandlungsdelegationen der CDU/CSU und der FDP zu einem ersten Koalitionsgespräch zusammen. Im Anschluss daran wurde die Meldung verbreitet, dass sich Union und Freie Demokraten angenähert hätten und sich eine Neuauflage des bisherigen Regierungsbündnisses abzeichne.[18] Gleichzeitig wurde Wehner von Guttenberg darüber unterrichtet, dass Kiesinger »*eindeutig* auf der Linie der großen Koalition« stehe und ganz auf Wehner setze. Der designierte Bundeskanzler ersuche ihn dringend um ein Gespräch.[19]

Im Plenum des Bundestags nahm Wehner nachmittags die Debatten um den Nachtragsetat für 1966 zum Anlass, die Finanzpolitik der Regierung Erhard scharf anzugreifen. Dabei stellte er besonders heraus, dass es im Juni 1965 Dahlgrüns Pflicht gewesen sei, von seinem Amt als Finanzminister zurückzutreten. Er habe damals aber offenbar »seine Lage [...] anders gesehen und anders aufgefasst«.[20] Als daraufhin einige SPD-Abgeordnete unter Führung Hans Apels die Einberufung einer Fraktionssitzung forderten, weil sie nach der Rede Wehners den Eindruck hatten, die SPD habe ihr Ziel einer Regierungsbeteiligung aufgegeben, erklärte Wehner in der rasch anberaumten Sitzung, dass seine Rede keineswegs dazu beigetragen habe, »CDU und FDP einander näher zu bringen«. Es müsse nur klargestellt werden, dass »weder Dahlgrün noch Erhard [...] von ihrer Schuld freigesprochen werden« könnten.[21] Dass Wehner sich auch vorbehielt, gegebenenfalls Mende als einen der Hauptschuldigen zu »entlarven«, sagte er nicht.

Noch vor der Fortsetzung der Koalitionsgespräche zwischen SPD und CDU/CSU am 24. November kam es auf Wunsch Kiesingers zwischen Guttenberg und Wehner zur Vorklärung einiger strittiger Fragen der Deutschland-, Außen- und Sicherheitspolitik.[22] Daraufhin gelang es in den Verhandlungen am 24. November, in allen problematischen Punkten Kompromissformeln zu finden. Auch die bis dahin noch nicht zur Sprache gebrachte Änderung des Wahlrechts wurde erörtert, wobei man sich auf die Einführung eines »unmanipulierten relativen Mehrheitswahlrechts« einigte.[23]

Bei den Konsultationen zwischen SPD und FDP am darauf folgenden Tag bemühte sich Mende, die SPD-Delegation davon zu überzeugen, dass im Falle einer erfolgreichen Koalitionsbildung alle FDP-Abgeordneten die notwendige Fraktionsdisziplin einhalten würden. Er ging sogar so weit, zu erklären, »dass die FDP bereit sei, eine sozialdemokratische Bundesregierung mitzutragen und dazu mit 50 Abgeordneten zu stehen«.[24] Als Brandt am Ende des Gesprächs vorschlug, diese Erklärung ins gemeinsame Kommuniqué aufzunehmen, verwies Mende jedoch darauf, dass er dem Hauptausschuss der FDP nicht vorgreifen wolle und seine Bemerkungen »mehr intern gemeint« seien.[25]

In der gemeinsamen Sitzung von Fraktions- und Parteivorstand am 25. November berichtete Wehner daraufhin von den Koalitionsverhandlungen mit der Union und der FDP und riet abschließend zur Bildung einer Regierung mit der CDU/CSU. Nach heftigen Debatten stimmten die Vorstände schließlich dieser Empfehlung mit der Auflage zu, dass das Gewicht der SPD im Kabinett deutlich und ein Sozialdemokrat Außenminister werden müsse.[26]

Am 26. November kam es zu einer weiteren Besprechung mit der CDU/CSU, in der nochmals ausführlich über die Einführung des Mehrheitswahlrechts beraten und schließlich auch das »Problem Strauß« erörtert wurde. Da es der ehemalige Verteidigungsminister ablehnte, sich für seine Handlungen im Zusammenhang mit der *Spiegel*-Affäre zu entschuldigen, schlug Helmut Schmidt eine Kompromissformel vor, mit der alle Beteiligten zufrieden waren. Schmidt stellte an Strauß die Frage: »Wenn Sie sich das alles überlegen, was damals ein tatsächlicher Vorgang war und was im Parlament gesprochen worden ist und was Sie selbst dazu gesprochen haben, werden Sie zu dem Ergebnis kommen, dass Sie sich damals im Bundestag nicht [!] glücklicher ausdrücken konnten, als es geschehen ist?«[27] Darauf antwortete Strauß: »Das ist richtig.«[28] Und Wehner legte zum Schluss der Sitzung Wert auf die Feststellung, dass es damit »keine a priori umstrittenen Personenfragen« mehr gebe.[29]

In der Fraktionssitzung der SPD am 26. November wurde

von abends 18 Uhr bis 4 Uhr früh erbittert um die Zustimmung zur Großen Koalition gerungen. Lange nach Mitternacht bemühte sich Wehner nochmals, die historische Bedeutung des Koalitionsabschlusses mit der CDU/CSU darzulegen. Letztlich käme es auf den »echten Wechsel in der Regierungsverantwortung« an. Wenn die SPD sich in der neuen Rolle bewähre, dann könne »ein wirklicher Wechsel herbeigeführt werden«. Die kleine Koalition mit der FDP habe »nur den Anschein eines Wechsels und Neubeginns«. Das Scheitern eines solchen Regierungsbündnisses würde »den echten Wechsel auf lange Zeit unmöglich machen«. Im Übrigen sei er davon überzeugt, »dass die FDP nicht entwicklungsfähig ist, sondern sich in einem Auflösungsprozess befindet«. Außerdem müsse das Jahr 1969, der Termin, zu dem ein NATO-Austritt möglich sei, ins Kalkül gezogen werden. Falls es dann zu einer »Auflösung der NATO« komme, sei eine schwächliche SPD-FDP-Koalition den »Erpressungsversuchen des Auslands hilflos ausgeliefert«. Die Sozialdemokraten hätten es heute in der Hand, die Bildung einer Bundesregierung gegen sie zu verhindern. Wenn sie sich nicht entscheiden könnten, werde die Entwicklung über sie hinweggehen.[30]

Mit Mehrheit stimmte die Fraktion schließlich für den Abschluss einer Großen Koalition. Nach der Klärung der personellen Fragen am 27. und 29. November und der Billigung dieser Ergebnisse durch die Fraktion am 30. November[31] wurde Kiesinger am 1. Dezember 1966 zum neuen Bundeskanzler gewählt. Wehner trat in das Kabinett als Minister für gesamtdeutsche Fragen ein.

Perspektiven der Großen Koalition

Der Abschluss der Großen Koalition war für Wehner und seine Mitstreiter im Unionslager ein Etappensieg. Bei den langfristigen Zielen mussten sich ihre Wege aber wieder trennen: Für Wehner war der Eintritt der SPD in die Regierung der Startschuss zu einer intensiven Einflussnahme auf den außenpolitischen Weg Deutschlands. Für Lücke und Guttenberg standen Reformen im Inneren im Vordergrund, die in der Forderung nach Schaffung eines Zweiparteiensystems kulminierten.[32]

Seine innenpolitische Vision legte Guttenberg Ende Dezember 1966 in einem Schreiben an Wehner prägnant dar. Einen Blick auf die letzten Jahre zurückwerfend, stellte er zunächst fest, »dass es mit unserem Staat und mit unserer Gesellschaft zusehends schneller bergab ging, dass Faulheit und Fäulnis sich breit machten und dass die Mediokrität zum Maßstab wurde [...] Mit der Kanzlerschaft Erhardts [!] ist in der Tat eine ›Ära Erhardt [!]‹ eingetreten. Das fleischgewordene Kleinbürger- und Spießerideal an der Spitze hat überall im Lande mit geradezu magnetischer Kraft jene Figuren und Kräfte hochkommen lassen, die sich mit und durch diesen Mann bestätigt fühlten. Für mich war das – vor allem in meinem Wahlkreis und in weiten Teilen der CSU – ein ebenso aufreibender wie aussichtsloser Kampf, der nur eine Niederlage nach der anderen bescherte, sei es in den Schützengräben des Wahlkreises, sei es im Dschungel des arrivierten Spießertums in den oberen Rängen der CSU oder sei es in dem Versuch, der deutsch-nationalen Arroganz à la Schröder entgegenzutreten. Nun kann man wenigstens wieder frei atmen.«[33]

In seiner Antwort ging Wehner auf diesen Ausbruch aristokratischer Verachtung des Bürgertums nicht ein. Er dankte Guttenberg für seine »Aufrichtigkeit und für die Beständigkeit, mit der Sie auch unter widrigen Verhältnissen Ihrem Kompass folgen«. Im Übrigen mahnte er: »In der auswärtigen Politik werden wir Zug um Zug, vielleicht sogar Schlag auf Schlag zu Entscheidungen genötigt werden, die reiflich überlegt werden müssen.«[34]

Bereits am Tage nach seiner Vereidigung als Bundesminister für gesamtdeutsche Fragen hatte Wehner in Rundfunkvorträgen ausgeführt, dass es bei der Großen Koalition darum gehe, »unserem Volk zu helfen, seinen Weg zum gesicherten

Frieden mit der Welt zu finden«. »Nationalismus, Revanchismus, Chauvinismus und soziale[r] Reaktion« sei »in jeder Form der Boden zu entziehen.« Schon bald werde erkennbar werden, dass die neue Bundesregierung ein »ernst zu nehmender Partner für alle politischen Kräfte in der Welt [sei], die den Frieden sicherer zu machen bestrebt« sind.[35] Eine Regierung, die der Einsicht zu verdanken sei, »dass Miteinander notwendig ist, [werde] Entscheidendes zum Ausgleich auch in der Welt beitragen können«.[36]

Zwei Wochen später erklärte er in einem Interview mit dem *Vorwärts*, dass die »Wiedervereinigung der gespaltenen Nation« das »Endziel« der deutschen Politik sei. Das »Nahziel« sei, die »Folgen der Spaltung Deutschlands vor allem für die Menschen in Mitteldeutschland zu mildern sowie die menschlichen Beziehungen zwischen den Mitteldeutschen und den Westdeutschen so weit als möglich zu vertiefen«. Der »Prozess der Wiedervereinigung« müsse »als langfristig anerkannt werden«. Dabei hätten die »Menschen in dem von uns losgelösten Teil Deutschlands« allerdings das Recht, »in eigener freier Verantwortung ihre Gesellschaftsordnung auch dann zu bestimmen, wenn diese im Gegensatz zu den Auffassungen der Mehrheit der Menschen in der Bundesrepublik Deutschland stehen« sollte. Letztlich müsse die mitteldeutsche Bevölkerung selbst entscheiden, »ob überhaupt, in welchem Umfang und auf welchen Sektoren die Bundesrepublik als Modell dienen kann«. Sollten die demokratischen Grundrechte innerhalb des anderen Teils Deutschlands gewährleistet sein, stünde auch einer Anerkennung der DDR nichts mehr im Wege.[37]

Als Alfred Mozer, der Kabinettschef der EWG-Kommission, im Dezember 1966 gegenüber Wehner die Sorge ausdrückte, dass sich nach der Bonner Regierungsbildung offenbar das Bewusstsein der »Bindung zwischen Deutschland- und Europapolitik« im Außen- und Wirtschaftsressort (Willy Brandt und Karl Schiller) nicht gerade verstärkt habe und der Eindruck bestehe, als sei »eine gewisse Sorte Anti-Gaullismus nur eine Camouflage für den eigenen Neonationalismus«,[38] antwortete ihm Wehner: »Auf der Tagesordnung steht nicht die Lösung der deutschen Frage [...], sondern die Erhaltung der Lebensfähigkeit der demokratischen Kräfte in Deutschland. In Auseinandersetzung mit Extremen muss die demokratische Ordnung durch die Leistungsfähigkeit der Demokraten bestehen. Darum geht es jetzt.«[39]

Dass dies aber auch die Voraussetzung für weiter gehende Perspektiven in der deutschen Frage war, erläuterte Wehner ein Jahr später auf der SPD-Bundeskonferenz in Bad Godesberg. Die Große Koalition sei demnach in der Bundesrepublik als Sammlung der Demokraten notwendig gewesen. »Für unsere Selbstbehauptung als deutsches Volk, als Nation, [...] ist diese Phase des Ringens von ausschlaggebender Bedeutung. Vor die Notwendigkeit der Bewährung der demokratischen Lebensordnung im Wettbewerb mit einer auf deutschem Boden etablierten Fremdherrschaft gestellt, bedarf unser Teil Deutschlands der Sicherung der Demokratie in ihrem sozialen Fundament wie kein anderer demokratischer Staat. Darin können sich und darin müssen sich Sozialdemokraten, Gewerkschaften und alle sozial verantwortlich Denkenden in allen Lagern einig werden können. Die Alternative dazu wäre der unweigerliche und endgültige Rückfall in den kältesten Kalten Krieg mit der ständigen Gefahr des Umschlagens in gewaltsame Formen der Auseinandersetzung. Die Phantasie reicht doch gar nicht aus, wo wir in 10 Jahren im geteilten Deutschland stehen werden, womit wir alle, wenn wir es noch erleben, zu tun haben an innerer Dynamik, an innerem Ringen, an der Notwendigkeit der Standhaftigkeit und der Elastizität. Das kommt erst alles noch. Bis jetzt war das Vorspiel.«[40]

Aufmerksame Zuhörer hätten schon aus dieser Situationsbeschreibung den Versuch herauslesen können, Grundelemente leninistischer Strategie und Taktik zur Durchsetzung der Demokratie in ganz Deutschland anzuwenden. Aber Wehner wurde noch deutlicher. Er sprach von »den Verhältnissen der andauernden Spaltung unseres Volkes, die ja in den nächsten Jahrzehnten nicht einfach andauern wird, insofern sie Spaltung ist, sondern in zunehmendem Maße zum Ringen wird: ›Wer wen?‹«, und fügte hinzu: »Ich darf kurz nach dem 50. Jahrestag der sowjetischen Oktoberrevolution auch einmal ein berühmtes Wort von Lenin zitieren – ich habe es sonst in der ganzen Zeit nicht gemacht.«[41]

Seit Beginn der fünfziger Jahre hatte Wehner immer wieder dargelegt, was sich hinter der Lenin'schen Formel »Wer wen?« verberge: die Strategie der Doppelherrschaft im Zuge des revolutionären Prozesses. Wenn Wehner das Lenin-Wort im November 1967 benutzte, dann zeigt das an, dass er das deutsch-deutsche Verhältnis und den Kampf um die Demokratie in Deutschland in den Kategorien der leninistischen Revolutionstheorie begriff. Sein Zusatz, er erlaube sich, angesichts des 50. Jahrestages der sowjetischen Oktoberrevolution Lenin zu zitieren, er habe es »sonst in der ganzen Zeit nicht gemacht«, verweist darüber hinaus darauf, dass er seine Politik »in der ganzen Zeit« – das heißt in der Zeit seit seinem Ausscheiden aus der KPD – durchaus mit Lenin-Zitaten hätte begründen können.

Die Wandlungen des Herbert Wehner

Herbert Wehner war ein »Schüler Lenins«. Als kommunistischer Funktionär hatte er sich mit den politischen Lehren des Leninismus umfassend vertraut gemacht. Von Stalins Programmschrift »Über die Grundlagen des Leninismus« war er zweifellos fasziniert. Was war es, was ihn daran anzog? Der Leninismus der zwanziger Jahre bot gerade wegen seiner engen Anlehnung an militärwissenschaftliche Theorien ein fest umrissenes, in sich stimmiges und effizientes System politischer Strategie und Taktik. Modernes strategisches und taktisches Denken, das ursprünglich militärischer Planungsrationalität entsprang, hat sich im Verlauf des zwanzigsten Jahrhunderts in den verschiedensten gesellschaftlichen Bereichen durchgesetzt: in der Politik, in der Wirtschaft, in der Kultur – überall dort, wo es darum geht, Massen kontrolliert in »Bewegung« zu bringen. Dass Wehner in seinem politischen Handeln auf ein ausgefeiltes Instrumentarium strategischen Planens zurückgriff, ist deshalb nicht überraschend. Außergewöhnlich ist aber, dass er sich als führender Politiker einer westlichen Demokratie an der leninistischen Spielart politischer Strategie orientierte.

Außergewöhnlich ist auch, dass Wehner schon als kommunistischer Funktionär eine idealistische Weltanschauung vertrat und dies mit dem Kommunismus für vereinbar hielt. Im Zentrum seines politischen Denkens stand der Rechtsgedanke in der dreifachen Ausformung als Recht des Individuums, Recht der Nation und Recht der Menschheit oder – ins Politische gewendet – als Forderung nach Demokratie, Selbstbestimmung der Nation und Verwirklichung der Menschenrechte. In diesem Rechtsgedanken, den er als den »zentralen Gedanken« der großen nationalen und sozialen Freiheitsbewegungen beschrieb, erblickte Wehner das treibende Element der Geschichte. Die »Idee des Sozialismus« war für ihn die Idee der universalen Verwirklichung des Rechtsgedankens. Es ist davon auszugehen, dass Wehner nicht erst im schwedischen Exil zu dieser Erkenntnis gelangte. Denn ähnliche Überlegungen hatte er schon vor seinem Eintritt in die KPD Mitte der zwanziger Jahre geäußert.

Wehners Projekt zur Reorganisation der KPD in Deutschland entsprach der inneren Struktur dieser politischen Grundüberzeugung. Er propagierte für den politischen Widerstandskampf in Deutschland das Selbstbestimmungsrecht der Nationen und stellte gleichzeitig die Forderung nach Verwirklichung der Demokratie als Leitlinie der internationalen Arbeiterbewegung auf. 1941/42 ließ sich diese Propaganda noch mit der der Komintern zur Deckung bringen.

Wehner brach mit dem Kommunismus, als er erkannte, dass die sowjetischen Nachkriegsplanungen eklatant gegen die Prinzipien des nationalen Selbstbestimmungsrechts verstießen. Auf der Suche nach einer neuen politischen Heimat schloss er sich der SPD Kurt Schumachers an, weil er nur im Rahmen dieser Partei die Möglichkeit sah, konsequent für das nationale Selbstbestimmungsrecht der Deutschen zu kämpfen und dadurch einen wesentlichen Beitrag zur Durchsetzung des Rechtsgedankens in globalem Maßstab zu leisten. Die Forderung nach nationaler Befreiung Deutschlands stand bis Ende der fünfziger Jahre im Vordergrund seiner Politik.

Mit der Zementierung der Blockkonfrontation und der Spaltung Deutschlands verschob sich Wehners politisches Augenmerk auf die Demokratisierung der Bundesrepublik. Angesichts der Verfestigung der bipolaren Weltordnung zielte er darauf ab, die Sozialdemokratie in einem ersten Schritt zur führenden politischen Kraft in Westdeutschland zu machen, um in einem zweiten Schritt auf die Gestaltung der internationalen Ordnung einwirken zu können. Die Bundesrepublik sollte ihren weltpolitischen Einfluss auf lange Sicht so geltend machen, dass das Selbstbestimmungsrecht der Nation (und damit auch das der deutschen) im Rahmen eines auf Gleichberechtigung beruhenden Systems internationaler Beziehungen verwirklicht werden könnte.

Während es Wehner im Laufe der fünfziger Jahre gelang, seine Politik innerhalb der SPD weitgehend durchzusetzen, blieb die Resonanz auf seine »nationale Befreiungspolitik« in großen Teilen der Bevölkerung aus. Das änderte sich seit Beginn der sechziger Jahre, als Wehner seine Wende zur »Demokratisierungspolitik« vollzog. »Demokratisierung« entwickelte sich im Laufe des Jahrzehnts zum zentralen politischen Thema in der Bundesrepublik. Es war nicht zuletzt ihrer Dominanz innerhalb dieser öffentlichen Diskussion zu verdanken, dass die SPD unter der informellen Parteiführung Wehners mehrheitsfähig wurde.

Das Kernproblem der Wehner'schen Politik war ihre mangelnde Verständlichkeit. Wann immer sich der Ex-Kommunist bemühte, durch Argumente zu überzeugen, blieb sein theoretisches Rüstzeug den meisten Parteifreunden fremd und unzugänglich. Seine politisch-strategische Planungskompetenz sicherte Wehner zwar von vornherein einen überragenden Einfluss in der Partei; doch die »Erkenntnisse«, zu denen er aufgrund seines theoretischen Instrumentariums gelangte, waren kaum vermittelbar – allenfalls gegenüber anderen Ex-Kommunisten, von denen stets einige zum engeren Kreis seiner Vertrauten zählten.

Wehners Vorstellungen über die Natur und die Politik einer »revolutionären« Arbeiterpartei haben in der Nachkriegszeit der SPD tiefe Spuren hinterlassen. Die Partei musste für ihn fest in der organisierten Arbeiterschaft verankert sein, um an der Tradition der sozialen Befreiungsbewegungen festhalten zu können. So forderte er nach der Wahlniederlage von 1957 als Erstes, die Betriebsgruppenarbeit in der SPD zu intensivieren. Die feste Verwurzelung in der Arbeiterschaft bildete in seinen Augen das Fundament, von dem aus die Partei für andere Schichten zu öffnen war, ohne ihre politische Identität einbüßen zu müssen.

Nach seiner Wahl zum stellvertretenden Parteivorsitzenden 1958 suchte Wehner den permanenten Austausch mit denjenigen Parteifunktionären, die unmittelbaren Kontakt zur »Basis« hatten, also den Betriebs- und Parteisekretären. Auf regelmäßig stattfindenden Konferenzen mit SPD- und Gewerkschaftsvertretern – »Onkel Herberts Familientreffen«, wie Insider sie nannten – legte Wehner die Grundlinien seines politischen Vorgehens dar und stellte sie zur Diskussion. Diese Zusammenkünfte dienten dazu, die Akzeptanz seiner strategischen Planungen zu überprüfen, und stellten gleichzeitig sicher, dass der tragende Funktionärskörper der SPD über die politischen Leitlinien der Parteispitze orientiert war.

Zugleich forcierte Wehner die politisch-programmatische und organisatorische Modernisierung der Partei. Um sowohl in der ideologischen Konkurrenz mit der SED als auch in der politischen Konkurrenz mit den Unionsparteien in den sechziger Jahren bestehen zu können, bedurfte es einer schlagkräftigen Massenorganisation, die sich modernster Kommunikations- und Werbemittel bediente. Unter diesem Gesichtspunkt spielte auch der Sympathieträger Willy Brandt für Wehners Planungen eine Rolle – aber nicht als eigenständige politische Führungsfigur. Das spätere Zerwürfnis zwischen Wehner und Brandt hatte hier seine Wurzeln.

Nachhaltigen Einfluss hat Wehner auch auf die Art der Auseinandersetzung der SPD mit den politischen Gegnern in den sechziger und siebziger Jahren ausgeübt. Sowohl der SED als auch den Unionsparteien war eine in sich konsistente politische Strategie entgegenzusetzen, die aus einer Analyse der weltpolitischen Gesamtsituation resultierte. Dabei war im gegnerischen Lager kompromisslos zu bekämpfen, was der eigenen politischen Linie entgegenlief, und konsequent zu unterstützen, was ihr entsprach – als informeller Parteiführer verfolgte Wehner eine äußerst flexible Bündnispolitik. In jedem Fall galt es, das gegnerische Lager auf Dauer zu schwächen. Wehners Zusammenspiel mit Unionsabgeordneten im Vorfeld der Großen Koalition war nichts anderes als eine Zersetzungsstrategie. Er verbündete sich mit dem rechten Flügel der Union gegen Ludwig Erhard und förderte insgeheim die Auseinandersetzung um eine Regierungsbeteiligung in den Reihen von CDU und CSU. In der Öffentlichkeit erklärte er das Thema »Große Koalition« zu einer inneren Angelegenheit der Unionsparteien und warnte seine eigene Partei davor, sich an dieser Diskussion zu beteiligen. Der Endzweck dieser Strategie war die Machtübernahme der SPD in der Bundesrepublik.

In der Auseinandersetzung mit der SED kam Wehner seine Vergangenheit als kommunistischer Funktionär zugute. Hinter den Propagandafloskeln der kommunistischen Seite vermochte er ein politisch-strategisches Grundkonzept zu entdecken, an dem er sein eigenes Handeln ausrichtete. Inwiefern er dabei die Zielsetzung kommunistischer Politik zutreffend einschätzte, ist im Einzelnen schwer zu beurteilen. Die jahrzehntelangen Propagandaschlachten über das Wesen des Kommunismus haben sich auch in der wissenschaftlichen Literatur niedergeschlagen. Im Rahmen dieser Untersuchung war es lediglich möglich, aufgrund neuer quellennaher Studien die Politik Ulbrichts zu Beginn der sechziger Jahre zu berücksichtigen. Nach ihren Erkenntnissen muss man zu dem Schluss kommen, dass sich Wehners Einschätzungen der Ulbricht'schen Politik als zutreffend erwiesen und seine »Abwehrmaßnahmen«, die Ausgrenzung der Parteilinken, der Herausforderung angemessen waren.

Die Wandlungen des Herbert Wehner resultierten aus der Verbindung einer emanzipatorisch-demokratischen Zielsetzung mit einem äußerst flexiblen politisch-strategischen Instrumentarium. Was Außenstehende jeweils als grundlegende Wende in der Politik Wehners interpretierten, war für ihn die Weiterverfolgung seines politischen Ethos mit anderen Mitteln. Und diese Wandlungsfähigkeit Wehners in einer sich wandelnden Welt war nicht zuletzt die Stärke seiner Politik.

Anmerkungen

Vorwort

1 Vgl. dazu Wolf, Spionagechef, S. 195.
2 Vgl. dazu Wehner im Interview mit Günter Gaus am 8. Januar 1964, in: Wehner, Zeugnis, S. 358; siehe auch Appel, Wehner, S. 7.
3 So Wehner erstmals am 2. Juli 1953 vor dem Rhein-Ruhr-Club in Essen, vgl. dazu polemisch: Paul Wilhelm Wenger, Marxistischer Saulus Wehner. Ein Leben zwischen Berlin, Moskau, Bonn und seine Deutung, in: *Rheinischer Merkur* vom 18. Februar 1955.
4 Vgl. dazu Michael Jach, Beklemmende Hinweise, in: *Focus* Nr. 8 vom 21. Februar 1994, wo Hermann Kreutzer, ein einstiger Mitarbeiter Wehners, mit der Einschätzung zitiert wird: »Alles spricht dafür, dass Wehner in die Führung der SPD gelangen und den sowjetischen Interessen Rechnung tragen sollte.«
5 Bevor der Nachlass Wehner im Sommer 1996 zur archivarischen Aufbereitung vollständig dem Archiv der sozialen Demokratie (AdsD) in Bonn übergeben wurde, konnten von mir in den Jahren 1993 bis 1996 große Teile zur Vorbereitung meiner Habilitationsschrift in Wehners Wohnhaus in Bonn-Bad Godesberg eingesehen werden. Der archivarische Fundort von Dokumenten, die im Zuge dieser Recherchen ausgewertet wurden, wird im Folgenden mit »Privatarchiv (=PA) Wehner« angeben. Dokumente, die im AdsD aus dem inzwischen archivarisch aufgearbeiteten Teil des Nachlasses Wehner eingesehen wurden, werden nach dem Archivfundort im AdsD (=NL Wehner) zitiert.
6 Helmut Schmidt, Humanist, S. 284.
7 Lucia Scherzberg, Kirchenreform mit Hilfe des Nationalsozialismus. Karl Adam als kontextueller Theologe, Darmstadt 2001.

Im Auftrag der Komintern

1 Wehner, Notizen, in: ders., Zeugnis, S. 277.
2 Ebd.

Wehners Kommunismus-Verständnis zu Beginn der vierziger Jahre

1 Wehner an Lotte Burmester vom 6. November 1944, in: PA Wehner.
2 Wehner im Fernseh-Interview mit Günter Gaus am 8. Januar 1964, in: ders., Zeugnis, S. 351.
3 Soell, Wehner, S. 159 ff.
4 Herbert Wehner, Demokratie oder Revolution, in: *Der freie Arbeiter*, 19. Jahrgang, Nr. 24 vom 12. Juni 1926; vgl. Soell, Wehner, S. 154.
5 Lebenslauf Wehner vom 24. März 1937, abgedr. in: Reinhard Müller, Akte Wehner, S. 42 ff., Zitat S. 47 f.
6 H. W. Klar [i. e. Herbert Wehner], Erwiderung auf die »Kritik« des Herrn Mühsam, in: *Der freie Arbeiter*, 20. Jg., Nr. 15 vom 9. April 1927, und Nr. 16 vom 15. April 1927; vgl. Soell, Wehner, S. 187.
7 So Wehner in seinem Lebenslauf vom 24. März 1937, abgedr. in: Reinhard Müller, Akte Wehner, S. 47.
8 Herbert Wehner, Probleme der Einheit der sozialistischen Bewegung, in: ders., Selbstbesinnung, S. 232.
9 Herbert Wehner, Der Unvergleichbare, in: *Sozialdemokratischer Pressedienst* P/IV/195 vom 17. Dezember 1949.
10 Herbert Wehner, Nachdenkliches Gedenken an W. I. Lenin, in: *Osteuropa*, 20. Jg., H. 4, April 1970, S. 222.
11 Vgl. Bochenski, Marxismus-Leninismus, S. 40 f.
12 Vgl. zum militärtheoretischen Charakter der politischen Lehren des Marxismus-Leninismus ebd., S. 113–115.
13 Aufzeichnungen Wehners u. d. T. »Klassenkampf als Tatsache«, undatiert [Winter 1942/43], in: PA Wehner.
14 Lenin, Was tun?, in: ders., Ausgewählte Werke, Bd. 1, S. 175–324.
15 Vgl. das ausführliche Zitat aus dem Artikel Kautskys in: ebd., S. 206 f.
16 Ebd., S. 199.
17 Hs. Aufzeichnungen Wehners vom 20. Dezember 1942, beginnend mit »Von liberalen Spießern ...«, in: PA Wehner.
18 Ebd.
19 Wehner, Selbstbesinnung, S. 113 f.
20 Kurt Funk [i. e. Herbert Wehner], Die Politik der II. Internationale gegenüber der Offensive des Faschismus, in: *Die Kommunistische Internationale*, Nr. 12, 1938, S. 1322.
21 Ebd.
22 Wehner, Notizen, in: ders., Zeugnis, S. 210.
23 Ebd.
24 Wehner, Selbstbesinnung, S. 111.
25 Ebd., S. 112.
26 Ebd., S. 114 f.

27 Wehner, Probleme der Einheit der sozialistischen Bewegung, in: ders., Selbstbesinnung, S. 238.
28 Wehner, Selbstbesinnung, S. 115.
29 Ebd., S. 115 f.
30 Kurt Funk [i. e. Herbert Wehner]. Die Politik der II. Internationale gegenüber der Offensive des Faschismus, in: *Die Kommunistische Internationale*, Nr. 12 , 1938, S. 1317.
31 Wehner, Selbstbesinnung, S. 153.

Der Versuch des Neuaufbaus der KPD 1941/42

1 Wehner, Notizen, in: ders., Zeugnis, S. 284.
2 K. Funk [i. e. Herbert Wehner], Karl Liebknecht und Rosa Luxemburg. Internationalisten der Tat, in: *Die Kommunistische Internationale*, Nr. 2 , 1941, S. 125.
3 Lenin, zit. nach Wehner, in: ebd., S. 130.
4 Wehner, Notizen, in: ders., Zeugnis, S. 288.
5 Ebd.
6 Ebd.
7 Ebd.
8 Wehner in einer Übersicht über seine Arbeit in Schweden vom 26. April 1941, zit. nach Michael F. Scholz, Wehner in Schweden, S. 40.
9 Ebd.
10 Erklärung Wehners über den Aufbau der neuen illegalen Organisation vom 6. März 1942, abgedr. in: Freudenhammer/Vater, Wehner, S. 287 f.
11 Stalin, Grundlagen, S. 80.
12 H. Wegner [i. e. Herbert Wehner], Ein Wort für die, die mit dem Herzen dabei waren, in: *Die Welt* (Stockholm) Nr. 26 vom 27. Juni 1941, S. 808.
13 H. Wegner [i. e. Herbert Wehner], Es ist Zeit sich auszusprechen, in: *Die Welt* (Stockholm) Nr. 20 vom 16. Mai 1941, S. 637.
14 Ebd., S. 637 f.
15 Ebd.
16 [Herbert Wehner], Erwägungen über den Krieg auf dem Balkan, in: *Die Welt* (Stockholm) Nr. 19 vom 9. Mai 1941, S. 588 f. Dieser Artikel ist im Inhaltsverzeichnis von Wehners Handexemplar der *Welt* von ihm als einer seiner Artikel markiert worden.
17 Ebd., S. 589.
18 Ebd.
19 Vgl. dazu: Der englische Volkskongreß, in: *Die Welt* (Stockholm) Nr. 4 vom 24. Januar 1941, S. 107–111.

20 Joh. Karsten [i.e. Herbert Wehner], Gedanken über den Weg zum Frieden, in: *Die Welt* (Stockholm) Nr. 24 vom 13. Juni 1941, S. 751.
21 [Herbert Wehner], Die Wahrheit dem deutschen Volke! Aufklärungsschriften der KPD, o. O., o. J. [1941]
22 Wehner, Notizen, in: ders., Zeugnis, S. 295.
23 [Herbert Wehner], Die Wahrheit dem deutschen Volke!, Aufklärungsschriften der KPD, o. O., o. J. [1941], S. 1.
24 Ebd., S. 3.
25 Ebd., S. 7 ff.
26 Ebd.
27 Ebd., S. 2–7.
28 Ebd., S. 7.
29 Ebd., S. 10.
30 Ebd.
31 Ebd., S. 12.
32 Ebd., S. 13 f.
33 Ebd., S. 14.
34 K. Friedemann [i. e. H. Wehner], Arbeiterbewegung und Faschismus, in: *Die Welt* (Stockholm) Nr. 32 vom 8. August 1941, S. 986; ders, Die Arbeiterbewegung heute und morgen, in: *Die Welt* (Stockholm) Nr. 34 vom 22. August 1941, S. 1051.
35 K. Friedemann [i. e. H. Wehner], Die Arbeiterklasse im Kampf um das Schicksal der Völker, in: *Die Welt* (Stockholm) Nr. 27 vom 4. Juli 1941, S. 834.
36 K. Friedemann [i. e. H. Wehner], Kampfziele der Arbeiterklasse, in: *Die Welt* (Stockholm) Nr. 48 vom 28. November 1941, S. 1499 [Hervorhebung im Original].
37 K. Friedemann [i. e. H. Wehner], Das Verhältnis von Arbeiterbewegung und Demokratie zum »Antikommunismus«, in: *Die Welt* (Stockholm) Nr. 50 vom 12. Dezember 1941, S. 1563.
38 K. Friedemann [i. e. H. Wehner], Es leuchtet ein Licht durch die Finsternis, in: *Die Welt* (Stockholm) Nr. 52 vom 22. Dezember 1941, S. 1611.
39 K. Friedemann [i. e. H. Wehner], Das Verhältnis von Arbeiterbewegung und Demokratie zum »Antikommunismus«, in: *Die Welt* (Stockholm) Nr. 50 vom 12. Dezember 1941, S. 1563 [Hervorhebung im Original].
40 K. Friedemann [i. e. H. Wehner], Die Krise eines Volkes, in: *Die Welt* (Stockholm) Nr. 5 vom 30. Januar 1942, S. 132 [Hervorhebung im Original].
41 H. Wegner [i. e. H. Wehner], Die Arbeiterklasse Deutschlands im Kriege, in: *Die Welt* (Stockholm) Nr. 48 vom 28. November 1941, S. 1521.
42 H. Wegner [i. e. H. Wehner], Zeitweilige Erfolge und entscheidende Siege, in: *Die Welt* (Stockholm) Nr. 46 vom 14. November 1941, S. 1439.

43 H. Wegner [i. e. H. Wehner], Gedanken zum Todestag Karl Liebknechts und Rosa Luxemburgs, in: *Die Welt* (Stockholm) Nr. 3 vom 16. Januar 1942, S. 91.

44 K. Friedemann [i. e. H. Wehner], Zur Weihnachtsbotschaft des Papstes, in: *Die Welt* (Stockholm) Nr. 2 vom 9. Januar 1942, S. 35.

45 Ebd.

46 Michael F. Scholz, Wehner in Schweden, S. 27.

47 Charakteristik Wehners über Mewis vom 7. Juli 1939, abgedr. in: Reinhard Müller, Akte Wehner, S. 349 f.

48 Wehner, Notizen, in: ders., Zeugnis, S. 287; vgl. Michael F. Scholz, Wehner in Schweden, S. 41.

49 Vgl. dazu Wehner, Notizen, in: ders., Zeugnis, S. 301.

50 Michael F. Scholz, Wehner in Schweden, S. 24.

51 Wehner, Notizen, in: ders., Zeugnis, S. 278.

52 Vgl. dazu die Angaben von Mewis gegenüber der schwedischen Polizei, abgedr. in: Freudenhammer/Vater, Wehner, S. 381.

53 Vgl. Michael F. Scholz, Wehner in Schweden, S. 48.

54 H. Wegner [i. e. Herbert Wehner], Die Arbeiterklasse Deutschlands im Kriege, in: *Die Welt* (Stockholm) Nr. 48 vom 28. November 1941, S. 1521–1524, und Nr. 49 vom 5. Dezember 1941, S. 1556–1558.

55 Wehner, Notizen, in: ders., Zeugnis, S. 301. Mewis behauptete später, dass Wehners Artikel vom Mai/Juni 1941 Anlass der politischen Streitigkeiten gewesen seien. Dieser Darstellung folgt Michael F. Scholz, Wehner in Schweden, S. 49, der noch hinzufügt, dass auch Wehner die Artikelserie vom Mai/Juni 1941 als Anlass der »offenen Feindseligkeiten« gegen ihn bezeichnet habe. Tatsächlich bezieht sich Wehner aber stets auf die Artikel vom November/Dezember 1941. Über den ideologischen Streit in Schweden schrieb er an Herbert Schütt im Juni 1946: »Eine kritische Artikelserie über die Verhältnisse in der deutschen Arbeiterbewegung während der nazistischen Herrschaft und des Krieges, in der ich begonnen hatte, unsere eigenen Fehler zu untersuchen, wurde zum Anlass zu offenen Feindseligkeiten der KPD-Intriganten gegen mich.« (Wehner an Schütt vom 26. Juni 1946 [Durchschlag], in: PA Wehner.) Damit bezieht sich Wehner auf die Artikel vom November/Dezember 1941, die die Veränderungen in der deutschen Arbeiterklasse während des Krieges behandelten. Zudem legt der Erzählduktus der »Notizen« nahe, dass der Streit erst um die Jahreswende 1941/42 ausbrach.

56 Wehner, Notizen, in: ders., Zeugnis, S. 301; Michael F. Scholz, Wehner in Schweden, S. 49

57 Wehner, Notizen, in: ders., Zeugnis, S. 301. Michael F. Scholz, Wehner in Schweden, S. 48, übersieht, dass Wehner in den »Notizen« diese Anfrage eindeutig in den Januar 1942 datiert, und meint deshalb, dass die von Wehner berichtete Auseinandersetzung um die »nationalisti-

schen Auffassungen« von Mewis sich bereits in einer Artikelserie der *Welt* vom Februar bis April 1941 abgespielt habe.

58 Wehner, Notizen, in: ders., Zeugnis, S. 301.

59 Ebd., S. 302.

60 Ebd., S. 303. Vgl. Michael F. Scholz, Wehner in Schweden, S. 55 f.

Sozialistische Reformkonzepte in der Haftzeit 1942/43

1 Michael F. Scholz, Wehner in Schweden, S. 64.

2 Ebd., S. 69.

3 Ebd., S. 72.

4 Ebd., S. 74.

5 Ebd., S. 75.

6 Hs. Aufzeichnung Wehners vom 27. Juli 1942 u. d. T. »Zwanzig Jahre durch Niederlagen«, in: PA Wehner.

7 Ebd.

8 Ebd.

9 Ebd.

10 Ebd. (Unterstreichung im Original).

11 Vgl. Osterroth/Schuster, Chronik der deutschen Sozialdemokratie, Bd. 2, S. 400 f. Siehe dazu auch Ollenhauer an Stampfer vom 10. Juli 1942, in: Mit dem Gesicht nach Deutschland, S. 556–559.

12 Vgl. Osterroth/Schuster, Chronik der deutschen Sozialdemokratie, Bd. 2, S. 401.

13 Michael Kraft [i. e. Max Seydewitz], Wandlung der sozialdemokratischen Haltung zur Sowjetunion, in: *Die Welt* (Stockholm), Nr. 28 vom 10. Juli 1942, S. 854.

14 Osterroth/Schuster, Chronik der deutschen Sozialdemokratie, Bd. 2, S. 399–402; Mit dem Gesicht nach Deutschland, S. 531–563.

15 Hs. Aufzeichnung Wehners vom 30. August 1942 u. d. T. »Selbstbesinnung und Selbstkritik«, in: PA Wehner.

16 Wehner, Selbstbesinnung, S. 36 f.

17 Ebd., S. 40.

18 Ebd., S. 47.

19 Hs. Aufzeichnung Wehners vom 30. August 1942 u. d. T. »Selbstbesinnung und Selbstkritik«, in: PA Wehner.

20 Wehner, Selbstbesinnung, S. 57.

21 Ebd., S. 48.

22 Ebd.

23 Wehner an Reimann vom 16. Mai 1946, abgedr. in: Reimann/Wehner, Epochen, S. 69.

24 Notiz Wehners auf den ersten Entwürfen zu »Selbstbesinnung und Selbstkritik«, in: PA Wehner.
25 Wehner, Selbstbesinnung, S. 74.
26 Ebd., S. 105.
27 Vgl. ebd., S. 115.
28 Ebd., S. 118.
29 Ebd., S. 89 f.
30 Ebd., S. 91f.
31 Ebd., S. 93.
32 Ebd., S. 106ff.

Enttäuschung über die sowjetische Außenpolitik 1943/44

1 Aufzeichnung Wehners vom 5. Februar 1943, in: PA Wehner.
2 Ebd.
3 Ebd.
4 Ebd.
5 Ebd.
6 Ebd.
7 Aufzeichnungen Wehners vom 25. Mai 1943, in: PA Wehner
8 Ebd.
9 Ebd.
10 Ebd.
11 Ebd.
12 Wehner, Notizen, in: ders., Zeugnis, S. 31.
13 Vgl. Friedrich Stampfer, Churchills Erklärung im Unterhaus: Atlantic Charter nicht für Feinde. Polen bekommt Kompensation auf Kosten Deutschlands, in: *Neue Volks-Zeitung* vom 26. Februar 1944, abgedr. in: Mit dem Gesicht nach Deutschland, S. 639f.
14 Ebd., vgl. auch das Schreiben der Union deutscher sozialistischer Organisationen in Großbritannien an die Labour Party vom 25. April 1944, abgedr. in: Osterroth/Schuster, Chronik der deutschen Sozialdemokratie, Bd. 2, S. 415f.
15 Vgl. Wagner an Wehner vom 17. April 1944, in: PA Wehner.
16 [Karl Mewis], Eine notwendige Abgrenzung, in: *Politische Information* Nr. 7 vom 1. April 1944, S. 1 f. Zur Verfasserschaft von Mewis vgl. Wagner an Wehner vom 17. April 1944, in: PA Wehner.
17 Wehner an Endres vom 15. April 1944, in: PA Wehner. Vgl. auch Wehner an Walter Müller vom 19. März 1944, Wehner an Paul Werther vom 19. März 1944, beide in: ebd.

18 Wehner an Vasen vom 24. Februar 1944, in: PA Wehner. Vgl. auch Wehner an Walter Müller vom 19. März 1944, in: ebd.
19 Wehner an Lotte Burmester vom 6. November 1944, in: PA Wehner.

Die Trennung von der KPD

1 Wehner an Endres vom 15. April 1944, in: PA Wehner.
2 Wehner an Vasen vom 23. Mai 1944, in: PA Wehner.
3 Wehner lt. Wagner an Wehner vom 17. April 1944, in: PA Wehner.
4 Wehner lt. Wagner an Wehner vom 30. April 1944, in: PA Wehner.
5 Lenin, Was tun?, in: ders., Ausgewählte Werke, Bd. 1, S. 314.
6 Stalin, Grundlagen, S. 82.
7 Wehner an Lotte Burmester vom 7. Juli 1944, in: PA Wehner.
8 Wehner, Notizen, in: ders., Zeugnis, S. 29.
9 Ebd., S. 29.
10 Wehner an Lippold vom 10. Juli 1945 (Durchschlag), in: PA Wehner.
11 Wehner an Peter Burmester vom 17. Juli 1945 (Durchschlag), in: PA Wehner.
12 Wehner an Lippold vom 10. Juli 1945 (Durchschlag), in: PA Wehner.
13 Ebd.
14 Wehner an Adam vom 28. Juli 1945 (Durchschlag), in: PA Wehner.
15 Vgl. zu Wehners permanenter Angst vor kommunistischen Anschlägen das Zeugnis Blachsteins in: Freudenhammer/Vater, Wehner, S. 147.
16 Vgl. Wehner, Notizen, in: ders., Zeugnis, S. 255.
17 Mewis fragte sogar im Herbst 1944 in Moskau ausdrücklich an, ob Wehner bereits aus der Partei ausgeschlossen sei. Vgl. Michael F. Scholz, Wehner in Schweden, S. 102.
18 Vgl. Wehner an Treuber vom 15. August 1941, 15. August 1942, 24. Januar 1943 und 15. August 1943 (Kopien), in: PA Wehner.
19 Aufzeichnungen Wehners vom 24. Januar 1946, beginnend mit »Als stillen Feiertag …«, in: PA Wehner.
20 Wehner an Charlotte Burmester vom 25. August 1945, in: PA Wehner.
21 Wehner an Reimann vom 22. März 1946, abgedr. in: Reimann/Wehner, Epochen, S. 32. Vgl. auch Michael F. Scholz, Wehner in Schweden, S. 190 f.
22 Wehner an Adam vom 8. Januar 1946 (Durchschlag), in: PA Wehner. Michael F. Scholz, Wehner in Schweden, übersieht in seiner Darstellung die Schutzfunktion der Wehner'schen Loyalitätsbekundungen gegenüber Adam.
23 Vgl. Michael F. Scholz, Wehner in Schweden, S. 92.
24 Vgl. ebd.
25 Wehner, Notizen, in: ders., Zeugnis, S. 315; vgl. auch Michael F. Scholz, Wehner in Schweden, S. 94.

26 Vgl. dazu ausführlich Michael F. Scholz, Wehner in Schweden, S. 96–98.

27 Wehner, Notizen, in: ders., Zeugnis, S. 315.

28 Michael F. Scholz, Wehner in Schweden, S. 98 ff.

29 Aufzeichnungen Wehners [Oktober 1944] u. d. T. »Eine Erklärung über meine Haltung gegenüber einigen Verleumdungen und ihren Urhebern«, in: PA Wehner.

30 Vgl. Michael F. Scholz, Wehner in Schweden, S. 101.

31 Vgl. ebd., S. 102.

32 dpa-Information Nr. 2132 vom 13. September 1957, Exemplar in: PA Wehner. Vgl. dazu auch Michael F. Scholz, Wehner in Schweden, S. 98; Soell, Wehner, S. 502f.

33 Beschluss vom 26. Dezember 1944, zit. nach Michael F. Scholz, Wehner in Schweden, S. 103.

34 Michael F. Scholz, Wehner in Schweden, S. 106.

35 Schreiben Wehners vom 17. März 1945 (Durchschrift), in: PA Wehner. Vgl. auch Michael F. Scholz, Wehner in Schweden, S. 103f.

36 Wehner, Notizen, in: ders., Zeugnis, S. 315. Michael F. Scholz, Wehner in Schweden, geht auf diesen Hintergrund von Wehners Schreiben nicht ein.

37 Vgl. Michael F. Scholz, Wehner in Schweden, S. 110 ff.

38 Ebd., S. 113.

39 Wehner bezeichnete Charlotte Burmester bereits in Schweden als seine Ehefrau. Juristisch war dies nicht korrekt, da er nach wie vor mit Lotte Loebinger verheiratet war. Erst zu Beginn der fünfziger Jahre gelang es Wehner, die Scheidung von seiner ersten Frau zu erwirken. Daraufhin konnte er Charlotte Burmester in Bonn heiraten. Vgl. Freudenhammer/Vater, Wehner, S. 156.

40 Wehner an Henry Heinemann (American Legation, Stockholm) vom 1. September 1945 (Durchschlag), in: PA Wehner. Dieses Schreiben Wehners ist Scholz entgangen. Er schildert lediglich die Reaktion der kommunistischen Emigration auf diesen Vorstoß der SPD, vgl. Michael F. Scholz, Wehner in Schweden, S. 113.

41 Langrock an Wehner vom 11. Oktober 1945, in: PA Wehner. Vgl. auch Michael F. Scholz, Wehner in Schweden, S. 114.

42 Vgl. Michael F. Scholz, Wehner in Schweden, S. 112.

43 Wagner an Wehner vom 7. Dezember 1946, in: PA Wehner.

44 Wehner an »Lieber Genosse« vom 15. Januar 1946 (Durchschlag), in: PA Wehner. Da es sich bei diesem Genossen um jemanden handelte, der offenbar frei von Schweden aus nach Deutschland reisen konnte und Kontakt zu Josef Wagner unterhielt, könnte es sich bei dem Adressaten um Willy Brandt gehandelt haben. Brandt vermittelte in dieser Zeit die Briefe zwischen Friedel Wagner, die noch in Uppsala zurückgeblieben war, und ihrem Mann Josef Wagner, der sich bereits in Ham-

burg aufhielt; vgl. Josef Wagner an Friedel Wagner vom 21. Januar 1946, in: PA Wehner.

45 Wehner an Blachstein vom 24. Februar 1946 (Durchschlag), in: PA Wehner. Vgl. auch Michael F. Scholz, Wehner in Schweden, S. 122.

46 Telegramm Segerstedt-Wiberg an Wehner vom 21. Februar 1946, Schreiben Segerstedt-Wiberg an Lotte Burmester vom 23. Februar 1946, beide in: PA Wehner. Vgl. auch Ingrid Segerstedt-Wiberg, Den sega livsviljan, Stockholm 1979, S. 200–205.

47 Wagner an Wehner vom 18. Februar 1946 (Durchschlag), in: PA Wehner.

48 Wehner an Wagner vom 5. März 1946 (Durchschlag), in: PA Wehner. Michael F. Scholz, Wehner in Schweden, S. 122, referiert dagegen lediglich die Erklärung, die Wehner gegenüber Kurt Adam abgegeben hatte und in der er seine eigentlichen Beweggründe für seinen Protest gegen die Abschiebung verschleiert hatte.

Übertritt zur SPD

1 Wehner an Reimann vom 10. Februar 1946, in: Reimann/Wehner, Epochen, S. 25. Vgl. dazu auch Wehner an Blachstein vom 24. Februar 1946 (Durchschlag), in: PA Wehner, wo Wehner sich dafür bedankt, dass Blachstein sein Schreiben an Reimann weitergeleitet hatte.

2 Wehner an Reimann vom 22. März 1946, in: Reimann/Wehner, Epochen, S. 33.

3 Ein Teil der Briefe aus dem Jahre 1946 wurde 1998 u. d. T. »Zwischen zwei Epochen. Briefe 1946« im Gustav Kiepenheuer Verlag, Leipzig, von Claus Baumgart und Manfred Neuhaus veröffentlicht. Diese Edition weist solch gravierende Fehler auf, dass der Argumentationsduktus zwischen Reimann und Wehner anhand des Buches nicht nachzuvollziehen ist. Im Einzelnen ist Folgendes zu monieren: Das Dokument »Resümee der Diskussion«, abgedr. auf S. 38–57, wird wie ein in sich geschlossenes Dokument behandelt, ist aber tatsächlich aus vier verschiedenen Texten kompiliert worden: S. 38 bis S. 52, Z. 6, ist die Anlage zum Schreiben Reimanns an Wehner vom 24. April 1946; S. 52, Z. 7, bis S. 55, Z. 4, ist als Anlage zum Schreiben Reimanns an Wehner vom 17. Juni 1946 geschickt worden; S. 55, Z. 5–21, ist die Anlage zum Schreiben Reimanns an Wehner vom 12. Juli 1946; S. 55, Z. 22, bis S. 57 ist die Nachschrift zum Schreiben Reimanns an Wehner vom 29. März 1946. Im Verlauf des Briefwechsels wird jeweils auf diese Anlagen Bezug genommen. Für den Leser ist es unmöglich, diese Bezüge herzustellen, da sie von den Herausgebern systematisch zerstört wurden. Die Anlagen zum Schreiben Reimanns an Wehner vom 26. Juli 1946, zwei für den Diskussionsverlauf zentrale Dokumente, be-

titelt »Copie von Brief an Günter« und »Copie von Brief an Fritz«, fehlen vollständig. Wehner geht auf diese Anlagen in seiner Antwort am 3. August 1946 ausführlich ein. Seine Argumentation ist ohne Kenntnis dieser Dokumente kaum zu begreifen. Decknamen werden in der Edition wie Klarnamen behandelt. So hat Wehner, um die Briefzensur zu verwirren, sich auf Darlegungen Reimanns bezogen, indem er sie »Hermann Singer« zuschrieb (in Anlehnung an die Initialen H. S. des Geburtsnamens von Reimann: Hans Steinicke). Dadurch, dass die Herausgeber dies nicht realisiert haben, wird der Sinn der Briefdiskussion zwischen Reimann und Wehner völlig verdunkelt. Bei der Transkription der Schreiben Reimanns ist zudem zumindest ein gravierender Lesefehler vorgekommen. Im Brief vom 26. Juli 1946 steht im Buch, S. 91: »Die nächsten Phasen können eher [!] zur aufsteigenden Entwicklung der proletarischen Klassenkraft führen.« Im Original heißt es dagegen: »Die nächsten Phasen können schwer [!] zur aufsteigenden Entwicklung der proletarischen Klassenkraft führen.«

4 Reimann an Wehner vom 29. März 1946, abgedr. in: Reimann/Wehner, Epochen, S. 36 mit Anm. 1.

5 Reimann an Wehner vom 24. April 1946, abgedr. in: Reimann/Wehner, Epochen, S. 63: »Ich lege den ersten Teil meines Berichtes über die Diskussion und die Orientierung dabei bei.«

6 Vgl. Reimann an Wehner vom 17. Juni 1946, abgedr. in: Reimann/Wehner, Epochen, S. 75: »Es wird einiges weitere abgehen – morgen.« Wehner an Reimann vom 26. Juni 1946, abgedr. in: ebd., S. 78: »Gestern kam eine, leider sehr kleine, Fortsetzung von Hermanns Notizen an.«

7 Wehner an Reimann vom 26. Juli 1946, abgedr. in: Reimann/Wehner, Epochen, S. 85.

8 Vgl. Einführung, in: Wehner, Selbstbesinnung, S. 21 f.; Hermann Weber, Vorwort, in: Reimann/Wehner, Epochen, S. 19 f.

9 Einige dieser Briefabschriften sind abgedr. in: Reimann/Wehner, Epochen, S. 127–138. Statt Lotte Burmester geben die Herausgeber irrtümlich Lotte Liebeck als Adressatin einiger Briefe an.

10 Ausarbeitung Reimanns vom März 1946 als Anlage zum Schreiben Reimanns an Wehner vom 24. April 1946, beginnend mit »1) Die Literatur über die Bewertung …«, in: PA Wehner; abgedr. auch (vgl. Anm. 3) in Reimann/Wehner, Epochen, S. 38–52, Z. 6.

11 Ebd.

12 Ebd.

13 Ausarbeitung Reimanns als Anlage zum Schreiben Reimanns an Wehner vom 17. Juni 1946, paginiert: S. 11 f., beginnend mit »Die Siegermächte wollen …«, in: PA Wehner; abgedr. auch (vgl. Anm. 3) in: Reimann/Wehner, Epochen, S. 52, Z. 7, bis S. 55, Z. 4.

14 Reimann an Wehner vom 26. Juli 1946 (abgedr. in: Reimann/Wehner,

Epochen, S. 91) mit den als Anlagen verschlüsselten Mitteilungen »Copie von Brief an Günter, 22. 7. 46 « und »Copie von Brief an Fritz«, in: PA Wehner.

15 Wehner an Reimann vom 3. August 1946, in: Reimann/Wehner, Epochen, S. 97.

16 Vgl. dazu ausführlich die Ausarbeitung Reimanns als Anlage zum Schreiben Reimanns an Wehner vom 17. Juni 1946, paginiert: S. 11 f., beginnend mit »Die Siegermächte wollen ...«, in: PA Wehner; abgedr. auch (vgl. Anm. 3) in: Reimann/Wehner, Epochen, S. 52, Z. 7, bis S. 55, Z. 4.

17 Ebd.

18 Reimann an Wehner vom 12. Juli 1946, in: Reimann/Wehner, Epochen, S. 82.

19 Postskriptum von Reimanns Schreiben an Wehner vom 29. März 1946, in: PA Wehner; abgedr. auch (vgl. Anm. 3) in: Reimann/Wehner, Epochen, S. 56 f.

20 Wehner an Reimann vom 3. August 1946, in: Reimann/Wehner, Epochen, S. 95 f.

21 Ebd., S. 96.

22 Ebd., S. 97.

23 Wehner an Wagner vom 7. September 1946 (Durchschlag), in: PA Wehner.

24 Vgl. das Parteibuch Herbert Wehners, in: PA Wehner.

25 Brief an Lotte Wehner vom 24. November 1946, Unterschrift unleserlich, in: PA Wehner; sowie mündliche Informationen Greta Wehners.

26 Vgl. Wehner an Dahlberg vom 14. Oktober 1946 (Durchschlag), in: PA Wehner.

27 Wehner an Kalbitzer vom 19. Mai 1947 (Durchschlag), in: PA Wehner.

28 Wehner an Reimann vom 27. Dezember 1947 (Durchschlag), in: PA Wehner.

29 Ebd.

30 [Herbert Wehner], Vorschlag zur Vorbereitung der Bücherproduktion, undatiert [Herbst 1946], in: PA Wehner.

31 Gunnar Dahlberg, Vererbung und Rasse, Hamburg 1947; ders., Die zukünftige Gesellschaft. Eine kurzgefaßte Prinzipiendiskussion, Hamburg 1947.

32 Willy Strzelewicz, Der Kampf um die Menschenrechte, Hamburg 1947.

33 Vgl. [Herbert Wehner], Vorschlag zur Vorbereitung der Bücherproduktion, undatiert [Herbst 1946], in: PA Wehner.

34 Laski, Harold J., Das geheime Bataillon. Eine Untersuchung über das kommunistische Verhalten zur Labour-Party, Hamburg 1947.

35 Laski, Harold J., Einführung in das Kommunistische Manifest, Hamburg 1949.

36 Leon Blum, Dein Weg zum Sozialismus, Hamburg 1947.

37 Wehner an Dahlberg vom 14. Oktober 1946 (Durchschlag), in: PA Wehner.

38 Vgl. Arthur Koestler, Sonnenfinsternis, Zürich 1946.

39 Arthur Koestler, Aus Yogi und der Kommissar: Sowjet-Mythos und Wirklichkeit, Hamburg 1947; ders., Sowjet-Mythos und Wirklichkeit aus »Der Yogi und der Kommissar«, Hamburg 1948.

40 [Herbert Wehner], Vorschlag zur Vorbereitung der Bücherproduktion, undatiert [Herbst 1946], in: PA Wehner.

41 Rosa Luxemburg, Die russische Revolution. Eine kritische Würdigung, hrsg. und eingel. von Peter Blachstein, Hamburg 1948.

42 Karl Kautsky, Die Sozialdemokratie und die katholische Kirche, Hamburg 1947.

43 Kurt Heinig, Der schwedische Mittelweg – Soziale Sicherheit, Hamburg 1947; ders., Nationalökonomie des Alltags, Hamburg 1948. Vgl. dazu Wehner an Blachstein vom 16. Dezember 1946 (Durchschlag), in: PA Wehner, wo Wehner Blachstein bittet, bei Heinig die Erlaubnis zur Übersetzung von »Nationalökonomie im Alltag« einzuholen.

44 Ernst Böse, Materialistische Geschichtsauffassung. Eine kritische Einführung, Hamburg 1947, 2. Aufl. Hamburg 1948; ders., Karl Marx. Sein Leben und sein Werk, Hamburg 1948; ders., Probleme der Marxschen Gesellschaftslehre, Hamburg 1948. Vgl. dazu die Gutachten Wehners vom 24. Januar und 21. September 1947 (Durchschläge), in: PA Wehner.

45 Solomon M. Schwarz, Die Leiter der russischen Fabriken. Eine soziologische Studie, Hamburg 1947. Vgl. dazu das Gutachten Wehners vom 24. August 1947 (Durchschlag), in: PA Wehner.

46 Gerda M. Krautter, Wie ich Russland erlebte, Hamburg 1948. Vgl. dazu das Gutachten Wehners vom 8. März 1947 (Durchschlag), in: PA Wehner.

47 Josef Radermacher, Ketzergedanken im Dritten Reich, Hamburg 1947; ders., Knüppel auf dem Wege zur Demokratie, Hamburg 1947; ders., Leute von Ellerath. Roman, Hamburg 1947; ders., Vernunft statt Glaube. Ein Wort an die Jugend, Hamburg 1947.

48 Gutachten Wehners vom 14. Dezember 1946 (Durchschlag), in: PA Wehner.

49 Gutachten Wehners vom 9. Oktober 1947 (Durchschlag), in: PA Wehner (Hervorhebungen im Original).

50 Vgl. dazu etwa Wehners Gutachten zu Karl Christiansen, Du und die Zeitenwende, vom 9. Dezember 1946 (Durchschlag), in: PA Wehner.

51 Vgl. dazu beispielhaft das Gutachten Wehners zu Hans Maschmann, Imperialismus oder Sozialismus?, vom 20. März 1947 (Durchschlag), in: PA Wehner, und sein Gutachten über das Manuskript »Über die Ordnung« vom 17. August 1947 (Durchschlag), in: ebd.

52 Vgl. Wehner an Reimann vom 27. Dezember 1947 (Durchschlag), in: PA Wehner.

53 Ebd.

54 Kalbitzer, Widerstehen, S. 114.

55 Vgl. dazu Wehner, Probleme, in: ders., Selbstbesinnung, S. 223–263; Wehner an Greta und Peter Burmester vom 17. November 1946, in: PA Wehner; Michael F. Scholz, Wehner in Schweden, S. 138 f.

56 Organisationsabteilung der SPD-LO Hamburg vom 8. Januar 1947 zur Vorlage an den Vorstand, in: AdsD, SPD-LO Hamburg Nr. 1039.

57 Vgl. Wehner an Reimann vom 27. Dezember 1947 (Durchschlag), in: PA Wehner.

58 Versammlungsbericht vom 7. November 1948, in: SPD-LO Hamburg Nr. 340.

59 Versammlungsbericht vom 14. März 1948, in: SPD-LO Hamburg Nr. 340.

60 Versammlungsbericht vom 20. Februar 1948, in: SPD-LO Hamburg Nr. 340.

61 Versammlungsbericht vom 19. Mai 1948, in: SPD-LO Hamburg Nr. 340.

62 Wehner an Reimann vom 27. Dezember 1947 (Durchschlag), in: PA Wehner.

63 Die Aussprache ist zusammen mit dem Referat Wehners abgedr. in: Wehner, Selbstbesinnung, S. 241–250.

64 Wehner an Greta und Peter Burmester vom 17. November 1946, in: PA Wehner.

65 Wehner an Reimann vom 27. Dezember 1947 (Durchschlag), in: PA Wehner.

66 Der Beginn dieses Kurses wurde angekündigt in: *Hamburger Echo* Nr. 45 A vom 6. Juni 1947.

67 So angekündigt in: *Hamburger Echo* Nr. 55 A vom 11. Juli 1947, S. 4.

68 Wehner an Reimann vom 1. Januar 1948 (Durchschlag), in: PA Wehner.

69 Protokoll des Landesparteitags der SPD-LO Hamburg vom 26./27. April 1947, in: AdsD, SPD-LO Hamburg Nr. 5.

70 Vgl. die Aktennotiz zum Ausgang der Vorstandswahlen auf dem Landesparteitag der SPD-LO Hamburg am 25. April 1948, in: AdsD, SPD-LO Hamburg Nr. 7.

71 Protokoll der Landesdelegiertenkonferenz der SPD-LO Hamburg vom 25. Juli 1948, in: AdsD, SPD-LO Hamburg Nr. 38.

72 PT 1948, S. 74f.

73 Freudenhammer/Vater, Wehner, S. 149; vgl. auch Wehner an Reimann vom 12. November 1948 (Durchschlag), in: PA Wehner.

Das Verhältnis zum Hannoveraner Parteivorstand

1 Wehner an Wagner vom 8. Mai 1946 (Durchschlag), in: PA Wehner.

2 Wehner an »Genosse Kurt« vom 1. Juni 1946 (Durchschlag), in: PA Wehner. Vermutlich handelte es sich beim Adressaten um Kurt Heinig, den Vertreter des SPD-Parteivorstands in Schweden.

3 Wehner an Schütt vom 26. Juni 1946 (Durchschlag), in: PA Wehner.

4 Frieda Schütt an Wehner vom 6. und 10. Juli 1946, in: PA Wehner.

5 Vgl. Buschfort, Ostbüro, S. 22 ff.

6 Neumann an Wehner vom 4. Oktober 1946, in: PA Wehner.

7 Wehner an Greta und Peter Burmester vom 21. Dezember 1946, in: PA Wehner. Wehners hatten eine Fahrkarte nach Kassel erstehen können, wo sie das Weihnachtsfest bei einer Schwester von Lotte Burmester verbrachten. Unterwegs machten sie Halt in Hannover, wo sie Lottes andere Schwester, Frieda Schütt, besuchten. Bei dieser Gelegenheit wird Wehner mit Kurt Schumacher zusammengetroffen sein, um seinen Parteieintritt akzeptieren zu lassen.

8 Vgl. Renger, Politisches Leben, S. 287.

9 Buschfort, Ostbüro, S. 87 f.

10 Ebd., S. 121.

11 Ebd.

12 Ebd.

13 Vgl. Wehner im Interview mit Bernhard Wördehoff und Karl Donat 1976, abgedr. in: Wehner, Zeugnis, S. 423.

14 Buschfort, Ostbüro, S. 66 und S. 121.

15 Wenn bisher versucht wurde, eine Verstimmung zwischen Wehner und Schumacher nachzuweisen, wurde stets auf ein Schreiben Lotte Wehners an Stephan Thomas vom 15. Dezember 1949 zurückgegriffen, das erhebliche Zeit nach der angeblichen Verstimmungsphase abgefasst wurde. Lotte Wehner erklärt darin lediglich, dass ihr Mann »durch viele Umstände ziemlich am Rande seiner Kraft sei« und dass sie Thomas deshalb bitte, »nochmals […] den Mittelsmann zwischen Kurt […] und Herbert« zu spielen. Zit. nach Fried Wesemann an Claus Arndt vom 6. März 1994 (Kopie im Besitz des Verf.), in dem Wesemann aus dem Schreiben Lotte Wehners an Stephan Thomas zitiert. Vgl. dazu auch Merseburger, Der schwierige Deutsche, S. 350, der sich der Wesemann'schen Interpretation anschließt. Der Duktus dieses Briefes deutet weniger auf eine Verstimmung zwischen Schumacher und Wehner hin als auf Lottes Sorge, dass Wehner sich mit der Übernahme des Bundestagsmandats und dem Vorsitz im Ausschuss für gesamtdeutsche und Berliner Fragen zu viel Arbeit aufgebürdet habe.

16 Schumacher, Reden, S. 137.

17 In Wehners Terminkalender von 1948 ist für den 15. Dezember, 17.30 Uhr, als Termin »Hannover« eingetragen, in: PA Wehner. Das Schreiben von Heine an Wehner vom 17. Dezember 1948, in: ebd., deutet darauf hin, dass es dabei zu einer ausgiebigen Unterredung zwischen Wehner und Schumacher kam.

18 Vgl. Heine an Wehner vom 17. Dezember 1948, in: PA Wehner.

19 Zum Fall Arp vgl. Tormin, Geschichte, S. 239 f.

20 Protokoll der Vorstandssitzungen der SPD-LO Hamburg vom 16. und 30. Dezember 1948, sowie vom 13. und 27. Januar 1949, in: AdsD, SPD-LO Hamburg Nr. 1040; ferner Wehner an Meitmann vom 15. Januar 1949, in: PA Wehner. Arp trat 1957 wieder in die SPD ein und war von 1961 bis 1974 Mitglied der Hamburger Bürgerschaft. Vgl. Tormin, Geschichte, S. 371. Ende 1962 unterstützte Arp Wehners Bestrebungen zur Bildung einer Großen Koalition unter Adenauer, vgl. Arp an Wehner, undatiert [Anfang Dezember 1962], in: NL Wehner, Allg. Korr. 72.

21 Vgl. dazu Tormin, Geschichte, S. 259 ff.

22 Protokoll der Vorstandssitzung der SPD-LO Hamburg vom 25. Mai 1949, in: AdsD, SPD-LO Hamburg Nr. 1040.

23 Wehner an Heine vom 27. Februar 1947, in: AdsD, Bestand Schumacher Nr. 94. Heine fragte daraufhin beim zuständigen SPD-Unterbezirk in Kiel nach und erhielt die Auskunft, dass es sich tatsächlich um den besagten Arthur Henschel handle, es aber keinen Zweifel daran geben könne, dass sein Bekenntnis zur sozialdemokratischen Partei ehrlich sei. Anlage zu Heine an Wehner vom 10. Juni 1947, in: PA Wehner.

24 Vgl. dazu Tormin, Geschichte, S. 139.

25 Wehner an Heine vom 27. Februar 1947, in: AdsD, Bestand Schumacher Nr. 9 4 (Durchschlag in: PA Wehner).

26 Anlage zu Wehner an Heine vom 27. Februar 1947 (Durchschlag), in: PA Wehner.

27 Ebd.; vgl. dazu auch Wehners Ausführungen auf dem Düsseldorfer Parteitag im September 1948, in: PT 1948, S. 109 f.

28 Wehner an Meitmann vom 15. Januar 1949 (Durchschlag), in: PA Wehner.

29 Ebd.

30 Ebd.

Politische Grundorientierungen in der Nachkriegszeit

1 Herbert Wehner, Um den Marshall-Plan, in: *Weckruf* Nr. 9–14 vom 11. Juli 1947.
2 Ebd.
3 Ebd.
4 Protokoll der Landesdelegiertenkonferenz vom 25. Juli 1948, S. 49, in: AdsD, SPD-LO Hamburg Nr. 38.
5 Ebd., S. 50.
6 Ebd.
7 Ebd., S. 48.
8 Ebd.
9 Ebd.
10 Ebd.
11 Ebd., S. 51.
12 Ebd.
13 Wehner an Reimann vom 18. April 1949 (Durchschlag), in: PA Wehner.
14 Protokoll des Landesparteitags der SPD-LO Hamburg vom 7./8. Mai 1949, S. 139, in: AdsD, SPD-LO Hamburg Nr. 10.
15 Wehner, Selbstbesinnung, S. 231.
16 Ebd., S. 230.
17 Ebd., S. 230 f.
18 Ebd.
19 Ebd., S. 253.
20 Ebd., S. 256.
21 Ebd., S. 235.
22 Ebd., S. 258.
23 Ebd., S. 232.
24 Ebd., S. 236.
25 Ebd., S. 233.
26 Wehner an Meitmann vom 15. Januar 1949 (Durchschlag), in: PA Wehner.
27 Ebd.
28 Wehner an Wagner vom 13. März 1946 (Durchschlag), in: PA Wehner.
29 SPD Hamburg (Hg.), Deutschlands Gesundung – europäischer Wiederaufbau (Referenten-Material Nr. 2 vom August 1947), S. 6. Dass Wehner der Verfasser dieser Broschüre ist, ergibt sich aus einer Notiz in: AdsD, NL Blachstein Nr. 21.
30 Ebd., S. 5 (Hervorhebung im Original).
31 Hs. Manuskript u. d. T. »Varga« [etwa 1944], in: PA Wehner. Da das Manuskript die Handschrift Lotte Burmesters trägt und zusammen mit

der Abschrift eines Briefes von Karl Mewis, die auch von ihrer Hand ist, in Wehners Papieren aufbewahrt wurde, ist davon auszugehen, dass es sich dabei um eine Information der KPD handelte.

32 SPD Hamburg (Hg.), Deutschlands Gesundung – europäischer Wiederaufbau (Referenten-Material Nr. 2 vom August 1947), S. 15.

33 Ebd., S. 10.

34 Ebd., S. 9.

35 Ebd., S. 15.

36 Ebd., S. 8 f.

37 Vgl. dazu Loth, Stalins ungeliebtes Kind, S. 150.

38 Wehner an Reimann vom 18. April 1949 (Durchschlag) in: PA Wehner.

39 Ebd.

40 Loth, Stalins ungeliebtes Kind, S. 106–115, Zitat: S. 114.

41 Wehner an Reimann vom 7. Juli 1949 (Durchschlag), in: PA Wehner.

42 Herbert Wehner, Bemerkungen zu einer offensiven Politik für die Vereinigung Deutschlands, masch. Ms. vom 22. Mai 1949, in: PA Wehner.

43 Ebd.

44 Wehner an Reimann vom 7. Juli 1949 (Durchschlag), in: PA Wehner.

45 Herbert Wehner, Bemerkungen zu einer offensiven Politik für die Vereinigung Deutschlands, masch. Ms. vom 22. Mai 1949, in: PA Wehner.

46 Ebd.

47 Ebd.

48 Ebd.

49 Herbert Wehner, Drohung mit Sabotage und Terror, in: *Neuer Vorwärts* vom 1. September 1950.

50 Notizen Wehners zu Edvard Benes, Democracy today und tomorrow, beginnend mit »E. B. hat nicht gesehen …«, undatiert [Winter 1942/43], in: PA Wehner.

51 Herbert Wehner, Kleine Splitter aus einem großen Jahr, in: *Illustrierter Neue Welt Kalender 1948. Ein Almanach*, o. O., o. J., S. 33.

52 Wehner, Selbstbesinnung, S. 97.

53 Ebd., S. 98.

54 Wehner an Reimann vom 7. Juli 1949 (Durchschlag), in: PA Wehner. Vgl. dazu auch Wehners Ausführungen über die politische Bedeutung des »Ostwesthandels« innerhalb der »totalitären Offensive« des Kommunismus, in: BT vom 21. Oktober 1949, S. 316 f.

55 BT vom 21. Oktober 1949, S. 316.

56 Ebd.

57 Wehner an Reimann vom 7. Juli 1949 (Durchschlag), in: PA Wehner.

58 SPD Hamburg (Hg.), Deutschlands Gesundung – europäischer Wiederaufbau (Referenten-Material Nr. 2 vom August 1947), S. 16.

59 Ebd., S. 15.

60 Ebd.

61 Ebd.

62 Ebd.
63 Vgl. Lenin, Was tun?, in: ders., Ausgewählte Werke, Bd. 1, S. 236 ff.
64 Vgl. dazu Martin Schumacher, M. d. R., S. 453 f.
65 Vgl. [Herbert Wehner], Ein Beitrag zur Untersuchung der trotzkistischen Wühlarbeit in der deutschen antifaschistischen Bewegung, hs. Ms. [Januar 1937] (Kopie), in: Pressemappe aus den Beständen der Gauck-Behörde (Kopie im Besitz des Verf.).
66 Ebd.
67 Sänger an Wehner vom 11. April 1957, in: PA Wehner.
68 Vgl. dazu Wehner, Selbstbesinnung, S. 97 und S. 137.
69 Manuskript von Wehners Vorwort zu Kautskys Schrift »Sozialdemokratie und die Katholische Kirche« vom März 1947, in: PA Wehner.
70 Ebd.
71 Protokoll der Landesdelegiertenversammlung der SPD-LO Hamburg vom 25. Juli 1948, S. 52, in: AdsD, SPD-LO Hamburg Nr. 38.
72 Vgl. Thompson, Wehner, S. 117 und S. 120 f.

Eine Politik der nationalen Befreiung Deutschlands

1 Vgl. Albrecht, Einleitung, in: Schumacher, Reden, S. 155 f.; Klotzbach, Staatspartei, S. 198 f.
2 Vgl. Merseburger, Der schwierige Deutsche, S. 468 ff.; Albrecht, Einleitung, in: Schumacher, Reden, S. 158; Klotzbach, Staatspartei, S. 202.
3 Wehner an Schumacher vom 25. November 1949 (Durchschlag), in: PA Wehner.
4 Wehner an Schumacher und Ollenhauer vom 5. März 1950 (Durchschlag), in: AdsD, SPD-BT-Fraktion, 1. WP, Nr. 4.
5 Wehner an Meitmann vom 6. Mai 1950 (Durchschlag), in: AdsD, Sammlung Personalia Nr. 3362. Vgl. dazu auch die Aussprache über diesen Brief in der Vorstandssitzung der Hamburger SPD am 8. Mai 1950, in: AdsD, SPD-LO Hamburg, Nr. 1041; ferner den Brief Meitmann an Wehner vom 5. Juni 1950, in: PA Wehner.
6 PT 1950, S. 122 f.; vgl. auch Klotzbach, Staatspartei, S. 203.
7 Herbert Wehner, Deutschland zwischen Ost und West, in: Turmwächter, Bd. 1, S. 523–540. Das Manuskript dieses Beitrags u. d. T. »Kurt Schumachers Ringen um die deutsche Position im Ost-West-Konflikt«, in: AdsD, SPD-BT-Fraktion, 2. WP, Nr. 271.
8 Herbert Wehner, Deutschland zwischen Ost und West, in: Turmwächter, Bd. 1, S. 523.
9 Ebd., S. 523f.
10 Ebd., S. 524.

11 Ebd., S. 525.
12 Ebd.
13 Ebd., S. 535.
14 Ebd., S. 525.
15 Herbert Wehner, Einheit Deutschlands, in: Handbuch sozialdemokratischer Politik, S. 34.
16 Vgl. Schwarz, Adenauer 1876–1952, S. 909 ff.
17 Herbert Wehner, Die SPD im Kampf um die Wiedervereinigung Deutschlands, masch. Ms. [Anfang 1952], in: PA Wehner.
18 Wehners »Notizen zum Vortrag vor Funktionären der Landesorganisation Hamburg der SPD am 16. Dezember 1952«, masch. Ms., in: PA Wehner.
19 Ebd.
20 BT vom 10. Januar 1952, S. 7763.
21 Ebd., S. 7765.
22 BT vom 10. Juli 1952, S. 9873.
23 »Referat des Genossen Wehner in der Fraktionssitzung vom 27. Mai 1952«, Tonbandabschrift, in: PA Wehner.
24 PPP vom 30. Mai 1952, Überschrift: Adenauer sagt nur einen Teil der Wahrheit. Abg. Wehner: »Besatzungsrecht wird weitgehend Vertragsrecht«.
25 Herbert Wehner, Bemerkungen zu einer offensiven Politik für die Vereinigung Deutschlands, masch. Ms. vom 22. Mai 1949, in: PA Wehner.
26 Abgedruckt bei Albrecht, Einleitung, in: Schumacher, Reden, S. 149 f.
27 BT vom 21. Oktober 1949, S. 314.
28 BT vom 5. April 1951, S. 4976.
29 BT vom 14. September 1950, S. 3188.
30 Vgl. Steininger, Chance, S. 43.
31 *SOPADE. Querschnitt durch Politik und Wirtschaft. Sozialdemokratische Parteikorrespondenz*, Nr. 901 vom September 1950; vgl. auch Herbert Wehner, Drohung mit Sabotage und Terror, in: *Neuer Vorwärts* vom 1. September 1950.
32 Auszug aus der Rede Herbert Wehners vor Betriebsfunktionären im Hamburger Kupferhof am 1. September 1950, in: PA Wehner.
33 Ebd.
34 BT vom 14. September 1950, S. 3188.
35 Herbert Wehner, Parteitagsthesen enthüllen kommunistische Einheitsmanöver, undatiertes masch. Ms. [März 1951], in: PA Wehner.
36 Ebd.
37 Ebd.
38 Vorschläge zur Verständigung der beiden deutschen Staaten 1949–1960. Eine chronologische Dokumentation vom Ausschuß für Deutsche Einheit, Berlin (Ost) 1961, S. 27.

39 Loth, Stalins ungeliebtes Kind, S. 175.
40 SPD-Fraktion im Deutschen Bundestag. Sitzungsprotokolle 1949–1953, S. 266.
41 Vgl. etwa *Sozialistischer Informationsdienst*, hrsg. vom PV der KPD, Nr. IV/88 vom 23. April 1951; *BZ am Abend* vom 28. April 1951; *Der Morgen* vom 19. August 1951.
42 Gesamtdeutscher Ausschuß 1949–1952, Dok. Nr. 28a.
43 Vgl. die Pressekonferenz Wehners am 5. März 1951, 14 Uhr, im Plenarsaal des Bundesrats, Tonbandabschrift, in: PA Wehner.
44 Ebd.
45 Ebd.
46 Ebd.
47 Herbert Wehner, Aktion – nicht nur Reaktion, in: *Neuer Vorwärts* Nr. 32 vom 10. August 1951.
48 Herbert Wehner, Eine Wendung in der kommunistischen Deutschland-Politik, undatiertes Ms. [Anfang September 1951], in: AdsD, Sammlung Personalia Nr. 3361.
49 Loth, Stalins ungeliebtes Kind, S. 176 f.
50 BT vom 27. September 1951, S. 6703.
51 Vgl. dazu Loth, Stalins ungeliebtes Kind, S. 176.
52 Vgl. Albrecht, Einleitung, in: Schumacher, Reden, S. 183.
53 So Schumacher in seiner Rundfunkrede vom 18. September 1951, in: Schumacher, Reden, S. 941.
54 So Wehner in der Sitzung des gesamtdeutschen Ausschusses am 18. September 1951, in: Gesamtdeutscher Ausschuß 1949–1953, Dok. Nr. 40.
55 Vgl. dazu die Bundestagsrede Wehners, in: BT vom 27. September 1951, S. 6701–6704.
56 Vgl. Albrecht, Einleitung, in: Schumacher, Reden, S. 186.
57 BT vom 17. Oktober 1951, S. 6978.
58 Schwarz, Adenauer 1876–1952, S. 881.
59 Vgl. ebd., S. 873 ff.; Steininger, Chance, S. 44 ff.
60 Vgl. Wehner in: BT vom 17. Oktober 1951, S. 6979 ff.
61 BT vom 17. Oktober 1951, S. 6981.
62 Schumachers offener Brief an Adenauer vom 9. November 1951, abgedr. in: Schumacher, Reden, S. 946–950. Zum Wahlgesetzentwurf der Bundesregierung vgl. Albrecht, Einleitung, in: ebd., S. 187 f.
63 Vgl. dazu Wehner an Ollenhauer und Mellies vom 20. Januar 1952, in: AdsD, NL Wehner, GA 39/150. Art. »Entmutigend und schädlich«, in: *Der Spiegel* Nr. 4 vom 23. Januar 1952, S. 5 f. Albrecht, Einleitung, in: Schumacher, Reden, S. 189. Die Rede Wehners zum Wahlgesetzentwurf in: BT vom 6. Februar 1951, S. 8037–8041.
64 Herbert Wehner, Pankow eröffnet zweites Gleis, in: *Neuer Vorwärts* vom 22. Februar 1952.
65 Ebd.

66 Note der sowjetischen Regierung an die Regierungen Großbritanniens, Frankreichs und der USA vom 10. März 1952, abgedr. bei Steininger, Chance, S. 114 ff.
67 Vgl. das Memorandum Wehners »Über die Gefahr einer Besiegelung der Teilung Deutschlands«, das am 2. Oktober 1952 Adenauer übergeben wurde, in: AdsD, Bestand Ollenhauer Nr. 424.
68 Vgl. ebd.
69 Herbert Wehner, Pankow eröffnet zweites Gleis, in: *Neuer Vorwärts* vom 22. Februar 1952.
70 Ebd.
71 Schwarz, Adenauer 1876–1952, S. 908.
72 Tagebucheintrag von Otto Lenz, zit. bei Schwarz, Adenauer 1876–1952, S. 910. Vgl. auch Steininger, Chance, S. 33.
73 SPD-Fraktion im Deutschen Bundestag. Sitzungsprotokolle 1949–1953, S. 346.
74 McCloy an Acheson vom 11. März 1952, abgedr. bei Steininger, Chance, S. 118 f.
75 Ebd.
76 SPD-Fraktion im Deutschen Bundestag. Sitzungsprotokolle 1949–1953, S. 346.
77 Vgl. Note der Sowjetunion an die Westmächte vom 9. April 1952, abgedr. bei Steininger, Chance, S. 190 f.
78 Wehner an Schumacher, Ollenhauer, Schmid und Schoettle vom 29. April 1952, in: AdsD, Bestand Schumacher Nr. 83. Vgl. dazu auch den Bericht McCloys an Dean Acheson vom 30. April 1952, abgedr. bei Steininger, Chance, S. 234 f., wo allerdings lediglich Wehners Vorschläge bezüglich der internationalen Kommission zur Überprüfung der Freiheit der Wahlen in Deutschland wiedergegeben werden.
79 Note der Westmächte an die Sowjetunion vom 13. Mai 1952, abgedr. bei Steininger, Chance, S. 248–251. Vgl. dazu auch ebd., S. 67 ff.
80 BT vom 10. Juli 1952, S. 9874.
81 Herbert Wehner, Generalvertrag gegen deutsche Einheit, in: *Neuer Vorwärts* vom 9. Mai 1952.

Außenpolitische Weichenstellungen 1952/53

1 Herbert Wehner, Ostintegration als Antwort?, in: *Sozialdemokratischer Pressedienst* vom 16. Juli 1952.
2 Vgl. die Äußerungen Wehners, in: *Der Spiegel* vom 8. Oktober 1952, S. 6.
3 dpa-Meldung Nr. 101 vom 11. Oktober 1952.
4 Vgl. die Äußerungen Wehners, in: *Der Spiegel* vom 8. Oktober 1952, S. 6.

5 Vgl. ebd.
6 Herbert Wehner, Ausschnitte aus seiner Berliner Rede über den Moskauer Parteitag und die neue Generallinie des Bolschewismus, Ms. einer Sendung des RIAS vom 12. Oktober 1952, 19.40 Uhr.
7 Ebd.
8 Ebd.
9 Vgl. *AdG*, 1952, S. 3681.
10 Stalin, Ökonomische Probleme, S. 34.
11 Ebd., S. 41.
12 Herbert Wehner, Der Göttersturz von Prag, Rundfunkansprache im NDR vom 12. Januar 1953, in: Wehner, Wandel und Bewährung, S. 92.
13 Tonbandabschrift des Referats Herbert Wehners vor dem Ostbüro der SPD, undatiert [Februar 1953], Anlage zum Brief von Eduard Wald an Wehner vom 16. Februar 1953, in: PA Wehner.
14 Zu den Hintergründen der Wahl Eisenhowers 1952 vgl. Loth, Teilung, S. 263–269.
15 Soell, Erler, Bd. 1, S. 156.
16 Vgl. dazu auch Klotzbach, Staatspartei, S. 226 ff.; Petra Weber, Schmid, S. 458 ff.
17 Wehners »Notizen zur Vertragslage«, hs. Ms. vom 4. Januar 1953, in: PA Wehner.
18 Ebd.
19 Ebd.
20 Memorandum Carlo Schmids, undatiert [1952/53], in: AdsD, Bestand Ollenhauer Nr. 420 (Exemplar auch in PA Wehner).
21 Memorandum Gerhard Lütkens vom 3. Januar 1953 [im Original fälschlich auf 1952 datiert], in: AdsD, Bestand Ollenhauer Nr. 420 (Exemplar mit Randglossen Wehners auch in PA Wehner).
22 Herbert Wehner, Bemerkungen zu den Richtlinien für die außenpolitische Aktivität der SPD, Teil I, masch. Ms. vom 17. Januar 1953, in: AdsD, Bestand Ollenhauer Nr. 420.
23 Ebd.
24 Ebd.
25 Ebd.
26 Ebd.
27 Schmid habe in seinem Teil, der die »Herstellung der inneren und äußeren Autonomie der Bundesrepublik« und die »schrittweise Liquidierung des Krieges« behandele, »nicht das Ineinandergreifen der in Umwandlung begriffenen Formen der Kontrolle der Mächte über Deutschland mit den Auswirkungen der inzwischen Wirklichkeit gewordenen Montanunion« berücksichtigt. Außerdem habe er die gegen das Besatzungsregime gerichteten Forderungen nur für die westliche Seite erhoben. Dem hielt Wehner Folgendes entgegen: »Viele Gründe sprechen dafür, diese Forderungen aus der durch die sowjetische Be-

setzung eines Teils Deutschlands geschaffenen Lage heraus zu entwickeln und sie sinngemäß als Teil des Kampfes um die Freiheit, den der Westen führt, darzustellen.« In dem Teil, in dem Schmid die »Wiederherstellung der politischen und staatsrechtlichen Einheit Deutschlands« erörterte, hatte er nach Wehners Urteil die Tatsache nicht in Rechnung gestellt, »dass es bei den Mächten durchaus die Tendenz gibt, die Zerstückelung (oder Teilung) Deutschlands hinzunehmen oder als ›kleineres Übel‹ zu betrachten und auf solcher Grundlage zu einem Abkommen der Großmächte zu gelangen.« In dem Abschnitt, in dem Schmid sich mit der »Schaffung lebendiger Wechselbeziehungen mit allen Staaten, die diplomatische Beziehungen zu Deutschland unterhalten«, beschäftigte, hatte er auch darauf hingewiesen, dass »heute außenpolitische Beziehungen zu den asiatischen Staaten von besonderer Bedeutung zu sein« schienen. Dazu bemerkte Wehner: »Eine solche Forderung müsste doch eingehend begründet werden. Beziehungen zu asiatischen Staaten, die unsere eigenen außenpolitischen Ziele fördern sollen, bedingen besondere Charakterzüge unserer Politik und eine Aktivität, durch die wir uns in entscheidenden Fragen in eine Front mit solchen Staaten stellen. Das müsste sehr genau durchdacht werden.« In den Abschnitten, in denen Schmid die »Schaffung einer möglichst universalen Aktionsgemeinschaft der europäischen Staaten« und die »Schaffung eines System kollektiver Sicherheit« thematisierte, sah Wehner eine ganze Reihe zutreffender Forderungen. Doch bewegten sich diese letztlich im luftleeren Raum. »[W]ir können es uns doch nicht erlauben«, so resümierte Wehner, »über Zollunionspläne und ein universales System kollektiver Sicherheit zu schreiben, ohne ganz konkrete Forderungen bezüglich der Montanunion anzumelden (nachdem das Stadium des Warnens doch hinter uns liegt) und ohne uns zu einem deutschen Beitrag zur militärischen Sicherheit zu äußern«, vgl. ebd.

28 Aus Gerhard Lütkens Ausarbeitung griff Wehner folgende Thesen auf. Zur These »Die ›Integration‹ Europas darf nicht weiter verfolgt werden«, bemerkte er: »Wir dürfen nicht postulieren, die ›Integration Europas dürfe nicht weiter verfolgt werden. Unsere Aufgabe ist, die Gefahren und negativen Folgen einer bestimmten Art von ›Integration‹ warnend festzustellen und im Übrigen an den Stellen, an denen falsch ›integriert‹ worden ist, durch eigene Forderungen die Dinge wieder in Ordnung zu bringen zu suchen.« Der These »Der Krieg ist nicht unvermeidlich, Vier-Mächte-Verhandlungen könnten deshalb sinnvoll sein«, hielt Wehner entgegen: »Mit dem Glaubenssatz, der Krieg sei nicht unvermeidlich, werden wir nicht viel weiter kommen. Wir haben uns und den anderen Rechenschaft über die machtpolitischen Hintergründe abzulegen.« Zur Forderung »Die Sprengung der UN durch die USA muss vermieden werden«, bemerkte Wehner, dass man auch nicht unterlassen dürfe, zu sagen: »auch die Lähmung durch

die SU«. Auf Lütkens Vorschlag »Heranziehung von Indien, Arabischem Block und anderen nicht festgefahrenen Gruppen« zur »Lösung der deutschen Frage bei [der] UN« erwiderte Wehner: »Wie können wir erwarten, Indien u. a. ›heranziehen‹ zu können, wenn wir nicht Interesse an ihren eigenen Fragen zeigen?« Zu Lütkens Vermutung, dass die NATO »sich möglicherweise auf eine Einschränkung ihres Militärprogramms« hin entwickeln werde, hielt Wehner schließlich fest, dass aber in jedem Fall »ihr Rahmen wahrscheinlich bleiben« werde, vgl. ebd.

29 Ebd.

30 Herbert Wehner, Bemerkungen zu den Richtlinien für die außenpolitische Aktivität der SPD, II. Teil, masch. Ms. vom 26. Januar 1953, in: PA Wehner.

31 Ebd.

32 Ebd.

33 Ebd.

34 Exemplar vom 28. Januar 1953, in: PA Wehner.

35 Zum Treffen der SPD-Spitze mit Dulles am 5. Februar 1953, vgl. Schmid, Erinnerungen, S. 539 f.; Schwarz, Adenauer 1952–1967, S. 60 f.; Thompson, Wehner, S. 124 f.

36 *Der Spiegel* Nr. 7 vom 11. Februar 1953.

37 Herbert Wehner, Deutscher Beitrag zur Entspannung zwischen Ost und West, in: *SZ* vom 9. April 1953; vgl. dazu auch Thompson, Wehner, S. 125 f.

38 Ebd.

39 Ebd.

40 Ebd.

41 Herbert Wehner, Gesichtspunkte zur Deutschlandfrage und zur Verhinderung der Sowjetisierung Deutschlands, masch. Ms. vom 3. Juni 1953, in: PA Wehner.

42 Ebd.

43 Ebd.

44 Ebd.

45 Ebd.

46 Ebd.

47 Ebd.

48 Vgl. SPD-Fraktion im Deutschen Bundestag, Sitzungsprotokolle 1949–1953, S. 422.

49 Osterroth/Schuster, Chronik der deutschen Sozialdemokratie, Bd. 3, S. 151.

50 Fernschreiben über ein Interview Wehners vom 11. Juni 1953, in: AdsD, Sammlung Personalia Nr. 3349.

51 PPP vom 14. Juni 1953.

52 Ebd.; vgl. auch Freudenhammer/Vater, Wehner, S. 169.

53 Ausführungen von Herbert Wehner zum Gesamtbericht der Hohen Behörde vom 16. Juni 1953, in: Ausführungen von Herbert Wehner vor der gemeinsamen Versammlung der Hohen Behörde in Luxemburg 1953–1954–1955, o. O., ohne Datum, in: PA Wehner.
54 Krämer, Volksaufstand, S. 124. Vgl. auch Freudenhammer/Vater, Wehner, S. 169; Thompson, Wehner, S. 129.
55 BT vom 1. Juli 1953, S. 13877.
56 Ebd., S. 13876.
57 Ebd.
58 Herbert Wehner, Die Unterdrückten siegen, in: *Berliner Stimme* vom 20. Juni 1953.
59 BT vom 1. Juli 1953, S. 13875.
60 Ebd., S. 13909 f.
61 Schwarz, Adenauer 1952–1967, S. 85 ff.
62 Schwarz, Ära Adenauer 1949–1957, S. 189 ff.
63 Vgl. *AdG*, 1953, S. 4150.
64 Herbert Wehner, Zum Wahlergebnis und den nächsten politischen Entwicklungen, undatiertes hs. Ms. [September 1953], in: PA Wehner.
65 Ebd.
66 Ebd.
67 Herbert Wehner, Zur Außenpolitik, masch. Ms. vom 23. Oktober 1953, in: PA Wehner. Vgl. dazu Wehner an seine Frau Lotte vom 22. Oktober 1953, in: ebd.
68 Herbert Wehner, Zur Außenpolitik, masch. Ms. vom 23. Oktober 1953, in: PA Wehner.
69 Ebd.
70 Ebd.
71 Ebd.
72 Ebd.
73 Vgl. Klotzbach, Staatspartei, S. 291 f.

Die deutsche Frage 1954/55

1 Interview Wehners im RIAS am 5. November 1953, 21.15 Uhr, Tonbandabschrift.
2 Ebd.
3 Vgl. PPP vom 30. Dezember 1953.
4 Ausführungen Wehners in seinem Referat vor dem Parteiausschuss am 19. Februar 1954, in: AdsD, Sammlung Personalia Nr. 3365. Vgl. dazu auch Fried Wesemann an Wehner vom 22. November 1954, in: AdsD, NL Wehner, Allg. Korr., Nr. 27 .
5 Adenauer in BT vom 16. Dezember 1954, S. 3251.

6 *FAZ* vom 23. März 1959, *Frankfurter Neue Presse* vom 26. März 1959 und *Weserkurier* vom 31. März 1959.

7 Ausführungen Wehners in seinem Referat vor dem Parteiausschuss am 19. Februar 1954, in: AdsD, Sammlung Personalia Nr. 3365.

8 Ebd.

9 Ebd.

10 Herbert Wehner, Ergebnisse der ersten Woche, in: *Berliner Stimme* vom 30. Januar 1954.

11 Referat Wehners vor dem Parteiausschuss am 19. Februar 1954, in: AdsD, Sammlung Personalia Nr. 3365.

12 Ebd.

13 Ebd.

14 Vgl. PPP vom 1. April 1954.

15 Interview Wehners in: NRZ vom 3. April 1954.

16 Vgl. PPP vom 8., 10. und 17. März 1954.

17 Vgl. Herbert Wehner, Erklärung zur französischen Absage an die EVG, Ms. einer Sendung des NWDR vom 31. August 1954, 18.35 Uhr; ferner Interview Wehners in der *NRZ* vom 4. September 1954.

18 Vgl. Herbert Wehner, Die deutsche Außenpolitik nach dem Scheitern der EVG, in: *SZ* vom 4. September 1954.

19 Interview Wehners in: *Die Welt* vom 1. Oktober 1954.

20 *Die Freiheit* (Mainz) vom 4. Oktober 1954.

21 BT vom 16. Dezember 1954, S. 3251. Adenauer weigerte sich, auf diese Zwischenfrage Wehners einzugehen.

22 Vgl. dazu *Der Kurier* vom 26. Januar 1955; *Telegraf* vom 27. und 28. Januar 1955.

23 Schwarz, Ära Adenauer 1949–1957, S. 260 f.; Klotzbach, S. 344 f.

24 Vgl. Gaus, Staatserhaltende Opposition, S. 26.

25 Herbert Wehner, Was kann getan werden, um Viermächteverhandlungen über die Wiedervereinigung zu erzwingen?, masch. Ms. vom 21. Februar 1955, in: AdsD, SPD-BT-Fraktion, 2. WP, Nr. 272.

26 Protokoll des Ostbüros über die Landesausschusssitzung der Berliner SPD am 6. Februar 1955, in: AdsD, Sammlung Personalia Nr. 3361.

27 Klotzbach, Staatspartei, S. 345; vgl. auch *Der Spiegel* vom 2. Februar 1955, S. 6 f.

28 Wehner an Erler vom 4. Februar 1955, in: AdsD, NL Wehner, Allg. Korr., Nr. 38 ; Wehner an Hans Joachim Lütkens vom 4. Februar 1955, in: ebd., Nr. 41; vgl. dazu auch Soell, Erler, Bd. 1 , S. 182.

29 Memorandum Wehners vom 7. Februar 1955, in: AdsD, SPD-BT-Fraktion, 2. WP, Nr. 272.

30 Vgl. die Erklärung der Sowjetregierung zur Deutschlandfrage vom 15. Januar 1955, in: *AdG*, 1955, S. 4959. Darin fehlte der Vorschlag, zwischen Ratifizierung und Inkrafttreten der Pariser Verträge eine »Pause« einzulegen, die Rolle und Rechte eines gesamtdeutschen Par-

laments wurden nicht konkretisiert und kein Bezug auf die Grenzregelungen und die Festlegung des militärischen Status im Friedensvertrag genommen.

31 Herbert Wehner, Was kann getan werden, um Viermächteverhandlungen über die Wiedervereinigung zu erzwingen?, masch. Ms. vom 21. Februar 1955, in: AdsD, SPD-BT-Fraktion, 2. WP, Nr. 272; vgl. dazu das Memorandum Wehners vom 7. Februar 1955, in: ebd.

32 PPP vom 10. Februar 1955.

33 BT vom 27. Mai 1955, S. 4596.

34 Ebd., S. 4598.

35 PPP vom 1. April 1955.

36 Rundfunkbeitrag Wehners im NWDR vom 13. April 1955, 18.25 Uhr.

37 Vgl. Wehner an Mellies vom 25. April 1955, in: AdsD, Bestand Heine Nr. 53.

38 Text des PV-Beschlusses vom 29. April 1955 im Flugblatt »Die sozialdemokratische Wiedervereinigungspolitik«, hrsg. vom Parteivorstand der SPD [Exemplar in: AdsD, SPD-BT-Fraktion, 2. WP, Nr. 272]; Inhaltsangabe in Osterroth/Schuster, Chronik der deutschen Sozialdemokratie, Bd. 3, S. 179.

39 Schwarz, Adenauer 1952–1967, S. 183.

40 Herbert Wehner, Erwägungen zu den bevorstehenden Viermächteverhandlungen, masch. Ms. vom 29. April 1955, in: PA Wehner.

41 Vgl. Klotzbach, Staatspartei, S. 349.

42 Wehner an Kenneth Dayton vom 2. Juni 1955, in: AdsD, NL Wehner, Allg. Korr., Nr. 38.

43 Vgl. Herbert Wehner, Vor Entscheidungen in Genf, in: *Vorwärts* vom 15. Juli 1955; ders., Der Beginn in Genf, in: *Hamburger Echo* vom 18. Juli 1955.

44 Wehner an seine Frau Lotte vom 19. Juli 1955, in: PA Wehner.

45 Hs. Notizen Wehners über seine Ausführungen in der Parteivorstandssitzung vom 21. Juli 1955, in: PA Wehner.

46 Vgl. Wehners »Vorschläge zur Genfer Außenministerkonferenz im Oktober-November 1955«, Vertraulicher Entwurf, undatiertes masch. Ms. [Ende September 1955], in: PA Wehner.

47 Ebd.

48 Ebd.

49 PPP vom 2. November 1955.

50 Ebd.

51 *Der Spiegel* vom 16. November 1955, S. 11–13.

52 Herbert Wehner, Das magere Ergebnis von Genf, in: *Hamburger Echo* vom 17. November 1955

53 Ebd.

54 Herbert Wehner, Voraussetzungen der Wiedervereinigung Deutschlands, Sonderdruck aus: *Die Neue Gesellschaft*, März/April 1956, S. 16.

55 Herbert Wehner, Alles Feuer gegen die SPD, in: *Vorwärts* vom 18. November 1955.
56 Herbert Wehner, Voraussetzungen der Wiedervereinigung Deutschlands, Sonderdruck aus: *Die Neue Gesellschaft*, März/April 1956, S. 16.
57 Referat Herbert Wehners in Celle am 13. November 1955, hektographiertes Ms., in: PA Wehner.

»Tauwetter« 1956

1 Masch. Redekonzept Wehners zu seinem Vortrag vor der SPD-Fraktion am 2. Mai 1956, in: PA Wehner.
2 Herbert Wehner, Notizen zur außenpolitischen Entwicklung, 8. Mai 1956, in: SPD-BT-Fraktion, 2. WP, Nr. 20.
3 Ebd.
4 Ebd.
5 Rundfunkkommentar Herbert Wehners im SDR am 19. Februar 1956, 19.45 Uhr.
6 Herbert Wehner, Notizen zur außenpolitischen Entwicklung, 8. Mai 1956, in: SPD-BT-Fraktion, 2. WP, Nr. 20.
7 Ebd.
8 Vgl. dazu Loth, Geschichte Frankreichs, S. 163 ff.
9 Masch. Redekonzept Wehners zu seinem Vortrag vor der SPD-Fraktion am 2. Mai 1956, in: PA Wehner.
10 Herbert Wehner, Notizen zur außenpolitischen Entwicklung, 8. Mai 1956, in: SPD-BT-Fraktion, 2. WP, Nr. 20.
11 Interview Wehners in: *Der Spiegel* vom 15. April 1959, abgedr. in: Wehner, Wandel und Bewährung, S. 192–209, hier S. 206.
12 Herbert Wehner, Notizen zur außenpolitischen Entwicklung, 8. Mai 1956, in: SPD-BT-Fraktion, 2. WP, Nr. 20.
13 Ebd.
14 Ebd.
15 Ebd.
16 Ebd.
17 Ebd.
18 Ebd.
19 Rundfunkkommentar Herbert Wehners im SFB zum »Moskauer Parteitag«, hs. Ms. vom Februar 1956, in: PA Wehner.
20 Ebd.
21 Rundfunkkommentar Herbert Wehners im SFB am 23. März 1956, 19.45 Uhr, in: *Pressemitteilung der SPD-Bundestagsfraktion* vom 23. März 1956.
22 PPP vom 29. März 1956.
23 Wehner an Weil vom 31. Januar 1961 (Durchschlag), in: PA Wehner.

24 Ebd.
25 Peter-Ferdinand Koch, DDR contra BRD, S. 264 ff.
26 Wehner an Weil vom 31. Januar 1961 (Durchschlag), in: PA Wehner.
27 Girnus an Ulbricht vom 20. November 1956 (Kopie im Besitz des Verf.).
28 Vgl. Michael Lemke, Als Wehner »irgendwie mit der SED ins Gespräch kommen« wollte, in: *FAZ* Nr. 1689 vom 23. Juli 1993; siehe auch Lemke, Konzeption, S. 369 f.
29 Wehner an Weil vom 31. Januar 1961 (Durchschlag), in: PA Wehner.
30 Art. »Rechnet Wehner richtig?«, in: *Bonner Hefte* Nr. 15 vom 1. August 1956.
31 Wehner an Kenneth Dayton vom 2. Juni 1955 (Durchschlag), in: AdsD, NL Wehner, Allg. Korr., Nr. 38.
32 Wehner an seine Frau Lotte vom 11. September 1955, in: PA Wehner.
33 Vgl. Mladen Ivekovic an Wehner vom 10. April 1956 und Wehner an Mladen Ivekovic vom 21. April 1956 (Durchschlag), beides in: AdsD, NL Wehner, Allg. Korr., Nr. 47.
34 Herbert Wehner, Notizen zur außenpolitischen Entwicklung, 8. Mai 1956, in: SPD-BT-Fraktion, 2. WP, Nr. 20.
35 Vgl. *FAZ* vom 26. und 28. Mai 1956.
36 Wehners Bericht vom 28. Mai 1956 über ein Gespräch mit Brkic am 24. Mai 1956, masch. Ms., in: PA Wehner.
37 Herbert Wehner, Zu Besuch bei der Politik in Schweden und Jugoslawien, in: *Der Sozialdemokrat*, 1. Jg., Nr. 1, Juni 1956, S. 6.

Ungarn-Aufstand und Suez-Krise

1 Vgl. *AdG*, 1956, S. 5863.
2 Herbert Wehner, Der Prüfstein Posen, in: *Vorwärts* vom 6. Juli 1956.
3 Vgl. Der polnische Weg. Zwei Reden Gomułkas vom 20. und 24. Oktober 1956, hrsg. von der Hessischen Landeszentrale für Heimatdienst, o. O., o. J. (Sonderdruckreihe 1957, Heft 7).
4 Herbert Wehner, Polen will eigenen Weg gehen, in: *Vorwärts* vom 26. Oktober 1956.
5 Vgl. *AdG*, 1956, S. 6063.
6 Interview Wehners in: *Kommentar-Korrespondenz* Nr. 39/40 vom 30. Oktober 1956.
7 Herbert Wehner, Der Vulkanausbruch in Ungarn, in: *Vorwärts* vom 2. November 1956.
8 Interview Wehners in: *Kommentar-Korrespondenz* Nr. 39/40 vom 30. Oktober 1956.
9 Herbert Wehners Bericht »Die Entwicklung in Ungarn und die Stellungnahme der Sozialistischen Internationale in der Bürositzung in

Wien am 1. November 1956«, masch. Ms. vom 5. November 1956, in: AdsD, Bestand Ollenhauer Nr. 212.

10 Ebd.

11 Vgl. *AdG*, 1956, S. 6063 ff.

12 Herbert Wehner, Der Vulkanausbruch in Ungarn, in: *Vorwärts* vom 2. November 1956.

13 Ebd. (Hervorhebung im Original).

14 Ebd.

15 Vgl. Art. »Kurs: Scharf links!«, in: *Rheinischer Merkur* vom 9. November 1956; P. W. Wenger, Parlament abseits!, in: ebd. vom 15. November 1956; ders., Wehners Verfassungsverrat, in: ebd. vom 23. November 1956.

16 Arno Scholz an Ollenhauer vom 31. Mai 1957 mit anliegendem Bericht vom 31. Mai 1957, in: AdsD, Bestand Ollenhauer Nr. 462.

17 Wehner an Ollenhauer vom 27. August 1956, in: AdsD, Bestand Ollenhauer Nr. 424 (Durchschlag in: SPD-BT-Fraktion, 2. WP, Nr. 12).

18 PPP vom 3. und 17. September 1956.

19 Vgl. *AdG*, 1956, S. 6072.

20 dpa-Meldung vom 3. November 1956

21 Herbert Wehner, Der Vulkanausbruch in Ungarn, in: *Vorwärts* vom 2. November 1956.

22 Vgl. *AdG*, 1956, S. 6072 ff.

23 Herbert Wehner, Die Vereinten Nationen und ihr Problem, in: ders., Wandel und Bewährung, S. 144 ff.

24 Herbert Wehner, Um die Sicherung des Weltfriedens, in: *Vorwärts* vom 21. Dezember 1956.

25 Vgl. zum Aufenthalt Nehrus in den USA vom 16. bis 23. Dezember 1956: *AdG*, 1956, S. 6174.

26 Wehners Kommentar im BR vom 5. Dezember 1956, 20 Uhr, in: *Pressemitteilung der SPD-Bundestagsfraktion* vom 5. Dezember 1956; vgl. auch Herbert Wehner, Die Vereinten Nationen stärken, in: *Vorwärts* vom 7. Dezember 1956; ders., Kann sich die UN im Fall Ungarns durchsetzen?, in: *SPD-Pressedienst* Nr. 287 vom 13. Dezember 1956.

27 Herbert Wehner, Um die Sicherung des Weltfriedens, in: *Vorwärts* vom 21. Dezember 1956.

28 Erklärung der Sowjetregierung vom 17. November 1956, in: *AdG*, 1956, S. 6110.

29 Wehner-Interview im HR am 19. November 1956, 21.45 Uhr; ferner Herbert Wehner, Der Weg aus der Krise, in: *Vorwärts* vom 23. November 1956, und Interview Wehners, in: PPP vom 24. November 1956 (Nachtrag).

30 Vgl. dazu Wehners »Abschrift der Notizen zur Landes-Delegiertenkonferenz in Hamburg am 11. Nov. 56«, masch. Ms. vom 13. November 1956, in: PA Wehner.

31 Gemeinsame Erklärung von Bulganin und Grotewohl vom 8. Januar 1957, in: *AdG*, 1957, S. 6197.

32 Herbert Wehner, Moskauer Zwischenakt, in: *Vorwärts* vom 11. Januar 1957.

33 Ebd.

34 Ebd.

35 Vgl. Hermann Weber, Geschichte der DDR, S. 283 ff.; Staritz, Geschichte der DDR, S. 151 ff.

36 Walter Ulbricht, Grundfragen der Politik der SED, Referat auf der 30. Tagung des ZK der SED am 30. Januar 1957, Teilabdruck in: Hoffmann/Schmidt/Skyba, DDR vor dem Mauerbau, S. 281–290.

37 Herbert Wehner, Der Grundirrtum Ulbrichts, in: *Vorwärts* vom 15. Februar 1957.

38 Ebd.

39 Ebd.

40 Herbert Wehner, Bemerkungen zur inneren Entwicklung des Marxismus, in: *Sonntagsblatt* vom 24. März 1957, abgedr. auch in: Wehner, Wandel und Bewährung, S. 164–167.

41 Herbert Wehner, Der Techniker verliehener Macht, in: *Die Zeit* vom 18. Juli 1957.

Wahlkampf und Wehner-Debatte 1957

1 Vgl. *AdG*, 1957, S. 6329. Zur Wirkung der Ankündigungen Norstads auf die SPD Klotzbach, Staatspartei, S. 468 f.

2 Rundfunkvortrag Wehners in der Sendereihe »Politik aus erster Hand« des BR am 27. März 1957, 20 Uhr, Tonbandabschrift in: PA Wehner; abgedr. auch u. d. T. »Entscheidung über Leben oder Tod«, in: *Vorwärts* vom 29. März 1957.

3 Ebd.

4 Vgl. *AdG*, 1957, S. 6370.

5 Vgl. ebd., S. 6416.

6 Rundfunkvortrag Wehners zum Ollenhauer-Plan in der Reihe »Die Woche in Bonn« des SDR am 26. Mai 1957, 19.40 Uhr, Tonbandabschrift in: PA Wehner.

7 Herbert Wehner an die Wähler Hamburgs, in: *Hamburger Echo* vom 14. September 1957.

8 Herbert Wehner, Europa mit Vorbehalt, in: *SPD-Pressedienst* Nr. 8 vom 10. Januar 1956; ders., Straßburg vor ungelösten Problemen, in: ebd. Nr. 40 vom 16. Februar 1957; ders., Europa mit Einschränkungen und Vorbedingungen, in: *Vorwärts* vom 22. Februar 1957.

9 Vgl. Loth, Weg nach Europa, S. 128–131.

10 Vgl. Klotzbach, Staatspartei, S. 367.

11 Vgl. Wehner an Ollenhauer vom 24. Juni 1957, in: AdsD, Bestand Ollenhauer Nr. 462.
12 Vgl. *SPD-Pressedienst* Nr. 60 vom 13. März 1957.
13 So Wehner in einer Fernsehdiskussion des DFS am 13. April 1966, 21.50 Uhr.
14 Erich Wollenberg an Kurt Adam vom 8. November 1956, in: PA Wehner.
15 Sänger an Wehner vom 11. April 1957, in: PA Wehner.
16 B. K., Schwarze Gehirnwäsche mit roter Schlagseite, in: *Die Freiheit* vom 22. Februar 1957.
17 Vgl. *SPD-Pressedienst* vom 22. März 1957.
18 Vgl. Wehner an Eichler vom 22. März 1957, in: AdsD, SPD-BT-Fraktion, 2. WP, Nr. 9 ; Wehner an Arndt und Menzel vom 22. März 1957, in: AdsD, NL Wehner, Allg. Korr., Nr. 58.
19 Arno Scholz an Ollenhauer vom 31. Mai 1957 mit anliegendem Bericht vom 31. Mai 1957, in: AdsD, Bestand Ollenhauer Nr. 462.
20 Vgl. Buschfort, Ostbüro, S. 121.
21 Zit. bei Joachim Siegerist, Onkel Herbert wie er wirklich war, Hamburg 1994, S. 272 f.; vgl. auch ebd., S. 189.
22 Vgl. ebd., S. 189.
23 Vgl. SPD-Fraktion im Deutschen Bundestag. Sitzungsprotokolle 1953–1957, S. 427.
24 Wehner an Ollenhauer vom 24. Juni 1957, in: AdsD, Bestand Ollenhauer Nr. 462.
25 Wehner an Ollenhauer vom 12. Juli 1957, in: AdsD, Bestand Ollenhauer Nr. 220. Das Interview mit Schöne in: *Der Spiegel* Nr. 28 vom 10. Juli 1957.
26 Wehner an Ollenhauer vom 25. Juli 1957, in: AdsD, Bestand Ollenhauer Nr. 220.

Parteireform 1957/58

1 Klotzbach, Staatspartei, S. 401 ff.; Petra Weber, Schmid, S. 577 ff.; Soell, Erler, Bd. 1, S. 289 ff.
2 Klotzbach, Staatspartei, S. 417–420.
3 Ebd., S. 420 f.
4 Herbert Wehner, Nach der Wahl des dritten Deutschen Bundestages, in: *Die Neue Gesellschaft*, Sept./Okt. 1957, zit. nach ders., Sozialdemokratische Politik, S. 3.
5 Ebd., S. 2 (Hervorhebung im Original).
6 Herbert Wehner, Unsere Aufgaben nach der Bundestagswahl, in: *Der Sozialist* (Hamburg) vom 1. November 1957, zit. nach ders., Sozialdemokratische Politik, S. 4.

7 Herbert Wehner, Nach der Wahl des dritten Deutschen Bundestages, in: *Die Neue Gesellschaft*, Sept./Okt. 1957, zit. nach ders., Sozialdemokratische Politik, S. 2.

8 Ebd., S. 3.

9 Herbert Wehner, Unsere Aufgaben nach der Bundestagswahl, in: *Der Sozialist* (Hamburg) vom 1. November 1957, zit. nach ders., Sozialdemokratische Politik, S. 4.

10 Herbert Wehner, Nach der Wahl des dritten Deutschen Bundestages, in: *Die Neue Gesellschaft*, Sept./Okt. 1957, zit. nach ders., Sozialdemokratische Politik, S. 3.

11 Herbert Wehner, Unsere Aufgaben nach der Bundestagswahl, in: *Der Sozialist* (Hamburg) vom 1. November 1957, zit. nach ders., Sozialdemokratische Politik, S. 4.

12 Wehner, Notizen, in: ders., Zeugnis, S. 69.

13 Rundfunkbeitrag Wehners im HR vom 27. November 1957, 21.45 Uhr; abgedr. auch in: Herbert Wehner, Sozialdemokratische Politik, S. 5 f.

14 Herbert Wehner, Nach der Wahl des dritten Deutschen Bundestages, in: *Die Neue Gesellschaft*, Sept./Okt. 1957, zit. nach ders., Sozialdemokratische Politik, S. 3.

15 Rundfunkbeitrag Wehners im HR vom 27. November 1957, 21.45 Uhr; abgedr. auch in: Herbert Wehner, Sozialdemokratische Politik, S. 5 f.

16 Herbert Wehner, Unsere Aufgaben nach der Bundestagswahl, in: *Der Sozialist* (Hamburg), vom 1. November 1957, zit. nach ders., Sozialdemokratische Politik, S. 4.

17 Notizen Wehners für seine Reden zur Parteireform im Oktober 1957, undatiert und ohne Titel, beginnend mit »Über Bundestagswahl + Konsequenzen wird heute überall diskutiert«, Bl. 10, in: PA Wehner.

18 Ebd., Bl. 8.

19 Ebd., Bl. 12.

20 Herbert Wehner, Worum geht es in der Parteidiskussion?, in: *Der Sozialist* (Hamburg) vom 1. Januar 1958, zit. nach ders., Sozialdemokratische Politik, S. 8.

21 Rundfunkbeitrag Wehners im HR vom 27. November 1957, 21.45 Uhr; abgedr. auch in: Herbert Wehner, Sozialdemokratische Politik, S. 5 f.

22 Wehner an Ollenhauer vom 9. Dezember 1957, abgedr. in: Herbert Wehner, Sozialdemokratische Politik, S. 9.

23 Ebd.

24 Wehner an Ollenhauer vom 11. Oktober 1957, abgedr. in: Herbert Wehner, Sozialdemokratische Politik, S. 6.

25 Art. »Carlo Schmid – Erler – Wehner«, in: *Hamburger Echo* vom 20. September 1957.

26 SPD-Fraktion im Deutschen Bundestag. Sitzungsprotokolle 1957–1961,

S. 3; vgl. dazu auch die Darstellung bei Soell, Erler, Bd. 1, S. 300ff., die sich im Wesentlichen auf den Art. »Genossinnen-Tränen«, in: *Der Spiegel* vom 6. November 1957, stützt.

27 Wehner an Mommer vom 9. Oktober 1957 (Durchschlag), in: AdsD, NL Wehner, Allg. Korr., Nr. 61.

28 Wehner an Wienand vom 10. Oktober 1957 (Durchschlag), in: ebd., Nr. 63.

29 Vgl. Klotzbach, Staatspartei, S. 403 f.

30 SPD-Fraktion im Deutschen Bundestag. Sitzungsprotokolle 1957–1961, S. 8 mit Anm. 1; vgl. auch Klotzbach, Staatspartei, S. 404 f.

31 Soell, Erler, Bd. 1, S. 300; vgl. auch Petra Weber, Schmid, S. 579.

32 Soell, Erler, Bd. 1, S. 323.

33 Petra Weber, Schmid, S. 568

34 Ebd., S. 571.

35 Soell, Erler, Bd. 1, S. 299.

36 Vgl. ebd., S. 291 ff.

37 Vgl. Klotzbach, Staatspartei, S. 405.

38 Wehner an Albert Schulz vom 12. Mai 1958, in: AdsD, SPD-BT-Fraktion, 3. WP, Nr. 591.

39 Vgl. Klotzbach, Staatspartei, S. 422.

40 Wehner an Albert Schulz vom 12. Mai 1958, in: AdsD, SPD-BT-Fraktion, 3. WP, Nr. 591.

41 Soell, Erler, Bd. 1, S. 315.

42 Vgl. dazu Klotzbach, Staatspartei, S. 426 ff.

43 Ebd.

44 Soell, Erler, Bd. 1, S. 316; Petra Weber, Schmid, S. 582 f.

45 Vgl. dazu Klotzbach, Staatspartei, S. 426 ff.

46 PT 1958, S. 435.

47 Ebd.

Berlin-Ultimatum und Deutschlandplan

1 Herbert Wehner, Hat die Wiedervereinigung heute eine Chance?, in: *Die Quelle*, 8. Jg., H. 10, Oktober 1957, S. 434 ff.

2 *AdG*, 1957, S. 6716.

3 Rundfunkbeitrag Wehners im BR am 6. November 1957, 20 Uhr, in: *Pressemitteilung der SPD-Bundestagsfraktion* vom 6. November 1957.

4 Manuskript Wehners für ein Interview in der *Kommentar-Korrespondenz* vom 2. Dezember 1957, in: PA Wehner; Art. »Wehner für Netz zweiseitiger Verträge« in: PPP vom 3. Dezember 1957.

5 Vgl. [Herbert Wehner], Was wollen die Sozialdemokraten gegen das Atom-Wettrüsten tun?, hrsg. vom Parteivorstand der SPD, undatiert [Februar 1958].

6 Rundschreiben Nr. 79/57 des Sekretariats der SI vom 23. Dezember 1957.

7 »Einwände gegen das Projekt eines ›Europäischen Sicherheitssystems‹«, in: Rundschreiben Nr. 80/57 des Sekretariats der SI vom 31. Dezember 1957.

8 Bericht Wehners über die Sitzung der »Kommission für Abrüstung und kollektive Sicherheit, London, 28. April 1958«, masch. Ms., in: PA Wehner.

9 Schwarz, Adenauer 1952–1967, S. 393 ff.

10 Bericht Wehners über die Sitzung der »Kommission für Abrüstung und kollektive Sicherheit, London, 28. April 1958«, masch. Ms., in: PA Wehner.

11 Vgl. dazu *AdG*, 11. Februar 1958, S. 6890.

12 Rundfunkkommentar Wehners im SDR am 12. Februar 1958, 18.45 Uhr, in: *Pressemitteilung der SPD-Bundestagsfraktion* Nr. 72/58 vom 12. Februar 1958.

13 Herbert Wehner, Wiedervereinigungspolitik in der Sackgasse, in: *Geist und Tat* 13 (1958), S. 69. Das Manuskript dieses Aufsatzes im Nachlass Wehner datiert vom 17. Februar 1958.

14 Ebd.; vgl. auch Herbert Wehner, Das neue Stichwort Ulbrichts, in: *Die Zeit* vom 20. Februar 1958.

15 Herbert Wehner, Wiedervereinigungspolitik in der Sackgasse, in: *Geist und Tat* 13 (1958), S. 70.

16 Ebd.

17 Vgl. *AdG*, 1958, S. 6904.

18 Herbert Wehner, In vier Etappen zur deutschen Einheit, in: *SZ* vom 24. Februar 1958; zu Reaktionen in der Sitzung der Bundestagsfraktion vom 25. Februar 1958 zu diesem Interview vgl. Kalbitzer an Wehner vom 28. Februar 1958, in: AdsD, SPD-BT-Fraktion, 3. WP, Nr. 589. Zum Wehner'schen Etappenplan vgl. auch Schwarz, Ära Adenauer 1957–1963, S. 65, und Freudenhammer/Vater, Wehner, S. 189 ff.

19 Herbert Wehner, In vier Etappen zur deutschen Einheit, in: *SZ* vom 24. Februar 1958.

20 Ebd.

21 Wehner an Bölling vom 12. Mai 1958, in: AdsD, NL Wehner, Allg. Korr., Nr. 64.

22 Am 9. Mai 1958 hatte die *Prawda* u. a. geschrieben: »Wie die Presse der Kommunistischen Parteien einmütig ausführte, sind in dem Programmentwurf des Bundes der Kommunisten Jugoslawiens viele Thesen enthalten, die faktisch eine Revision des Marxismus-Leninismus bedeuten«, *AdG*, 1958, 7055.

23 Wehner an Bölling vom 12. Mai 1958, in: AdsD, NL Wehner, Allg. Korr., Nr. 64.

24 Interview Wehners, in: *Hamburger Echo* vom 20. Juni 1958.

25 Wehner an Albert Knopf vom 18. September 1958, in: AdsD, SPD-BT-Fraktion, 3. WP, Nr. 589.

26 Ebd.; vgl. auch das Interview Wehners mit Olaf von Wrangel im NDR am 9. Juli 1958, 19.45 Uhr, in: *Pressemitteilung der SPD-Bundestagsfraktion* Nr. 299 vom 9. Juli 1958.

27 Vgl. zu den Erklärungen Chruschtschows zu der Bundestagsinitiative *AdG*, 16. Juli 1958, S. 7178.

28 Presseerklärung Wehners vom 11. Juli 1958, in: *Pressemitteilung der SPD-Bundestagsfraktion* Nr. 300 vom 11. Juli 1958.

29 Vgl. *Hamburger Morgenpost* vom 4. Oktober 1958; ferner Klotzbach, Staatspartei, S. 484 f.

30 Vgl. dazu das Interview Wehners mit Hilde Purwin, in: *NRZ* vom 11. Oktober 1958.

31 Vgl. auch SPD-Fraktion im Deutschen Bundestag. Sitzungsprotokolle 1957–1961, S. 86 mit Anm. 5, S. 89 mit Anm. 15, S. 93 mit Anm. 6 und 8.

32 Vgl. dazu den Rundfunkkommentar Wehners im BR am 15. Oktober 1958, 20 Uhr, in: *SPD-Pressemitteilungen und Informationen* Nr. 38 vom 15. Oktober 1958; ferner die Diskussion über die Adenauer-Äußerungen in der Fraktionssitzung vom 14. Oktober 1958, in: SPD-Fraktion im Deutschen Bundestag. Sitzungsprotokolle 1957–1961, S. 92 f.

33 Paul Wilhelm Wenger, Fatale Formeln, in: *Rheinischer Merkur* vom 10. Oktober 1958.

34 Rundfunkkommentar Wehners im SDR am 5. November 1958, 18.05 Uhr, in: *SPD-Pressemitteilungen und Informationen* Nr. 58 vom 5. November 1958.

35 Schwarz, Ära Adenauer 1957–1963, S. 80; *AdG*, 1958, S. 7391.

36 Rundfunkkommentar Wehners im WDR vom 16. November 1958, 19.30 Uhr.

37 Interview Wehners mit Olaf von Wrangel im NDR am 26. November 1958, 19.30 Uhr, in: *SPD-Pressemitteilungen und Informationen* Nr. 81 vom 26. November 1958

38 Vgl. die Sowjetnote vom 27. November 1958, in: *AdG*, 29. November 1958, S. 7412.

39 Notizen Wehners u. d. T. »Die Sowjetnote v. 27. 11. 58.«, in: PA Wehner.

40 Ebd.

41 Ebd.

42 Vgl. Fraktionsprotokoll vom 4. Dezember 1958, in: SPD-Fraktion im Deutschen Bundestag. Sitzungsprotokolle 1957–1961, S. 142 f.

43 Wehners Ausarbeitung u. d. T. »Entwurf einer Note als Anregung, wie die Note der Sowjetregierung vom 27. 11. 58 beantwortet werden könnte«, in: PA Wehner.

44 Ebd.

45 SPD-Fraktion im Deutschen Bundestag. Sitzungsprotokolle 1957–1961, S. 142 f.

46 Kommuniqué zum Abschluss der Außenministerkonferenz in Paris am 14. Dezember 1958, AP-Meldung Nr. 107 vom 14. Dezember 1958.
47 Vgl. Interview Wehners in RB am 19. Dezember 1958; Interview Wehners im SDR am 20. Dezember 1958, 12.40 Uhr.
48 Ebd.; Wehners Konzept für sein Referat in der Fraktionssitzung am 15. Dezember 1958 u. d. T. »Kommuniqué v. 14. 12 .«, in: PA Wehner; vgl. dazu auch den Bericht über dieses Referat im Fraktionsprotokoll vom 15. Dezember 1958, in: SPD-Fraktion im Deutschen Bundestag. Sitzungsprotokolle 1957–1961, S. 154 ff.
49 Vgl. Wehners Konzept für sein Referat in der Fraktionssitzung am 15. Dezember 1958 u. d. T. »Kommuniqué v. 14. 12 .«, in: PA Wehner; vgl. dazu auch den Bericht über dieses Referat im Fraktionsprotokoll vom 15. Dezember 1958, in: SPD-Fraktion im Deutschen Bundestag. Sitzungsprotokolle 1957–1961, S. 156.
50 Vgl. *AdG*, 1959, S. 7489.
51 Memorandum Wehners u. d. T. »Sowjetische Note vom 10. Januar 1959. Untersuchung des Inhalts und der Folgerungen aus der Note«, masch. Ms., in: AdsD, Bestand Ollenhauer Nr. 425.
52 Ebd.
53 Wehner lt. PPP vom 20. Januar 1959.
54 SPD-Fraktion im Deutschen Bundestag. Sitzungsprotokolle 1957–1961, S. 160 f. mit Anm. 6.
55 Antwortnoten abgedr. in: *AdG*, 1959, S. 7561.
56 Wehners Redekonzept für seinen Vortrag in der Fraktion am 17. Februar 1959 u. d. T. »Die Antwortnoten der Westmächte + der B-Regierung v. 16. II. 59.«, in: PA Wehner; vgl. dazu auch das Protokoll der Fraktionssitzung in: SPD-Fraktion im Bundestag. Sitzungsprotokolle 1957–1961, S. 200–202.
57 Ebd.
58 Soell, Erler, Bd. 1, S. 360.
59 Ebd., S. 372.
60 Wehners Redekonzept für seinen Vortrag in der Fraktion am 17. Februar 1959 u. d. T. »Die Antwortnoten der Westmächte + der B-Regierung v. 16. II. 59.«, in: PA Wehner; vgl. dazu auch das Protokoll der Fraktionssitzung in: SPD-Fraktion im Bundestag. Sitzungsprotokolle 1957–1961, S. 200–202.
61 Vgl. die Rede Chruschtschows im Moskauer Kremlpalast am 24. Februar 1959, auszugsweise abgedr. in: *AdG*, 1959, S. 7578.
62 Vgl. dazu die Einschätzung Wehners in einem Interview im SFB am 3. März 1959, 20 Uhr, in: *SPD-Pressemitteilungen und Informationen* Nr. 60 vom 3. März 1959.
63 Schwarz, Ära Adenauer 1957–1963, S. 85; ders., Adenauer 1952–1967, S. 496 f.
64 Interview Wehners im WDR am 15. März 1959, 19.30 Uhr.

65 SPD-Fraktion im Deutschen Bundestag. Sitzungsprotokolle 1957–1961, S. 237.

66 Klotzbach, Staatspartei, S. 487; Soell, Erler, Bd. 1, S. 380; Petra Weber, Schmid, S. 619 f.

67 Deutschlandplan der SPD, hrsg. vom Vorstand der SPD, o. O., o. J. [1959]; vgl. auch Klotzbach, Staatspartei, S. 488 ff.

68 Vgl. dazu auch die taktischen Überlegungen der SED im Hinblick auf den Deutschlandplan, Lemke, Konzeption, S. 374 f.

69 Aktennotiz von Erhard Eckert für Ollenhauer und Wehner vom 25. März 1959, in: PA Wehner. Zur Kritik am Deutschlandplan aus den USA vgl. andererseits Soell, Erler, Bd. 1, S. 382.

70 Schwarz, Adenauer 1952–1967, S. 498 f.

71 Schwarz, Ära Adenauer 1957–1963, S. 90 ff.; dazu auch ders., Adenauer 1952–1967, S. 498–502; vgl. auch den Art. »Fünfmal Veto«, in: *Der Spiegel* vom 6. Mai 1959, S. 13–15.

72 Soell, Erler, Bd. 1, S. 382; vgl. auch die Einschätzung von Gradl, Deutschland-Politik, S. 162.

73 Herter-Plan vom 14. Mai 1959, in: Dokumente zur Deutschlandpolitik IV/2, S. 78–82; vgl. dazu auch Christoph Meyer, Doppelstrategie, S. 186.

74 Zu dieser Einschätzung Erlers vgl. Soell, Erler, Bd. 1, S. 383.

75 Undatierte Notizen Wehners [Mai 1959], beginnend mit »1.) Herters Erklärung am Vorabend ...«, in: PA Wehner. Auch für Schmid war die Konferenz schon vor ihrem Beginn gescheitert, vgl. Petra Weber, Schmid, S. 625.

»Demokratisierung« als neuer Leitbegriff

1 Herbert Wehner, Schwerer Abschied, in: *Vorwärts* vom 24. März 1960, abgedr. auch in: *SPD-Pressemitteilungen und Informationen* Nr. 86 vom 24. März 1960.

2 Leonhard, Sowjetideologie, S. 238.

3 *Kommunist*, Nr. 16, November 1959, S. 7 ff., zit. nach Leonhard, Sowjetideologie, S. 239 (Hervorhebung im Original).

4 *AdG*, 1959, S. 8058.

5 Die Alternative unserer Zeit. Auseinandersetzung der Sozialdemokratie mit dem Kommunismus, hrsg. vom Vorstand der SPD, Bonn 1960; vgl. auch Klotzbach, Staatspartei, S. 457 f.

6 Alternative unserer Zeit, S. 7.

7 Ebd.

8 Ebd., S. 11.

9 Ebd., S. 12.

10 Ebd., S. 8.

11 Klotzbach, Staatspartei, S. 319.
12 Ebd., S. 433.
13 Soell, Erler, Bd. 1, S. 323.
14 Ebd., S. 324.
15 Klotzbach, Staatspartei, S. 436; Soell, Erler, Bd. 1, S. 318 und S. 323.
16 Herbert Wehner, Worum geht es in der Parteidiskussion?, in: *Der Sozialist* vom 1. Januar 1958, abgedr. in: ders., Sozialdemokratische Politik, S. 8.
17 Soell, Erler, Bd. 1, S. 323.
18 Rundschreiben Wehners vom 8. Februar 1958, in: PA Wehner.
19 Herbert Wehner, Grundsätze sozialdemokratischer Außenpolitik, abgedr. in: ders., Sozialdemokratische Politik, S. 13.
20 Klotzbach, Staatspartei, S. 437.
21 Wehner an Eichler vom 14. April 1958 (Durchschlag), in: PA Wehner.
22 Herbert Wehner, Schwerpunkte sozialdemokratischer Politik im geteilten Deutschland, Sonderdruck aus: *Die Neue Gesellschaft*, H. 3, Mai/Juni 1958.
23 Ebd.
24 Herbert Wehner, Die sozialdemokratische Partei heute, in: Politischer Club 1958, hrsg. von der Evangelischen Akademie Tutzing, Tutzing 1959 (Veröffentlichungen der Evangelischen Akademie Tutzing), S. 62. Es handelt sich dabei um einen Vortrag, den Wehner am 14. Juli 1958 in der Evangelischen Akademie Tutzing gehalten hatte, vgl. *SZ* und *FAZ* vom 15. Juli 1958.
25 Soell, Erler, Bd. 1, S. 324; Klotzbach, Staatspartei, S. 442 f.
26 Vgl. Klotzbach, Staatspartei, S. 444; Soell, Erler, Bd. 1, S. 325.
27 Soell, Erler, Bd. 1, S. 325; Klotzbach, Staatspartei, S. 447.
28 Interview Wehners im RIAS 2 am 10. September 1959, 20.45 Uhr; Interview Wehners im NDR am 16. September 1959, 19.45 Uhr, in: *SPD-Pressemitteilungen und Informationen* Nr. 213 vom 16. September 1959.
29 Herbert Wehner, Ziele der Arbeiterschaft, in: *Die Quelle*, H. 11, November 1959, S. 484 f.
30 So auch in der Rede »Die Arbeiterfrage im Programm der SPD« vor Betriebsfunktionären am 24. November 1959, abgedr. in: Herbert Wehner, Wandel und Bewährung, S. 219–231, bes. S. 225.
31 Wehners Diskussionsbeitrag in: PT 1959, S. 99; abgedr. auch in: Wehner, Wandel und Bewährung, S. 214.
32 Klotzbach, Staatspartei, S. 451.
33 Vgl. das Interview Wehners, in: *junge gemeinschaft*, Nr. 1, Januar 1960, S. 3 (Hervorhebung im Original).
34 Leonhard, Sowjetideologie, S. 61.
35 Ebd., S. 65 ff.

Der 30. Juni 1960

1 Rundfunkkommentar Wehners im HR am 6. Januar 1960, 21.45 Uhr, in: *SPD-Pressemitteilungen und Informationen* Nr. 2 vom 6. Januar 1960.

2 Ebd.

3 Vgl. dazu auch Köhler, Adenauer, S. 1067.

4 Redekonzept Wehners für die Fraktionsvorstandssitzung vom 12. Januar 1960, in: PA Wehner.

5 Hs. Redekonzept Wehners [Frühjahr 1960], beginnend mit »Das Grundsatzprogramm der SPD ...«, Bl. II b), in: AsdD, NL Wehner.

6 Ebd., Bl. 18.

7 Bouvier, Godesberg, S. 48; Freudenhammer/Vater, Wehner, S. 203; Soell, Erler, Bd. 1, S. 396; Thompson, Wehner, S. 188.

8 Wehner im *Vorwärts* vom 17. März 1960, zit. nach *SPD-Pressemitteilungen und Informationen* Nr. 82 vom 17. März 1960.

9 Herbert Wehner, Schwerer Abschied, in: *Vorwärts* vom 24. März 1960, abgedr. auch in: *SPD-Pressemitteilungen und Informationen* Nr. 86 vom 24. März 1960.

10 Vgl. Klotzbach, S. 464 f.

11 Vgl. das Interview Wehners in: *Marburger Blätter*. Illustrierte Studentenzeitung, hrsg. vom Allgemeinen Studentenausschuss der Philipps-Universität Marburg, Nr. 63, Juni 1960, S. 9 f.

12 Vgl. dazu Klotzbach, Staatspartei, S. 497; Bouvier, Godesberg, S. 43.

13 Soell, Erler, Bd. 1, S. 392 und S. 396; vgl. dazu auch die Vorstellung dieser Rede von Erler in der Fraktionssitzung vom 9. Februar 1960, in: SPD-Fraktion im Deutschen Bundestag. Sitzungsprotokolle 1957–1961, S. 388 f.

14 Bouvier, Godesberg, S. 48; Freudenhammer/Vater, Wehner, S. 203; Soell, Erler, Bd. 1, S. 396; Thompson, Wehner, S. 188.

15 Rundfunkkommentar Wehners im HR am 24. Mai 1960, 19.15 Uhr, in: *SPD-Pressemitteilungen und Informationen* Nr. 147 vom 24. Mai 1960; nachgedruckt auch u. d. T. »Redliche Bestandsaufnahme« im *Vorwärts* vom 27. Mai 1960. Zuvor hatte auch Ollenhauer am gleichen Tag eine »außenpolitische Bestandsaufnahme« im Bundestag gefordert, vgl. Bouvier, Godesberg, S. 52.

16 Bericht von Conrad Ahlers über ein Interview mit Wehner u. d. T. »Gegen eine Selbstzerfleischung unseres Volkes«, in: *Frankfurter Rundschau* vom 18. Juni 1960.

17 Ebd.

18 Bericht vom Treffen des SPD-Vorstands mit der Pommerschen Landsmannschaft, in: *SPD-Pressemitteilungen und Informationen* Nr. 167 vom 15. Juni 1960.

19 Rundfunkkommentar Wehners im HR am 24. Mai 1960, 19.15 Uhr, in: *SPD-Pressemitteilungen und Informationen* Nr. 147 vom 24. Mai 1960;

nachgedruckt auch u. d. T. »Redliche Bestandsaufnahme« im *Vorwärts* vom 27. Mai 1960.

20 Bericht vom Treffen des SPD-Vorstands mit der Pommerschen Landsmannschaft, in: *SPD-Pressemitteilungen und Informationen* Nr. 167 vom 15. Juni 1960.

21 Vgl. dazu ausführlich Wehners Darlegungen in seiner Rede auf dem Landesparteitag der baden-württembergischen SPD in Heilbronn am 26. Juni 1960, erschienen u. d. T.: Herbert Wehner, Das Gemeinsame und das Trennende in der deutschen Politik, Bonn o. J. [1960], S. 11 ff.

22 Notizen Wehners u. d. T. »Vorbereitg. der außenpol. Debatte z. 30. 6.«, undatiert [Juni 1960], in: PA Wehner.

23 Vgl. Bouvier, Godesberg, S. 57.

24 Pressemitteilung Wehners in: *SPD-Pressemitteilungen und Informationen* Nr. 155 vom 2. Juni 1960.

25 So Wehner in einem Referat bei einer Zusammenkunft von SPD-Vorstand und Bundesvorstand der Pommerschen Landsmannschaft am 15. Juni 1960, abgedr. in: *SPD-Pressemitteilungen und Informationen* Nr. 167 vom 15. Juni 1960.

26 Bericht von Conrad Ahlers über ein Interview mit Wehner u. d. T. »Gegen eine Selbstzerfleischung unseres Volkes«, in: *Frankfurter Rundschau* vom 18. Juni 1960.

27 Ebd.

28 Aktennotiz vom 21. Juni 1960 (streng vertraulich) von Erhard Eckert für Ollenhauer, Wehner und Erler, in: PA Wehner; daraus auch die folgenden Zitate.

29 Ebd.

30 Ebd.

31 Pressemitteilung Wehners in: *SPD-Pressemitteilungen und Informationen* Nr. 171 vom 22. Juni 1960. Zu weiteren Pressemeldungen vom 21./22. Juni 1960, dass die Union in der außenpolitischen Debatte die Gräben zur SPD vertiefen wolle, vgl. auch Bouvier, Godesberg, S. 58. Das Dementi Ernst Majonicas in: *Deutschland Union Dienst* Nr. 64 vom 23. Juni 1960.

32 SPD-Fraktion im Deutschen Bundestag. Sitzungsprotokolle 1957–1961, S. 448.

33 Information Greta Wehners. Vgl. auch Brandt, Erinnerungen, S. 50 und S. 328; Gradl, Deutschland-Politik, S. 163 f. Als Fritz Erler, der nach Wehner redete, leichte Kritik an der Rede Wehners äußerte, konterte dieser später, dass Erler sich in Polemik verstrickt habe, Soell, Erler, Bd. 1, S. 408. Zu den Differenzen zwischen Erler und Wehner vgl. auch ebd., S. 406 f.; Freudenhammer/Vater, Wehner, S. 204.

34 Vgl. dazu Klotzbach, Staatspartei, S. 501.

35 BT am 30. Juni 1960, S. 7052 ff. Zur Rede Wehners vgl. auch Bouvier, Godesberg, S. 59 ff.; Klotzbach, Staatspartei, S. 499 f.; Christoph Meyer,

Doppelstrategie, S. 201; Thompson, Wehner, S. 190; Soell, Erler, Bd. 1, S. 402 ff.; Petra Weber, Schmid, S. 629.

36 Vgl. dazu auch die zutreffende Beobachtung von Freudenhammer/Vater, Wehner, S. 204, Wehner habe in der Debatte am 30. Juni 1960 den Deutschlandplan nicht völlig abgeschrieben, sondern als denkbares Element einer künftigen Politik bestehen lassen.

37 Wehner in seiner Bundestagsrede vom 30. Juni 1960, in: Wehner, Bundestagsreden I, S. 206.

38 Zit. nach Schwarz, Adenauer 1952–1967, S. 598.

39 Zit. nach Freudenhammer/Vater, Wehner, S. 205.

40 Telegramm Brandts an Wehner vom 30. Juni 1960, in: AdsD, NL Wehner, Allg. Korr., Nr. 70 . Vgl. zu den Reaktionen auf Wehners Rede auch Thompson, Wehner, S. 192. Zu rückblickenden Wertungen siehe Bouvier, Godesberg, S. 61 f.

41 Staadt, Westpolitik, S. 43; Lemke, Konzeption, S. 376 f.

42 Lemke, Berlinkrise, S. 147.

43 Staadt, Westpolitik, S. 29.

44 Ebd., S. 43 f.

45 Ebd., S. 44.

46 Wehner an Ollenhauer vom 11. September 1960 (Durchschlag), in: AdsD, NL Wehner, Allg. Korr., Nr. 70.

47 Wehner an Puttkamer vom 27. September 1960 (Durchschrift), in: AdsD, NL Wehner, Allg. Korr., Nr. 70.

48 Staadt, Westpolitik, S. 45 ; vgl. dazu auch Lemke, Konzeption, S. 377.

49 Vgl. dazu Lemke, Berlinkrise, S. 150 f.

50 Beitrag Wehners für die IG Metall-Zeitschrift *Metall*, abgedr. in: *SPD-Pressemitteilungen und Informationen* Nr. 249 vom 16. September 1960.

51 Ebd.

52 Ebd.

53 Wehner in einer Rundfunkdiskussion mit Johann Baptist Gradl und Erich Mende im »Frankfurter Gespräch« des HR am 18. September 1960, 10.30 Uhr.

Die Bundestagswahl 1961

1 Herbert Wehner, Das Gemeinsame und das Trennende in der Politik. Rede auf der Landesdelegiertenversammlung [der SPD-Landesorganisation Hamburg] am … 9. Oktober 1960, Hamburg [1960], S. 15.

2 Interview Wehners in der Illustrierten *Kristall*, Nr. 24, [November] 1960, S. 56.

3 Herbert Wehner, Das Gemeinsame und das Trennende in der Politik. Rede auf der Landesdelegiertenversammlung [der SPD-Landesorganisation Hamburg] am … 9. Oktober 1960, Hamburg [1960], S. 23.

Wehner griff damit die Kritik Erlers an der Einmannherrschaft Adenauers vom April 1960 auf. Zur Kritik Erlers an Adenauer vgl. Soell, Erler, Bd. 2, S. 717.

4 PT 1960, S. 110 ff., Zitat: S. 113.

5 Ebd., S. 114.

6 Ebd., S. 184.

7 Ebd., S. 185.

8 Vgl. dazu Bouvier, Godesberg, S. 68; Klotzbach, Staatspartei, S. 502; Soell, Erler, Bd. 1, S. 419; Petra Weber, Schmid, S. 641.

9 Vgl. etwa Herbert Wehner, Das Gemeinsame und das Trennende in der Politik. Rede auf der Landesdelegiertenversammlung [der SPD-Landesorganisation Hamburg] am ... 9. Oktober 1960, Hamburg [1960], S. 29 f.

10 PT 1960, S. 185.

11 Rede Herbert Wehners am 4. März 1961 in Regensburg, Tonbandabschrift, S. 16 f., in: PA Wehner. Vgl. zu diesem Phasenmodell auch Bouvier, Godesberg, S. 83.

12 Vgl. dazu Bouvier, Godesberg, S. 84 ff.; Klotzbach, Staatspartei, S. 513.

13 Vgl. Petra Weber, Schmid, S. 636.

14 Bouvier, Godesberg, S. 48.

15 Vgl. Petra Weber, Schmid, S. 638.

16 Bouvier, Godesberg, S. 60 ff.; Klotzbach, Staatspartei, S. 500.

17 Herbert Wehner an Lotte Wehner vom 11. September 1960, in: PA Wehner.

18 Vgl. dazu Herbert Wehner, Das Gemeinsame und das Trennende in der Politik. Rede auf der Landesdelegiertenversammlung [der SPD-Landesorganisation Hamburg] am ... 9. Oktober 1960, Hamburg [1960], S. 17 f.; ferner Wehners Interview in der Illustrierten *Kristall*, Nr. 24, [November] 1960, S. 50 ff.

19 Vgl. Bouvier, Godesberg, S. 71 und S. 78 f.; Klotzbach, Staatspartei, S. 512.

20 Herbert Wehner, Das Grundgesetz der Bundesrepublik und das Grundsatzprogramm der SPD. Rede [...] vor sozialdemokratischen Betriebsfunktionären in einer Arbeitswoche »Mensch und Betrieb« [29. November 1960], hrsg. vom SPD-Parteivorstand Bonn o. J [1960] (Sondernummer von *Arbeit und Freiheit*), S. 20, und Schlusswort zur Rede Herbert Wehners vor sozialdemokratischen Betriebsfunktionären in der Arbeitswoche »Mensch und Betrieb« am 29. November 1960, Tonbandabschrift, S. 50, in: PA Wehner.

21 Herbert Wehner, Das Grundgesetz der Bundesrepublik und das Grundsatzprogramm der SPD. Rede [...] vor sozialdemokratischen Betriebsfunktionären in einer Arbeitswoche »Mensch und Betrieb« [29. November 1960], hrsg. vom SPD-Parteivorstand Bonn o. J [1960] (Sondernummer von *Arbeit und Freiheit*), S. 5.

22 Schlusswort zur Rede Herbert Wehners vor sozialdemokratischen Betriebsfunktionären in der Arbeitswoche »Mensch und Betrieb« am 29. November 1960, Tonbandabschrift, S. 2 f., in: PA Wehner.

23 Brandt an Wehner vom 13. Dezember 1960, in: AdsD, NL Wehner.

24 Wehner an Brandt vom 26. Dezember 1960 (Durchschlag), in: ebd.

25 Ebd.

26 So Brandt im Interview mit Günter Gaus im ZDF am 30. September 1964, abgedr. in: Günter Gaus, Zur Person. Von Adenauer bis Wehner. Portraits in Frage und Antwort, Köln 1987, S. 59.

27 Rede Herbert Wehners am 4. März 1961 in Regensburg, Tonbandabschrift, S. 6 f., in: PA Wehner.

28 Vgl. dazu Bouvier, Godesberg, S. 84 ff.; Klotzbach, Staatspartei, S. 513.

29 Biermann, Kennedy, S. 102 f.

30 Ebd., S. 104–110.

31 Vgl. dazu ebd., S. 114 ff., und Lemke, Berlinkrise, S. 159 f.

32 *AdG*, 1961, S. 9133.

33 Herbert Wehner, Über die Außenpolitik nach dem Wiener Treffen, Tonbandabschrift eines Rundfunkkommentars im HR 2 am 6. Juni 1961, 21 Uhr.

34 *AdG*, 1961, S. 9141.

35 Pressemitteilung vom 15. Juni 1961, in: *SPD-Pressemitteilungen und Informationen* Nr. 170 vom 15. Juni 1961.

36 Herbert Wehner, Über die Außenpolitik nach dem Wiener Treffen, Tonbandabschrift eines Rundfunkkommentars im HR 2 am 6. Juni 1961, 21 Uhr.

37 Ebd.

38 Vgl. Herbert Wehner, Soziologische Analyse und wahlpolitische Auswertung der Situation der Arbeitnehmerschaft nach der Bundestagswahl 1961. Referat während der Arbeitswoche »Mensch und Betrieb« vom 20. bis 25. November 1961 in Bergneustadt, Tonbandabschrift, S. 11, in: PA Wehner; ferner Bouvier, Godesberg, S. 91 f.

39 Vgl. *AdG*, 1961, S. 9190.

40 Wehner an Gerstenmaier vom 2. Juli 1961, in: AdsD, NL Wehner, Allg. Korr., Nr. 71.

41 Schwarz, Adenauer 1952–1967, S. 649 f.; vgl. dazu auch Bouvier, Godesberg, S. 91 ff.; Köhler, Adenauer, S. 1101; Petra Weber, Schmid, S. 644.

42 Vgl. das Manuskript eines Kommentars von Wehner vom 14. August 1961, ohne Titel, beginnend mit »Die Errichtung eines Sperrgürtels durch Berlin …«, in: PA Wehner; ferner ders., Soziologische Analyse und wahlpolitische Auswertung der Situation der Arbeitnehmerschaft nach der Bundestagswahl 1961. Referat während der Arbeitswoche »Mensch und Betrieb« vom 20. bis 25. November 1961 in Bergneustadt, Tonbandabschrift, S. 11 f., in: ebd.; sowie Christoph Meyer, Doppelstrategie, S. 203.

43 Köhler, Adenauer, S. 1104; Lemke, Berlinkrise, S. 161; Biermann, Kennedy, S. 130f.

44 Herbert Wehner, Soziologische Analyse und wahlpolitische Auswertung der Situation der Arbeitnehmerschaft nach der Bundestagswahl 1961. Referat während der Arbeitswoche »Mensch und Betrieb« vom 20. bis 25. November 1961 in Bergneustadt, Tonbandabschrift, S. 12 f.

45 Die Lage in der Sowjetischen Besatzungszone Deutschlands (»DDR«), masch. Ms. [Ende Juli 1961], in: PA Wehner.

46 Ebd.

47 Herbert Wehner, Soziologische Analyse und wahlpolitische Auswertung der Situation der Arbeitnehmerschaft nach der Bundestagswahl 1961. Referat während der Arbeitswoche »Mensch und Betrieb« vom 20. bis 25. November 1961 in Bergneustadt, Tonbandabschrift, S. 12, wo er von der »falschen Vorstellung, dass wenn man sich um etwas anderes [als die Freiheit West-Berlins] kümmere, unter Umständen der große Konflikt drohen und unausbleiblich werden würde«, spricht.

48 Biermann, Kennedy, S. 135. Zu den Vorbereitungen des Mauerbaus vor dem 13. August 1961 vgl. auch Lemke, Berlinkrise, S. 161–169.

49 Bouvier, Godesberg, S. 94; Klotzbach, Staatspartei, S. 514.

50 Vgl. dazu ausführlich Herbert Wehner, Soziologische Analyse und wahlpolitische Auswertung der Situation der Arbeitnehmerschaft nach der Bundestagswahl 1961. Referat während der Arbeitswoche »Mensch und Betrieb« vom 20. bis 25. November 1961 in Bergneustadt, Tonbandmitschrift, S. 6–9.

51 Ebd.

52 Ebd.

53 Vgl. Wehners Rede »Die politische Situation nach den Wahlen«, undatiertes hs. Ms. [Oktober 1961], S. 4, in: PA Wehner.

54 Herbert Wehner, Soziologische Analyse und wahlpolitische Auswertung der Situation der Arbeitnehmerschaft nach der Bundestagswahl 1961. Referat während der Arbeitswoche »Mensch und Betrieb« vom 20. bis 25. November 1961 in Bergneustadt, Tonbandabschrift, S. 10, in: PA Wehner.

55 Ebd.

56 Pressemitteilung Wehners vom 23. August 1961, in: *SPD-Pressemitteilungen und Informationen* Nr. 270 vom 23. August 1961.

57 Vgl. *SPD-Pressemitteilungen und Informationen* Nr. 253 vom 17. August 1961 und Nr. 271 vom 23. August 1961.

58 Herbert Wehner an Lotte Wehner vom 22. August 1961, in: PA Wehner.

59 Rundfunkkommentar Wehners im NDR am 8. September 1961, 19.15 Uhr, in: *SPD-Pressemitteilungen und Informationen* Nr. 327 vom 8. September 1961.

60 Vgl. Bouvier, Godesberg, S. 94 ff.

61 Vgl. Soell, Erler, Bd. 1, S. 426.
62 Vgl. Klotzbach, Staatspartei, S. 515; Köhler, Adenauer, S. 1113.
63 Vgl. Lemke, Berlinkrise, S. 172; Schwarz, Adenauer 1952–1967, S. 655–666.
64 Vgl. dazu Bouvier, Godesberg, S. 97; Klotzbach, Staatspartei, S. 516.

Regierungsbildung 1961

1 Vgl. Bouvier, Godesberg, S. 98; Klotzbach, Staatspartei, S. 516; Petra Weber, Schmid, S. 646.
2 *AdG*, 1961, S. 9346.
3 Interview Wehners im WDR und NDR, ausgestrahlt am 24. September 1961, 19.30 Uhr, abgedr. in: *SPD-Pressemitteilungen und Informationen* Nr. 376 vom 22. September 1961.
4 Ebd.
5 Vgl. dazu Klotzbach, Staatspartei, S. 518; Petra Weber, Schmid, S. 647; Schwarz, Adenauer 1952–1967, S. 674 ff.
6 Herbert Wehner, Soziologische Analyse und wahlpolitische Auswertung der Situation der Arbeitnehmerschaft nach der Bundestagswahl 1961. Referat während der Arbeitswoche »Mensch und Betrieb« vom 20. bis 25. November 1961 in Bergneustadt, Tonbandabschrift, S. 16 f., in: PA Wehner.
7 Vgl. Schwarz, Ära Adenauer 1957–1963, S. 231; *Der Spiegel* Nr. 41 vom 4. Oktober 1961, S. 25.
8 SPD-Fraktion im Deutschen Bundestag. Sitzungsprotokolle 1961–1963, S. 9 f. Vgl. dazu auch Petra Weber, Schmid, S. 647.
9 Morsey, Lübke, S. 345.
10 Ebd.
11 Vgl. dazu Petra Weber, Schmid, S. 646; Bouvier, Godesberg, S. 99; Morsey, Lübke, S. 346.
12 Klotzbach, Staatspartei, S. 519.
13 Rundfunkbeitrag Wehners im HR am 10. Oktober 1961, 21 Uhr, in: *SPD-Pressemitteilungen und Informationen* Nr. 387 vom 10. Oktober 1961.
14 Wehners Rede »Die politische Situation Deutschlands nach den Wahlen«, gehalten Ende Oktober 1961 in Berlin, Tonbandabschrift, S. 3, in: PA Wehner.
15 Herbert Wehner, Soziologische Analyse und wahlpolitische Auswertung der Situation der Arbeitnehmerschaft nach der Bundestagswahl 1961. Referat während der Arbeitswoche »Mensch und Betrieb« vom 20. bis 25. November 1961 in Bergneustadt, Tonbandabschrift, S. 40 f., in: PA Wehner.
16 Ebd., S. 19.
17 Ebd., S. 20.

18 Vgl. den Vorabdruck eines Artikels von Wehner in *Arbeit und Freiheit*, in: *SPD-Pressemitteilungen und Informationen* Nr. 390 vom 13. Oktober 1961.

19 Ebd.

20 Herbert Wehner, Soziologische Analyse und wahlpolitische Auswertung der Situation der Arbeitnehmerschaft nach der Bundestagswahl 1961. Referat während der Arbeitswoche »Mensch und Betrieb« vom 20. bis 25. November 1961 in Bergneustadt, Tonbandabschrift, S. 42f., in: PA Wehner.

21 Vgl. den Vorabdruck eines Artikels von Wehner in *Arbeit und Freiheit*, in: *SPD-Pressemitteilungen und Informationen* Nr. 390 vom 13. Oktober 1961.

22 Wehners Rede »Die politische Situation Deutschlands nach den Wahlen«, gehalten Ende Oktober 1961 in Berlin, Tonbandabschrift, S. 8, in: PA Wehner.

23 Herbert Wehner, Soziologische Analyse und wahlpolitische Auswertung der Situation der Arbeitnehmerschaft nach der Bundestagswahl 1961. Referat während der Arbeitswoche »Mensch und Betrieb« vom 20. bis 25. November 1961 in Bergneustadt, Tonbandabschrift, S. 39f., in: PA Wehner.

24 Ebd., S. 26.

Für die Einigkeit des Westens

1 Rundfunkdiskussion zum Thema »Weltpolitik und wir« in der Sendereihe »Das politische Forum« des NDR und WDR am 12. November 1961, 19.30 Uhr, Tonbandabschrift.

2 PPP-Meldung vom 17. November 1961.

3 PPP-Meldung vom 17. November 1961.

4 Vgl. Schwarz, Adenauer 1952–1967, S. 732.

5 Schwarz, Ära Adenauer 1957–1963, S. 240.

6 Rundfunkbeitrag Wehners im HR am 12. Dezember 1961, 21 Uhr, abgedr. in: *SPD-Pressemitteilungen und Informationen* Nr. 450 vom 12. Dezember 1961.

7 Zeitungsartikel Wehners, abgedr. in: *SPD-Pressemitteilungen und Informationen* Nr. 452 vom 15. Dezember 1961.

8 Ebd.

9 Schwarz, Ära Adenauer 1957–1963, S. 240.

10 Ebd., S. 242.

11 Rundfunkdiskussion zum Thema »Weltpolitik und wir« in der Sendereihe »Das politische Forum« des NDR und WDR am 12. November 1961, 19.30 Uhr, Tonbandabschrift.

12 Lemke, Berlinkrise, S. 192 f.
13 *Pressemitteilung der SPD-Bundestagsfraktion*, undatiert [Anfang Januar 1962]. Vgl. auch das Wehner-Interview zum Sowjetmemorandum im RIAS 2 am 9. Januar 1962, 19 Uhr.
14 Gradl, Deutschland-Politik, S. 165.
15 Lemke, Berlinkrise, S. 192 f.
16 Schwarz, Ära Adenauer 1957–1963, S. 244. Zu den deutschlandpolitischen Kontroversen in der Bonner Regierungskoalition und dem Versuch der Infiltrierung der FDP durch die SED vgl. auch Lemke, Berlinkrise, S. 179 f.
17 Interview Ernst Majonicas im SDR am 17. Februar 1962, 12.40 Uhr.
18 Rundfunkkommentar Wehners im SDR am 15. Februar 1962, 19 Uhr.
19 Unterzeichner waren Rechtsanwalt Hellmut Becker, Präses D. Dr. Joachim Beckmann, Intendant Dr. Klaus von Bismarck, Prof. Dr. Werner Heisenberg, Dr. Günter Howe, Dr. Georg Picht, Prof. Dr. Ludwig Raiser, Prof. Dr. Carl Friedrich Freiherr von Weizsäcker. Das Memorandum wurde in der *FAZ* vom 24. Februar 1962 vollständig veröffentlicht; vgl. *AdG*, 1962, S. 9697.
20 »Memorandum der Acht« vom 24. Februar 1962, in: ebd.; vgl. allgemein zur Haltung der SPD zum »Memorandum« Bouvier, Godesberg, S. 128, zur Haltung Carlo Schmids vgl. Petra Weber, Schmid, S. 669.
21 Stellungnahmen zum Tübinger Memorandum im DFS II (NDR) am 4. März 1962, 20.20 Uhr.
22 Masch. Art. Wehners u. d. T. »Aufeinander angewiesen«, in: PA Wehner; Anschreiben Wehners an Ludwig Erhard, Konrad Adenauer, Erich Ollenhauer, Ludwig Rosenberg, Georg Leber, Heinrich Deist vom 8. April 1962 (Durchschläge), in: ebd.; Antworten: Mende an Wehner vom 10. April 1962; Hans Katzer an Wehner vom 12. April 1962; Ludwig Rosenberg an Wehner vom 14. April 1962, in: ebd.
23 Adenauer an Wehner vom 13. April 1962, in: PA Wehner.
24 Schwarz, Ära Adenauer 1957–1963, S. 245.
25 Ebd.
26 Schwarz, Adenauer 1952–1967, S. 744.
27 Vgl. Biermann, Kennedy, S. 154.
28 Rundfunkkommentar Wehners im HR am 17. April 1962, 21 Uhr.
29 Rundfunkkommentar Wehners im WDR am 22. April 1962, 9.10 Uhr.
30 Ebd.
31 Ebd.
32 PPP-Meldung vom 16. April 1962.
33 Ebd.
34 Ebd.
35 Ebd.
36 Rundfunkkommentar Wehners im HR am 17. April 1962, 21 Uhr.
37 Ebd.

1 Vgl. zur *Spiegel*-Affäre Seifert (Hg.), Spiegel-Affäre; ferner Schwarz, Ära Adenauer 1957–1963, S. 261–273.
2 Kleßmann, Zwei Staaten, S. 162.
3 Ebd., S. 166.
4 Vgl. dazu die Auszüge aus einer persönlichen Niederschrift Schmidts über seine Vernehmung am 24./25. September 1964 durch die Bundesanwaltschaft, die er mit Schreiben vom 9. Oktober 1964 an Wehner sandte, in: AdsD, NL Wehner, Allg. Korr., Nr. 74.
5 Ebd.
6 Ebd.
7 Vgl. Petra Weber, Schmid, S. 655.
8 Schwarz, Ära Adenauer 1957–1963, S. 283.
9 Pressemitteilung Wehners vom 27. Oktober 1962, in: *SPD-Pressemitteilungen und Informationen* Nr. 289 vom 29. Oktober 1962. Vgl. auch Soell, Erler, Bd. 2, S. 736.
10 Ebd.
11 Ebd.
12 Ebd.
13 Herbert Wehner, Die Menschen verlangen nach Rechtsordnung, in: *Vorwärts* vom 14. November 1962.
14 Herbert Wehner in seiner Rede vor Sekretären in Bergneustadt, Mitte Dezember 1962, Tonbandabschrift, S. 30, in: PA Wehner; vgl. auch Herbert Wehner, Die Menschen verlangen nach Rechtsordnung, in: *Vorwärts* vom 14. November 1962: »Ich fürchte, bei Spiegel-Verantwortlichen hat es die politische Vorstellung gegeben, um beinahe jeden Preis die von ihnen abgelehnte Konzeption Strauß' anzuprangern, ohne dazu die Wege der Politik und der Intervention bei Regierung und gegebenenfalls Bundespräsident zu beschreiten. Dabei mag Augsteins herablassende Haltung gegenüber der Sozialdemokratie mitgespielt haben.«
15 Wehner an Bölling vom 16. April 1965 (Durchschlag), in: AdsD, NL Wehner, Allg. Korr., Nr. 75.
16 Kleßmann, Zwei Staaten, S. 163.
17 Herbert Wehner, Die Menschen verlangen nach Rechtsordnung, in: *Vorwärts* vom 14. November 1962.
18 SPD-Fraktion im Deutschen Bundestag. Sitzungsprotokolle 1961–1963, S. 148.
19 Schwarz, Ära Adenauer 1957–1963, S. 271.
20 SPD-Fraktion im Deutschen Bundestag. Sitzungsprotokolle 1961–1963, S. 158.
21 Ebd., S. 148.
22 Schwarz, Ära Adenauer 1957–1963, S. 271 f.

23 Ebd., S. 274. Vgl. Wirz, Guttenberg, S. 150–153 und S. 176–180.
24 Vgl. Guttenberg, Fußnoten, S. 89; Schwarz, Ära Adenauer 1957–1963, S. 273.
25 Schwarz, Ära Adenauer 1957–1963, S. 274.
26 Ebd., S. 285. Zu den Motiven Guttenbergs vgl. insbesondere Wirz, Guttenberg, S. 471 f.
27 Vgl. den Artikel Wehners für die *Welt am Sonntag* vom 10. Juni 1962, in: *SPD-Pressemitteilungen und Informationen* Nr. 149 vom 8. Juni 1962.
28 PPP-Interview Wehners, in: *SPD-Pressemitteilungen und Informationen* Nr. 312 vom 16. November 1962.
29 Guttenberg, Fußnoten, S. 88. Vgl. auch Wirz, Guttenberg, S. 197.
30 Schwarz, Ära Adenauer 1957–1963, S. 272 f.
31 Ebd., S. 274.
32 Wehner in seiner Rede vor Parteisekretären in Bergneustadt Mitte Dezember 1962, Tonbandabschrift, S. 15, in: PA Wehner.
33 SPD-Fraktion im Deutschen Bundestag. Sitzungsprotokolle 1961–1963, S. 187.
34 Ebd.
35 Wehner in seiner Rede vor Parteisekretären in Bergneustadt Mitte Dezember 1962, Tonbandabschrift, S. 21, in: PA Wehner.
36 Ebd., S. 18.
37 Ebd., S. 17.
38 Vgl. dazu Wirz, Guttenberg, S. 205.
39 Wehner in seiner Rede vor Parteisekretären in Bergneustadt Mitte Dezember 1962, Tonbandabschrift, S. 18 f., in: PA Wehner.
40 Ebd., S. 19–23.
41 Ebd., S. 23; vgl. auch Schwarz, Ära Adenauer 1957–1963, S. 275; Wirz, Guttenberg, S. 204 f.
42 Schwarz, Ära Adenauer 1957–1963, S. 275.
43 So der von Wehner wörtlich zitierte Text des Adenauer'schen Schreibens in seiner Rede vor Parteisekretären in Bergneustadt Mitte Dezember 1962, Tonbandabschrift, S. 23 f., in: PA Wehner; ebenso bei Wirz, Guttenberg, S. 208 f., der den Brief nach dem Original im Nachlass Guttenberg zitiert. Schwarz, Adenauer 1952–1967, S. 798 f., zitiert den Brief aus einer schriftlichen Ausarbeitung Lückes vom 3. Dezember 1962. Dieser Text enthält leichte stilistische Abweichungen.
44 Wehner in seiner Rede vor Parteisekretären in Bergneustadt Mitte Dezember 1962, Tonbandabschrift, S. 24, in: PA Wehner.
45 Vgl. Schwarz, Adenauer 1952–1967, S. 800.
46 Wehner in seiner Rede vor Parteisekretären in Bergneustadt Mitte Dezember 1962, Tonbandabschrift, S. 24, in: PA Wehner.
47 Ebd., S. 24.
48 Ebd., S. 25. Vgl. dazu auch Klotzbach, Staatspartei, S. 524.
49 Wirz, Guttenberg, S. 215.

50 Wehner in seiner Rede vor Parteisekretären in Bergneustadt Mitte Dezember 1962, Tonbandabschrift, S. 25, in: PA Wehner. Vgl. dazu auch Schwarz, Ära Adenauer 1957–1963, S. 275 f.; Klotzbach, Staatspartei, S. 523.
51 Klotzbach, Staatspartei, S. 524 f. Vgl. auch Schwarz, Adenauer 1952–1967, S. 802 f.
52 Schwarz, Adenauer 1952–1967, S. 803; Klotzbach, Staatspartei, S. 525; Wirz, Guttenberg, S. 225.
53 Vgl. Schwarz, Adenauer 1952–1967, S. 805 f.
54 Vgl. Klotzbach, Staatspartei, S. 526.
55 Ebd., S. 527. Vgl. auch das Fraktionsprotokoll vom 5. Dezember 1962, in: SPD-Fraktion im Deutschen Bundestag. Sitzungsprotokolle 1961–1963, S. 184–190.
56 Schwarz, Ära Adenauer 1957–1963, S. 281; Wirz, Guttenberg, S. 234 ff.
57 Interview Wehners in der *SZ* vom 10. Dezember 1962, abgedr. auch in: Wehner, Wandel und Bewährung, S. 254–260.
58 Ebd.
59 Vgl. Schwarz, Ära Adenauer 1957–1963, S. 286.
60 Adenauer an Wehner vom 11. Dezember 1962, in: AdsD, NL Wehner, Allg. Korr., Nr. 72. Wehner war in der Endphase der Koalitionsverhandlungen erkrankt. Vgl. Wirz, Guttenberg, S. 295.

Turbulenzen im Bündnis

1 *AdG*, 1962, S. 9934. Vgl. auch Aktionskomitee für die Vereinigten Staaten von Europa – Gemeinsame Erklärung vom 26. Juni 1962, in: *Tatsachen – Argumente*, Sonderausgabe November 1962.
2 Ebd.
3 Monnet, Memoiren, 565f., wo aus einem Brief Wehners an Monnet zitiert wird. Vgl. Thompson, Wehner, S. 220.
4 *AdG*, 1962, S. 9962. Vgl. auch Rede Kennedys zum amerikanischen Unabhängigkeitstag am 4. Juli 1962 in Philadelphia, in Auszügen abgedr. in: *Tatsachen – Argumente*, Sonderausgabe, November 1962.
5 Rede Herbert Wehners am 5. November 1962 vor dem 5. Kongress der sozialistischen Parteien der Europäischen Gemeinschaft, masch. Ms, in: PA Wehner.
6 Ebd.
7 Ebd.
8 Interview Wehners für die *Westfälische Rundschau*, in: *SPD-Pressemitteilungen und Informationen* Nr. 36 vom 1. Februar 1963.
9 Presseerklärung Wehners zum deutsch-französischen Kommuniqué, in: *SPD-Pressemitteilungen und Informationen* Nr. 185 vom 6. Juli 1962.

10 Interview Wehners für die *Welt am Sonntag* vom 15. Juli 1962, in: *SPD-Pressemitteilungen und Informationen* Nr. 193 vom 13. Juli 1962.
11 Artikel Wehners für den *Vorwärts*, in: *SPD-Pressemitteilungen und Informationen* Nr. 262 vom 1. Oktober 1962.
12 Marcowitz, Option, S. 96.
13 Vgl. dazu Schwarz, Ära Adenauer 1957–1963, S. 288 ff.
14 Interview Wehners in: *Christ und Welt* Nr. 6 vom 8. Februar 1963.
15 Interview Wehners im Rahmen der Sendung »Deutschlandecho« des DLF am 30. Januar 1963, 19 Uhr, in: *SPD-Pressemitteilungen und Informationen* Nr. 31 vom 30. Januar 1963.
16 Wehner in einem Interview für die *Westfälische Rundschau* vom 2. Februar 1963, in: *SPD-Pressemitteilungen und Informationen* Nr. 36 vom 1. Februar 1963.
17 Petra Weber, Schmid, S. 666.
18 Marcowitz, Option, S. 102.
19 Wehner in einem Interview in RB am 2. Februar 1963, 17.30 Uhr, in: *SPD-Pressemitteilungen und Informationen* Nr. 37 vom 1. Februar 1963.
20 Soell, Erler, Bd. 1, S. 448.
21 Petra Weber, Schmid, S. 666.
22 Marcowitz, Option, S. 103.
23 Ebd., S. 103f.; Vgl. auch Klotzbach, Staatspartei, S. 562.
24 Vgl. dazu Schwarz, Ära Adenauer 1957–1963, S. 295.

Adenauer-Nachfolge

1 Bouvier, Godesberg, S. 181.
2 Interview Wehners in der Sendereihe »Zeit im Funk« des RIAS 2, 18. Februar 1963, 19 Uhr.
3 *Der Spiegel* Nr. 9 vom 27. Februar 1963, S. 13.
4 Vier Thesen Wehners zur deutschen Politik in: *SPD-Pressemitteilungen und Informationen* Nr. 71 vom 27. Februar 1963.
5 Beitrag Wehners für die *Welt am Sonntag* vom 3. März 1963, in: *SPD-Pressemitteilungen und Informationen* Nr. 75 vom 1. März 1963.
6 Interview Wehners im *Münchner Merkur* vom 18./19. Mai 1963; Interview Wehner in der Sendereihe »Interview der Woche« des DLF, 19. Mai 1963, 11.30 Uhr, in: *SPD-Pressemitteilungen und Informationen* Nr. 153 vom 17. Mai 1963; Wehner in der Sendereihe »Unter uns gesagt« des DFS vom 20. Mai 1963; Interview Wehners in der Sendereihe »Das Interview« im ZDF, 6. Dezember 1963, 20 Uhr.
7 Notizen Wehners, undatiert [nach dem 19. Mai 1963], beginnend mit »Vor Schluss 1. H.-Zeit 4. BT, ...«, in: PA Wehner.
8 Ebd.
9 Ebd.

10 Ebd.
11 Ebd.
12 Ebd.
13 Artikel Wehners für den *Vorwärts* in: *SPD-Pressemitteilungen und Informationen* Nr. 319 vom 14. Oktober 1963.
14 Ebd.
15 *Der Spiegel* Nr. 50 vom 11. Dezember 1963, S. 20.
16 Fraktionssitzung der SPD vom 3. Dezember 1963; in: SPD-Fraktion im Deutschen Bundestag. Sitzungsprotokolle 1961–1963, S. 372 ff.
17 Ebd.
18 Vgl. Wehner auf dem Karlsruher Parteitag der SPD, Ende November 1964, in: PT 1964, S. 679.
19 Vgl. Herbert Wehner, Politik für das ganze deutsche Volk. Rede auf der Bundeskonferenz der SPD am 14. Dezember 1963 in Bad Godesberg, in: *SPD-Pressemitteilungen und Informationen* Nr. 418 vom 14. Dezember 1963, S. 11.
20 Klotzbach, Staatspartei, S. 575; vgl. auch *Der Spiegel* Nr. 52 vom 25. Dezember 1963, S. 16 f.
21 Vgl. Wehner im Interview mit PPP, in: *SPD-Pressemitteilungen und Informationen* Nr. 10 vom 10. Januar 1964.

Deutschlandpolitik 1963/64

1 Vgl. das Dossier der Internationalen Abteilung des ZK der KPdSU vom 23. September 1963, abgedr. in: Reinhard Müller, Akte Wehner, S. 407 ff.
2 Vogtmeier, Bahr, S. 61; vgl. zur Rede auch Bahr, Zeit, S. 153–157.
3 Interview Wehners in: *Die Welt* vom 31. August 1963; Bahr, Zeit, S. 158; vgl. auch Vogtmeier, Bahr, S. 64.
4 Vogtmeier, Bahr, S. 63.
5 Ebd.
6 So Wehner in der Parteivorstandssitzung am 28. August 1963, vgl. Bouvier, Godesberg, S. 202.
7 So Wehner in der Parteivorstandssitzung vom 25. Oktober 1963, vgl. Bouvier, Godesberg, S. 204.
8 Vgl. dazu Staadt, Westpolitik, S. 89.
9 Ebd., S. 91–94.
10 Interview Wehners in: *Der Spiegel* Nr. 39 vom 25. September 1963, S. 38–50; abgedr. auch in Wehner, Wandel und Bewährung, S. 284 ff.
11 Interview Wehners für PPP, in: *SPD-Pressemitteilungen und Informationen* Nr. 173 vom 23. April 1964; vgl. auch den Rundfunkbeitrag Wehners in der Sendereihe »Wir sprechen zur Zone« im WDR, 27. April 1964, 7.05 Uhr; Herbert Wehner, Diplomatische Beziehun-

gen ausnutzen!, in: *Industriekurier* Nr. 83 vom 28. Mai 1964; Rede Wehners vor der Bundesdelegiertenkonferenz des Gesamtverbands der Sowjetzonenflüchtlinge (GSF) am 23. Oktober 1964 in Bad Godesberg, in: AdsD, SPD-BT-Fraktion, 4. WP, Nr. 913.

12 Notizen Wehners zum Referat von Guy Mollet in der Bürositzung der Sozialistischen Internationale am 22. November 1963, in: PA Wehner.

13 Interview Wehners in: *Der Spiegel* Nr. 39 vom 25. September 1963, S. 38–50; abgedr. auch in Wehner, Wandel und Bewährung, S. 284 ff.

14 Interview Wehners in: *Der Spiegel* Nr. 44 vom 24. Oktober 1966, S. 38.

15 Vgl. dazu Lemke, Berlinkrise, S. 204 ff.; Vogtmeier, Bahr, S. 70 ff.; Bouvier, Godesberg, S. 212; Klotzbach, Staatspartei, S. 569.

16 Interview Wehners für die *Fuldaer Zeitung*, in: *SPD-Pressemitteilungen und Informationen* Nr. 21 vom 23. Januar 1964.

17 Ebd.

18 Ebd.

19 Ebd.

20 Vgl. dazu Hildebrand, Erhard, S. 94.

21 Vgl. dazu Wehner in der Fraktionssitzung am 18. Februar 1964, in: SPD-Fraktion im Deutschen Bundestag. Sitzungsprotokolle 1964–1966, S. 411; ferner PPP-Interview Wehners, in: *SPD-Pressemitteilungen und Informationen* Nr. 51 vom 13. Februar 1964; sowie Herbert Wehner, Die Einheit Deutschlands – die Gesundung Europas, in: Gegen Trennung und Gewalt. Flüchtling – Mensch – Gesellschaft, Dokumentation des Flüchtlingskongresses der SPD am 7. und 8. März 1964, hrsg. vom Vorstand der SPD, Hannover 1964, S. 82 ff.

22 Interview Wehners für PPP, in: *SPD-Pressemitteilungen und Informationen* Nr. 173 vom 23. April 1964.

23 Wehner in der Fraktionssitzung vom 18. Februar 1964, in: SPD-Fraktion im Deutschen Bundestag. Sitzungsprotokolle 1964–1966, S. 412.

24 Vgl. Hildebrand, Erhard, S. 94.

25 Lemke, Berlinkrise, S. 218 und S. 224 f.

26 Interview Wehners für PPP, in: *SPD-Pressemitteilungen und Informationen* Nr. 173 vom 23. April 1964.

27 Rundfunkbeitrag Wehners im RIAS am 25. April 1964, 21.45 Uhr.

28 *Der Spiegel* Nr. 20 vom 13. Mai 1964, S. 23.

29 Interview Wehners in der Sendereihe »Der Standpunkt« des NDR am 5. Juni 1964, 21 Uhr, in: *SPD-Pressemitteilungen und Informationen* Nr. 242 vom 5. Juni 1964.

30 Ebd.

31 *Der Spiegel* Nr. 20 vom 13. Mai 1964, S. 23.

32 Interview Wehners in der Sendereihe »Der Standpunkt« des NDR am 5. Juni 1964, 21 Uhr, in: *SPD-Pressemitteilungen und Informationen* Nr. 242 vom 5. Juni 1964.

33 Vgl. dazu ebd.

34 Interview Wehners in RB am 16. Juni 1964, 20 Uhr, in: *SPD-Pressemitteilungen und Informationen* Nr. 263 vom 16. Juni 1964. Vgl. dazu auch Pressemitteilung Wehners zum Freundschaftsvertrag zwischen der DDR und der UdSSR, in: *SPD-Pressemitteilungen und Informationen* Nr. 257 vom 12. Juni 1964.

35 Interview Wehners in der Sendereihe »Der Standpunkt« des NDR am 5. Juni 1964, 21 Uhr, in: *SPD-Pressemitteilungen und Informationen* Nr. 242 vom 5. Juni 1964.

Vorbereitung der Großen Koalition

1 Vgl. dazu Hildebrand, Erhard, S. 141; Leber, Frieden, S. 126, Morsey, Lübke, S. 407.

2 *Der Spiegel* Nr. 21 vom 20. Mai 1964, S. 33; vgl. Morsey, Lübke, S. 396.

3 *Der Spiegel* Nr. 3 vom 15. Januar 1964, S. 19.

4 *Der Spiegel* Nr. 21 vom 20. Mai 1964, S. 33.

5 Vgl. Leber, Frieden, S. 126.

6 Lübke an Wehner vom 17. Januar 1963, in: AdsD, NL Wehner, Allg. Korr., Nr. 73.

7 Lübke an Wehner vom 8. Januar 1964, in: AdsD, NL Wehner Allg. Korr., Nr. 74. Darin hieß es u. a.: »Hoffentlich wird unser Volk die weiterhin zu erwartenden Auseinandersetzungen innerlich geschlossen überstehen. Es freut mich besonders, dass Sie nach Kräften dafür wirken.«

8 Vgl. dazu Hildebrand, Erhard, S. 140 f.

9 »Morgen kriegen wir Mittagessen-Besuch von einem hohen Vatikanischen Kirchenmann. Da muss ich mal sehen, ob ich Fisch bekomme. Nellen sagt zwar, dass er auch am Freitag ein Steak essen täte, zumal der Herr auf Reisen sei« (Greta Burmester an Lotte Wehner vom 25. Juni 1964, in: PA Wehner).

10 Greta Burmester an Lotte Wehner vom 29. Juni 1964, in: PA Wehner: »Lübke will Herbert auch noch vor der Wahl sprechen, ob und wie wir das hinkriegen wollen, weiß ich noch nicht. Doch finde ich, dass er sich da wohl nicht immer wieder drücken kann.« Vgl. auch Morsey, Lübke, S. 401.

11 Greta Burmester an Lotte Wehner vom 2. Juli 1964, in: PA Wehner: »[H]eute wird Herbert am Abend den Bundespräsidenten treffen, ich bin froh darüber, sonst denkt er noch, Herbert sei gegen ihn, denn er hat doch schon oft versucht, in den letzten Monaten Herbert zu sich zu bekommen.«

12 Herbert Wehner an Lotte Wehner vom 20. September 1964, in: PA Wehner.

13 So Wehner im Gespräch mit Günter Gaus im Herbst 1966 über die Unterredung mit Brentano, abgedr. in: Gaus, Staatserhaltende Opposition, S. 117.

14 Vgl. Klotzbach, Staatspartei, S. 588.

15 Vgl. Schauff an Wehner vom 24. April 1965, in: AdsD, NL Wehner Allg. Korr., Nr. 76.

16 Vgl. dazu Morsey, Vorbereitung.

17 Schauff an Wehner vom 24. April 1965 und vom 1. Mai 1965, beide in: AdsD, NL Wehner, Allg. Korr., Nr. 76.

18 Vgl. dazu Schwarz, Adenauer 1952–1967, S. 871–903; Wirz, Guttenberg, S. 347 f.

19 Wirz, Guttenberg, S. 350 f.

20 Ebd., S. 353. Vgl. auch Schwarz, Adenauer 1952–1967, S. 905; Morsey, Vorbereitung, S. 464.

21 Vgl. Morsey, Vorbereitung, S. 464. Nach Auskunft Greta Wehners, die Wehner zu diesem Treffen begleitete, fand die Unterredung am Sonntag, dem 25. Juli 1965, statt. Der ursprünglich für den 24. Juli ins Auge gefasste Termin, den Morsey als Tag des Treffens in Deidesheim annimmt, musste wegen des 95. Geburtstags von Wilhelm Keil verschoben werden.

22 Memorandum Wehners »Stellung Paul Lückes zur Koalitionsfrage, Ende Juli 1965«, in: PA Wehner.

23 Ebd.

24 Ebd.

25 Ebd.

26 Vgl. Morsey, Vorbereitung, S. 464, und Wirz, Guttenberg, S. 359–361, die sich in ihrer Darstellung auf den Bericht des persönlichen Referenten Lückes stützen.

27 So der Mitarbeiter Lückes im Aktenvermerk vom 26. Juli 1965 über die Deidesheimer Konferenz, abgedr. bei Wirz, Guttenberg, S. 361.

28 Pressemitteilung Wehners zu einem Interview Erhards in der Zeitschrift *Die Entscheidung*, in: *SPD-Pressemitteilungen und Informationen* Nr. 403 vom 5. August 1965.

29 Vgl. Schwarz, Adenauer 1952–1967, S. 906–910; Morsey, Vorbereitung, S. 465.

30 Vgl. Wirz, Guttenberg, S. 367.

31 Schreiben Wehners an Berger vom 10. September 1965, zit. bei Morsey, Vorbereitung, S. 465.

32 Vgl. dazu etwa die Pressemitteilung Wehners, in: *SPD-Pressemitteilungen und Informationen* Nr. 471 vom 26. August 1965; die Pressemitteilung zum FDP-Wahlkongress, in: ebd. Nr. 507 vom 2. September 1965; und den offenen Brief Wehners zum Wahlkampfstil Erhards, in: ebd. Nr. 574 vom 17. September 1965.

33 Vgl. die Äußerungen Wehners im DFS am 19. September 1965, 23.50

Uhr, wo er auf die Frage, wer der nächste Bundeskanzler werde, antwortete: »Das will ich mit Vorbehalt noch für mich behalten.« Vgl. auch Morsey, Lübke, S. 459.

Die Demontage Erhards

1 Vgl. *AdG*, 1965, S. 12069.
2 Rede Wehners vor den Spitzengremien der SPD in Bad Godesberg am 25. September 1965, in: *SPD-Pressemitteilungen und Informationen* Nr. 568 vom 25. September 1965.
3 Stellungnahme Wehners zum Wahlausgang im DFS am 20. September 1965, 20 Uhr.
4 Vgl. Morsey, Vorbereitung, S. 464 f.
5 So Guttenberg an Mozer vom 2. November 1965 (Kopie), als Anlage zu Mozer an Wehner vom 19. November 1965, in: AdsD, NL Wehner, Allg. Korr., Nr. 75.
6 Bundestagsrede Wehners vom 2. Dezember 1965, in: Wehner, Bundestagsreden I, S. 246–269.
7 Guttenberg an Wehner vom 2. Dezember 1965, in: AdsD, NL Wehner, Allg. Korr., Nr. 76.
8 Johannes und Karin Schauff an Wehner vom 31. Dezember 1965, in: ebd.
9 Vgl. Morsey, Vorbereitung, S. 466.
10 Zum Interview Adenauers vgl. die Äußerungen Wehners in: PPP vom 22. Dezember 1965.
11 Wehners Interview in RB am 8. Januar 1966, 17 Uhr, in: *SPD-Pressemitteilungen und Informationen* Nr. 13 vom 7. Januar 1966; sein Interview im NDR/WDR am 9. Januar 1966, 17.30 Uhr, in: ebd. Nr. 14 vom 7. Januar 1966; und sein Interview für PPP, in: PPP vom 7. Januar 1966; vgl. dazu auch seinen Rat in der Fraktionssitzung vom 11. Januar 1966, sich nicht an den Koalitionsquerelen zu beteiligen, SPD-Fraktion im Deutschen Bundestag. Sitzungsprotokolle 1964–1966, S. 773.
12 Interview Wehners im NDR/WDR am 9. Januar 1966, 17.30 Uhr, in: *SPD-Pressemitteilungen und Informationen* Nr. 14 vom 7. Januar 1966.
13 *Der Spiegel* Nr. 13 vom 21. März 1966, S. 29.
14 Vgl. dazu Ulrich Rosenbaum, Herbert Wehner und die »Heckenschützen« von 1966, in: *Die Welt* vom 16. Februar 1994.
15 Zur Rolle von Fritz Heine und Stephan Thomas vgl. die Auskünfte von Adalbert Wiemers bei Ulrich Rosenbaum, Herbert Wehner und die »Heckenschützen« von 1966, in: *Die Welt* vom 16. Februar 1994.
16 Die Anklage der SPD-Fronde gegen Herbert Wehner, in: *Die Zeit* Nr. 11 vom 11. März 1966.
17 Ebd.

18 Ebd.

19 Ebd.

20 Dieter von König, Wehner: Her mit den Argumenten, in: *Deutsches Allgemeines Sonntagsblatt* vom 6. März 1966.

21 So Karl Tromsdorf an Wehner vom 28. September 1966, in: PA Wehner. Vgl. auch *Der Spiegel* Nr. 13 vom 21. März 1966, S. 29, über die Bekanntschaft eines der Verfasser mit Nayhauß-Cormons.

22 *Der Spiegel* Nr. 10 vom 28. Februar 1966, S. 22–25.

23 *Der Spiegel* Nr. 13 vom 21. März 1966, S. 27–30.

24 Morsey, Vorbereitung, S. 467.

25 *Der Spiegel* Nr. 10 vom 28. Februar 1966, S. 22–25.

26 Ebd.; vgl. auch *Der Spiegel* Nr. 13 vom 21. März 1966, S. 27–30.

27 Vgl. den Art. »Die Anklage der SPD-Fronde gegen Herbert Wehner«, in: *Die Zeit* Nr. 11 vom 11. März 1966.

28 Ebd.

29 Mündliche Mitteilungen von Holger Börner, der als Bundesgeschäftsführer Tromsdorfs fristlose Entlassung veranlasste.

30 Aktenvermerk Tromsdorfs vom 27. April 1966, mit anliegendem Informantenbericht vom 26. April 1966, in: PA Wehner.

31 *Der Spiegel* Nr. 10 vom 28. Februar 1966, S. 22–25.

32 Ebd.

33 Ebd.

34 Ebd.

35 *Der Spiegel* Nr. 13 vom 21. März 1966, S. 27–30.

36 Wehner im Zwielicht, in: *Union-Informationsdienst* vom 24. Februar 1966, S. 3.

37 *Der Spiegel* Nr. 13 vom 21. März 1966, S. 27–30. Vgl. auch *Der Spiegel* Nr. 14 vom 28. März 1966, S. 11 f., wo Staehle in einem Leserbrief seine Rolle bei der Vermittlung des Anti-Wehner-Memorandums schildert.

38 Bouvier, Godesberg, S. 322 f.

39 *Bonner Rundschau* vom 16. März 1966; vgl. auch *Der Spiegel* Nr. 13 vom 21. März 1966, S. 27–30.

40 Peter Staehle an Karl Tromsdorf vom 20. Mai 1966, in: PA Wehner; Tromsdorf an Wehner vom 28. September 1966, in: ebd.: »Anlässlich eines gemeinsamen Mittagessens teilte mir der ›Stern‹-Journalist Peter Staehle unter dem Siegel der strengsten Verschwiegenheit mit, dass die Lieferanten des Pamphlets der Grafiker Wiemers und Guggomos gewesen sind.«

41 Vgl. *Der Spiegel* Nr. 5 vom 24. Januar 1966, S. 17 f.

42 So Wehner im Interview, in: *Der Spiegel* Nr. 8 vom 14. Februar 1966, S. 28.

43 Verfassungsschutz-Vermerk »Betr.: IGM. Äußerungen von SPD-Bundestagsabgeordneten, die der IGM angehören«, undatiert [19. Mai 1966], mit Quellenschutz-Vermerk für den Informanten, in: PA Wehner.

44 Vgl. Podewin, Ulbricht, S. 405.
45 Vgl. Soell, Erler, Bd. 2, S. 925 und S. 1129 mit Anm. 546a.
46 Rundfunkbeitrag Wehners im RIAS am 12. Februar 1966, 22 Uhr, in: *SPD-Pressemitteilungen und Informationen* Nr. 77 vom 12. Februar 1966.
47 Vgl. Brandt an Wehner vom 11. März 1966, in: AdsD, NL Wehner, Allg. Korr., Nr. 77; SPD-Fraktion im Bundestag. Sitzungsprotokolle 1964–1966, S. 848 mit Anm. 2.
48 Vgl. die »Offene Antwort der SPD vom 18. März 1966«, u. a. abgedr. in: Offensive Auseinandersetzung, S. 18–25.
49 Offener Brief der SED vom 25. März 1966, u. a. abgedr. in: Offensive Auseinandersetzung, S. 26–41.
50 Vgl. Herbert Wehner, Lasst sie doch kommen!, in: *Sonntagsblatt* vom 10. April 1966; Wehner in der Sendereihe »Unter uns gesagt« des DFS am 13. April 1966, 21.50 Uhr.
51 Vgl. die zweite Offene Antwort der SPD vom 15. April 1966, in: Offensive Auseinandersetzung, S. 42–50.
52 Vgl. Stellungnahme der SED vom 28. April 1966, in: ebd., S. 51–63.
53 So z. B. Gerstenmaier im Interview in: *Die Welt* vom 5. Mai 1966; vgl. ähnliche Stimmen ebd.
54 Vgl. Hildebrand, Erhard, S. 197.
55 Wehner im Interview mit der *Rhein-Zeitung* (Koblenz) am 27. Mai 1966, in: *SPD-Pressemitteilungen und Informationen* Nr. 274 vom 26. Mai 1966.
56 Vgl. dazu die Stellungnahme Wehners in: *SPD-Pressemitteilungen und Informationen* Nr. 321 vom 30. Juni 1966.
57 Vgl. die Ansprachen von Brandt, Erler und Wehner vom 14. Juli 1966, in: Offensive Auseinandersetzung, S. 99–111.
58 Herbert Wehner, Das hätte ich gern gesagt, in: *Sonntagsblatt* vom 10. Juli 1966.
59 So Guttenberg in einem Schreiben an Wehner vom 30. August 1966, vgl. Morsey, Vorbereitung, S. 468.
60 So Guttenberg in einem Schreiben an Wehner vom 30. August 1966, zit. bei Wirz, Guttenberg, S. 432.
61 Interview Wehners im Deutschlandfunk vom 28. August 1966, in: *Tatsachen – Argumente* Nr. 211/66, S. 9 ff.
62 Ebd.
63 Pressemitteilung des Regierungssprechers Karl-Günther von Hase, in: ebd., S. 22.
64 Theanolte Bähnisch an Erler vom 31. August 1966 (Abschrift), in: PA Wehner.
65 Wehner an Erler vom 11. September 1966, in: AdsD, NL Erler 61.
66 Vgl. das Interview Wehners in: *Stuttgarter Zeitung* vom 10. September 1966; ferner sein Interview im NDR am 10. September 1966, 18.20 Uhr.

67 Vgl. Fraktionssitzung vom 14. September 1966, in: SPD-Fraktion im Deutschen Bundestag. Sitzungsprotokolle 1964–1966, S. 927–942.
68 Wehner in einer Fernsehdiskussion in der Reihe »Journalisten fragen – Politiker antworten« im ZDF am 22. September 1966, 21.30 Uhr.
69 Wehner in der Fraktionssitzung am 11. Oktober 1966, in: SPD-Fraktion im Deutschen Bundestag. Sitzungsprotokolle 1964–1966, S. 959 mit Anm. 3.
70 Vgl. dazu das Treffen Wehners mit Lücke und Guttenberg am 22. September 1966, Morsey, Vorbereitung, S. 468.
71 Gaus, Staatserhaltende Opposition.
72 *AdG*, 1966, S. 12761 und S. 12770; vgl. auch Hildebrand, Erhard, S. 193.
73 *Die Welt* vom 15. Oktober 1966.
74 *Münchner Merkur* vom 17. Oktober 1966.
75 Wehner in einem Interview im HR am 16. Oktober 1966, 11.30 Uhr.
76 *Stuttgarter Nachrichten* vom 18. Oktober 1966.
77 *FAZ* vom 20. Oktober 1966.
78 Vgl. *Stuttgarter Nachrichten* vom 19. Oktober 1966.
79 Vgl. *Frankfurter Rundschau* vom 20. Oktober 1966.
80 *Der Spiegel* vom 24. Oktober 1966, S. 39.
81 Wehner in der Fraktionssitzung am 25. Oktober 1966, in: SPD-Fraktion im Deutschen Bundestag. Sitzungsprotokolle 1964–1966, S. 979.
82 Pressemitteilung Wehners vom 27. Oktober 1966, zit. in: ebd., S. 993 Anm. 6.
83 Wehner in der Fraktionssitzung am 27. Oktober 1966, in: ebd., S. 994.

Bildung der Großen Koalition

1 Vgl. SPD-Fraktion im Deutschen Bundestag. Sitzungsprotokolle 1964–1966, S. 995 Anm. 9.
2 Guttenberg an Wehner vom 4. November 1966, in: PA Wehner.
3 Ebd.
4 Ebd.
5 *AdG*, 1966, S. 12799.
6 Vgl. SPD-Fraktion im Deutschen Bundestag. Sitzungsprotokolle 1964–1966, S. 996, Anm. 3, S. 998, Anm. 10, und S. 999, Anm. 4.
7 Wehner in einem Schreiben an Guttenberg am 11. November 1966, vgl. Morsey, Vorbereitung, S. 470.
8 Vgl. *Der Spiegel* vom 21. November 1966, S. 31, und vom 6. Dezember 1966, S. 32.
9 Vgl. zu den Koalitionsverhandlungen auch Andrea H. Schneider, Kunst des Kompromisses, S. 32–41; Schönhoven; Entscheidung, S. 392 ff.
10 Abgedruckt u. a. in: Bestandsaufnahme 1966, S. 19–29.
11 Vgl. dazu Herbert Wehner, »Aus den Notizen von den Diskussionen

der Verhandlungskommission der SPD mit den Verhandlungskommissionen der CDU/CSU und FDP«, masch. Ms. [Ende November 1966], in: PA Wehner. Schönhoven, Entscheidung, S. 392 ff., zitiert aus diesen »Notizen« Wehners nach einem Exemplar im AdsD. Schönhoven schreibt die Autorschaft jedoch irrtümlich Helmut Schmidt zu.

12 Vgl. Herbert Wehner, »Aus den Notizen von den Diskussionen der Verhandlungskommission der SPD mit den Verhandlungskommissionen der CDU/CSU und FDP«, masch. Ms. [Ende November 1966], in: PA Wehner.

13 Wehner in der Fraktionssitzung am 22. November 1966, in: SPD-Fraktion im Deutschen Bundestag. Sitzungsprotokolle 1964–1966, S. 1014.

14 Wirz, Guttenberg, S. 455 f.

15 Im vollen Wortlaut abgedr. in: *Die Welt* vom 18. November 1966. Vgl. zum Brief auch Hildebrand, Erhard, S. 135.

16 Herbert Wehner, »Aus den Notizen von den Diskussionen der Verhandlungskommission der SPD mit den Verhandlungskommissionen der CDU/CSU und FDP«, masch. Ms. [Ende November 1966], S. 23, in: PA Wehner.

17 So die Erklärung Mendes lt. Mitschrift Wehners in »Die Gespräche der Verhandlungskommissionen der SPD und der FDP vom 22. und 25. November 1966«, masch. Ms. [Ende November 1966], S. 6, in: PA Wehner.

18 Vgl. SPD-Fraktion im Deutschen Bundestag. Sitzungsprotokolle 1964–1966, S. 1021, Anm. 4.

19 Guttenberg an Wehner vom 23. November 1966, in: PA Wehner. Daraufhin vereinbarte Wehner noch für denselben Tag ein Gespräch mit Guttenberg, vgl. Morsey, Vorbereitung, S. 470.

20 Wehner in seiner Bundestagsrede am 23. November 1966, in: Wehner, Bundestagsreden I, S. 279.

21 Wehner in der Fraktionssitzung vom 23. November 1966, in: SPD-Fraktion im Deutschen Bundestag. Sitzungsprotokolle 1964–1966, S. 1028.

22 Guttenberg an Wehner vom 23. November 1966, in: PA Wehner.

23 Vgl. Herbert Wehner, »Aus den Notizen von den Diskussionen der Verhandlungskommission der SPD mit den Verhandlungskommissionen der CDU/CSU und FDP«, masch. Ms. [Ende November 1966], S. 34–70, in: PA Wehner.

24 Mende lt. Mitschrift Wehners in »Die Gespräche der Verhandlungskommissionen der SPD und der FDP vom 22. und 25. November 1966«, masch. Ms. [Ende November 1966}, S. 17, in: PA Wehner.

25 Ebd., S. 25.

26 SPD-Fraktion im Deutschen Bundestag. Sitzungsprotokolle 1964–1966, S. 1030, Anm. 8 und 9.

27 Herbert Wehner, »Aus den Notizen von den Diskussionen der Ver-

handlungskommission der SPD mit den Verhandlungskommissionen der CDU/CSU und FDP«, masch. Ms. [Ende November 1966], S. 81, in: PA Wehner.

28 Ebd., S. 81.

29 Ebd., S. 83.

30 Wehner in der Fraktionssitzung vom 26./27. November 1966, in: SPD-Fraktion im Deutschen Bundestag. Sitzungsprotokolle 1964–1966, S. 1067 f.

31 Vgl. Fraktionssitzung vom 30. November/1. Dezember 1966, in: ebd., S. 1070–1090.

32 Vgl. Wirz, Guttenberg, S. 471 f.

33 Guttenberg an Wehner vom 27. Dezember 1966, in: PA Wehner.

34 Wehner an Guttenberg vom 1. Januar 1967 (Durchschlag), in: PA Wehner.

35 Rundfunkbeitrag Wehners im WDR am 3. Dezember 1966, 19.10 Uhr, in: *SPD-Pressemitteilungen und Informationen* Nr. 575 vom 2. Dezember 1966.

36 Wehner in einem Rundfunkbeitrag für den NDR am 4. Dezember 1966, 0.05 Uhr, in: ebd. Nr. 574 vom 2. Dezember 1966.

37 Interview Wehners im *Vorwärts*, in: ebd. Nr. 592 vom 14. Dezember 1966.

38 Mozer an Wehner vom 7. Dezember 1966, in: PA Wehner.

39 Wehner an Alfred Mozer vom 30. Dezember 1966 (Durchschlag), in: PA Wehner.

40 Herbert Wehner, Die geistige Situation und die politische Wirklichkeit. Reden, gehalten vor der Bundeskonferenz der SPD am 14. und 15. November 1967 in Bad Godesberg, hrsg. vom Vorstand der SPD, Bonn o. J., S. 10.

41 Ebd., S. 19.

Quellen- und Literaturverzeichnis

Archivalien

Archiv der sozialen Demokratie (AdsD), Bonn

- Nachlass Blachstein
- Nachlass Erler
- Bestand Heine
- Nachlass Neumann
- Bestand Ollenhauer
- Bestand Schumacher
- Nachlass Schmid
- Nachlass Wehner
- Parteivorstand
- Sammlung Personalia
- SPD-BT-Fraktion
- SPD-Landesorganisation Hamburg

Privatarchiv Wehner (PA Wehner), Bonn-Bad Godesberg (im Sommer 1996 aufgelöst)

Gedruckte Quellen und Literatur

Adenauer, Konrad, Erinnerungen, 4 Bde., Stuttgart 1965–1968

Akten zur Auswärtigen Politik der Bundesrepublik Deutschland, hrsg. von Hans-Peter Schwarz, Bd. 1: Adenauer und die Hohen Kommissare 1949–1951, München 1989; Bd. 2: Adenauer und die Hohen Kommissare 1952, München 1990

Akten zur Auswärtigen Politik der Bundesrepublik Deutschland. 1963, hrsg. von Hans-Peter Schwarz u. a., 3 Bde., München 1994

Albrecht, Willy, Der Sozialistische Deutsche Studentenbund (SDS). Vom parteikonformen Studentenverband zum Repräsentanten der neuen Linken, Bonn 1994 (= Politik- und Gesellschaftsgeschichte, 35)

Die Alternative unserer Zeit. Auseinandersetzung der Sozialdemokratie mit dem Kommunismus, hrsg. vom Vorstand der SPD, Bonn 1960

Anders, Karl, Gemeinsame Narben und Erkenntnisse, in: Gerhard Jahn (Hg.), Herbert Wehner, S. 13–23

Appel, Reinhard, Gefragt: Herbert Wehner, Bonn 1969

Arendt, Walter, Herbert Wehner und die Gewerkschaften, in: Gerhard Jahn (Hg.), Herbert Wehner, S. 24–31

Ashkenasi, Abraham, Reformpartei und Außenpolitik. Die Außenpolitik der SPD, Köln 1968

Augstein, Rudolf, Herbert Wehner und die Große Koalition, in: Gerhard Jahn (Hg.), Herbert Wehner, S. 32–38

Der Auswärtige Ausschuß des Deutschen Bundestages. Sitzungsprotokolle 1949–1953, bearb. von Wolfgang Hölscher, Düsseldorf 1998 (= Quellen zur Geschichte des Parlamentarismus und der politischen Parteien, 13)

Backhaus, Wilhelm, Herbert Wehner oder Wandlungen der Revolution, in: *Hamburger Abendblatt* Nr. 218 vom 18. September 1962

Badstübner, Rolf, u. a., Die antifaschistisch-demokratische Umwälzung. Der Kampf gegen die Spaltung Deutschlands und die Entstehung der DDR von 1945 bis 1949, Berlin (Ost) 1989 (= Deutsche Geschichte, 9)

Bahr, Egon, Zu meiner Zeit, München 1996

Baring, Arnulf, Außenpolitik in Adenauers Kanzlerdemokratie. Bonns Beitrag zur Europäischen Verteidigungsgemeinschaft, München/Wien 1969

Baring, Arnulf, Machtwechsel. Die Ära Brandt-Scheel, Stuttgart 1982

Bartel, Horst, u. a. (Hg.), Wörterbuch der Geschichte, 2 Bde., 2. durchges. Aufl., Berlin (Ost) 1984 (Lizenzausg. Köln 1984)

Becht, Manfred, SPD, Ost-West-Konflikt und europäische Sicherheit. Sozialdemokraten und sicherheitspolitische Zusammenarbeit in Westeuropa, Aachen 1997

Bender, Klaus, Deutschland, einig Vaterland? Die Volkskongreßbewegung für deutsche Einheit und einen gerechten Frieden in der Deutschlandpolitik der Sozialistischen Einheitspartei Deutschlands, Frankfurt am Main u. a. 1992 (= Europäische Hochschulschriften, R. 3, 509)

Bender, Peter, Herbert Wehner und die Deutschlandpolitik, in: Gerhard Jahn (Hg.), Herbert Wehner, S. 39–50

Bender, Peter, Neue Ostpolitik. Vom Mauerbau bis zum Moskauer Vertrag, München 1986 (= Deutsche Geschichte der Neuesten Zeit)

Benirschke, Matthias, Das »Hamburger Echo« 1946–1948. Eine sozialdemokratische Lizenzzeitung: Tradition, Konzept, Aufbau, Gestaltung, Mag. Univ. Hamburg 1990

Benz, Wolfgang, Die Gründung der Bundesrepublik. Von der Bizone zum souveränen Staat, München 1984 (= Deutsche Geschichte der Neuesten Zeit)

Benz, Wolfgang/Günter Plum/Werner Röder, Einheit der Nation. Diskussionen und Konzeptionen zur Deutschlandpolitik der großen Parteien seit 1945, Stuttgart 1978 (= Neuzeit im Aufbau, 3)

Bestandsaufnahme 1966. Eine Dokumentation, hrsg. vom Vorstand der SPD, Bonn 1966

Biermann, Harald, John F. Kennedy und der Kalte Krieg. Die Außenpolitik der USA und die Grenzen der Glaubwürdigkeit, Paderborn 1997

Biographisches Handbuch der deutschsprachigen Emigration nach 1933, hrsg. von Werner Röder und Herbert A. Strauss, München/New York 1980
Birke, Adolf M., Nation ohne Haus. Deutschland 1945–1961, Berlin 1989 (=Die Deutschen und ihre Nation, 6)
Blankenhorn, Herbert, Verständnis und Verständigung. Blätter eines politischen Tagebuchs 1949 bis 1979, Frankfurt am Main 1980
Blasius, Rainer A. (Hg.), Von Adenauer zu Erhard. Studien zur auswärtigen Politik der Bundesrepublik Deutschland 1963, München 1994 (=Schriftenreihe der VfZ, 68)
Blumenwitz, Dieter (Hg.), Das Selbstbestimmungsrecht der Völker und die deutsche Frage, Köln 1984
Blumenwitz, Dieter (Hg.), Die Überwindung der europäischen Teilung und die deutsche Frage, Köln 1986 (=Staats- und völkerrechtliche Abhandlungen der Studiengruppe für Politik und Völkerrecht, 4)
Bochenski, Joseph M., Marxismus-Leninismus. Wissenschaft oder Glaube, München 1973
Bock, Hans Manfred, Geschichte des ›linken Radikalismus‹ in Deutschland. Ein Versuch, Frankfurt am Main 1976
Böll, Heinrich, George Bernard Shaw: an Herbert Wehner, in: Gerhard Jahn (Hg.), Herbert Wehner, S. 52–61
Borowsky, Peter, Deutschland 1963–1969, Hannover 1985
Bouvier, Beatrix W., Zwischen Godesberg und Großer Koalition. Der Weg der SPD in die Regierungsverantwortung, Bonn 1990
Bracher, Karl Dietrich, Die Krise Europas 1917–1975, Frankfurt am Main/Berlin/Wien 1976 (=Propyläen Geschichte Europas, 6)
Brandt, Willy, Begegnungen und Einsichten. Die Jahre 1960–1975, Hamburg 1976
Brandt, Willy, Erinnerungen. Mit einem aktuellen Vorwort, 4. erw. Aufl., Frankfurt am Main/Berlin 1992
Brandt, Willy, Plädoyer für die Zukunft. Beiträge zur deutschen Politik, Frankfurt am Main 1961
Brandt, Willy, Vorwort, in: Gerhard Jahn (Hg.), Herbert Wehner, S. 11 f.
Braune, Heinrich, Verantwortlich für die Außenpolitik: Herbert Wehner, in: Gerhard Jahn (Hg.), Herbert Wehner, S. 62–71
Buch, Günther, Namen und Daten wichtiger Personen der DDR, 4. überarb. und erw. Aufl., Berlin/Bonn 1987
Buczylowski, Ulrich, Kurt Schumacher und die deutsche Frage. Sicherheitspolitik und strategische Offensivkonzeption vom August 1950 bis September 1951, Stuttgart-Degerloch 1973
Bundesrepublik Deutschland, Geschichte – Bewußtsein, hrsg. von der Bundeszentrale für politische Bildung, Bonn 1989 (=Studien zur Geschichte und Politik, 273)
Buschfort, Wolfgang, Das Ostbüro der SPD. Von der Gründung bis zur Berlin-Krise, München 1991 (=Schriftenreihe der VfZ, 63)

Chronik. Debatten – Gesetze – Kommentare. Deutscher Bundestag 1949–1972, 1.-7. Legislaturperiode. Eine Dokumentation, hrsg. vom Presse- und Informationsamt des Deutschen Bundestages, Bonn o.J.

Cramer, Dettmar, Mit Herbert Wehner in Warschau und Moskau, in: Gerhard Jahn (Hg.), Herbert Wehner, S. 82–89

Creuzberger, Stefan, Die sowjetische Besatzungsmacht und das politische System der SBZ, Köln u. a. 1996

Czerwick, Edwin, Oppositionstheorien und Außenpolitik. Eine Analyse sozialdemokratischer Deutschlandpolitik 1955 bis 1966, Königstein/Ts. 1981 (= Studien zum politischen System der Bundesrepublik Deutschland, 27)

Dahlberg, Gunnar, Die zukünftige Gesellschaft. Eine kurzgefaßte Prinzipiendiskussion, Hamburg 1947

Datenhandbuch zur Geschichte des Deutschen Bundestages 1949–1982, hrsg. von Peter Schindler, 3. Aufl., Baden-Baden 1984

Deutschlandplan der SPD. Kommentare – Argumente – Begründungen, hrsg. vom Vorstand der Sozialdemokratischen Partei Deutschlands, Bonn 1959

Dimitroff, Georgi, Ausgewählte Werke in drei Bänden, Sofia 1976

Dönhoff, Marion, Ein Exkommunist im Bonner Parlament, in: Gerhard Jahn (Hg.), Herbert Wehner, S. 97–103

Dokumente zur Deutschlandpolitik, bearb. von Ernst Deuerlein, hrsg. vom Bundesministerium für Gesamtdeutsche Fragen, Bonn 1961 ff.

Dowe, Dieter (Hg.), Erich Ollenhauer und die deutsche Sozialdemokratie: Ansprachen aus Anlaß der 90. Wiederkehr seines Geburtstages in Magdeburg, Bonn 1991

Dowe, Dieter (Hg.), Herbert Wehner (1906–1990) und die deutsche Sozialdemokratie. Referate und Podiumsdiskussion eines Kolloquiums des Gesprächskreises Geschichte der Friedrich-Ebert-Stiftung in Bonn am 23. September 1996, Bonn 1996

Dowe, Dieter (Hg.), Kurt Schumacher und der »Neubau« der deutschen Sozialdemokratie nach 1945. Referate und Podiumsdiskussion eines Kolloquiums des Gesprächskreises Geschichte der Friedrich-Ebert-Stiftung in Bonn am 12./13. Oktober 1995, Bonn 1996

Dowe, Dieter/Kurt Klotzbach (Hg.), Programmatische Dokumente der deutschen Sozialdemokratie, 2. Aufl., Berlin/Bonn 1984

Duchêne, François, Jean Monnet. The first Statesman of Independence, New York/London 1994

Duhnke, Horst, Die KPD von 1933 bis 1945, Köln 1972

Eckardt, Felix von, Ein unordentliches Leben. Lebenserinnerungen, Frankfurt am Main/Berlin/Wien [1971]

Edinger, Lewis J., Kurt Schumacher. Persönlichkeit und politisches Verhalten, Köln/Opladen 1967

Elbracht, Ute, Herbert Wehner. Eine Zwischenbilanz der biographischen Forschung, Mag. Univ. München 1999

Erlander, Tage, Herbert Wehner und Schweden, in: Gerhard Jahn (Hg.), Herbert Wehner, S. 122–130.
Erler, Fritz, Politik für Deutschland. Eine Dokumentation, hrsg. und eingel. von Wolfgang Gaebler, 2. Aufl., Stuttgart 1968
Eschenburg, Theodor, Jahre der Besatzung 1945–1949, Stuttgart/Wiesbaden 1983 (= Geschichte der Bundesrepublik Deutschland, 1)
In den Fängen des NKWD. Deutsche Opfer des stalinistischen Terrors in der UdSSR, hrsg. vom Institut für Geschichte der Arbeiterbewegung, Berlin 1991
Faulenbach, Bernd/Heinrich Potthoff (Hg.), Sozialdemokraten und Kommunisten nach Nationalsozialismus und Krieg. Zur historischen Einordnung der Zwangsvereinigung, Essen 1998
Felken, Detlef, Dulles und Deutschland. Die amerikanische Deutschlandpolitik 1953–1959, Bonn/Berlin 1993
Fichter, Tilman, Die SPD und die Nation. Vier sozialdemokratische Generationen zwischen nationaler Selbstbestimmung und Zweistaatlichkeit, Berlin/Frankfurt am Main 1993
Fontaine, Pascale, Le comité d'action pour les états-unis d'europe de Jean Monnet, Lausanne 1974
Foschepoth, Josef (Hg.), Adenauer und die Deutsche Frage, Göttingen 1988 (Sammlung Vandenhoeck)
Foschepoth, Josef (Hg.), Kalter Krieg und deutsche Frage. Deutschland im Widerstreit der Mächte 1945–1952, Göttingen u. a. 1985 (=Veröffentlichungen des Deutschen Historischen Instituts London, 16)
Die Fraktion der SPD im Deutschen Bundestag 1949–1981. Eine Chronik, hrsg. von der Fraktion der SPD im Deutschen Bundestag, Bonn 1981
Frederik, Hans, Gezeichnet vom Zwielicht seiner Zeit, München 1969, 7. neu bearb. und erw. Aufl. 1972
Frederik, Hans, Herbert Wehner. Das Ende einer Legende, Landshut 1982
Freudenhammer, Alfred/Karlheinz Vater, Herbert Wehner. Ein Leben mit der deutschen Frage, München 1978
Friedrich, Bruno, Die Volkspartei als politischer Auftrag, in: Gerhard Jahn (Hg.), Herbert Wehner, S. 131–145
Friedrich, Wolfgang-Uwe (Hg.), Die USA und die deutsche Frage 1945–1990, Frankfurt am Main u. a. 1991
Fritsch-Bournazel, Renata, Die Sowjetunion und die deutsche Teilung. Die sowjetische Deutschlandpolitik 1945–1979, Opladen 1979
Frohn, Axel, Neutralisierung als Alternative zur Westintegration. Die Deutschlandpolitik der Vereinigten Staaten von Amerika 1945–1949, Frankfurt am Main 1985 (=Dokumente zur Deutschlandpolitik, Beihefte 7)
Garton Ash, Timothy, Im Namen Europas. Deutschland und der geteilte Kontinent, München/Wien 1993
Gaus, Günter, Staatserhaltende Opposition oder Hat die SPD kapituliert? Gespräche mit Herbert Wehner, Hamburg 1966

Gerstenmaier, Eugen, Streit und Friede hat seine Zeit. Ein Lebensbericht, Frankfurt/Berlin/Wien 1981

Der Gesamtdeutsche Ausschuß. Sitzungsprotokolle des Ausschusses für gesamtdeutsche Fragen des Deutschen Bundestages 1949–1953, bearb. von Andreas Biefang, Düsseldorf 1998 (=Quellen zur Geschichte des Parlamentarismus und der politischen Parteien, 12)

Geschichte der Bundesrepublik Deutschland, 4 Bde., hrsg. von Wolfgang Benz, aktualis. und erw. Neuausg. Frankfurt am Main 1989

Gosewinkel, Dieter, Adolf Arndt. Die Wiederbegründung des Rechtsstaates aus dem Geist der Sozialdemokratie 1945–1961, Bonn 1991

Gossel, Daniel A., Briten, Deutsche und Europa. Die deutsche Frage in der britischen Außenpolitik 1945–1962, Stuttgart 1999 (=Historische Mitteilungen, Beiheft 32)

Gotto, Klaus, Adenauers Deutschland- und Ostpolitik 1954–1963, in: Rudolf Morsey/Konrad Repgen, Adenauer-Studien III, Mainz 1974 (=Veröffentlichungen der Kommission für Zeitgeschichte, B 15), S. 3–91

Gotto, Klaus, Der Versuch einer Großen Koalition 1962, in: Konrad Adenauer und seine Zeit. Politik und Persönlichkeit des ersten Bundeskanzlers, Bd. 2 : Beiträge der Wissenschaft, hrsg. von Dieter Blumenwitz u. a., Stuttgart 1976, S. 316–338

Grabbe, Hans-Jürgen, Unionsparteien, Sozialdemokratie und Vereinigte Staaten von Amerika 1945–1966, Düsseldorf 1983 (=Beiträge zur Geschichte des Parlamentarismus und der politischen Parteien, 71)

Gradl, Johann Baptist, Herbert Wehners Beitrag zur Deutschland-Politik, in: Gerhard Jahn (Hg.), Herbert Wehner, S. 156–170

Gradl, Johann Baptist, Stets auf der Suche. Reden, Äußerungen und Aufsätze zur Deutschlandpolitik, eingel. und hrsg. von Christian Hacke, Köln 1979

Groh, Dieter/Peter Brandt, »Vaterlandslose Gesellen«. Sozialdemokratie und Nation 1869–1990, München 1992

Grüber, Heinrich, Erinnerungen aus sieben Jahrzehnten, Köln/Berlin 1968

Gruner, Gert/Manfred Wilke (Hg.), Sozialdemokraten im Kampf um die Freiheit. Die Auseinandersetzungen zwischen SPD und KPD in Berlin 1945/46, 2. Aufl., München/Zürich 1986

Günther, Klaus, Sozialdemokratie und Demokratie 1946–1966. Die SPD und das Problem der Verschränkung innerparteilicher und bundesrepublikanischer Demokratie, Bonn-Bad Godesberg 1979

Günther, Klaus/Kurt Thomas Schmitz, SPD, KPD/DKP, DGB in den Westzonen und in der Bundesrepublik Deutschland 1945–1973. Eine Bibliographie, 2. verb. und wesentl. erw. Aufl., bearb. von Volker Mettig, Bonn-Bad Godesberg 1980 (=Archiv für Sozialgeschichte, Beih. 6)

Guiton, Raymond J., Die Sowjetunion in der Europa- und Deutschlandpolitik Frankreichs 1940–1954, Rheinfelden 1990 (=Historische Forschungen, 27)

Guttenberg, Karl Theodor zu, Fußnoten, Stuttgart 1971
Hahn, Karl-Eckhard, Wiedervereinigungspolitik im Widerstreit. Einwirkungen und Einwirkungsversuche westdeutscher Entscheidungsträger auf die Deutschlandpolitik Adenauers von 1949 bis zur Genfer Viermächtekonferenz 1959, Hamburg 1993
Handbuch politischer Theorien und Ideologien, hrsg. von Franz Neumann, Hamburg 1977
Handbuch sozialdemokratischer Politik, hrsg. vom Parteivorstand der SPD, Bonn 1953
Hanrieder, Wolfram F., Deutschland – Europa – Amerika. Die Außenpolitik der Bundesrepublik Deutschland 1949–1994, 2., völlig überarb. und erw. Aufl., Paderborn u. a. 1995
Harding, Neil, Leninism, Basingstoke-Hampshire u. a. 1996
Heinemann, Gustav W., Begegnungen mit Herbert Wehner, in: Gerhard Jahn (Hg.), Herbert Wehner, S. 171–174
Henkels, Walter, Bonner Köpfe in Wort und Bild, Frankfurt am Main/Berlin/Wien 1981
Hentschel, Volker, Ludwig Erhard. Ein Politikerleben. München/Landsberg am Lech 1996
Herbst, Ludolf, Option für den Westen. Vom Marshallplan bis zum deutsch-französischen Vertrag, München 1989 (= Deutsche Geschichte der Neuesten Zeit)
Hereth, Michael, Die parlamentarische Opposition in der Bundesrepublik, München 1969
Hildebrand, Klaus, Von Erhard zur Großen Koalition. 1963–1969, Stuttgart/Wiesbaden 1984 (= Geschichte der Bundesrepublik Deutschland, 4)
Hildermeier, Manfred, Interpretationen des Stalinismus, in: *Historische Zeitschrift* 264 (1997), S. 655–674
Hillgruber, Andreas, Deutsche Geschichte 1945–1986. Die »deutsche Frage« in der Weltpolitik, 6., überarb. Aufl., Stuttgart u. a. 1987
Hillgruber, Andreas, Europa in der Weltpolitik der Nachkriegszeit (1945–1963), 3. neu bearb. Aufl., München 1987 (= Oldenbourg Grundriß der Geschichte, 18)
Hoffmann, Dierk/Karl-Heinz Schmidt/Peter Skyba (Hg.), Die DDR vor dem Mauerbau. Dokumente zur Geschichte des anderen deutschen Staates 1949–1961, München/Zürich 1993
Hrbek, Rudolf, Die SPD, Deutschland und Europa. Die Haltung der Sozialdemokratie zum Verhältnis von Deutschland-Politik und West-Integration 1945–1957, Bonn 1972
Hüser, Dietmar, Frankreichs »doppelte Deutschlandpolitik«. Dynamik aus der Defensive – Planen, Entscheiden, Umsetzen in gesellschaftlichen und wirtschaftlichen, innen- und außenpolitischen Krisenzeiten. 1944–1950, Berlin 1996 (=Dokumente und Schriften der Europäischen Akademie Otzenhausen e. V., 77)

Hütter, Joachim, SPD und nationale Sicherheit. Internationale und innenpolitische Determinanten des Wandels sozialdemokratischer Sicherheitspolitik 1959–1961, Meisenheim am Glan 1974

Isajiw, Thomas, Was soll aus Deutschland werden? Konzeptionen, Weg und Ergebnisse der französischen Deutschlandpolitik 1940–1948. Darstellung und Dokumentation auf der Grundlage unveröffentlichter französischer Akten, Diss. Univ. Münster/Westf. 1988

Jahn, Gerhard (Hg.), Herbert Wehner. Beiträge zu einer politischen Biographie, Köln 1976

Jahrbuch der Sozialdemokratischen Partei Deutschlands 1949ff.

Jochum, Michael, Eisenhower und Chruschtschow. Gipfeldiplomatie im Kalten Krieg 1955–1960, Paderborn u. a. 1996

Die Kabinettsprotokolle der Bundesregierung 1949–1954, hrsg. vom Bundesarchiv, 7 Bde., Boppard a. R. 1984–1993

Kaisen, Wilhelm, Herbert Wehner und die heutige SPD, in: Gerhard Jahn (Hg.), Herbert Wehner, S. 175–182

Kaiser, Jakob, Gewerkschafter und Patriot. Eine Werkausgabe, hrsg. und eingel. von Tilman Mayer, Köln 1988

Kaiser, Jakob, Wir haben Brücke zu sein. Reden, Äußerungen und Aufsätze zur Deutschlandpolitik, hrsg. von Christian Hacke, Köln 1988

Kalbitzer, Hellmut, Widerstehen oder Mitmachen. Eigen-sinnige Ansichten und sehr persönliche Erinnerungen, Hamburg 1987

Katzer, Nikolaus, Die Berliner Viermächtekonferenz von 1954 und die deutsche Frage, in: Die Deutschlandfrage vom 17. Juni 1953 bis zu den Genfer Viermächtekonferenzen von 1955, Berlin 1990, S. 49–74

Katzer, Nikolaus, »Eine Übung im kalten Krieg«. Die Berliner Außenministerkonferenz von 1954, Köln 1994 (= Bibliothek Wissenschaft und Politik, 53)

Kautsky, Karl, Der Arbeiterschutz, besonders die internationale Arbeiterschutzgesetzgebung und der Achtstundentag, Nürnberg 1890

Kellermeier, Jürgen, Herbert Wehners Bild in der Öffentlichkeit, in: Gerhard Jahn (Hg.), Herbert Wehner, S. 183–198

Kiefer, Markus, Die deutsche Frage in der überregionalen Tages- und Wochenpresse der Bundesrepublik 1949–1955, Diss. Univ. Essen 1991

Kleßmann, Christoph, Die doppelte Staatsgründung. Deutsche Geschichte 1945–1955, 4. erg. Aufl., Bonn 1986

Kleßmann, Christoph, Zwei Staaten, eine Nation. Deutsche Geschichte 1955–1970, Bonn 1988

Klönne, Arno, Machte Wehner die SPD kaputt?, Landshut 1975

Klotzbach, Kurt, Bibliographie zur Geschichte der deutschen Arbeiterbewegung 1914–1945. Sozialdemokratie, Freie Gewerkschaften, Christlich-Soziale Bewegungen, Kommunistische Bewegung und linke Splittergruppen, 3. wesentl. erw. und verb. Aufl., bearb. von Volker Mettig, Bonn-Bad Godesberg 1981 (= Archiv für Sozialgeschichte, Beih. 2).

Klotzbach, Kurt, Der Weg zur Staatspartei. Programmatik, praktische Politik und Organisation der deutschen Sozialdemokratie 1945 bis 1965, Bonn 1982 (Neuaufl. 1996)
Koch, Peter, Willy Brandt. Eine politische Biographie, Bergisch Gladbach 1989
Koch, Peter-Ferdinand, Die feindlichen Brüder. DDR contra BRD. Eine Bilanz nach 50 Jahren Bruderkrieg, Bern u. a. 1994
Köhler, Henning, Adenauer. Eine politische Biographie, Berlin u. a. 1994
Koerfer, Daniel, Kampf ums Kanzleramt. Erhard und Adenauer, 2. Aufl., Stuttgart 1988
Kolodeznyi, N. v., Stalin und Stalinismus. Neuere russische Literatur, in: *Osteuropa* 46 (1996), S. 820 ff.
Kosthorst, Daniel, Brentano und die deutsche Einheit. Die Deutschland- und Ostpolitik des Außenministers im Kabinett Adenauer 1955–1961, Düsseldorf 1993
Kosthorst, Erich, Jakob Kaiser. Bundesminister für gesamtdeutsche Fragen 1949–1957, Stuttgart u. a. 1972
Krämer, Martin, Der Volksaufstand vom 17. Juni 1953 und sein politisches Echo in der Bundesrepublik Deutschland, Bochum 1996
Krebs, Thomas, Parteiorganisation und Wahlkampfführung. Eine mikropolitische Analyse der SPD-Bundestagswahlkämpfe 1965 und 1986/87,. Wiesbaden 1996
Kroegel, Dirk, Einen Anfang finden! Kurt Georg Kiesinger in der Außen- und Deutschlandpolitik der Großen Koalition, München 1997 (= Studien zur Zeitgeschichte, 52)
Krone, Heinrich, Tagebücher, Teil 1: 1945–1961, bearb. von Hans-Otto Kleinmann, Düsseldorf 1995 (=Forschungen und Quellen zur Zeitgeschichte, 28)
Kühn, Heinz, Aufbau und Bewährung. Die Jahre 1945–1978, Frankfurt am Main/Berlin/Wien 1984
Küsters, Hanns-Jürgen, Konrad Adenauer und Willy Brandt in der Berlin-Krise 1958–1963, in: *VfZ* 40 (1992), S. 483–542
Lademacher, Horst/Walter Mühlhausen, Sicherheit, Kontrolle, Souveränität. Das Petersberger Abkommen vom 22. November 1949. Eine Dokumentation, Melsungen 1985
Larres, Klaus, Politik der Illusionen. Churchill, Eisenhower und die deutsche Frage 1945–1955, Göttingen u. a. 1995 (=Veröffentlichungen des Deutschen Historischen Instituts London, 35)
Leber, Georg, Vom Frieden, Stuttgart 1979
Lee, Myounghwan, Die Reaktion der deutschen Sozialdemokratie auf den Koreakrieg 1950–1951, Diss. Univ. Köln 1998
Lemke, Michael, Die Berlinkrise 1958 bis 1963. Interessen und Handlungsspielräume der SED im Ost-West-Konflikt, Berlin 1995 (=Zeithistorische Studien, 5)

Lemke, Michael, Kampagnen gegen Bonn. Die Systemkrise der DDR und die West-Propaganda der SED 1960–1963, in: *VfZ* 41 (1993), S. 153–174
Lemke, Michael, Eine neue Konzeption? Die SED im Umgang mit der SPD 1956 bis 1960, in: Historische DDR-Forschung. Aufsätze und Studien, hrsg. von Jürgen Kocka, Berlin 1993 (= Zeithistorische Studien, 1), S. 361–377
Lemke-Müller, Sabine, Ethischer Sozialismus und soziale Demokratie. Der politische Weg Willi Eichlers vom ISK zur SPD, Bonn 1988
Lenin, Ausgewählte Werke in zwei Bänden, Moskau 1946/47
Leonhard, Wolfgang, Die politischen Lehren, Frankfurt am Main/Hamburg 1962 (= Sowjetideologie heute, 2)
Leugers-Scherzberg, August Hermann, Herbert Wehner (1906–1990), in: Oppelland (Hg.), Politiker, Bd. 2, S. 41–51
Lexikon zur Geschichte der Parteien in Europa, hrsg. von Frank Wende, Stuttgart 1981
Lilge, Herbert (Hg.), Deutschland 1945–1963, 21. Aufl., Hannover 1987
Lohalm, Uwe (Hg.), Arbeiterpartei und Großstadtpolitik. Zum Wandel der SPD in Hamburg im 20. Jahrhundert, Hamburg 1996
Lösche, Peter/Franz Walter, Die SPD. Klassenpartei – Volkspartei – Quotenpartei. Zur Entwicklung der Sozialdemokratie von Weimar bis zur deutschen Vereinigung, Darmstadt 1992
Loth, Wilfried (Hg.), De Gaulle, Deutschland und Europa, Opladen 1991
Loth, Wilfried (Hg.), Die deutsche Frage in der Nachkriegszeit, Berlin 1994
Loth, Wilfried, Geschichte Frankreichs im 20. Jahrhundert, Stuttgart u. a. 1987
Loth, Wilfried, Helsinki, 1. August 1975. Entspannung und Abrüstung, München 1998
Loth, Wilfried, Sozialismus und Internationalismus. Die französischen Sozialisten und die Nachkriegsordnung Europas 1940–1950, Stuttgart 1977
Loth, Wilfried, Stalins ungeliebtes Kind. Warum Moskau die DDR nicht wollte, Berlin 1994
Loth, Wilfried, Die Teilung der Welt. Geschichte des Kalten Krieges 1941–1955, 6. Aufl., München 1987
Loth, Wilfried, Der Weg nach Europa. Geschichte der europäischen Integration 1939–1957, Göttingen 1990
Löwke, Udo Friedrich, Für den Fall, daß ... Die Haltung der SPD zur Wehrfrage 1949–1955. Mit einem dokumentarischen Anhang und dem letzten Interview Fritz Erlers, Hannover 1969
Löwke, Udo Friedrich, Die SPD und die Wehrfrage. 1949–1955, Bonn-Bad Godesberg 1976
Maier, Klaus A. (Hg.), Westintegration, Sicherheit und deutsche Frage. Quellen zur Außenpolitik in der Ära Adenauer 1949–1963, Darmstadt 1994 (= Ausgewählte Quellen zur deutschen Geschichte der Neuzeit, 42)

Malycha, Andreas (Bearb.), Auf dem Weg zur SED. Die Sozialdemokratie und die Bildung einer Einheitspartei in den Ländern der SBZ. Eine Quellenedition, Bonn 1995
Marcowitz, Reiner, Option für Paris? Unionsparteien, SPD und Charles de Gaulle 1958–1969, München 1996
Martens, Stefan (Hg.), Vom »Erbfeind« zum »Erneuerer«. Aspekte und Motive der französischen Deutschlandpolitik nach dem Zweiten Weltkrieg, Sigmaringen 1993 (=Beihefte der Francia, 27)
Mayenburg, Ruth von, Hotel Lux. Das Absteigequartier der Weltrevolution, München 1978
Mehringer, Hartmut, Waldemar von Knoeringen. Eine politische Biographie. Der Weg vom revolutionären Sozialismus zur sozialen Demokratie, München u. a. 1989
Meiners, Jochen, Die doppelte Deutschlandpolitik. Zur nationalen Politik der SED im Spiegel ihres Zentralorgans »Neues Deutschland« 1946–1952, Frankfurt am Main u. a. 1987 (=Europäische Hochschulschriften, Reihe 3, Bd. 323)
Melchior, Werner David, Ein israelischer Sozialdemokrat sieht Herbert Wehner, in: Gerhard Jahn (Hg.), Herbert Wehner, S. 199–204
Mende, Erich, Von Wende zu Wende. Zeuge der Zeit. 1962–1982, Bergisch Gladbach 1988
Merseburger, Peter, Der schwierige Deutsche. Kurt Schumacher: Eine Biographie, Stuttgart 1995
Merz, Kai-Uwe, Kalter Krieg als antikommunistischer Widerstand. Die Kampfgruppe gegen Unmenschlichkeit 1948–1959, München 1987
Mewis, Karl, Im Auftrag der Partei. Erlebnisse im Kampf gegen die faschistische Diktatur, 2. Aufl., Berlin 1972
Meyer, Christoph, Die deutschlandpolitische Doppelstrategie. Wilhelm Wolfgang Schütz und das Kuratorium Unteilbares Deutschland (1954–1972), Landsberg am Lech 1997
Meyer, Gerd, Die sowjetische Deutschland-Politik im Jahre 1952, Tübingen u. a. 1970 (=Forschungsberichte und Untersuchungen zur Zeitgeschichte, 24)
Miller, Susanne/Heinrich Potthoff, Kleine Geschichte der SPD. Darstellung und Dokumentation 1848–1990, 7., überarb. und erw. Aufl., Bonn 1991
Mit dem Gesicht nach Deutschland. Eine Dokumentation über die sozialdemokratische Emigration. Aus dem Nachlaß von Friedrich Stampfer ergänzt durch andere Überlieferungen, hrsg. von Erich Matthias, Düsseldorf 1968
Mommsen, Wolfgang J., Nation und Geschichte. Über die Deutschen und die deutsche Frage, München u. a. 1990
Monnet, Jean, Erinnerungen eines Europäers, München/Wien 1978
Monnet, Jean, Gemeinsame Arbeit für Europa, in: Gerhard Jahn (Hg.), Herbert Wehner, S. 209–211

Mooser, Josef, Arbeiterleben in Deutschland 1900–1970. Klassenlagen, Kultur und Politik, Frankfurt am Main 1984
Moraw, Frank, Die Parole der »Einheit« und die Sozialdemokratie. Zur parteiorganisatorischen und gesellschaftspolitischen Orientierung der SPD in der Periode der Illegalität und in der ersten Phase der Nachkriegszeit 1933–1948, Bonn 1973
Morsey, Rudolf, Die Bundesrepublik Deutschland. Entstehung und Entwicklung bis 1969, 2. Aufl., München 1990 (= Oldenbourg Grundriß der Geschichte, 19)
Morsey, Rudolf, Die Deutschlandpolitik Adenauers. Alte Thesen und neue Fakten, Opladen 1991 (= Vorträge, Rheinisch-Westfälische Akademie der Wissenschaften, Geisteswissenschaften, 308)
Morsey, Rudolf, Heinrich Lübke. Eine politische Biographie, Paderborn u. a. 1996
Morsey, Rudolf, Die Vorbereitung der Großen Koalition von 1966. Unionspolitiker im Zusammenspiel mit Herbert Wehner seit 1962, in: Jürgen Kocka u. a. (Hg.), Von der Arbeiterbewegung zum modernen Sozialstaat. Festschrift für Gerhard A. Ritter zum 65. Geburtstag, München 1994, S. 462–478
Mozer, Alfred, Herbert Wehner und die europäische Politik, in: Gerhard Jahn (Hg.), Herbert Wehner, S. 212–222
Müller, Josef, Die Gesamtdeutsche Volkspartei. Entstehung und Politik unter dem Primat nationaler Wiedervereinigung 1950–1957, Düsseldorf 1990
Müller, Reinhard, Die Akte Wehner. Moskau 1937 bis 1941, Berlin 1993
Müssener, Helmut, Die deutschsprachige Emigration in Schweden. Ihre Geschichte und kulturelle Leistung, Stockholm 1971
Müssener, Helmut, Exil in Schweden. Politische und kulturelle Emigration nach 1933, München 1974
Nach-Denken. Über Kurt Schumacher und seine Politik, hrsg. von der Stiftung Haus der Geschichte der Bundesrepublik Deutschland, Haus der Geschichte, Bonn 1996
Narr, Wolf-Dieter/Dietrich Thränhardt (Hg.), Die Bundesrepublik Deutschland. Entstehung – Entwicklung – Struktur, 2. Aufl., Königstein/Ts. 1984
Neumaier, Eduard, Tun, was notwendig ist, in: Gerhard Jahn (Hg.), Herbert Wehner, S. 223–231
Niedhart, Gottfried, Kriegsende und Friedensordnung als Problem der deutschen und internationalen Politik 1917–1927, in: Wolfgang Michalka (Hg.), Der Erste Weltkrieg. Wirkung, Wahrnehmung, Analyse, München/Zürich 1994, S. 178–190
Nikel, Ulrike (Hg.), Politiker der Bundesrepublik Deutschland. Persönlichkeiten des politischen Lebens seit 1949 von A bis Z, Düsseldorf 1985
Noelting, Claudia, Erik Nölting. Wirtschaftsminister und Theoretiker der SPD (1892–1953), Essen 1989
Offensive Auseinandersetzung über den Redneraustausch 1966 zwischen

SPD und SED, hrsg. vom Bundesministerium für gesamtdeutsche Fragen, Bonn/Berlin 1967
Oppelland, Torsten (Hg.), Deutsche Politiker 1949–1969, 2 Bde., Darmstadt 1999
Osterheld, Horst, Außenpolitik unter Bundeskanzler Ludwig Erhard 1963–1966. Ein dokumentarischer Bericht aus dem Kanzleramt, Düsseldorf 1992 (=Forschungen und Quellen zur Zeitgeschichte, 23)
Osterroth, Franz/Dieter Schuster, Chronik der deutschen Sozialdemokratie, Bd. 2 : Vom Beginn der Weimarer Republik bis zum Ende des Zweiten Weltkrieges, 3. Aufl., Berlin/Bonn 1980 (=Internationale Bibliothek, 84); Bd. 3 : Nach dem Zweiten Weltkrieg, 2. überarb. und erw. Aufl., Berlin/Bonn 1978 (=Internationale Bibliothek, 85)
Overesch, Manfred [Bearb.], Die Deutschen und die deutsche Frage 1945–1955. Darstellung und Dokumente, Düsseldorf 1985
Parteien-Handbuch. Die Parteien der Bundesrepublik Deutschland 1945–1980, hrsg. von Richard Stöss, 2 Bde., Opladen 1983 (Sonderausgabe in 4 Bdn., Opladen 1986)
Paterson, William E., The SPD and the European Integration, Lexington 1974
Pieck, Wilhelm, Aufzeichnungen zur Deutschlandpolitik 1945–1953, hrsg. von Rolf Badstübner und Wilfried Loth, Berlin 1994
Pirker, Theo, Die SPD nach Hitler. Die Geschichte der Sozialdemokratischen Partei Deutschlands 1945–1964, München 1965
Podewin, Norbert, Walter Ulbricht. Eine neue Biographie, Berlin 1995
Potthoff, Heinrich, Bonn und Ost-Berlin 1969–1982. Dialog auf höchster Ebene und vertrauliche Kanäle. Darstellung und Dokumente, Bonn 1997 (=Archiv für Sozialgeschichte, Beih. 18)
Potthoff, Heinrich, Im Schatten der Mauer. Deutschlandpolitik 1961 bis 1990, Berlin 1999
Pötzl, Norbert F., Basar der Spione. Die geheimen Missionen des DDR-Unterhändlers Wolfgang Vogel, Hamburg 1997
Protokolle der Verhandlungen der Parteitage der Sozialdemokratischen Partei Deutschlands, 1948 ff.
Reimann, Günter/Herbert Wehner, Zwischen zwei Epochen. Briefe 1946, hrsg. von Claus Baumgart und Manfred Neuhaus, Leipzig 1998
Renger, Annemarie, Ein politisches Leben. Erinnerungen, Stuttgart 1993
Richter, Hans-Werner (Hg.), Plädoyer für eine neue Regierung oder keine Alternative, Reinbek bei Hamburg 1965
Rohe, Karl, Wahlen und Wählertraditionen in Deutschland. Kulturelle Grundlagen deutscher Parteien und Parteiensysteme im 19. und 20. Jahrhundert, Frankfurt am Main 1992
Roussel, Èric, Jean Monnet. 1888–1979, Paris 1996
Rovan, Joseph, Geschichte der deutschen Sozialdemokratie, Frankfurt am Main 1980

Rudloff, Michael/Mike Schmeitzner (Hg.), »Solche Schädlinge gibt es auch in Leipzig«. Sozialdemokraten und die SED, Frankfurt am Main 1997
Rupieper, Hermann-Josef, Der besetzte Verbündete. Die amerikanische Deutschlandpolitik 1949–1955, Opladen 1991 (=Studien zur Sozialwissenschaft, 95)
Rupieper, Hermann-Josef (Hg.), Die Zwangsvereinigung von KPD und SPD. Einige ausgewählte Dokumente der SMAD, 16. 1. 1946–7. 6. 1946, Halle 1997
Sänger, Fritz, Herbert Wehners Beitrag zum Godesberger Programm, in: Gerhard Jahn (Hg.), Herbert Wehner, S. 232–240
SBZ von A bis Z. Ein Taschen- und Nachschlagebuch über die Sowjetische Besatzungszone Deutschlands, hrsg. vom Bundesministerium für gesamtdeutsche Fragen, 9., überarb. und erw. Aufl., Bonn 1965
Scharf, Kurt, Politiker und Christ, in: Gerhard Jahn (Hg.), Herbert Wehner, S. 241–249
Scheffler, Thomas, Die SPD und der Algerienkrieg (1954–1962), Berlin 1995
Schertz, Adrian W., Die Deutschlandpolitik Kennedys und Johnsons. Unterschiedliche Ansätze innerhalb der amerikanischen Regierung, Köln u. a. 1992 (=Dissertationen zur neueren Geschichte, 23)
Schirmer, André, Die Deutschlandpolitik der SPD in der Phase des Übergangs vom Kalten Krieg zur Entspannungspolitik 1955–1970, Münster 1988 (=Studien zur Politikwissenschaft, Abt. B, 36)
Schmeitzner, Mike/Michael Rudloff, Geschichte der Sozialdemokratie im Sächsischen Landtag. Darstellung und Dokumentation 1877–1997, Dresden 1997
Schmelz, Hans, Bei Wehner in der Lehre, in: Gerhard Jahn (Hg.), Herbert Wehner, S. 258–263
Schmid, Carlo, Brief an einen bedenklichen Freund, in: Gerhard Jahn (Hg.), Herbert Wehner, S. 264–282
Schmid, Carlo, Erinnerungen, Bern u. a. 1979
Schmidt, Helmut, Der kämpferische Humanist, in: Gerhard Jahn (Hg.), Herbert Wehner, S. 283–288
Schmidt, Helmut, Menschen und Mächte, Berlin 1987
Schmidt, Helmut, Weggefährten. Erinnerungen und Reflexionen, Berlin 1996
Schmidt, Michael, Die FDP und die deutsche Frage. 1949–1990, Hamburg 1995 (=Politikwissenschaft, 34)
Schmoeckel, Reinhard/Bruno Kaiser, Die vergessene Regierung. Die große Koalition 1966–1969 und ihre langfristigen Wirkungen, Bonn 1991
Schneider, Andrea H., Die Kunst des Kompromisses. Helmut Schmidt und die Große Koalition 1966–1969, Paderborn u. a. 1999
Schneider, Michael, Demokratie in Gefahr? Der Konflikt um die Notstandsgesetze. Sozialdemokratie, Gewerkschaften und intellektueller Protest 1958–1968, Bonn 1986

Scholz, Günther, Herbert Wehner, Rastatt 1988
Scholz, Michael F., Herbert Wehner in Schweden 1941–1946, München 1995 (Schriftenreihe der VfZ, 70)
Schönhoven, Klaus, Entscheidung für die Große Koalition. Die Sozialdemokratie in der Regierungskrise im Spätherbst 1966, in: Wolfram Pyta/ Ludwig Richter (Hg.), Gestaltungskraft des Politischen. Festschrift für Eberhard Kolb, Berlin 1998, S. 379–397
Schröder, Hans-Jürgen (Hg.), Die deutsche Frage als internationales Problem, Stuttgart 1990 (= Internationale Beziehungen, 2)
Schroeder, Hans-Henning, Der »Stalinismus« – ein totalitäres System? Zur Erklärungskraft eines politischen Begriffs, in: *Osteuropa* 46 (1996), S. 150–163
Schulin, Ernst, Die Urkatastrophe des zwanzigsten Jahrhunderts, in: Wolfgang Michalka (Hg.), Der Erste Weltkrieg. Wirkung, Wahrnehmung, Analyse, München/Zürich 1994, S. 3–27
Schumacher, Kurt, Reden – Schriften – Korrespondenzen 1945–1952, hrsg. von Willy Albrecht, Berlin/Bonn 1985 (= Internationale Bibliothek, 107)
[Schumacher, Kurt] Kurt Schumacher in der »Schwäbischen Tagwacht« über Demokratie und Kommunisten. Aufsätze und Redeberichte (1926–1933), ausgew. und kommentiert von Ulla Plener zu seinem 100. Geburtstag am 13. Oktober 1995, Berlin 1995
Schumacher, Martin (Hg.), M. d. R. Die Reichtagsabgeordneten der Weimarer Republik in der Zeit des Nationalsozialismus. Politische Verfolgung, Emigration und Ausbürgerung 1933–1945. Eine biographische Dokumentation, 2. Aufl., Düsseldorf 1992
Schwabe, Klaus, Die Zwangsvereinigung von KPD und SPD in Mecklenburg-Vorpommern, Schwerin 1996
Schwarz, Hans-Peter, Adenauer. Der Aufstieg: 1876–1952, Stuttgart 1986
Schwarz, Hans-Peter, Adenauer. Der Staatsmann: 1952–1967, Stuttgart 1991
Schwarz, Hans-Peter, Die Ära Adenauer. Gründerjahre der Republik. 1949–1957, Stuttgart/Wiesbaden 1981 (= Geschichte der Bundesrepublik Deutschland Bd. 2)
Schwarz, Hans-Peter, Die Ära Adenauer. Epochenwechsel. 1957–1963, Stuttgart/Wiesbaden 1983 (= Geschichte der Bundesrepublik Deutschland Bd. 3)
Schwarz, Hans-Peter (Hg.), Berlin-Krise und Mauerbau, Bonn 1985
Schwarz, Hans-Peter, Vom Reich zur Bundesrepublik. Deutschland im Widerstreit der außenpolitischen Konzeptionen in den Jahren der Besatzungsherrschaft 1945–1949, Neuwied/Berlin 1969
Schwarz, Max, MdR. Biographisches Handbuch der Reichstage, Hannover 1965
Seifert, Jürgen (Hg.), Die Spiegel-Affäre, 3 Bde., Olten/Freiburg i. Br. 1966
Siebenmorgen, Peter, Gezeitenwechsel. Aufbruch zur Entspannungspolitik, Bonn 1990
Siegerist, Joachim, Onkel Herbert wie er wirklich war, Hamburg 1994

Soell, Hartmut, Fritz Erler. Eine politische Biographie, 2 Bde., Berlin/Bonn-Bad Godesberg 1976 (=Internationale Bibliothek, 100)

Soell, Hartmut, Der junge Wehner. Zwischen revolutionärem Mythos und praktischer Vernunft, Stuttgart 1991

Die SPD-Fraktion im Deutschen Bundestag, Sitzungsprotokolle 1949–1966, Teil 1: 1. Halbbd.: Sitzungsprotokolle 1949–1953, bearb. von Petra Weber; 2. Halbbd.: Sitzungsprotokolle 1953–1957, bearb. von Petra Weber; Teil 2: Sitzungsprotokolle 1957–1961, bearb. von Wolfgang Hölscher; Teil 3: 1. Halbbd.: Sitzungsprotokolle 1961–1964, bearb. von Heinrich Potthoff; 2. Halbbd.: Sitzungsprotokolle 1964–1966, bearb. von Heinrich Potthoff, Düsseldorf 1993 (=Quellen zur Geschichte des Parlamentarismus und der politischen Parteien, Reihe 4, Bd. 8)

Staadt, Jochen, Die geheime Westpolitik der SED 1960–1970. Von der gesamtdeutschen Orientierung zur sozialistischen Nation, Berlin 1993

Stalin, Josef, Fragen des Leninismus, Berlin 1971 (unveränd. Nachdr. der Ausg. des Verlags für fremdsprachige Literatur, Moskau 1947)

Stalin, Josef W., Ökonomische Probleme des Sozialismus in der UdSSR, Peking 1972 (Nachdr. der Ausg. Berlin 1952)

Stalin, Josef, Über die Grundlagen des Leninismus, in: ders., Fragen des Leninismus, Berlin 1971 (unveränd. Nachdr. der Ausg. des Verlags für fremdsprachige Literatur, Moskau 1947), S. 9–100

Staritz, Dietrich, Geschichte der DDR, erw. Neuausg., Frankfurt am Main 1996

Steininger, Rolf, Deutschland und die Sozialistische Internationale nach dem Zweiten Weltkrieg, Bonn 1979

Steininger, Rolf, Eine Chance zur Wiedervereinigung? Die Stalin-Note vom 10. März 1952. Darstellung und Dokumentation auf der Grundlage unveröffentlichter britischer und amerikanischer Akten, Bonn 1985

Stern, Carola, Ulbricht. Eine politische Biographie, Köln/Berlin 1964

Strauß, Franz Josef, Die Erinnerungen, Berlin 1989

Strzelewicz, Willy, Der Kampf um die Menschenrechte. Von der amerikanischen Unabhängigkeitserklärung bis zur Gegenwart, erw. Neuausg., Frankfurt am Main 1968

Terjung, Knut (Hg.), Der Onkel. Herbert Wehner in Gesprächen und Interviews, Hamburg 1986

Terror. Stalinistische Säuberungen 1936–1953, hrsg. von Hermann Weber und Ulrich Mählert, Paderborn/München 1998

Thompson, Wayne C., The Political Odyssey of Herbert Wehner, Boulder u. a. 1993

Thoss, Bruno (Hg.), Zwischen Kaltem Krieg und Entspannung. Sicherheits- und Deutschlandpolitik der Bundesrepublik im Mächtesystem der Jahre 1953–1956, Boppard a. Rh. 1988

Thränhardt, Dietrich, Bibliographie Bundesrepublik Deutschland, Göttingen 1980 (=Arbeitsbücher zur modernen Geschichte, 9)

Thränhardt, Dietrich, Geschichte der Bundesrepublik Deutschland, Frankfurt am Main 1986
Tormin, Walter, Die Geschichte der SPD in Hamburg. 1945–1950, Hamburg 1995
Tormin, Walter (Hg.), Der Traum von der Einheit – Der Schriftwechsel zwischen SPD und KPD in Hamburg über die Gründung einer Einheitspartei 1945/46 und ergänzende Dokumente, Hamburg 1990
Turmwächter der Demokratie, Ein Lebensbild von Kurt Schumacher, hrsg. von Arno Scholz und Walter G. Oschilewski, 3 Bde., Berlin-Grunewald 1952–1954
Ullmann, Hans-Peter, Bibliographie zur Geschichte der deutschen Parteien und Interessenverbände, Göttingen 1978 (=Arbeitsbücher zur modernen Geschichte, 6)
Verhandlungen des Deutschen Bundestages, Stenographische Berichte, 1.–5. Wahlperiode 1949–1969, Bonn 1949ff.
Vogel, Hans-Jochen, Nachsichten. Meine Bonner und Berliner Jahre, München 1996
Vogtmeier, Andreas, Egon Bahr und die deutsche Frage. Zur Entwicklung der sozialdemokratischen Ost- und Deutschlandpolitik vom Kriegsende bis zur Vereinigung, Bonn 1996
Voigt, Klaus, Friedenssicherung und europäische Einigung. Ideen des deutschen Exils 1939–1945, Frankfurt am Main 1988
Vondung, Klaus, Propaganda oder Sinndeutung?, in: ders. (Hg.), Kriegserlebnis. Der Erste Weltkrieg in der literarischen Gestaltung und symbolischen Deutung der Nationen, Göttingen 1980, S. 11–37
Vorschläge der DDR zur Verständigung der beiden deutschen Staaten 1949–1969. Eine chronologische Dokumentation vom Ausschuß für Deutsche Einheit, Berlin (Ost) 1961
Weber, Hermann, Die DDR 1945–1986, München 1988 (=Oldenbourg Grundriß der Geschichte, 20)
Weber, Hermann, Der ewige Kommunist? Die Instrumentalisierung der Vergangenheit des Politikers Herbert Wehner, in: Geschichte als Möglichkeit. Über die Chancen von Demokratie. Festschrift für Helga Grebing, hrsg. von Karsten Rudolph und Christel Wickert, Essen 1995, S. 401–414
Weber, Hermann, Geschichte der DDR, 3. Aufl., München 1989
Weber, Jürgen (Hg.), Die Republik der fünfziger Jahre. Adenauers Deutschlandpolitik auf dem Prüfstand, München 1989 (=Akademiebeiträge zur politischen Bildung, 22)
Weber, Petra, Carlo Schmid 1896–1979. Eine Biographie, München 1996
Weber, Werner/Werner Jahn (Bearb.), Synopse zur Deutschlandpolitik 1941 bis 1973, Göttingen 1973
Wehner, Herbert, Beiträge zur Deutschlandpolitik. Reden und Interviews vom 7. Februar bis 26. Juli 1967, hrsg. vom Bundesministerium für ge-

samtdeutsche Fragen, Bonn/Berlin 1967
Wehner, Herbert, Bundestagsreden [1], hrsg. von Manfred Schulte, Bonn 1970
Wehner, Herbert, Bundestagsreden [2] und Zeitdokumente, hrsg. von Eugen Selbmann, Bonn 1978
Wehner, Herbert, Christentum und Demokratischer Sozialismus. Beiträge zu einer unbequemen Partnerschaft, hrsg. von Rüdiger Reitz, Freiburg i. Br. 1985
Wehner, Herbert, Frühe Reden. Eine Dokumentation seines Wirkens im Sächsischen Landtag, hrsg. von Ralf Floehr, Krefeld 1984
Wehner, Herbert, Gedanken zur Regierungserklärung. Reden und Interviews vom 3. Dezember 1966 bis 30. Januar 1967, hrsg. vom Bundesministerium für gesamtdeutsche Fragen, Bonn/Berlin 1967
Wehner, Herbert, Politische Momentaufnahmen aus »Harburger Anzeigen und Nachrichten« 1966–1969, hrsg. von der Sozialdemokratischen Partei Deutschlands, Kreis Harburg, Hamburg 1969
Wehner, Herbert, Rosen und Disteln. Zeugnisse vom Ringen um Hamburgs Verfassung und Deutschlands Erneuerung im Jahre 1848/49, Hamburg 1948
Wehner, Herbert, Selbstbesinnung und Selbstkritik. Gedanken und Erfahrungen eines Deutschen. Mit einem Geleitwort von Greta Wehner, hrsg. von August Hermann Leugers-Scherzberg, Köln 1994
Wehner, Herbert, Sozialdemokratische Politik im geteilten Deutschland. Beiträge zur Parteidiskussion, Hamburg [1958]
Wehner, Herbert, Wandel und Bewährung. Ausgewählte Reden und Schriften 1930–1980, 5. erw. Aufl., hrsg. von Gerhard Jahn, Frankfurt am Main/Berlin 1986
Wehner, Herbert, Zeugnis, hrsg. von Gerhard Jahn, Bergisch Gladbach 1984
Wehner, Herbert/Bruno Friedrich/Alfred Nau, Parteiorganisation, Bonn 1969
Weidenfeld, Werner (Hg.), Politische Kultur und deutsche Frage. Materialien zum Staats- und Nationalbewußtsein in der Bundesrepublik Deutschland, Köln 1989
Weidenfeld, Werner/Hartmut Zimmermann (Hg.), Deutschland-Handbuch. Eine doppelte Bilanz 1949–1989, Bonn 1989 (=Studien zur Geschichte und Politik, 275)
Wendler, Jürgen, Die Deutschlandpolitik der SED in den Jahren 1952 bis 1958. Publizistisches Erscheinungsbild und Hintergründe der Wiedervereinigungsrhetorik, Köln u. a. 1991 (=Dissertationen zur neueren Geschichte, 21)
Wenger, Paul Wilhelm, Politisches Urgestein, in: Gerhard Jahn (Hg.), Herbert Wehner, 289–294
Wetter, Gustav A., Dialektischer und historischer Materialismus, Frankfurt

am Main/Hamburg 1962 (=Sowjetideologie heute, 1)
Wettig, Gerhard (Hg.), Die sowjetische Deutschland-Politik in der Ära Adenauer, Bonn 1997 (=Rhöndorfer Gespräche, 16)
Wetzlaugk, Udo, Berlin und die deutsche Frage, Köln 1985 (=Bibliothek Wissenschaft und Politik, 36)
Whitney, Craig R., Advocatus Diaboli. Wolfgang Vogel – Anwalt zwischen Ost und West, Berlin 1993
Wirz, Ulrich, Karl Theodor von und zu Guttenberg und das Zustandekommen der Großen Koalition, Grub am Forst 1997
Wolf, Markus, Spionagechef im Kalten Krieg. Erinnerungen, München 1997

Abkürzungen

AdG	Archiv der Gegenwart
AdsD	Archiv der sozialen Demokratie
BR	Bayerischer Rundfunk
BT	Verhandlungen des Deutschen Bundestages. Stenographische Berichte
CDU	Christlich-Demokratische Union
CSU	Christlich-Soziale Union
DFS	Deutsches Fernsehen (frühere Bezeichnung für das ARD-Fernsehprogramm)
DFS II	Abkürzung für das regionale Fernsehprogramm der ARD (bis zum Sendebeginn des ZDF)
DDR	Deutsche Demokratische Republik
DLF	Deutschlandfunk
DP	Deutsche Partei
EVG	Europäische Verteidigungsgemeinschaft
FAZ	Frankfurter Allgemeine Zeitung
FDP	Freie Demokratische Partei
GB/BHE	Gesamtdeutscher Block/Bund der Heimatvertriebenen und Entrechteten
HR	Hessischer Rundfunk
Komintern	Kommunistische Internationale
KP	Kommunistische Partei/Kommunistische Parteien
KPdSU (B)	Kommunistische Partei der Sowjetunion (Bolschewiki)
KPF	Kommunistische Partei Frankreichs
LDPD	Liberal-Demokratische Partei Deutschlands
MfS	Ministerium für Staatssicherheit der DDR
MVD	Sowjetische Militärverwaltung in Deutschland
NATO	North Atlantic Treaty Organisation (Nordatlantikpakt)
NDR	Norddeutscher Rundfunk
NL	Nachlass
NRZ	Neue Ruhr Zeitung
NWDR	Nordwestdeutscher Rundfunk
OdF	Opfer des Faschismus
PA	Privatarchiv

PPP	Parlamentarisch-Politischer Pressedienst
PT	Protokoll der Verhandlungen des Parteitags der Sozialdemokratischen Partei Deutschlands
PV	Parteivorstand
RB	Radio Bremen
RIAS	Rundfunk im amerikanischen Sektor
SBZ	Sowjetische Besatzungszone
SDR	Süddeutscher Rundfunk
SDS	Sozialistischer Deutscher Studentenbund
SEATO	South-East Asia Treaty Organization (Südostasienpakt)
SED	Sozialistische Einheitspartei Deutschlands
SEP	Sozialistische Einheitspartei (abwertend für SED)
SFB	Sender Freies Berlin
SI	Sozialistische Internationale
SMAD	Sowjetische Militäradministration in Deutschland
SP	Sozialdemokratische Partei
SPD	Sozialdemokratische Partei Deutschlands
SPD-LO	SPD-Landesorganisation
SU	Sowjetunion
SZ	Süddeutsche Zeitung
UN/UNO	Vereinte Nationen
USA	Vereinige Staaten von Amerika
VfZ	Vierteljahrshefte für Zeitgeschichte
VVN	Vereinigung der Verfolgten des Naziregimes
WDR	Westdeutscher Rundfunk
WP	Wahlperiode
ZK	Zentralkomitee

Personenregister

Das Standardwerk zur deutschen Außenpolitik – komplett aktualisiert

Einst ohnmächtiges Trizonesien im Schatten der Besatzungsmächte, heute selbst eine Macht mit weltweiter Verantwortung, die ihre Soldaten bis nach Afghanistan schickt – so könnte die außenpolitische Entwicklung der Bundesrepublik Deutschland beschrieben werden. Von Adenauers Westintegration über Willy Brandts Ostpolitik, die Festigung der Rolle der Bundesrepublik in der Nato durch Helmut Schmidt bis zur Wiedervereinigung unter Helmut Kohl und dem zunehmenden weltpolitischen Engagement Deutschlands unter Gerhard Schröder reicht der Bogen von Hackes Gesamtdarstellung der bundesdeutschen Außenpolitik.

»Ein temperamentvolles und belesenes Werk«
Die Zeit

Die Außenpolitik der Bundesrepublik Deutschland
Von Konrad Adenauer bis Gerhard Schröder
ISBN-13: 978-3-548-36391-2
ISBN-10: 3-548-36391-1

ULLSTEIN

US62